Padrão de Concorrência e Competitividade da Indústria de Materiais de Construção

Organizadores
Fernando Garcia
Elizabeth M.M.Q. Farina
Marcel Cortez Alves

Aços Longos
Alumínio
Areia na RMSP
Cal
Cimento
Cobre
PVC primário
Vidro Plano

EDITORA SINGULAR

Dados Internacionais de Catalogação na Publicação (CIP)
(Câmara Brasileira do Livro, SP, Brasil)

Padrão de concorrência e competitividade da indústria
de materiais de construção / organizadores
Fernando Garcia, Elizabeth M.M.Q. Farina e
Marcel Cortez Alves. -- São Paulo : Editora
Singular, 1997.

Bibliografia.

1. Concorrência – Brasil 2. Indústria de materiais de
construção – Brasil I. Garcia, Fernando. II. Farina, Elizabeth
Maria Mercier Querido. III. Alves, Marcel Cortez.

97-4463 CDD-338.476910981

Índices para catálogo sistemático:

1. Brasil : Indústria de materiais de construção :
Economia 338.476910981
2. Brasil : Materiais de construção : Indústria :
Economia 338.476910981

SindusCon SP

Os estudos apresentados neste livro foram patrocinados pelo Sindicato da Indústria de Construção do Estado de São Paulo – SindusCon-SP – no âmbito do projeto "Organização Industrial e Competitividade da Indústria Brasileira de Materiais de Construção".

Equipe Técnica

Armênio de Souza Rangel
da Fundação Instituto de Pesquisas Econômicas da Universidade de São Paulo

Cristina M. Salazar Pessoa
do Instituto de Economia Industrial da Universidade Federal do Rio de Janeiro

Elizabeth M.M.Q. Farina
da Fundação Instituto de Pesquisas Econômicas da Universidade de São Paulo

Fernando Garcia
do Sindicato da Construção Civil de São Paulo, da Pontifícia Universidade Católica de São Paulo e da Fundação Getúlio Vargas de São Paulo.

Galeno Ferraz Filho
do Instituto de Economia Industrial da Universidade Federal do Rio de Janeiro

Germano Mendes de Paula
do Instituto de Economia Industrial da Universidade Federal do Rio de Janeiro e da Universidade Federal de Uberlândia

João Bosco M. Machado
do Instituto de Economia Industrial da Universidade Federal do Rio de Janeiro

Lia Haguenauer
do Instituto de Economia Industrial da Universidade Federal do Rio de Janeiro

Luciana Mendes Santos Servo
da Fundação Instituto de Pesquisas Econômicas da Universidade de São Paulo

Marcel Cortez Alves
do Sindicato da Construção Civil de São Paulo

Sérgio Buarque de Holanda Filho
da Fundação Instituto de Pesquisas Econômicas da Universidade de São Paulo

Prefácio

Elizabeth M.M.Q. Farina

A primeira metade dos anos 90, certamente, ficará registrada na história da economia brasileira como um momento de rápidas e profundas mudanças institucionais, as quais exigiram das empresas brasileiras a redefinição de suas estratégias de atuação. A proteção indiscriminada à indústria nacional deu lugar à abertura comercial e à constituição e consolidação do Mercosul. O impacto da concorrência internacional sobre as empresas brasileiras, colocou a discussão sobre a competitividade em lugar de destaque nos debates econômicos e um grande número de trabalhos foram desenvolvidos com o intuito de identificar os determinantes da competitividade e avaliar a capacidade de sobrevivência da indústria brasileira. Ao mesmo tempo, o controle de preços e a regulamentação extensiva perderam espaço para a política de defesa da concorrência, que vem se tornando cada vez mais importante com a privatização de setores naturalmente concentrados como o siderúrgico.

Desde 1962, o Brasil conta com legislação que trata da repressão ao abuso do poder econômico – Lei 4.137/62 –, quando foi criado o Conselho Administrativo de Defesa Econômica (CADE). No entanto, somente a partir de 1990 o órgão começou a ganhar a atenção da imprensa e das empresas brasileiras, o que foi intensificado pela promulgação da Lei 8.884, de junho de 1994, e pela atuação mais forte da Secretaria de Defesa Econômica e do CADE. Para se ter uma idéia do rápido avanço alcançado nos últimos anos, basta observar que, entre 1962 e 1990, foram apreciadas 439 peças, ao passo que, de 1992 a 1996, esse número foi de 270 (CADE, Relatório Anual, 1996:20).

Foi nesse contexto que, em 1996, o Setor de Economia do Sindicato da Indústria de Construção Civil de São Paulo – SindusCon-SP – decidiu desenvolver um projeto de análise e acompanhamento da indústria brasileira de materiais de construção, por meio de convênios com a Fundação Instituto de Pesquisas Econômicas da Universidade de São Paulo e com o Instituto de Economia Industrial da Universidade Federal do Rio de Janeiro. Diferentemente de outros trabalhos da época, entretanto, os estudos centravam atenção na análise dos padrões de concorrência dos setores industriais pesquisados.

As legislações de defesa da concorrência têm como objetivo precípuo proteger e intensificar a força competitiva, a qual se supõe constituir o mecanismo mais eficaz de alcançar a eficiência produtiva, o vigor da inovação técnica e a criação de novos produtos. Com base nesse princípio, as legislações antitruste visam proteger o processo de concorrência. Não importa que o mesmo se dê entre poucas grandes companhias ou entre milhares de pequenas empresas. Não é o concorrente, mas sim a concorrência o foco da proteção.

Quando um produtor ou grupo de produtores tem a capacidade de restringir, unilateralmente, o produto e elevar preços acima do nível de concorrência, sem perder todos os seus clientes, diz-se que esse produtor ou grupo de produtores detém poder de mercado. Portanto, o poder de mercado pressupõe o controle de parcela substancial da produção, mediante o gerenciamento da capacidade produtiva própria, ou pela coordenação de um grupo de empresas – cartel ou coalizão tácita. O artigo IV, § 3º, da Lei 8884/94 define posição dominante de mercado como sendo de 20%.

O artigo 54, por sua vez, determina a necessidade de submeter ao CADE atos que levem à concentração industrial. Esse artigo pode ser compreendido com base no argumento de que a concentração favorece a coalizão tácita, ou expressa, o que também caracteriza infração à ordem econômica – artigo 21, incisos I a III (formação de cartel). A formação de cartel visa conferir a grupo de empresas o poder de mercado que, isoladamente, nenhuma teria.

Não há qualquer conseqüência nefasta para a economia, se uma empresa ou grupo de empresas detém posição dominante de mercado. O problema está no exercício do arbítrio que essa posição lhes confere. Do ponto de vista do agente privado, tal prática é perfeitamente racional, já que lhe permite o máximo rendimento. Entretanto, causa perdas para o sistema econômico como um todo, na medida em que provoca uma oferta menor de produto e, consequentemente, um preço mais elevado. Há uma redistribuição da renda a favor desses setores e impactos em todos os mercados a ele relacionados.

A aplicação das leis de defesa da concorrência não é tarefa simples. Identificar condutas anti-competitivas demanda a análise de situações complexas e muito particulares, o que exige o conhecimento sobre o processo competitivo nos diferentes mercados. Não há regra geral que valha para todas as áreas de negócios.

Além de abordar alguns aspectos da competitividade, os estudos reunidos nesse livro analisam a fundo as condições de concorrência em diferentes segmentos industriais. Por isso, trazem uma contribuição importante, tanto do ponto de vista empírico como do analítico-metodológico.

A indústria de construção civil é fragmentada, altamente competitiva e cercada de oligopólios por todos os lados. Seus principais itens de custo são formados em setores concentrados que potencialmente desfrutam de um elevado poder de mercado. Em um regime de economia de mercado desregulamentada e com liberdade de preços, a negociação com fornecedores depende da posição relativa de cada um, o que inclui a disponibilidade de informações sobre as condições de mercado. Mais do que isso, caso haja abuso de posição dominante, há que se oferecer subsídios para a identificação e punição desse abuso, por meio das autoridades competentes.

Os setores analisados a seguir já haviam sido objeto de trabalhos acadêmicos, como é o caso do cimento. Outros nunca foram abordados; areia e cal, por exemplo. Todos seguiram uma estrutura básica, inspirada na Teoria de Organização Industrial, cujo objetivo era estabelecer as condições de concorrência em cada uma das indústrias, apresentando os seguintes elementos para análise: a) definição do mercado relevante – definição do produto, identificação de produtos substitutos e área geográfica da concorrência; b) indicadores de concentração – 4 maiores, 8 maiores e Índice de Herfindahl-Hirschman – sua evolução ao longo do tempo e os padrões internacionais; c) principais empresas ou grupos do setor e seus clientes – mercado interno e externo, participação de mercado das empresas líderes e sua evolução; d) barreiras à entrada; facilidade de importação, facilidade de entrada de novos produtores no mercado local; e) mudança tecnológica; f) principais variáveis de concorrência – preço, variedade, inovação, qualidade, etc.

Existem diferenças muito acentuadas de disponibilidade de informações entre as indústrias estudadas, o que reflete, entre outras coisas, o grau de organização do setor. Dessa forma, a profundidade e extensão das análises variam entre os estudos. Temos plena convicção, entretanto, que reúnem toda a informação disponível à época de sua realização e que oferecem subsídios valiosos para a análise da concorrência nesses setores, com a isenção e qualidade características do trabalho de professores e alunos de dois dos principais centros de pós-graduação em economia do país. A obra interessa aos acadêmicos da Organização Industrial, àqueles que atuam junto às agências de defesa da concorrência e ao público empresarial, uma vez que proporciona uma ampla análise do ambiente competitivo e das práticas concorrenciais nas indústrias de aços longos comuns, cimento, PVC primário, vidros planos, perfis e barras de alumínio, cobre primário, areia e cal.

E.M.M.Q.F.

Sumário

1 A dúvida e o método

Fernando Garcia

1.1 A dúvida

Por muitos anos prevaleceu no Brasil um ambiente institucional no qual a importação de materiais de construção esteve inviabilizada pela política comercial e as instituições de defesa da concorrência não dispunham de instrumentos efetivos para a consecução de seus objetivos. Nesse contexto, observou-se gradativo e generalizado processo de concentração industrial e centralização do poder econômico, particularmente acentuado na indústria de materiais de construção.

Para se ter uma idéia de como esse fenômeno afeta a construção civil brasileira, basta observar que apenas sete famílias de produtos são responsáveis por aproximadamente 65% dos custos dos materiais utilizados em edificações residenciais[1]. São eles: metais sanitários, cimento, cerâmicas e azulejos, perfis de alumínio, vidros, tintas e vernizes e vergalhão de aço. A maioria desses segmentos industriais são setores sabidamente concentrados e com potencial para exercer seu poder de mercado. Por seu turno, a construção civil é um setor atomizado, cuja demanda derivada de insumos é caracterizada por pequena sensibilidade a elevações de preços ou outras alterações nas condições de fornecimento – conseqüência do fato de a construção civil produzir bens sobre encomenda que, uma vez contratados, condicionam a demanda futura por materiais de construção, independentemente do custo de aquisição. Esses fatores tornam a construção civil vulnerável ao poder de mercado que seus fornecedores detêm.

Nos últimos anos, o país vem passando por um momento especial em que as mudanças políticas, econômicas e institucionais possibilitam novas atitudes na defesa da concorrência. Entre essas mudanças devemos destacar a promulgação da Lei 8.884/94, a qual dispõe da repressão ao abuso do poder econômico, e a recente elevação do CADE à categoria de autarquia. Essas mudanças fortaleceram substancialmente as instituições de defesa da concorrência e permitiram a obtenção de resultados significativos num período de tempo relativamente pequeno.

---

[1] O problema também se manifesta no caso de edificações industrias, comerciais e de serviços em em obras de infra-estrutura.

Não obstante, o simples estabelecimento de leis, por melhores que sejam, não é condição suficiente para que sua aplicação se efetive e gere resultados positivos para a sociedade, o que é verdadeiro especificamente no caso da legislação sobre o abuso do poder econômico. É necessário, sobretudo, formar opinião sensata sobre os aspectos institucionais e econômicos particulares que permeiam a aplicação da lei em um dado caso.

Por exemplo, a Lei 8.884/94 estabeleceu procedimentos efetivos de prevenção da concentração industrial: aquisições e fusões que venham a elevar sobremaneira o poder de mercado devem ter autorização do CADE, o qual analisa o mérito do processo de concentração e julga se o mesmo pode ocasionar prejuízos à sociedade ou não. Contudo, tal julgamento é, em essência, fundamentado na análise econômica, a qual não fornece uma "solução geral" para o problema. A análise é, na maior parte das vezes, complexa e exige um grau de detalhamento das informações muito grande. Em determinado setor a fusão pode ser neutra, ou até beneféfica, porque a dinâmica de preços está diretamente associada aos preços internacionais. Mas num setor para o qual as importações são desprezíveis, a fusão pode significar ameaça à concorrência. Nesse sentido, o bom julgamento depende da qualidade das informações e análises disponíveis, do grau de conhecimento que se têm da estrutura e das especificidades de cada setor industrial.

Há, em verdade, duas grandes forças que atuam sobre o mercado quando este se concentra. De um lado, as empresas reunidas ganham escala de produção, o que proporciona a possibilidade de redução dos custos de produção e, conseqüentemente, dos preços. De outro, a união eleva o poder de mercado da empresa, o que pode redundar em abuso do poder de mercado e prejuízo à sociedade. E, naturalmente, surge a dúvida na razão de quem julga um ato de concentração: o resultado da fusão, ou da aquisição, comprometerá, ou não, os padrões de concorrência e de competitividade do setor em questão? Essa indústria deve, ou não deve, se concentrar? E, como dissemos anteriormente, as respostas a essas questões dependem de análise ampla e pormenorizada do setor industrial específico.

Em face do novo cenário institucional e da necessidade de informações técnicas qualificadas, o SindusCon-SP vem empenhando esforços para incentivar pesquisas setoriais no sentido de proporcionar à construção civil condições de interferir efetivamente na defesa da concorrência no mercado de materiais de construção. Os esforços estão consubstanciados no projeto de pesquisa "Organização Industrial e Competitividade da Indústria Brasileira de Materiais de Construção".

O projeto, iniciado em agosto de 1995 e que redundou neste volume, visa a ampliação do conhecimento acerca dos setores industriais fornecedores de insumos para a construção civil. Para tal, buscou-se estabelecer um banco de informações sobre as indústrias de materiais de construção que permitisse o acompanhamento de preços, das tendências em termos de concentração industrial e das práticas comerciais empregadas por esses setores. Com esse esforço, o SindusCon-SP pretende criar subsídios ao acompanhamento das tendências gerais dessas indústrias que venham a auxiliar as autoridades competentes na defesa da concorrência.

1.2 O método

A fim de obter resultados imparciais e com credibilidade junto à sociedade, o SindusCon-SP tomou a decisão de contratar, junto a renomados institutos de pesquisas, as análises econômicas sobre os principais setores que fornecem insumos à construção civil. Contudo, essa opção estratégica trouxe algumas dificuldades intrínsecas à terceirização de serviços e com as quais tivemos que lidar.

Se não houvesse um modelo básico de pesquisa, que definisse princípios metodológicos e objetivos comuns, a terceirização poderia redundar em grande heterogeneidade de resultados, dado o variado espectro intelectual dos institutos de pesquisa com os quais se pretendia trabalhar. A indefinição quanto ao escopo e ao método poderia tornar os resultados pouco compromissados com o objetivo central desse esforço, qual seja, o de fornecer ao sindicato e às autoridades competentes informações objetivas que permitissem: (i) identificar os fatores que conferem ou retiram poder de mercado; e (ii) emitir opiniões fundamentadas quanto a atos de concentração ou eventuais abusos do poder econômico. Nesse sentido, o modelo de pesquisa empregado buscou padronizar a linguagem e a metodologia das pesquisas e adequar seus objetivos e enfoque aos limites e definições implícitos à legislação brasileira de defesa da concorrência.

O método estabelecido, em grande medida inspirado no paradigma estrutura-conduta-desempenho, propôs a pesquisa de oito aspectos fundamentais que interferem na competitividade dos setores industriais e definem seus padrões de concorrência, os quais detalhamos a seguir.

Definição do mercado relevante

A atual legislação de defesa contra o abuso do poder econômico torna fundamental a definição clara e precisa do mercado relevante do setor industrial em análise. Isso requer a caracterização do produto em questão e a identificação dos produtos substitutos, uma vez que o fato de o produto ter substitutos próximos retira poder de mercado da indústria que o produz, independentemente da concentração industrial no mercado.

Além disso, é absolutamente necessária a definição geográfica do mercado em foco. Muitas vezes, a caraterização do mercado nacional enquanto o relevante do ponto de vista econômico poderia impor sérias limitações à análise. No caso de produtos para os quais os custos de transporte são elevados e o volume de comércio regional desprezível, por exemplo, o mercado nacional é, de fato, um apanhado de mercados regionais segmentados e estanques. Não há, enfim, um preço de referência nacional que justifique a caracterização do mercado nacional. Nesses casos, mesmo que a indústria seja relativamente desconcentrada no país, a concentração regional pode impor padrões de concorrência monopolísticos.

Caracterização do mercado em foco

Alguns aspectos gerais da indústria em que o bem é produzido são fundamentais para o estabelecimento de referenciais de comparação histórica e entre segmentos industriais e para a construção de indicadores-chave do padrão de concorrência do mercado. Entre esses aspectos destacamos: a evolução da capacidade instalada; a evolução da produção; a evolução do consumo; o grau e o padrão de atualização tecnológica.

As estatísticas sobre capacidade instalada e a produção – e suas respectivas evoluções ao longo do tempo – trazem importantes informações sobre o mercado: dão indicações das escalas técnicas e estimam o custo de capital da indústria, ao passo que a diferença entre as duas indica se as empresas estrategicamente mantêm excesso de capacidade ociosa (barreiras à entrada de novas firmas). As diferenças entre produção e consumo, por sua vez, indicam se o mercado é influenciado pelo preço internacional do bem ou se a indústria nacional é competitiva.

A pesquisa setorial também requer a análise do padrão de mudança tecnológica prevalecente no setor; isto é, se o processo produtivo ou o produto estão sofrendo rápida mudança tecnológica, ou se, ao contrário, as inovações são marginais. A análise sobre a competitividade de determinado segmento industrial necessita grande detalhamento sobre a base e a dinâmica tecnológicas pelo fato de essas informações encerrarem as tendências de custos, investimentos em expansão da infra-estrutura instalada e disponibilidade de produtos a preços competitivos.

Caracterização da cadeia produtiva

Além de definir precisamente o mercado em que o produto (ou família de produtos) é transacionado, é necessária a caracterização dos principais aspectos relacionados à cadeia produtiva do produto em questão. Essa caracterização requer boa definição: (i) dos principais segmentos componentes da cadeia produtiva; (ii) dos principais insumos empregados em sua produção – e da composição de custos –; (iii) da distribuição da demanda por tipo de consumidor; e (iv) da estrutura de distribuição e comercialização do produto – contrato de encomenda, contrato de fornecimento, mercado à vista etc.

Assim como nos itens anteriores, vários aspectos que definem o padrão de concorrência do mercado dependem de variáveis como a composição de custos, a distribuição da demanda e a estrutura de comercialização do produto. Este último item é particularmente importante, uma vez que a existência de mercados a vista (nacionais ou internacionais) retira poder de mercado da indústria. Em geral, o mercado a vista estabelece um preço de referência em torno do qual circulam os preços de contrato; elevações abruptas do preço de contrato são, nesses casos, inibidas pelo preço de referência.

Análise dos indicadores de concentração industrial no mercado relevante

Os fatores determinantes da competitividade e do padrão de concorrência discutidos acima, e aqueles que ainda serão apresentados, qualificam o mercado. Contudo, a principal variável quantititativa na análise setorial é o indicador de contração industrial. As diferenças de comportamento – monopolístico, oligopolístico ou concorrencial – são mensuradas por esse tipo de indicador, assim como as diferenças de concentração do poder econômico podem explicar desvios nos preços de um produto entre mercados regionais ou mudanças ao longo do tempo[2]. Por se tratar de um aspecto essencial na análise de concorrência, esse tema merece maior atenção.

São vários os instrumentos utilizados para se medir a concentração industrial. Em princípio, qualquer medida de desigualdade de distribuições que satisfaz certas condições matemáticas poderia ser empregada para medir a concentração industrial[3]. As duas medidas de concentração usualmente empregadas nos estudos de concentração industrial são: o índice de concentração simples (C_n), também chamado de razão de concentração, e o índice de Hirschman-Herfindahl (C_{hh}).[4]

Para compreendermos as idéias centrais e as características de cada medida, torna-se necessária a definição de algumas variáveis e relações primitivas. Variáveis: S_i é a oferta da *i*-ésima empresa; S_t é a oferta total da indústria;

---

[2] A esse respeito, ver alguns estudos econométricos presentes em Weiss (1989).

[3] Essas medidas são mais qualificadas para medir a concentração industrial essencialmente porque elas atendem a certas "propriedades desejáveis". Segundo Tirole (1988, p.222), são três as condições: (i) a medida de concentração industrial deve ser invariante com relação às empresas (simetria); (ii) ela deve ser sensível à dispersão da distribuição (condição de Lorenz); e (iii) a medida de concentração deve cair quando o número de empresas aumenta. Exemplos de outras medidas de concentração são: o índice de Gini, o índice de entropia, o índice de Rosenbluth e o índice de Horvath. Os dois primeiros indicadores são mais utilizados para medir a concentração global da economia; eles não são utilizados na mensuração da concentração em um mercado particular

[4] Na literatura econômica, há uma corrente que defende a tese de que a escolha dos indicadores é irrelevante, pois é alta a correlação entre eles. Neste contexto, as várias medidas responderiam aproximadamente às mesmas variáveis e seria desnecessário o cálculo de todas elas; a melhor opção seria por um indicador de fácil manejo. Essa é a opinião de Bailey & Boyle (1971). Há outra corrente, representada por Boyes & Smith (1979) e Sleuwaegen & Dehandschutter (1986), que ressalta as diferenças entre as várias medidas. Essa corrente sugere a cobertura de todos os indicadores de concentração. A justificativa para tal diz respeito ao fato de a diferença entre os indicadores estar associada à sensibilidade deles em relação ao aumento do número de empresas no mercado. Se o mercado oligopolista é afetado pelo comportamento das empresas pequenas, diferentes índices responderiam de forma distinta ao ingresso de novas empresas no mercado. Assim, a utilização de um único indicador poderia tornar viesada a pesquisa.

s_i é a parcela de mercado da empresa *i;* s_n é a parcela de mercado das *n* maiores empresas; e *m* é o número total de empresas.

Relações entre as variáveis:

$$S_t = \sum_{i=1}^{m} S_i \qquad (1)$$

$$s_i = {S_i}/{S_t} \qquad (2)$$

$$\sum_{i=1}^{m} s_i = 1 \qquad (3)$$

A primeira equação define a oferta global de um produto enquanto a soma das ofertas das *m* empresas que compõem o mercado. A equação (2) define a participação de mercado de um empresa pela relação entre a oferta da firma *i* e a oferta global do mercado. Com base nessa definição, é direta a verificação de que o somatório das parcelas de mercado das *m* empresas é igual a 1 (100%), o que está atestado na equação (3).

O índice de concentração simples C_n mede a participação da oferta das *n* maiores empresas na oferta global do mercado. Pela própria definição desse índice, a concentração de mercado é avaliada segundo o "poder de mercado" de um grupo seleto de empresas, chamadas de líderes de mercado. O índice C_n é calculado da seguinte forma:

$$C_n = \frac{\sum_{i=1}^{n} S_i}{S_t} = \sum_{i=1}^{n} s_i \qquad (4)$$

O aspecto mais importante desse índice é o fato dele ser variável em função do número de empresas ditas "líderes". Digamos que sejam 4 as empresas consideradas líderes. Nesse caso, o índice C_4 irá medir o peso da oferta das 4 maiores empresas na oferta global do mercado. Como *n* é variável, podemos estipular medidas de concentração das 8 maiores, das 20 maiores empresas e assim por diante. Cada C_n mede, na verdade, um ponto específico da chamada "curva de concentração".[5]

[5] É interessante notar, por fim, os intervalos máximo e mínimo do índice C_n e sua relação com as estruturas de mercado. A medida C_n varia de 1 a n/m. Quando tratamos de um mercado monopolista, onde uma única empresa é responsável pela oferta global, é fácil verificar que C_n é 1. Isto porque a parcela da empresa i é igual a 100%. No outro extremo, temos o caso de um mercado em concorrência perfeita. Neste contexto, todas as empresas que participam do mercado têm acesso a mesma tecnologia e, fundamentalmente, têm custos de produção semelhante. Isto implica que, dado o preço de mercado do bem, as ofertas de cada empresa serão iguais, ou seja, todas as empresas terão a mesma parcela de mercado s_i. O índice de concentração resultante é igual

A medida de concentração industrial de Hirschman-Herfindahl C_{hh} é um índice-resumo que calcula a desigualdade de poder de mercado considerando toda a distribuição da oferta por tamanho das empresas. Esse índice, diferentemente do índice de concentração simples, observa o comportamento da "curva de concentração" como um todo; como vimos anteriormente, o índice C_n assume a informação de um único ponto da curva de concentração. O índice C_{hh} é calculado da seguinte forma:

$$C_{hh} = \sum_{i=1}^{m} (s_i)^2 \qquad (5)$$ [6]

O índice C_{hh} considera, em seu cálculo, a participação de todas as empresas na oferta global de mercado. Em termos teóricos, este índice mede a desigualdade da distribuição do poder de mercado entre as empresas participantes e não apenas o poder de mercado nas mãos das *n* maiores empresas, como no caso do C_n. Por esse motivo, podemos afirmar que a medida de Hirschman-Herfindahl tem um maior conteúdo informativo. Contudo, os ganhos em termos de um maior conteúdo informativo são obtidos à custa de uma maior dificuldade prática. Segundo Braga e Mascolo (1982), página 424, "razões de sigilo das instituições responsáveis pelas estatísticas impedem geralmente a utilização de informações individuais das firmas".[7]

A medida de concentração industrial de Hirschman-Herfindahl está definida no intervalo entre 1 a $1/m$. O mercado monopolista atinge o maior nível de concentração industrial (C_{hh}=1), pois há uma única empresa com participação individual s_i=1. Conforme o número de empresas é ampliado e o mercado é distribuído, cai o valor do C_{hh}. Essa medida de concentração industrial assume seu valor mínimo $1/m$ quando o mercado é concorrencial. Nesse caso, todas as empresas têm a mesma participação de mercado e o índice de Hirschman-Herfindahl se reduz à divisão da oferta média das empresas sobre a oferta de mercado.[8]

---

a n/m. Em resumo, dados o número total de empresas m e o número arbitrário de empresas líderes n, a concentração, medida por C_n, é máxima em monopólio e mínima em concorrência perfeita.

[6] Alguns autores preferem apresentar o índice C_{hh} multiplicado por 10.000. De fato, para mercados pouco concentrados o C_{hh} assume valores pequenos; multiplicando-se o valor calculado por 10.000, temos números de mais fácil visualização.

[7] Alguns dos estudos apresentados a seguir não lograram calcular os índices C_{hh} em função da ausência de informações precisas. Esta é, sem dúvida, a maior dificuldade para aplicação dessa medida de concentração: a falta de base estatística.

[8] Conforme indica Galeno Ferraz no capítulo 5 (nota 5) deste livro, a *Federal Trade Comission* dos Estados Unidos define intervalos de classificação do C_{hh}; acima de 0,18, por exemplo, o mercado é considerado severamente concentrado.

Além do conhecimento da concentração no mercado relevante, é importante a construção de séries históricas que permitam a análise da evolução da concentração industrial em um dado setor. Também é interessante a pesquisa de indicadores de concentração em outros mercados relevantes do mesmo produto, o que torna possível a comparação entre mercados de diferentes regiões ou países. Note-se que, segundo a legislação brasileira, a verificação de abuso do poder econômico – o estabelecimento de preços abusivos, por exemplo – passa pela comparação entre mercados "semelhantes". Isso desde já demonstra a importância de tais indicadores.

Caracterização das empresas do setor

À caracterização da cadeia produtiva vem se somar a descrição das principais características das empresas do mercado relevante. Entre outros aspectos, destacamos: as principais empresas ou grupos do setor e sua participação no mercado e as fusões e incorporações recentes. Essas informações são necessárias ao estabelecimento de tendências quanto à situação patrimonial do setor.

Muitas vezes, os próprios índices de concentração não constituem boa medida do poder econômico por ausência de informações sobre a estrutura patrimonial do mercado. Em todo mundo, as empresas se reúnem em conglomerados empresariais que confundem as estatísticas. Por exemplo: se tomarmos como pondo de partida o índice de concentração da produção por plantas industriais, corremos o riso de subestimar o poder de mercado, principalmente no caso de setores em que grandes grupos reúnem várias empresas, cada uma multiplanta.

Outra informação importante que pode ser revelada pela pesquisa das empresas líderes diz respeito à estratégia de crescimento da empresa. Em alguns casos, o aumento da concentração pode vir do crescimento da capacidade instalada das empresas líderes, sem encerramento de atividades das empresas menores. Em outros, o aumento vem da incorporação das firmas menores às líderes de mercado. Obviamente, a distinção entre essas duas situações, as quais, por coincidência, podem ter efeitos quantitativos próximos, é fundamental para a análise do mercado; no primeiro caso, a concentração é inevitável e parte da livre iniciativa de investimento, enquanto no segundo a concentração indica realocação patrimonial, sem expansão da capacidade instalada, a qual não tem, em geral, conseqüências benéficas ao mercado.

Principais variáveis de concorrência entre as empresas

De forma complementar às informações sobre a concentração industrial e as caracterísitcas das empresas líderes do mercado, a análise do comportamento empresarial requer o aprofundamento nas questões relativas às estratégias de concorrência no mercado. As principais formas de concorrência são: (i) via preço ou condições de pagamento; (ii) via diversificação de produto (inovativa ou não); (iii) via segmentação de mercado; e (iv) via qualidade – incluindo garantia de fornecimento.

Cabe notar que mercados com alta concentração podem ter, por uma série de motivos, concorrência de preços. Nesses casos, apesar da concentração do poder de mercado, o mercado irá praticar preços mais próximos ao de concorrência. Por outro lado, os mercados que adotam estratégias de concorrência via diversificação, segmentação ou qualidade podem praticar preços mais elevados. A própria estratégia de concorrência acaba possibilitando a prática de preços mais elevados, os quais são justificados pela espicificidade técnica do produto ou por sua maior qualidade. Nesse sentido, dizemos que as estratégias (ii) a (iv) buscam aumentar o poder de mercado das empresas, uma vez que criam vínculos técnicos e expectacionais com relação a seu produto.

Descrição das barreiras à entrada

A análise dos instrumentos de proteção à concorrência que as indústrias concentradas dispõem requer a pesquisa dos seguintes aspectos: (i) a facilidade de importação do produto; (ii) a facilidade de ingresso de novos produtores no mercado relevante; (iii) o tamanho mínimo da planta (volume de investimentos necessários); (iv) a existência de licenças e patentes; e (v) a existência de normas técnicas e de produção.

Mesmo mercados regionalmente concentrados podem se defrontar com situações nas quais não é possível o exercício do poder de mercado. E isso pode ocorrer em função da concorrência com importados ou pela facilidade de entrada de novos produtores no mercado, seja pela inexistência de licenças ou patentes, seja pelo baixo custo de inserção de novos produtores. Nesses casos, dizemos que o preço praticado tem limites acima dos quais qualquer elevação provocaria o ingresso de novos produtores ou distribuidores, afetando o *market share* das empresas previamente estabelecidas. A existência do "preço de exclusão" é, para muitos mercados, uma forma eficiente de controle do poder de mercado.

Comportamento de preços

A identificação de práticas abusivas de preços e a análise da evolução dos preços relativos requer informações referentes ao comportamento dos preços e custos das indústrias. De fato, esses dados dividem com os indicadores de concentração industrial o foco da análise setorial.

Contudo, o levantamento dessas informações é, muitas vezes, dificultado pela falta de um sistema estatístico amplo. A obtenção de planilhas de custos confiáveis, por exemplo, é muito difícil, devido ao caráter estratégico das informações nelas contidas. Por outro lado, dados sobre o nível de preços de um determinado bem são escassos; geralmente, os institutos de pesquisa estatística divulgam índices de preços, para os quais é impraticável qualquer comparação regional ou internacional. Outra informação de difícil obtenção são os preços internacionais. Isso porque dados sobre custos de internalização do produto são, em geral, imprecisos.

* * *

Os oito estudos que seguem aplicam essa medodologia e buscam responder às perguntas subjacentes aos itens acima referidos. Os estudos de setores mais organizados, como o do cimento, cal, vidro e aços longos acabaram cumprindo quase que à risca o método proposto, enquanto outros, como o da areia na RMSP, sofreram mais com as dificuldades associadas à obtenção de dados estatísticos. Não obstante, todos obtiveram êxito em indicar o padrão de concorrência em seus respectivos mercados e o grau de competitividade da indústria, assim como alcançaram o objetivo de traçar perspectivas para esses mercados. O quadro a seguir resume, de forma despretenciosa, as principais características de cada mercado que foram identificadas pelos pesquisadores.

Quadro 1
Padrão de Concorrência e Competitividade

Setor	Concentração	Padrão de concorrência	Competitividade	Formação de preço
Aços Longos	severa	barreiras técnicas à importação / empresa líder	razoável	estado da demanda / preço de exclusão
Alumínio	severa	concorrência internacional	boa	preço internacional do alumínio primário
Areia	reduzida	efetiva	baixa	estado da demanda / custos de meio ambiente
Cal	severa	empresa líder	boa	preço de exclusão
Cimento	severa	empresa líder /segmentação regional	boa	preço de exclusão / preço regional
Cobre primário	severa	concorrência internacional	boa	preço internacional do cobre primário
PVC primário	severa	concorrência internacional	razoável	preço internacional do PVC primário
Vidro	severa	não há concorrência	boa	preço de monopólio

2 A indústria brasileira de aços longos[1]

Germano Mendes de Paula

2.1 Introdução

O presente artigo é uma versão resumida de um dos relatórios finais de pesquisa que fizeram parte do projeto "Organização Industrial e Competitividade da Indústria Brasileira de Materiais de Construção". Ele foi originalmente concluído em maio de 1996, sendo que algumas informações foram revistas e atualizadas com vistas a esta publicação.

[1] Para a elaboração do trabalho, além das referências bibliográficas, foram realizadas entrevistas junto aos seguintes especialistas e empresas/instituições, a quem o autor agradece a valiosa contribuição: Antônio José Polanczyk, Luiz Bigonha Gazolla, José Mauro Veríssimo, Paulo Gustavo Franklin de Abreu (Companhia Siderúrgica Belgo-Mineira), Ethienne Vidaurre Poubel, Antônio Marques de Almeida, Marcos Antônio Moraes da Silva (Companhia Siderúrgica da Guanabara-Cosigua, Grupo Gerdau), Roberto Rocha Vieira, Leonel Raimondi, Vicente Ferreira da Costa (Siderúrgica Barra Mansa), Ibrahim Abrahão Chaim, Jonas de Oliveira, José Alencastro de Araújo e Jonas Ortiz (Dedini Siderúrgica), Miguel Augusto Gonçalves de Souza, Lívio Gomes, Alcides de Aquino Valle (Companhia Industrial Itaunense), Orlando Simões (Companhia Siderúrgica Pains, Grupo Gerdau), Heloísa dos Santos S. Menezes e Ronaldo do Carmo Soares (Açominas), Francisco Caprino Neto e Vilmar de Assis Reis (Siderúrgica J.L. Aliperti), Rosenei Vitiritto Namur e José Roberto Brada de Lima (Companhia Brasileira do Aço), Antônio Ferraz de Andrade Filho (Centro de Estudos e Pesquisa do Aço), Catia Mac Cord Simões Coelho (Instituto Brasileiro de Siderurgia, IBS), Carlos Gastaldoni (Banco Nacional de Desenvolvimento Econômico e Social, BNDES), Fernando Baptista e Teresa Célia Pacheco de Melo (Secretaria de Acompanhamento Econômico do Ministério da Fazenda) e Márcio Moreira (Instituto de Desenvolvimento Industrial de Minas Gerais, INDI). Os Profs. Marcelo da Silva Pinho (Universidade Federal de São Carlos) e Rogério Mattos (Universidade Federal de Juiz de Fora) gentilmente enviaram relatórios de pesquisa sobre siderúrgicas produtoras de laminados longos comuns. A Profª. Ângela Morandi (Universidade Federal do Espírito Santo) elaborou um clipper sobre a Cofavi, a partir de notícias publicadas em jornais capixabas. Ronaldo Santos Sampaio (Companhia Vale do Rio Doce) tornou possível o acesso ao material do "Mini-Mills & Market-Mills of the Future", seminário realizado em 29 de Novembro a 1 de dezembro de 1995, em Atlanta (EUA). O autor se beneficiou ainda das informações consultadas no Centro de Informações Siderúrgicas do Instituto Brasileiro de Siderurgia (CIS-IBS). Parte do trabalho, como elaboração de tabelas e figuras, demandou a utilização de computadores do CEPES/Departamento de Economia da Universidade Federal de Uberlândia. Os conceitos formulados, opiniões e críticas encontrados no presente texto, salvo as manifestadas pelos autores citados nominalmente, são de inteira responsabilidade do autor. Este agradece o competente trabalho de assistência de pesquisa de Walber Carrilho da Costa.

O texto é segmentado em cinco seções. A seção 2.2 discute as características tecnológicas do setor de aços longos comuns, com ênfase nos produtores à base de aciaria elétrica. A seção 2.3 trata do mercado brasileiro de laminados longos comuns. Três temas são examinados: evolução da produção e do consumo aparente; capacidade instalada e investimentos; mercados regionais, distribuição e relaminação.

Na seção 2.4, discute-se, em primeiro lugar, os dados disponíveis sob concentração na indústria siderúrgica mundial; posteriormente, os dados sobre concentração econômica no segmento de laminados longos comuns no Brasil. Por fim, aborda-se as decisões do CADE quanto às incorporações no segmento. A seção 2.5 analisa a dinâmica concorrencial na indústria brasileira de aços longos comuns. São abordadas as barreiras à entrada, a proteção tarifária, a proteção técnica e o comportamento de preços dos aços longos comuns. A última seção sumariza as principais conclusões deste artigo.

2.2 Características tecnológicas

Esta seção tem três objetivos principais. As duas primeiras subseções são destinadas à apresentação da terminologia básica sobre a atividade. Inicialmente, descreve-se os principais tipos de aços, suas aplicações e seus eventuais substitutos. Na segunda subseção, indica-se as duas rotas tecnológicas predominantes na produção de aços longos comuns. A subseção 1.3 é dedicada à discussão do ritmo do progresso tecnológico no setor, além de apontar quais foram as principais inovações tecnológicas introduzidas na siderurgia mundial nos últimos anos. Especial atenção é dedicada à trajetória do aumento da importância das chamadas *mini-mills*. As últimas duas subseções analisam a siderurgia brasileira produtora de aços longos comuns, sob três prismas: a) o grau de atualização tecnológica do parque instalado; b) a cadeia produtiva e os problemas de suprimento de matérias-primas; c) a estrutura típica de custos de uma produtora de aços longos comuns.

2.2.1 Produtos, aplicações e substitutos

Os aços podem ser classificados em semi-acabados ou acabados (laminados). Os semi-acabados não são consumidos diretamente por pessoas ou indústrias (exceto forjarias), precisando receber novos tratamentos em outras siderúrgicas ou relaminadoras antes de serem vendidos aos seus consumidores finais. Os laminados, analogamente, podem e são utilizados diretamente por consumidores finais nos mais diferentes usos. Eles se dividem em três grupos: planos, longos e especiais. Os laminados planos (revestidos e não-revestidos) constituem o mais importante segmento do mercado siderúrgico mundial, tanto do ponto de vista financeiro, quanto em tonelagem. Os principais laminados planos, conforme BNDES (1987: 4), são:

a) chapas grossas: produto não bobinado, cuja espessura é superior a 6 mm; destina-se principalmente às indústrias pesadas, como de construção naval, de vagões, reservatórios, tubulações etc.;
b) bobinas e chapas finas a quente: produtos utilizados principalmente na fabricação de automóveis, tubos com costura, cilindros para gases e vagões ferroviários;
c) bobinas e chapas finas a frio: possuem um grau de elaboração maior do que os produtos laminados a quente; o maior consumidor desses produtos é a indústria automobilística, sendo também utilizados na fabricação de eletrodomésticos, móveis de aços e tubos;
d) folhas-de-flandes: são folhas metálicas revestidas de estanho; são quase totalmente empregadas na fabricação de embalagens;
e) folhas cromadas: são folhas metálicas revestidas de cromo, também denominadas de *tin free steel;* são utilizadas pelo setor de embalagens, em substituição às folhas-de-flandes;
f) chapas galvanizadas: são folhas metálicas revestidas de zinco, que lhe confere maior resistência à corrosão atmosférica; são utilizadas na construção civil (calhas e telhados) e na automobilística.

Os laminados longos, como indica sua denominação, se diferenciam dos demais por sua conformação física, com um acentuado predomínio da dimensão cumprimento sobre as demais (Pinho, 1993: 1). Até muito recentemente, a denominação para tais produtos no Brasil era laminados não-planos, em descompasso com a experiência mundial. Grosso modo, segundo BNDES (1987: 4-5), existem seis tipos básicos de laminados longos:

a) trilhos e acessórios: são consumidos quase integralmente pelo setor ferroviário;
b) vergalhões: é o ferro redondo nervurado, utilizado exclusivamente pela indústria da construção civil;
c) fio-máquina: destinado aos setores de trefilaria, fábricas de cabos e cordoalhas, arames e parafusos;
d) trefilados: são os arames, pregos, cordoalhas, telas, destinados à construção civil e agropecuária;
e) perfis: a demanda é concentrada na construção civil, incluindo estruturas metálicas, linhas de transmissão, serralheria e fabricação de elevadores;
f) barras: são produtos cuja seção transversal pode ser quadrada, sextavada, redonda, etc.; são destinadas principalmente à construção civil, serralheria e mecânica.

Os laminados especiais podem ser planos ou longos, diferenciando-se dos demais pelas propriedades do aço utilizado, devido à adição de elementos mais nobres, ou ainda, pelo controle mais rigoroso das operações. Os principais aços especiais, de acordo com BNDES (1987: 5), são:

a) chapas inoxidáveis: chapas que apresentam o cromo e o níquel como principais elementos de adição; são utilizados nos setores de cutelaria e mecânico;
b) chapas siliciosas (ou magnéticas): caracterizam-se pela baixa perda de eletricidade, sendo demandados para a fabricação de transformadores, motores e aparelhos elétricos;
c) chapas alto-carbono e ligas: o setor de implementos (arados) e ferramentas agrícolas é o maior consumidor de chapas alto-carbono, enquanto o de bens de capital consome mais chapas de aços ligados;
d) barras: são de aço de alta liga (aços ferramenta, inoxidável e para válvulas) e de aço para construção mecânica; grande parte dessas barras são consumidas nas indústrias automobilística e de autopeças;
e) tubos sem costura: utilizados nas indústrias petrolíferas e petroquímica.

Os laminados planos, longos e especiais são segmentos completamente diferentes no que tange ao porte das empresas, à dinâmica concorrencial e ao ritmo de inovação tecnológica. Duas distinções parecem sintetizar essa diversidade: porte e amplitude da pauta produtiva. O segmento de laminados planos caracteriza-se por ter grandes plantas de pelo menos 2 milhões de toneladas. O produtores de aços longos possuem plantas de tamanho intermediário – entre 150 mil e 2 milhões de toneladas[2] –, enquanto os de aços especiais têm uma maior diversidade de tamanho – de 30 a 800 mil toneladas.

Algumas plantas de laminados especiais chegam a produzir até 2.000 tipos de laminados diferentes, enquanto as de aços planos costumam não exceder 300 produtos (Queiroz, 1987: 62). Os produtores de aços longos oferecem um número significativamente menor de produtos (em torno de 15). Cabe também destacar que as placas são os semi-acabados para a produção de aços planos. Para se fabricar aços longos, são utilizados como semi-acabados os blocos e tarugos. É usual também denominar esse segmento de aços longos comuns, que é a terminologia adotada neste estudo.

No que se refere exclusivamente aos aços longos comuns, percebe-se que eles são intensamente utilizados na construção civil (vergalhões CA-25 e CA-50, arames CA-60, perfis e barras), na agropecuária (arames e cordoalhas), no setor ferroviário (trilhos e acessórios) e, em menor grau, na automobilística (parafusos e barras). Nos últimos três segmentos, o grau de substituibilidade dos

---

[2] Segundo Garvey (1995: 7): "*Minimill sizes will continue to range between 500,000 tons and 2 to 3 millons per year. Beyond that, they cannot sustain the flexibility and management philosophy needed to keep them competitive. The minimill system of management and governance will limit size becuase it's only good for mills with 500 to 600 employees.*" Já Heinrich & Schubert (1995: 34) apontam que: "*The term 'minimill' has so far stood for an electric steel plant in which, given the specif nature for an plant and equipment, some 0,3 to 1,0 million t/a rolled material are produced. The productivity increases of the core components will also permit capacities of at least up to 2 millions t/a in the future.*"

produtos é bastante reduzido. Quando muito, podem ser substituídos por outros produtos siderúrgicos.

Quanto à construção civil (especialmente, prédios altos), existe uma maior possibilidade de substituição. O maior competidor do aço (perfis) nessa indústria é o concreto. Nos Estados Unidos, verificou-se, no período 1930-80, uma tendência de queda da importância relativa do perfil do aço, frente ao concreto armado. A partir de 1980, essa trajetória se reverteu, tanto que a participação percentual do aço no contexto de todos os materiais de construção elevou-se de 42,7% (em 1987) para 51,0% (em 1992) – ver Hogan (1994: 130).

Além disso, o aço vem substituindo a madeira na construção residencial. Nos Estados Unidos é, de fato, crescente a utilização do aço na construção residencial. Em 1991, as casas construídas com esse material foram de algumas centenas. Mas, em 1993, cerca de 13 mil casas utilizaram a estrutura de aço e outras 80 mil empregaram aço em paredes internas. Além disso, 30 mil casas utilizaram forro de telhado de aço. O mercado cresceu de menos de 1 mil toneladas (em 1991) para 190 mil toneladas (em 1993)[3].

No Brasil, a utilização dos perfis na construção civil é bem menor. Nesse sentido, é mais provável que haja a contra-substituição, ou seja, o maior emprego de produtos siderúrgicos para essa aplicação (BNDES, 1987: 6). No caso da madeira, embora sem evidências estatísticas, parece haver um tênue crescimento do segmento de "casas de madeira".

Em suma, a substituibilidade dos aços longos comuns resumem-se, em grande medida, aos perfis[4]. Eles podem ser laminados ou soldados, sendo ainda divididos em três categorias, conforme a dimensão dos produtos: perfis leves (abaixo de 80 mm), perfis médios (de 80 até 150 mm) e perfis pesados (acima de 150 mm). Outra diferenciação dos perfis é quanto ao seu formato: vigas H, vigas I, vigas U, cantoneiras (L) e guias de elevadores (T).

2.2.2 Rotas tecnológicas[5]

Existem duas rotas tecnológicas para a produção de aços longos comuns: usinas integradas e semi-integradas. As usinas integradas transformam o minério de ferro em aço e este em produtos finais (laminados). Já as usinas semi-integradas começam seu processo na aciaria, utilizando sucata ferrosa como

[3] Sobre esse assunto, ver Atualidades Técnico-Siderúrgicas Usiminas (1995 (194): 18-19).

[4] *"Dentro do segmento de laminados não-planos comuns, pode-se dizer, não existem produtos substitutos. E não há previsões neste sentido.* [...] *No segmento de laminados não-planos comuns, ao contrário, está sendo dado um incentivo maior à utilização do aço na construção civil, através de estruturas metálicas."* (Rodrigues, 1989: 928).

[5] Esta subseção se baseia em trabalho anterior do autor, Paula (1992: 176-220), no qual se encontra uma análise detalhada de cada etapa da produção citada.

insumo básico. Após a fabricação do aço, o produto é laminado, à semelhança do que acontece nas usinas integradas.

As duas rotas tecnológicas, na verdade, contemplam uma grande variedade de opções de equipamentos. Algumas etapas, contudo, as siderúrgicas devem possuir obrigatoriamente, tais como aciaria, lingotamento e laminação. Outros são "opcionais", como sinterização, alto-forno e metalurgia de panela.

A diferença entre uma usina integrada e outra semi-integrada é o fato de a primeira possuir a chamada etapa de redução, na qual o minério de ferro é transformado em ferro-gusa. Cerca de 95% das usinas integradas do mundo possuem altos-fornos. É nesse equipamento de funcionamento contínuo que o minério é transformado em ferro-gusa. O alto-forno pode utilizar dois tipos de redutor: coque (carvão mineral) e carvão vegetal. A grande maioria das usinas integradas com altos-fornos fazem uso do coque. Apenas no Brasil, Argentina, Paraguai e Malásia ainda resiste a produção de ferro-gusa à base de carvão vegetal (ILAFA, 1988: 15).

Nas usinas integradas a coque, existe outra instalação obrigatória na redução: a coqueria, que transforma o carvão mineral no coque (Quadro 1). É bem verdade que a empresa pode comprar coque de outras siderúrgicas, mas é raro uma usina integrada a coque funcionar com 100% de coque comprado no mercado.

Quadro 1
Rotas tecnológicas na siderurgia de aços longos comuns

	Integrada a Coque	Integrada a Carvão Vegetal	Integrada a Redução Direta	Semi-Integrada
Coqueria	Obrigatório	Não	Não	Não
Sinter./Pelotização	Recomendável	Opcional	Não	Não
Alto-Forno	Obrigatório	Obrigatório	Não	Não
Redução Direta	Não	Não	Obrigatório	Não
Aciaria LD	Obrigatório	Obrigatório	Não	Não
Aciaria Elétrica	Não	Não	Obrigatório	Obrigatório
Lingotamento	Obrigatório	Obrigatório	Obrigatório	Obrigatório
Laminação	Obrigatório	Obrigatório	Obrigatório	Obrigatório
Trefilação	Opcional	Opcional	Opcional	Opcional

Fonte: Elaboração Própria

À semelhança do carvão mineral, o minério de ferro também é tratado antes de ser utilizado no alto-forno. Existem dois processos alternativos, sinterização e pelotização, que cumprem praticamente o mesmo papel: aglomerar os finos de minério para o alto-forno. Em geral, a sinterização é instalada na própria usina, enquanto a pelotização é operada por mineradoras. No caso de minério de ferro granulado (*lump*), ele é utilizado diretamente no alto-forno, não requerendo tratamento prévio. Como esse tipo de minério é cada vez mais escasso, a utilização do sínter e das pelotas foi aumentando na siderurgia ao longo do tempo.

Nas usinas integradas a carvão vegetal, utiliza-se também altos-fornos. Eles se diferenciam dos equipamentos à base de coque por três fatores. Primeiro, o porte dos equipamentos a carvão vegetal são menores que os similares a coque. Segundo, o tempo de campanha (período entre as reformas) é mais curto. Terceiro, o uso do carvão vegetal dispensa a operação de dessulfuração. Nesse tipo de usina, naturalmente, não existe coqueria. A fabricação de sínter ou a compra de pelotas pode ser utilizada, mas sua importância relativa é menor do que nas integradas a coque.

O terceiro tipo de usina integrada é à base de redução direta. O processo é denominado de redução direta porque opera a 900ºC, obtendo o produto sem haver a fusão do minério de ferro. Ao invés da produção de ferro-gusa, fabrica-se o ferro-esponja – modernamente conhecido por ferro diretamente reduzido – ou ferro briquetado a quente. Os dois produtos são muito similares, sendo que o último é produzido para utilização em outras siderúrgicas e o primeiro, para consumo interno. Em 1995, a produção mundial conjunta desses dois produtos foi de 25,1 milhões de toneladas, ao passo que a de ferro-gusa atingiu 526,1 milhões.

As unidades de redução direta são equipamentos compactos e que substituem altos-fornos, sinterização/pelotização e coqueria. Segundo Aylen (1980: 203), a redução direta, bem como o lingotamento contínuo, permitiu a diminuição da escala eficiente de operação da siderurgia. Ela vem se difundindo basicamente em países com grande disponibilidade de gás natural (Venezuela, México, Argentina, Irã, Arábia Saudita, Líbia, Egito e Indonésia) e em países com grandes reservas de carvão mineral não-coqueificável (África do Sul). A Índia, que foi o segundo maior produtor mundial à base de redução direta em 1995, utiliza tanto unidades à base de gás, quanto de carvão. A etapa de redução consiste, assim, na transformação do minério de ferro no chamado ferro primário. Este pode ser ferro-gusa, ferro diretamente reduzido, ferro briquetado a quente, produzidos por altos-fornos (a coque e a carvão vegetal) ou instalações de redução direta.

Deve-se fazer duas ressalvas quanto ao caso brasileiro. As usinas integradas a coque – Companhia Siderúrgica Nacional (CSN), Usiminas, Cosipa, Companhia Siderúrgica de Tubarão e Açominas – não produzem laminados longos comuns. Apenas a CSN mantinha em operação, até meados de 1996, um laminador de trilhos e perfis médios e pesados (290 mil toneladas), que estava em operação desde 1947. Mesmo assim, em 1995, os laminados longos comuns representaram apenas 1,0% da produção total de laminados da empresa. A Açominas, por sua vez, produz apenas semi-acabados, embora a maior parte deles seja utilizada por produtores de laminados longos comuns.

O fato de as usinas integradas a coque brasileiras não atuarem no segmento de aços longos comuns contraria a experiência internacional, pois é (ou era) mais usual a mesma empresa produzir aços planos e longos. Mas, no Brasil, o governo separou os dois mercados: aços planos, que exigem maior aporte de recursos, maior tempo de maturação de investimentos e menor rentabilidade, deveriam ser produzidos pelas estatais enquanto os aços longos comuns e os aços longos especiais foram reservados ao setor privado (BNDES, 1987: 42).

A segunda peculiaridade da estrutura produtiva brasileira é o fato de que as principais usinas integradas do setor são à base de carvão vegetal, sendo que os altos-fornos a carvão vegetal produziram 28,4% do ferro-gusa em 1995. Como já mencionado, além do Brasil, existem apenas mais três países, com uma usina cada, que ainda utilizam a rota da siderurgia integrada a carvão vegetal: Argentina (Altos Hornos Zapla), Paraguai (Acepar) e Malásia (Malayawata).

O ferro primário, em uma de suas três formas, é depois consumido na etapa de refino. Nesse estágio, produz-se o aço. No caso de usinas semi-integradas, o processo inicia-se nessa etapa. O refino contém três equipamentos básicos (aciaria, lingotamento e metalurgia de panela), sendo os dois primeiros obrigatórios. Na aciaria, produz-se o aço propriamente dito, seja a partir de ferro-gusa (aciaria básica a oxigênio) ou sucata ferrosa e ferro-esponja (aciaria elétrica). A aciaria básica a oxigênio foi desenvolvida no início da década de 50, pela siderúrgica austríaca Vöest-Alpine. Em função dos experimentos terem sido feitos nas usinas de Linz e Donawitz, o processo ficou também conhecido pelas iniciais das duas usinas, ou seja, LD. Na carga do convertedor, a sucata pode substituir parcialmente (até 20%) o ferro-gusa.

A aciaria elétrica é um processo bem antigo, tendo sido inventada por Heroult, na França, em 1899. Mas, ela somente teve uma difusão considerável a partir de meados da década de 60. A aciaria elétrica utiliza como insumos principais a sucata ferrosa ou o ferro-esponja. A vantagem técnica desse último é o menor teor de enxofre e fósforo, permitindo a produção de aços de maior valor agregado. No forno elétrico, o ferro-gusa pode também substituir parcialmente (até 35%) a sucata ferrosa.

Depois de produzido, o aço precisa ser solidificado (lingotado). Existem dois métodos alternativos: lingotamento convencional (utilizando-se lingoteiras) e o lingotamento contínuo. Este último também foi desenvolvido em meados da década de 50, apresentando inúmeras vantagens em comparação com o lingotamento convencional: permite maior rendimento tarugo/aço líquido (em torno de 12%); é mais compacto (eliminando lingoteiras, fornos-poço e laminador primário); e confere melhor qualidade ao produto final.

Num passado mais recente, começou a se difundir a metalurgia de panela (ou metalurgia secundária). Trata-se da interligação da fabricação de aço com as máquinas de lingotamento, possibilitando o ajuste fino de temperatura e composição química, características essenciais aos aços nobres. Assim, quanto maior a proporção de aços tratados em metalurgia de panela, melhor deve ser o *mix* de produção.

Nas aciarias elétricas, a utilização de metalurgia de panela permite um ganho substancial de redução do tempo de corrida, aumentando a produtividade da usina. Com a adoção desse tipo de equipamento, a aciaria muda a sua forma de operação. Sem metalurgia de panela, a aciaria executa duas funções: primeiro, funde a sucata com as ligas necessárias para produzir cada tipo de aço; segundo, promove o refino, ou seja, o "ajuste fino" para atingir as propriedades ideais do aço. Os equipamentos assumem a função do refino; portanto, a aciaria acaba executando apenas o primeiro trabalho (fusão). Os principais equipamentos são: forno-panela (para aciaria elétrica) e desgasseificação à vácuo (para aciaria básica a oxigênio).

Na laminação, o aço é transformado em produto final, ou seja, em vergalhões, fio-máquina, perfis, trilhos etc. As opções de laminação são várias, embora a tendência seja de aumentar a utilização de laminadores combinados, que permitam a produção de mais de uma linha de produtos. Os produtos laminados, em alguns casos, são ainda trefilados, como acontece na transformação do fio-máquina em arames. Apesar de não ser uma atividade essencial à usina, a trefilação adiciona muito valor aos laminados longos comum.

Existe uma quinta opção técnica de produção de aços longos comuns: a relaminadora. De fato, não é uma usina siderúrgica propriamente dita, uma vez que não produz aço. Essas empresas compram semi-acabados de terceiros e os transformam em laminados. Apesar de algumas empresas desse segmento possuírem uma capacidade instalada considerável, a atividade em geral agrega pouco valor. Cabe também destacar que, no Brasil, as relaminadoras de longos comuns trabalham apenas com a linha de perfis leves e barras.

2.2.3 Principais inovações tecnológicas

Enfatizou-se, na subseção anterior, a peculiaridade produtiva do parque brasileiro. De um lado, a segregação dos segmentos de aços longos e de planos, conforme a propriedade do capital (privado *versus* estatal), pouco comum na indústria mundial. De outro lado, a grande representatividade das usinas integradas a carvão vegetal, novamente em descompasso com a experiência internacional. Em função disso, não serão examinadas as inovações tecnológicas em usinas integradas a coque – porque nenhuma empresa brasileira com esta configuração está atuando no segmento de aços longos comuns –, e tampouco em usinas integradas a carvão vegetal – por falta de similares no âmbito internacional. Assim, esta subseção é dedicada exclusivamente às inovações tecnológicas em produtores à base de aciaria elétrica. Como já apontado, esse tipo de aciaria pode ser alimentado por ferro-esponja e ferro briquetado a quente (unidade de redução direta) ou sucata ferrosa.

O primeiro processo comercial de redução direta (HyL I) foi desenvolvido pela Hylsa, no México, em 1957. Desde então, proliferaram várias tecnologias de redução direta, das quais se destacam: HyL I, HyL III, Midrex, FIOR e SL/RN. Os quatro primeiros processos utilizam gás natural e o último, carvão não-coqueificável. O progresso tecnológico nesse tipo de instalação intentou substituir processos intermitentes (HyL I) por unidades contínuas (HyL III, Midrex e FIOR). Em 1995, o processo Midrex foi responsável por 64,8% da produção de ferro-esponja no mundo, seguido pela tecnologia HyL III, com 18,8%. Já a tecnologia HyL I foi utilizada em 7,8% da produção mundial, contra 3,3% do processo SL/RN.

No que tange à aciaria elétrica, a trajetória tecnológica mais importante foi o incremento da potência específica e a conseqüente redução do consumo específico de energia. Até os anos 60, o padrão era de fornos cuja potência variava entre 250-400 kVa, com consumo específico de 800-1000 Kwh/tonelada de aço. A partir dessa década, começaram a se difundir fornos ultra-alta potência (UHP), com potência de 550-800 kVa. Atualmente, a *best-pratice* do consumo específico encontra-se em cerca de 410 Kwh/tonelada de aço. O aumento da potência, combinado à utilização de metalurgia de panela, permitiu que a diminuição do tempo de corrida de 3 horas, na década de 60, para menos de 1 hora, nos anos 90. E, finalmente, o consumo de eletrodos regrediu de 6,5 kg/t., em 1965, para 2,2 kg/t., em 1990.

Afora a troca do forno por outro mais moderno, duas inovações incrementais permitem substanciais melhorias às aciarias elétricas: o repotenciamento e a tecnologia EBT. O repotenciamento consiste na reforma do forno, com a troca dos transformadores de baixa por outros de alta potência. No Brasil, várias empresas já promoveram o repotenciamento, entre elas, Cosigua, Usiba, Dedini, Barra Mansa e Itaunense.

A tecnologia EBT corresponde ao vazamento excêntrico (deslocado do centro) do fundo do forno elétrico. De acordo com Braga (1988), esta técnica permite a redução: a) do consumo de 3 kg de refratário por tonelada de aço; b) do tempo de corrida em até 5 minutos, em função da maior potência disponível e da diminuição do tempo de vazamento; c) da geração de pós e gases gerados em 50% durante o vazamento; d) do custo total em torno de US$ 6,4 a 8,5 por tonelada. Além disso, simplifica a operação de vazamento livre de escória, importante para a metalurgia de panela. No cômputo total, consegue-se um aumento da produtividade do equipamento de até 15%. A tecnologia EBT começou a se difundir mundialmente em 1982 na Det Danske Stalvalseavaerk (DDS), localizada na Dinamarca.

Em meados da década de 80, surgiu uma nova geração de fornos elétricos. Trata-se dos fornos elétricos de corrente contínua (DC), que são substitutos dos fornos elétricos de corrente alternada (AC). A exemplo da própria tecnologia do forno elétrico, a idéia é bastante antiga. A primeira patente relacionada a essa tecnologia data de 1885. Mas somente em 1971, foram retomados os esforços de desenvolvimento dessa técnica.

Na indústria siderúrgica, o primeiro forno de corrente contínua entrou em operação na Rússia, embora fosse de pequena escala: 12 toneladas. No Ocidente, a difusão iniciou-se nos Estados Unidos em 1985, sendo capitaneada pela Nucor Steel (usina de Darlington) e Florida Steel. Desde então, a introdução desse equipamento tem sido bastante rápida, especialmente no Japão. Em 1995, já existiam 55 fornos elétricos de corrente contínua operando no mundo. O maior deles era o da Tokyo Steel, na usina de Okayama (Heinrich & Schubert, 1995: 38).

Os maiores benefícios dos fornos elétricos de corrente contínua frente aos de corrente alternada são: a) a redução dos custos operacionais de eletrodos em 50%; b) a diminuição dos custos de eletricidade em 5%, além de sensível redução das perturbações geradas na rede elétrica de alimentação; c) a simplificação da construção, pois utiliza apenas um eletrodo em vez de três; d) a redução do nível de ruído entre 7% e 15%. Em contrapartida, há o custo adicional da soleira, da ordem de US$ 2,5 por t./ano. Estima-se que a redução do custo de um forno de corrente contínua frente a um de corrente alternada seja de US$ 5,1/t., sendo que 2/3 desse valor são decorrentes da economia de eletrodos. O consumo específico de energia nos fornos elétricos de corrente contínua tem oscilado no patamar de 350-420 kWh/t. (Betzios, 1993: 1028).

Outra inovação para a aciaria elétrica trata-se do processo Consteel. Corresponde ao pré-aquecimento e alimentação de sucata, de forma contínua. Consegue-se uma economia de até 80 kWh/t., ou seja, US$ 7,00 por tonelada de tarugo. Duas das primeiras instalações foram na Florida Steel (Charlotte, 1990) e Kyoei (Nagoya, 1992). A utilização dessa tecnologia exige, entretanto, uma boa preparação da sucata, que não é o padrão oferecido às siderúrgicas brasileiras.

Com relação ao lingotamento, o progresso tecnológico consistiu basicamente na substituição das máquinas convencionais pelas contínuas. A área de laminação é mais difícil de examinar, em função da grande diversidade dos equipamentos utilizados. De um modo geral, na produção de laminados longos comuns, o destaque tecnológico fica por conta do laminador *No-Twist*. Esse equipamento possui a vantagem de ser totalmente contínuo, uma vez que o tarugo vai sendo trabalhado até a sua forma final. Nos laminadores semi-automáticos, o tarugo trilha um caminho mais tortuoso: desloca-se mais para as laterais, do que para frente. Em geral, a laminação é avaliada pela sua velocidade (metros por segundo), embora não sejam muito difundidos indicadores internacionais de *benchmarking*[6].

2.2.4 Grau de atualização tecnológica do parque brasileiro

O grau de atualização tecnológico dos produtores de laminados longos comuns depende fundamentalmente da aciaria. Levantou-se a idade dos fornos e conversores existentes no setor, seu porte (capacidade em tonelagem), bem como sua potência específica (Quadro 2).

---

[6] Grootaarts et alli (1995) analisam a reforma de cinco laminações de fio-máquina da siderurgia européia. Em duas siderúrgicas, a velocidade da laminação elevou-se de 35 para 70 metros por segundo. Em duas outras, a velocidade foi mantida em 100 metros por segundo, e na última em 16 metros por segundo.

Apesar das menores pressões tecnológicas sofridas pelos produtores de aços longos comuns, em comparação com o restante da indústria, algumas empresas vêm apresentando desempenhos técnicos bastante razoáveis em comparação com os concorrentes internacionais. As aciarias elétricas da Mendes Jr. e Cosigua, em primeiro lugar, e da Usiba, Barra Mansa e Dedini, secundariamente, notabilizam-se pela boa performance.

Quanto à introdução de novas tecnologias, cabe destacar que a EBT é relativamente pouco utilizada. Como já apontado, essa técnica começou a se difundir, em nível mundial, a partir de 1982. No Brasil, pelo menos cinco fornos já foram convertidos: dois da Cosigua (em 1985), um da Guaíra (em 1989), um da Usiba (em 1994) e outro da Barra Mansa (em 1994). Com relação aos fornos elétricos de corrente contínua, nenhuma das empresas atuantes no setor manifestou interesse de instalação imediata. Apenas o projeto em implantação da Siderúrgica Panamericana SA (Sipasa), em Araçariguama, SP, prevê a introdução de um forno elétrico de corrente contínua, com EBT, de 72 toneladas por corrida.

Deve-se lembrar que a aciaria elétrica da Usiba é parcialmente suprida por ferro-esponja. É a única planta de redução direta em operação no Brasil, pois a da Piratini foi desativada em meados de 1990. No contexto de um projeto de modernização da empresa, que foi finalizado em abril de 1995, a Usiba aumentou a capacidade da unidade de 240 para 320 mil toneladas, convertendo-a do processo intermitente HyL I para o processo contínuo HyL III (Metal Bulletin, 1994 (7852): 23). Os investimentos totais atingiram US$ 60 milhões, sendo US$ 20 milhões na unidade de redução direta.

Num passado recente, as maiores usinas também vem instalando equipamentos de metalurgia de panela. Conforme verifica-se também no Quadro 2, atualmente, a capacidade instalada da metalurgia de panela na siderurgia brasileira de aços longos comuns corresponde a 68,1% da capacidade total das aciarias em operação. Embora esse número seja crescente, ele ainda está distante dos países líderes mundiais. A título de exemplo, no Japão, em 1994, 79,1% do aço comum produzido em fornos elétricos recebeu tratamento em refino secundário. Cabe destacar, que na indústria de aços longos comuns, os produtos trefilados são os que mais exigem o emprego das técnicas de metalurgia de panela.

Um dos maiores problemas tecnológicos da siderurgia brasileira é a reduzida difusão de lingotamento contínuo. Mas, isso não é o caso para os produtores de laminados longos comuns. Primeiro, o Grupo Gerdau, maior produtor do segmento, utiliza lingotamento contínuo em todas suas usinas. Ele foi o precursor dessa tecnologia no Brasil, introduzindo-a na Riograndense (em 1961). Segundo, a maior parte dos outros produtores também fazem uso dessa tecnologia, com exceção da Companhia Brasileira de Aço e da Copala. A Belgo-Mineira possuía uma máquina de lingotamento contínuo capaz de processar 40% da sua aciaria LD, sendo que recentemente essa capacidade foi duplicada.

Quadro 2
Aciarias das siderúrgicas produtoras de aços longos comuns, 1996

Empresa	Usina	Equipamento	Capacidade (Tonelada)	Potência Específica (Kva/Ton)	Idade (Anos)
Açonorte	Recife, PE	FEA 1	25	880	35
		FEA 2	25	880	29
		Forno-Panela 1	25	120	-
		Forno-Panela 2	25	120	-
Açopalma**	Várzea Palma, MG	FEA 1	12	833	-
		FEA 2	15	800	-
		Forno-Panela 1	s.d	s.d	-
		Forno-Panela 2	s.d	s.d	-
Aliperti	São Paulo, SP	EOF*	60		8
		Forno-Panela*	60	152	8
Barra Mansa	Barra Mansa, RJ	LD 1*	15		25
		LD 2*	15	-	25
		FEA 1 (EBT)	50	840	10
		FEA 2	50	840	10
		Forno-Panela	50	300	1
Belgo-Mineira	Monlevade, MG	LD 1	100		11
		LD 2	100	-	11
		Forno-Panela	100	180	10
	Cariacica, ES	FEA 4 (EBT)	70	686	12
		Forno-Panela	80	200	-
C.B.A.	São Paulo, SP	FEA 1*	13	346	20
		FEA 2	13	346	16
Cearense	Maracanaú, CE	FEA	25	640	14
Cofavi	Cariacica, ES	FEA 1*	12	525	25
		FEA 2*	15	640	23
		FEA 3*	15	640	19
Comesa	Atalaia, AL	FEA	10	600	18
Cosigua	Santa Cruz, RJ	FEA 1 (EBT)	120	700	24
		FEA 2 (EBT)	120	700	21
		Forno-Panela 1	100	250	11
		Forno-Panela 2	100	180	-
	São Gonçalo, RJ	FEA*	60	800	-
	Barão Cocais, MG	LD 1	22	-	-
		LD 2	22	-	-
Cosinor	Cabo, PE	FEA 1*	12	432	
		FEA 2*	11	327	-
		FEA 3*	6	333	-
Dedini	Piracicaba, SP	FEA 8	60	867	16
		Forno-Panela	20	400	4
Ferroeste	Contagem, MG	FEA *	16	-	10
Guaíra	Araucária, PR	FEA 1 (EBT)	75	882	14
		Forno-Panela	70	357	-
Itaunense	Itaúna, MG	FEA 1	17	685	33
		FEA 2	17	526	23
Mendes Jr.	Juiz de Fora, MG	FEA 1	80	600	12
		Forno-Panela	80	213	12
Pains	Divinópolis, MG	EOF 1*	28	-	14
		EOF 2	35	-	8
Riograndense	Sapucaia Sul, RS	FEA 1*	10	600	-
		FEA 2	24	417	36
		FEA 3	24	417	30
		Forno-Panela 1	23	283	13
		Forno-Panela 2	23	196	-
Sipasa**	Araçariguama, SP	FEA (EBT/DC)	72	778	-
		Forno-Panela	72	278	-
Usiba	Simões Filho, BA	FEA (EBT)	110	760	23
		Forno-Panela	110	-	2

* Equipamentos paralisados (*stand-by*) ou desativados.
** Projetos em implantação.
Fonte: Pimenta (1990), IBS (1991), Ilafa (1995), ABM (1993), Pinho (1993), Empresas

Com relação à laminação, os indicadores são mais problemáticos. Geralmente, utiliza-se a velocidade de saída como *proxy* do grau de modernização do equipamento. Porém, cabe lembrar que a velocidade depende da dimensão da bitola, sendo mais rápido em bitolas menores. Portanto, os laminadores para a produção de fio-máquina são os mais velozes. Entre as laminações, destaca-se a Belgo-Mineira. Em agosto de 1968, ela instalou um laminador Morgan, com uma velocidade de saída de 35,6 metros/segundo (Metalurgia, 1968 (127): 408). Nessa época, a maior velocidade mundial de acabamento de fio-máquina era de 45 metros/segundo. Em setembro de 1991, a Belgo-Mineira inaugurou o segundo laminador Morgan *No Twist*, a um custo de US$ 110 milhões. Com o novo equipamento, a capacidade de laminação aumentou de 770 mil para 1,043 milhão de toneladas (Siderurgia Latinoamericana, 1991 (378): 34). O novo laminador opera à velocidade de 141,8 metros/segundo. Outros laminadores de longos comuns, com alta velocidade, são: Mendes Jr. (120 m/s), Cosigua nº 2 (85 m/s), Usiba (82 m/s), Barra Mansa (73 m/s), Pains/São José dos Campos (54 m/s).

2.2.5 Cadeia produtiva e estrutura de custos

A cadeia produtiva, bem com a estrutura de custos, depende fundamentalmente da rota tecnológica utilizada. Em *mini-mills*, a cadeia é mais curta, tendo em vista que não se requer a produção de ferro-gusa. Já em usinas integradas, é necessário a produção de ferro-gusa (ou ainda ferro-esponja), o que requer o consumo de minério de ferro e carvão.

Em termos de cadeia produtiva, o setor de laminados longos comuns não apresenta problemas de suprimento. Existe, eventualmente, a falta de sucata. Nessas ocasiões, as siderúrgicas aumentam a compra de ferro-gusa ou mesmo importam sucata, para pressionar a queda de preços do insumo. Em termos de eletricidade, as siderúrgicas ainda não se sentem ameaçadas por um eventual *blackout*.

As usinas integradas a carvão vegetal, por sua vez, apresentam trajetória de desaparecimento. A Barra Mansa, por exemplo, desativou altos-fornos e a aciaria LD[7]. A Belgo-Mineira está substituindo parcialmente ferro-gusa por coque, nos seus maiores altos-fornos. A Pains também está promovendo substituição parcial em um de seus altos-fornos.

---

[7] A partir de janeiro de 1995, a Barra Mansa passou por uma reconversão industrial. Foram desativados os dois altos-fornos, situados em Barra Mansa, além da sinterização e da aciaria LD. O alto-forno de Miguel Burnier foi fechado em janeiro de 1996. Assim, a empresa deixou de ser parcialmente integrada a carvão vegetal para operar apenas com fornos elétricos a arco (que haviam sido inaugurados em março de 1986). Em abril de 1995, com o funcionamento em três turnos do forno-panela, a empresa passou a operar em ritmo superior ao de quando possuía a aciaria LD.

Com relação à contabilidade de custos, as empresas são muitos sensíveis a esse tipo de informações. Nesse sentido, recorreu-se a uma planilha já publicada, pela então Associação de Siderúrgicas Privadas. Trata-se dos custos da Cosigua (Gerdau), no ano de 1990 – Tabela 1. Cada rubrica foi relacionada ao faturamento e ao próprio total de custos.

Tabela 1
Estrutura de custos de usina semi-integrada brasileira, 1990

Composição de Custos	% Faturamento	% Custos
1. Receita Líquida (sem IPI)	100,00	-
Mercado Interno	68,56	-
Mercado Externo	31,44	-
2. Sucata e Substitutos	29,31	56,01
Sucata	14,45	27,62
Ferro-Gusa	10,38	19,84
Metálicos e Aço de Terceiros	4,48	8,56
3. Energia	8,91	17,03
Eletricidade	6,39	12,21
Óleo Diesel e Oxigênio	1,13	2,16
Outros Energéticos	1,39	2,66
4. Outras Matérias-Primas	8,99	17,18
5. Serviços	3,26	6,23
6. Despesas Gerais	1,86	3,55

Fonte: ASP (1991)

Percebe-se, claramente, que o custo de uma usina semi-integrada é basicamente sucata (e seus substitutos, como ferro-gusa ou ainda aço adquirido de terceiros) e eletricidade. Em relação ao total de custos, os dois insumos perfazem 68,2%. Também são relevantes, embora em menor grau, óleo diesel e oxigênio. No caso de usinas integradas, os custos mais relevantes são ferro-gusa (e a sucata como substituto), eletricidade e oxigênio. Os dados da Tabela 1 não permitiram discriminar o peso dos impostos e dos salários em relação ao faturamento. Para a siderurgia brasileira como um todo, em 1995, foram equivalentes a, respectivamente, 13,6% e 18,7% das receitas totais. Os encargos sociais, por sua vez, representaram 4,6% do faturamento.

2.3 O mercado brasileiro de laminados longos comuns

2.3.1 Evolução da produção e do consumo aparente

A evolução da produção e do consumo aparente de laminados longos comuns, no Brasil, pode ser dividida em três etapas bem definidas. A primeira cobre os anos 1972-80, época de crescimento contínuo da produção e do consumo aparente. Durante esse período, de um modo geral, o consumo aparente suplantou a produção doméstica, levando à importação líquida desses produtos siderúrgicos.

Gráfico 1
Produção e Consumo Aparente de Laminados Longos Comuns, Brasil, 1972-95 (mil toneladas)

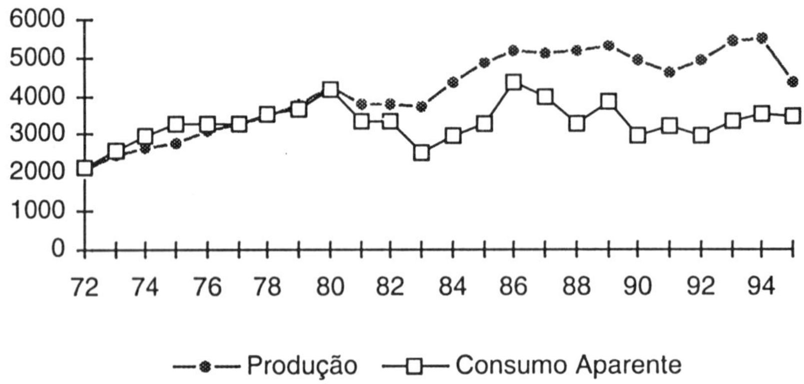

Fonte: Consider, IBS, IBS (1995), IBS (1996)

A segunda fase corresponde, grosso modo, ao primeiro qüinqüênio da década de 80. O triênio 1981-83 foi marcado por uma rigorosa recessão doméstica que influenciou negativamente tanto a produção, quanto o consumo aparente de laminados longos comuns. Desde então, entretanto, o Brasil passou a ser exportador líquido desses produtos. Os primeiros anos da década de 80 foram dramáticos para os produtores de laminados longos comuns, por três razões: a) várias empresas estavam completando seus planos de expansão iniciados na década de 70; b) em 1984, entrou em operação uma nova grande siderúrgica: a Mendes Jr.; c) algumas produtoras de laminados longos especiais, frente à queda mais acentuada da demanda por esses produtos, intensificaram a fabricação de laminados longos comuns. Assim, como a crise afetou mais vigorosamente o segmento de laminados especiais, seus produtores fizeram um *downgrading*, acentuando a concorrência no segmento de longos comuns.

A demanda de laminados longos comuns voltou a crescer no triênio 1984-86. Neste último ano, chegou a superar em 4,1% o consumo aparente verificado em 1980, que tinha sido o recorde até então. A terceira fase iniciou-se em 1987, a partir do qual o setor passou a enfrentar uma demanda bastante instável, embora tendencialmente declinante. Cabe registrar que o consumo aparente constatado em 1992 foi idêntico ao de 1974. A partir de 1993, verificou-se uma recuperação na demanda de laminados longos comuns, conseqüência do aquecimento da economia (Plano Real). O consumo aparente, em 1994, foi 18,3% superior ao de 1992. Mas em 1995, essa tendência de recuperação foi interrompida, pois verificou-se uma retração de 1,7% em relação ao ano anterior. Em 1996, no caso específico dos vergalhões, as vendas domésticas foram 29,3% superiores a 1995, ao passo que a produção cresceu 16,4%.

A terceira fase marca, também, o crescimento da exportações como fonte de escoadouro da produção. Em 1987, as exportações líquidas eram da ordem de 22,5% da produção do setor. Em 1994, a importância já tinha evoluído para cerca de 36,1%. A trajetória da produção, além de ser menos instável que a do consumo aparente, foi nitidamente crescente, com exceção de 1995.

É interessante também analisar o movimento do consumo aparente em termos de produtos (Gráfico 2)[8]. A primeira observação refere-se à similaridade da trajetória do consumo aparente de vergalhões e fio-máquina. A única exceção relevante foi a retração mais pronunciada da demanda de fio-máquina no biênio 1982-83. Mesmo assim, pôde-se atestar que o consumo aparente dos dois produtos foram muito similares, tanto em ritmo de crescimento, quanto em valores absolutos.

Uma segunda constatação importante refere-se à demanda de perfilados (leves, médios e pesados) e trilhos. Ela seguiu uma trajetória de crescimento similar à dos vergalhões e fio-máquina até 1975. Desde então, o consumo aparente daqueles produtos vem diminuindo consideravelmente. Em 1995, o consumo foi equivalente a apenas 31,3% do nível verificado em 1975. Isso foi um importante fator para a diminuição do número de empresas no setor, afetando naturalmente aquelas que eram mais especializadas nesse segmento[9].

---

[8] Entre as barras, foram considerados como laminados longos comuns apenas as de aço carbono de qualidade construção civil. Já as barras de aço carbono, de qualidade construção mecânica, foram enquadradas como laminados longos especiais (IBS, 1995: 26-27).

[9] É interessante apontar que, em meados da década de 70, as estimativas do crescimento do mercado de perfis eram tão otimistas quanto as projetadas para outros produtos siderúrgicos. Em 1976, esperava-se que, para 1984, a capacidade da produção de perfis leves fosse 51,3% superior à de 1977, enquanto a de perfis médios e pesados aumentasse 155,6% no mesmo período (BNDE, 1976: 21-23). Estas estimativas se mostrariam, posteriormente, equivocadas.

Gráfico 2
Consumo Aparente Brasileiro de Laminados Longos Comuns, por Produto, 1972-95 (mil toneladas)

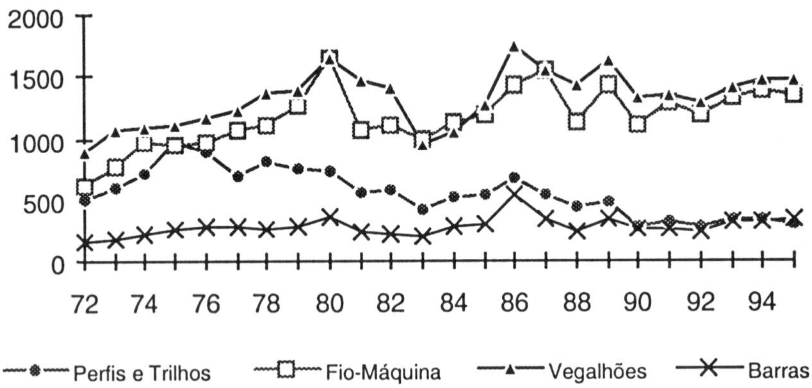

Fonte: IBS (1995), IBS (1996)

Deve-se acentuar que o mercado brasileiro é basicamente atendido pela produção doméstica. A única exceção é o segmento de trilhos, sendo que, em 1995, as importações totalizaram 25 mil toneladas, superando a produção nacional (14 mil toneladas). Mas trata-se de um segmento residual no setor de aços longos comuns.

Outra questão importante é avaliar em que medida o perfil da produção e do consumo aproximam-se do padrão mundial. Em termos de consumo, os vergalhões corresponderam a 10,9% do consumo total de produtos siderúrgicos na União Européia em 1993. No mesmo ano, a relação foi até superior no Brasil (13,2%). Em termos de produção, ainda em relação a 1993, os vergalhões representaram 11,7% da fabricação total de laminados e 27,9% da de laminados longos na União Européia. No Brasil, os números foram respectivamente de 14,0% e 35,4%. Assim, a siderurgia brasileira é ligeiramente mais intensiva em vergalhões do que a européia.

A Tabela 2 mostra o balanço entre a produção de aços longos e planos, por sua série de países ou continentes. Cabe destacar que nesse cálculo, não se considerou os aços especiais separadamente. Assim, a produção de laminados longos refere-se tanto à de longos comuns, quanto à de longos especiais. A estrutura produtiva da siderurgia brasileira aproxima-se muito da existente nos países desenvolvidos. Nesses casos, a proporção dos laminados longos é de cerca de 35%. Nos países em desenvolvimento, esta relação já atinge a 55%. Nos países de economia centralizada, o índice é pouco superior a 81%. A Turquia é um caso atípico, para o qual cerca de 85% da produção é de laminados longos. Nesse país, 71% do aço é produzido em aciarias elétricas, sendo que 38% das exportações mundiais de laminados longos são provenientes da Turquia.

Tabela 2
Balanço entre laminados longos e planos no mundo

	% Laminados Longos	% Laminados Planos
Estados Unidos	37,3	62,7
Japão	50,8	49,2
União Européia	45,1	54,9
Países industrializados	35,2	64,8
Brasil	37,6	62,4
América Latina	53,5	46,5
Africa	53,5	46,5
Oriente Médio	63,3	36,7
Sudoeste Asiático	55,0	45,0
Países em desenvolvimento	55,0	45,0
Comun. Estados Independentes	54,3	45,7
Leste Europeu	46,1	53,9
China	70,6	29,4
Coréia do Norte	78,0	22,0
Economias centralizadas	60,7	39,3
Turquia	84,6	15,4
Média mundial	50,9	49,1

Fonte: International Rebar Producers Association (Irepas), IBS

2.3.2 A capacidade instalada e investimentos

No Brasil, a capacidade instalada anual do setor de laminados longos comuns supera a 7 milhões de toneladas, correspondendo a 1/4 do parque brasileiro. O grande problema em termos de avaliação da capacidade instalada é a existência de laminadores combinados. Predomina no setor a utilização de equipamentos que permitem a fabricação de mais de um produto. Atualmente, apenas 23,6% da capacidade instalada é de laminadores "dedicados"(Quadro 3).

Quadro 3

Laminadores de longos comuns no brasil, 1996, em mil toneladas

	Aço	Pf.	Vg.	F-M	Tri. + Pf.	Br. + Vg.	Br. + Pf.	Br. + Pf.+ Vg.	F-M + Vg.	F-M, Br. + Vg.	Total Laminação	Trefil.
Açonorte	260						260				260	120
Aliperti	400						100	260			360	
Barra Mansa	420	90							220		310	60
Belgo-Mineira	1320			1100							1100	740
Monlevade	1000			1100							1100	740
Cariacica	320											
C.B.Aço	81						81				81	
Cearense	87							77			77	
Cofavi	-						110	150			260	
Comesa	48							44			44	
Copala	18		18								18	
Cosigua	1665						130	490	730		1350	309
Santa Cruz	1000							370	730		1100	190
Barão de Cocais	240							120			120	
São Gonçalo	325						130				130	15
Trefilarias												104
Cosinor	120							100			100	
CSN (aços longos)	-				290						290	
Dedini	330		300								300	
Ferroeste	130								96		96	
Guaíra	420		130								130	
Itaunense	150					144					144	
Mendes Jr.	600									1200	1200	200
Montepino (relam.)	-						90				90	
Pains	450		60	120		200		120	40		540	96
Divinópolis	450		60			200		120	40		420	
São José Campos				120							120	60
Riograndense	300							260	345		605	265
Usiba	350									350	350	20
TOTAL	7019	90	508	1220	290	344	771	1501	1431	1550	7705	950

Legenda: Pf = Perfis, Vg = Vergalhões, F-M = Fio-máquina, Tr. = Trilhos, Br = Barras, Lamin. = Laminados, Trefil. = Trefilados

Fonte: Instituto Brasileiro de Siderurgia e Empresas

Em termos evolutivos, cada vez é maior a preferência por laminadores combinados, com o objetivo de incrementar a flexibilidade da usina. Conforme a demanda, as empresas deslocam sua produção para um ou outro produto. Nesse sentido, não é possível apontar exatamente qual a capacidade instalada por tipo de produto. Assim, uma análise do mercado de vergalhões deve necessariamente discutir o setor de laminados longos comuns como um todo.

Em relação ao nível de investimentos no setor, cabem duas considerações. Durante a década de 70 e até meados da década de 80, as inversões no setor siderúrgicos precisavam ser aprovadas pelo Conselho de Não-Ferrosos e de Siderurgia (Consider). Os projetos aprovados pelo Consider passavam a ter direitos aos incentivos fiscais, os quais foram muito importantes para o financiamento da expansão do setor. Uma conseqüência desse mecanismo de aprovação foi uma certa especialização de cada usina em determinados segmentos.

A segunda consideração refere-se à evolução do investimento no setor propriamente dito (Gráfico 3). De um modo geral, a trajetória foi similar à da siderurgia brasileira como um todo, com o declínio das inversões a partir de 1983.

Os grandes investimentos no início da década de 80 refletiram a construção da Siderúrgica Mendes Jr. e o programa de modernização então empreendido pela Belgo-Mineira.

Gráfico 3

Investimentos no Setor de Laminados Longos Comuns, Brasil, 1972-95 (US$ milhões)

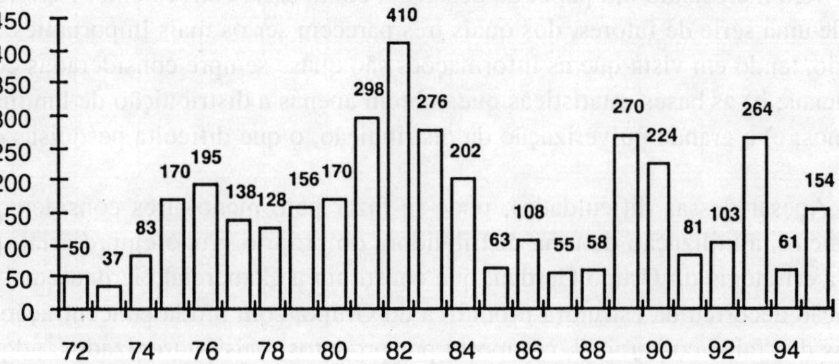

Fonte: IBS, Consider

A partir de 1989, os investimentos aumentaram acentuadamente no setor de laminados longos comuns. As inversões no setor totalizaram US$ 1,16 bilhão no período 1989-95. Todavia, deve-se lembrar que US$ 255,7 milhões foram relativos à aquisição de empresas em operação. Embora esses últimos valores representam um investimento para os adquirentes, não deveriam ser contabilizados, pois representam apenas alterações patrimoniais sem implicações imediatas sobre o grau de atualização tecnológica do setor e, muito menos, sobre a capacidade instalada. Aliás, no caso da Cosinor, que foi comprada em leilão de privatização em novembro de 1991 e posteriormente desativada pelo Grupo Gerdau, o investimento do Grupo se traduziu em redução da capacidade instalada.

2.3.3 Os mercados regionais, distribuição e relaminação

A análise dos mercados regionais é importante, no setor de laminados longos comuns, por dois motivos. O primeiro decorre da própria dimensão continental do país. O segundo, relacionado ao primeiro, é de que as *mini-mills* costumam operar nos mercados próximos, tendo em vista o elevado peso do frete no custo total dos produtos. Deve-se lembrar que as usinas integradas a coque, ao contrário, operam mais num contexto nacional ou mesmo internacional, em função do seu grande porte.[10]

A princípio, pode-se segmentar o mercado brasileiro em três: Sudeste/Centro-Oeste, Sul e Norte/Nordeste. Na verdade, o grande mercado é São Paulo e os estados limítrofes. Em 1995, São Paulo foi responsável por 42% do consumo aparente brasileiro de laminados longos comuns. Os demais estados das regiões Sudeste e Centro-Oeste demandaram mais 28%. Conjuntamente, atingiram 70% do consumo brasileiro. O restante do mercado foi dividido entre o Sul (18%) e o Norte-Nordeste (12%).

A discussão sobre a distribuição do aço no mercado interno, certamente, não vem merecendo um papel de destaque, como seria conveniente. Isso decorre de uma série de fatores, dos quais três parecem ser os mais importantes: a) o sigilo, tendo em vista que as informações são quase sempre consideradas confidenciais; b) as bases estatísticas que cobrem apenas a distribuição de laminados planos; c) a grande pulverização da distribuição, o que dificulta pesquisas diretas.

Apesar dessas dificuldades, pode-se fazer pelo menos três considerações. Primeiro, a utilização de uma distribuidora do próprio grupo empresarial. Essa foi a estratégia do Grupo Gerdau, que constituiu a Comercial Gerdau em 1969. A ação decorreu da estrutura produtiva do Grupo, com nítida concentração nos itens da "faixa comercial", composta por produtos mais padronizados, adquiridos geralmente por clientes não-industriais. Deve-se lembrar, entretanto, que a Comercial Gerdau vende também laminados planos.

Outros produtores, como a Belgo-Mineira, que têm nos produtos industriais o forte de sua linha, preferiram não montar uma rede de distribuição. Em suma, a montagem da linha de distribuição foi condicionada ao *mix* de produtos. O exemplo da Pains, que constituiu duas distribuidoras (Laminação Belo Horizonte e Meirelles Carvalho), seguindo de certo modo a estratégia da Comercial Gerdau, parece ratificar essa hipótese.

Segundo, ao longo do tempo reduziu-se a necessidade da constituição de uma distribuidora própria. No período 1978-91, o governo manteve um controle de preços sobre a siderurgia, embora com maior intensidade sobre o setor de laminados planos. Assim, para burlar o controle de preços, era usual a criação de uma distribuição, já que essa atividade não era passível do controle governamental. Era necessário ter pelo menos uma distribuidora, mesmo que fosse "no papel". Com a extinção do controle de preços, em maio de 1991, acabou-se também esse estímulo às distribuidoras próprias.

---

[10] Estima-se que o frete, de São Paulo para as regiões Norte e Nordeste, de uma tonelada de laminados longos comuns custe até US$ 150 (Gazeta Mercantil, 17.01,96: C-3). O preço do produto no mercado doméstico gira em torno de US$ 500-600.

Terceiro, os grandes distribuidores de aço independentes foram perdendo espaço para pequenos e médios revendedores. Na década de 70, a maior empresa do setor era a Macife, sendo que hoje não existe nenhum distribuidor com tanta proeminência. Atribuem-se a esses grandes distribuidores, no passado, as dificuldades econômicas de pequenas siderúrgicas, ao exercerem o seu grande poderio econômico. Comenta-se que os distribuidores já chegaram a comprar aços longos, com prazo de pagamento de 210 dias.

Num passado mais recente, a partir da estabilização da economia (Plano Real), os distribuidores se viram numa situação mais crítica. Com inflação alta, o distribuidor funcionava como um colchão amortecedor da flutuação de demanda. Ele era funcional às siderúrgicas, pelo escoamento rápido e contínuo da produção. Para o consumidor, era uma fonte ágil de suprimento – sem a carência de colocação de pedidos, prática comum das usinas siderúrgicas. E, às vezes, por questões de viradas de tabelas, praticavam preços mais baratos do que os vigentes nas próprias usinas. Agora, a estabilidade de preços e o fato de que estão trabalhando com estoques reduzidos – em função da falta de perspectiva de reajustes, combinados com juros elevados – diminuiu muito o seu campo de atuação.

Os dados disponíveis sobre a distribuição de laminados longos comuns na siderurgia brasileira não permitem a comprovação das três considerações. Isso decorre do alto nível de agregação das informações. Nas estatísticas do Instituto Brasileiro da Siderurgia, não se distingue distribuidores de revendedores, nem o porte do mesmo, quanto menos sua propriedade. Sabe-se apenas que, em 1995, 38,5% dos laminados longos comuns foram vendidos pelas usinas aos distribuidores/revendedores (Tabela 3)[11].

Tabela 3
Consumo aparente brasileiro de laminados longos comuns, por tipo de clientes, em mil toneladas

Setores	1990	1991	1992	1993	1994	1995
Distrib. e Revendedores	1.972	1.781	1.532	1.554	1.636	1.419
Construção Civil	468	518	582	820	804	978
Semi-Elaboração	343	635	728	794	813	661
Automobilístico	78	67	70	80	73	74
Mecânico	35	113	26	38	9	19
Outros	201	213	228	416	559	531
Total	3.097	3.327	3.166	3.702	3.894	3.682

Fonte: IBS (1995), IBS (1996)

[11] Em termos da distribuição de vergalhões, 57,4% foram vendidos a distribuidores e 40,8% diretamente à construção civil em 1992. No ano anterior, estes números foram respectivamente de 75,1% e 21,8%, refletindo a alta volatilidade do mercado de distribuição.

Grande parte dos laminados longos comuns são revendidos, posteriormente, às empresas da construção civil. Elas são, individualmente, o segundo maior cliente "direto" das usinas. O terceiro maior cliente é o mercado de semi-elaborados (relaminadoras), que compram blocos e tarugos e os transformam em produtos finais. O mercado de relaminação funciona, assim, como um meio alternativo às usinas no fornecimento de laminados longos comuns. Um levantamento desse mercado, levado a cabo em 1991, apontou que a capacidade instalada era da ordem de 204 mil toneladas, sendo 49% em São Paulo e 33% em Minas Gerais (IBS, 1991: 31). Mas o maior problema é que esses fabricantes somente operam no mercado de barras e perfis, sendo que, em 1990, sua participação nesses produtos foram respectivamente de 24% e 20%.

2.4 Concentração econômica

Esta seção visa discutir o tema concentração na siderurgia. Ela foi dividida em três subseções, sendo que a primeira analisa a questão no plano da siderurgia mundial. Não apenas retoma alguns trabalhos internacionais, com apresenta uma estimativa de concentração com base nos dados do *International Iron and Steel Institute* (ISSI). A segunda subseção refere-se ao caso da siderurgia brasileira de laminados longos comuns, durante o período 1972-96. A terceira e última seção faz um breve histórico das decisões do Conselho Administrativo de Defesa Econômica (CADE) sobre as recentes aquisições no setor.

2.4.1 A concentração na siderurgia mundial

O tema concentração é recorrente na literatura sobre siderurgia, tendo em vista os elevados custos de implantação das usinas. Pode-se dividir essa discussão em duas vertentes: a cartelização e a concentração propriamente dita. Quanto à primeira, deve-se lembrar que, já em 1933, Glenn E. McLaughlin, defendeu na Harvard University, uma tese de doutorado intitulada "*Cartel Organization of the German Steel Industry*". Esse tema foi retomado recentemente por Daniel Barbezat[12].

A literatura sobre concentração industrial na siderurgia foi extremamente influenciada pelo trabalho de Orris C. Herfindahl. O economista desenvolveu originalmente um dos índices de concentração mais utilizados no mundo, que atualmente é conhecido como Herfindahl-Hirschman. Além da importância desse indicador para o estudo de concentração em qualquer indústria, não se

[12] A tese de doutorado de Barbezat denominou-se "International Cooperation and Domestic Cartel Control: the international steel cartel, 1926-38". Um sucinto resumo da mesma se encontra na revista "Business and Economic History", 1990, vol. 19, pp. 14-16. Ele inclusive tinha publicado um ano antes, na mesma revista, às páginas 218-227, outro artigo sobre o tema, intitulado "Belgian Domestic Steel Cartels an the Re-Rollers, 1933-38". Os estudos de Barbezat centram-se na criação e evolução do International Steel Cartel (1926) e do International Steel Export Cartel (1933), formado por Alemanha, França, Bélgica e Luxemburgo.

pode esquecer que a própria tese de doutorado de Herfindahl foi sobre a indústria siderúrgica. Ela foi defendida, em 1950, na Columbia University, sob o título de "*Concentration in the Steel Industry*".

Shepherd (1987: 639) lembra que, nos anos 50, o índice era conhecido apenas como Herfindahl. No entanto, na década de 60, Albert O. Hirshman o utilizou para analisar o padrão de comércio exterior. Ainda segundo Shepherd, o índice de Herfindahl-Hirschman andou em voga na década de 80, mas sem conseguir superar os indicadores tradicionais (C_4, C_{10}) nos exercícios de estimação do poder de mercado.

O fato é que os estudos atuais de concentração vêm se valendo de dois tipos de índices. De um lado, os índices de concentração tradicionais, como C_4, C_8 e C_{10} e C_n. A grande desvantagem desses índices é que eles somente captam a mudança de concentração das maiores empresas. O cálculo dos demais índices dessa família, é análogo. De outro, o Herfindahl-Hirschman (C_{hh}), que é o somatório da participação relativa de cada empresa, elevada ao quadrado. Uma das principais críticas endereçadas a este índice é exatamente a falta de conteúdo em si, pois o que significa um C_{hh} igual a 2.340, por exemplo? A despeito destas, e outras críticas, o C_{hh} continua sendo bastante utilizado em estudos de concentração[13].

A seguir são sumarizados três estudos recentes sobre concentração na indústria siderúrgica mundial. Todos eles relacionam, em algum grau, a concentração com a privatização. Essa articulação não é despropositada: a privatização na indústria siderúrgica mundial permitiu uma alteração rápida da concentração industrial, da mesma forma que tinha ocorrido na década de 70, com a estatização das siderúrgicas européias.

Qian & Duncan (1993) se dedicam a estudar os impactos da privatização sobre a concentração na indústria siderúrgica argentina. Num primeiro momento, eles testam as hipóteses de que o aumento da concentração (medida pelo C_{hh}) elevaria o *mark-up* (estimado pela diferença do preço nacional em relação ao internacional) e de que o incremento da concentração induziria a uma maior pressão por protecionismo. Esse exercício abrangeu cinco grandes países produtores mundiais de aço, sendo que os principais resultados foram sintetizados no Quadro 4. Cabe lembrar que esse estudo foi para os produtores de aços planos não-revestidos (bobinas laminadas a quente).

---

[13] Shepherd (1987: 639) aponta mais duas críticas ao C_{hh}. Primeiro, se a participação de mercado é conhecida para cada empresa, é mais interessante utilizar essa informação desagregada, ao invés de resumi-la num índice. Segundo, a ponderação da participação pelo quadrado não tem qualquer base teórica ou empírica.

Quadro 4
Concentração, mark-up e proteção na siderurgia mundial, 1972-89

País	Tendência da Concentração	HHI e Mark-Up	Proteção e Mark-Up
Estados Unidos	Sem Tendência	Relação Positiva	Relação Positiva
França	Aumento	Relação Positiva	-
Japão	-	Sem Relação	-
Alemanha	-	Sem Relação	-
Reino Unido	-	Sem Relação	-

Fonte: Qian & Duncan (1993)

Os resultados de Qian & Duncan (1993) não ratificam a hipótese de uma relação estreita entre concentração e aumento de *mark-up*. Dos cinco países estudados, apenas Estados Unidos e França apresentaram relação positiva. Mesmo assim, os graus foram muito diferentes: nos Estados Unidos, estimou-se um coeficiente de 10,8 (em média, o aumento de 1% no C_{hh} incrementaria o *mark-up* em mais de 10%), contra um estimador de 0,27 na França (um incremento de 10% no C_{hh} aumentaria o *mark-up* em cerca de 3%).

Para Japão, Alemanha e Reino Unido, não se observou relação positiva entre o HHI e os preços domésticos. No caso desses três países, o estimador mais elevado foi de 0,02, isto é, para um aumento de 50% no C_{hh}, o *mark-up* aumentaria apenas 1%. Quanto à segunda hipótese, de relação entre proteção e *mark-up*, os autores testaram apenas para os Estados Unidos, com resultados positivos. Ainda segundo Qian & Duncan (1993: 7):

> *"The lack of sucess in finding a consistent positive relationship across countries between the Herfindahl index and the domestic price deviation is perhaps because of the complicated nature in which domestic price is determined not only by industry concentration but also by an array of other variables such as income growth, elasticity of substitution between domestic and imports, prices of inputs in the steel production process, interest taxes, exchange rates, technological changes, and political economy considerations".*

Em suma, a determinação do *mark-up* é muito mais complexa do que a simples correlação com a concentração.

Gerchunoff et alli (1994) também se dedicam a examinar os impactos da privatização sobre a concentração na siderurgia argentina, utilizando o C_{hh} como parâmetro. Segundo eles, tanto em 1990 quanto em 1993, os níveis de concentração nas etapas de redução e refino (aciaria) se encontravam dentro dos valores normais para esse tipo de indústria. Em compensação, verificou-se um aumento da concentração em 57% no segmento de laminados longos e em 50% no de laminados planos a frio (Tabela 4)[14].

Tabela 4
Índice C_{hh} na siderurgia argentina, 1990-93

Etapas	Pré-Privatização (1990)	Pós-Privatização (1993)
Redução	4.602	4.029
Refino (Aciaria)	3.226	3.118
Laminação Longos	2.785	4.824
Laminação Planos a Quente	8.245	8.258
Laminação Planos a Frio	4.742	9.472
Tubos Sem Costura	10.000	10.000
Revestidos	3.488	3.549

Fonte: Gerchunoff *et alli* (1994)

A Somisa foi privatizada em outubro de 1992, sendo rebatizada de Siderar. Fundada em 1947, a usina só começou a ser construída em 1956, sendo inaugurada em 1960. Trata-se de usina integrada a coque produtora de aços planos e longos comuns (2,5 milhões de toneladas). Logo após a privatização, a nova direção da Somisa resolveu desativar a linha de tarugos, de 250 mil toneladas. A centralização das atividades da Somisa no segmento de planos permitiu que a Acindar aumentasse o seu controle sobre o mercado de longos comuns.

A desativação da linha de longos da Somisa somente foi mais um passo no processo de consolidação da liderança da Acindar nesse segmento. Dois outros fatores contribuíram decisivamente para essa situação. Primeiro, a incorporação de concorrentes pela Acindar. Destaque-se que, em setembro de 1981, a Acindar comprou três siderúrgicas de aços longos: Gurmendi (segundo maior produtor do segmento), Santa Rosa e Genaro Grasso. Segundo, verificou-se o fechamento de várias relaminadoras de aços longos de pequena dimensão. No período 1979-92, foram desativadas 25 relaminadoras de longos na Argentina, com uma capacidade total de 557,7 mil toneladas.

Em suma, a siderurgia argentina passou por um processo de concentração crescente nas últimas duas décadas, consolidando a presença de três empresas: Somisa/Siderar, Siderca e Acindar. Cada uma delas domina um mercado específico, respectivamente, aços planos, tubos sem costura e longos comuns. No cômputo total, as três siderúrgicas fabricaram 68,9% de todo aço argentino em 1975, sendo que em 1982 e 1991, esse valor já tinha evoluído respectivamente para 90,9% e 95,2%. Com a Somisa foi comprada por uma empresa do Grupo

14 Na verdade, Gerchunoff et alli (1994) subestimam a concentração no segmento de laminados longos na Argentina. Segundo informações dos próprios autores, a Acindar detém 49% da Boneli, controlando ainda a Navarro e a San José, esta última já fechada. Considerando a atuação do grupo da Acindar como um todo, obtêm-se um C_{hh} da ordem de 6.166 (28% a mais do que o originalmente estimado). Deve-se lembrar que os dados utilizados pelos autores são relativos à capacidade operacional.

Techint, que era proprietário da Siderca, em 1995, a participação das três empresas em termos de produção nacional atingiu a 93,4%, mas agora nas mãos de apenas dois grupos.

IAS (1989) estima os índices de concentração, mais uma vez pelo critério C_{hh}, para a siderurgia neozelandesa. A idéia é auferir o índice antes e após a venda da estatal New Zealand Steel para siderúrgica australiana BHP (Tabela 5). Nesse sentido, aproxima-se do exercício executado por Gerchunoff et alli (1994). Não cabe uma comparação entre os dados obtidos para as siderurgias argentina e neozelandesa, por um motivo: o tamanho do mercado. Como ele é maior na Argentina, esperar-se-ia que a concentração nesse país fosse menor.

Tabela 5
Índice C_{hh} na siderurgia neozelandesa

Laminados	Pré-Privatização	Pós-Privatização
Laminação Planos a Quente	3.885	5.102
Laminação Planos a Frio	5.695	6.187
Galvanizados	7.772	7.983
Tubos	3.809	4.015
Perfis	7.312	10.000

Fonte: IAS (1994)

De um modo geral, os estudos sobre concentração na indústria siderúrgica têm estudado o problema localkizado de cada país. Desconhece-se uma análise mais abrangente sobre concentração no contexto do mercado mundial. Para diminuir parcialmente essa lacuna, estimou-se índices de concentração para a siderurgia ocidental (Gráficos 4 e 5).

No Gráfico 4 são mostrados os índices C_4, C_8, C_{10} e C_{20}, para a indústria siderúrgica mundial. Para obter tais indicadores, levantou-se a produção das maiores siderúrgicas mundiais, utilizando-se as seguintes fontes: *International Iron & Steel Institute* (ISSI), *World Steel Dynamics* e *Iron Ore Manual.* O denominador foi o total da produção siderúrgica ocidental, pois apenas a partir da década de 90 se obteve dados para as siderúrgicas localizadas nos países do Leste Europeu e China.

O Gráfico 5 mostra a evolução do C_{hh} também para a siderurgia ocidental. Adicionalmente, foi plotado a evolução da produção de aço ocidental nesse gráfico. De um modo geral, todos os indicadores de concentração, surpreendentemente, mostram uma tendência declinante. Isso, entretanto, é explicado pelos *late-comers,* ou seja, promoveu-se uma difusão do número de países produtores de aço. Como a produção total aumentou apenas a taxas vegetativas, a concentração diminuiu.

Gráfico 4
Indicadores de Concentração na Siderurgia Ocidental, 1970-96

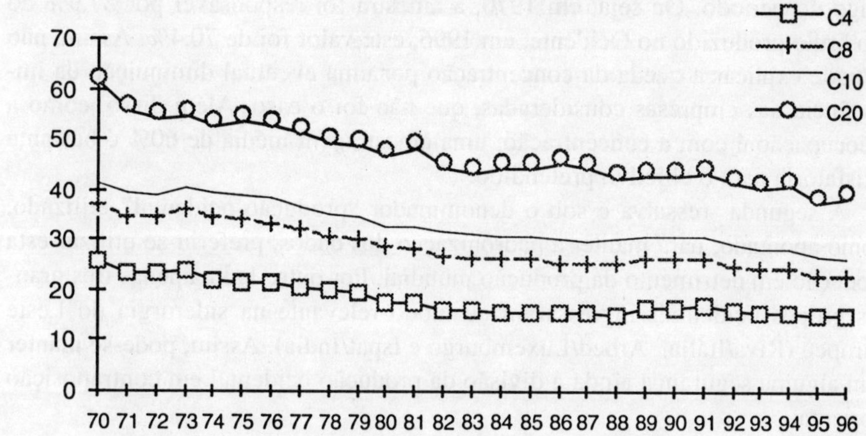

Fonte: IISI, World Steel Dynamics, Iron Ore Manual

Gráfico 5
Índice de Herfindahl-Hirshcman e Produção na Siderurgia Ocidental, 1970-96

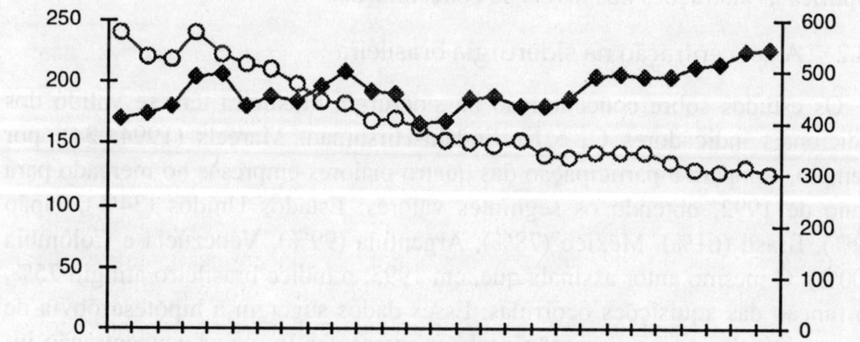

Fonte: ISSI, World Steel Dynamics, Iron Ore Manual

A tendência declinante da concentração não deixa de ser um fato inusitado, pois a noção predominante é de que, para cada país individualmente, a concentração no setor vem aumentando. Pode-se, assim, questionar a validade destes dados agregados. Nesse sentido, deve-se fazer pelo menos duas ressalvas. Buscou-se avaliar a representatividade da amostra, sendo que ela foi crescente ao longo do período. Ou seja, em 1970, a amostra foi responsável por 57,9% do aço bruto produzido no Ocidente; em 1996, este valor foi de 70,4%. Assim, não se pode explicar a queda da concentração por uma eventual diminuição da importância das empresas consideradas, que não foi o caso. Além disso, como a preocupação é com a concentração, uma amostragem média de 60% é bastante satisfatória para o objetivo pretendido.

A segunda ressalva é sob o denominador "produção ocidental" utilizado. Como apontado, para manter a padronização dos dados, preferiu-se utilizar esta produção em detrimento da produção mundial. Por outro lado, apenas três grandes grupos ocidentais ingressaram de modo relevante na siderurgia do Leste Europeu (Riva/Itália, Arbed/Luxemburgo e Ispat/Índia). Assim, pode-se manter com alguma segurança ainda a divisão da produção ocidental em contraposição a oriental.

Também é importante destacar que a privatização das siderúrgicas proporcionou uma desconcentração de algumas indústrias. Nesse particular, é importante mencionar que três *holdings* estatais tiveram suas usinas vendidas isoladamente: Siderbrás (Brasil), Sidermex (México) e Ilva/Finsider (Itália). Uma última observação deve-se ao ritmo de desconcentração da indústria. Para os indicadores de participação das maiores empresas no setor (C_4, C_8 e C_{10} e C_{20}), a queda foi mais pronunciada na década de 70, sendo a retração mais suave a partir de 1983. Já o C_{hh} mostrou tendência persistente de queda, até porque amplifica as alterações nos níveis de concentração.

2.4.2 A concentração na siderurgia brasileira

Os estudos sobre concentração na siderurgia brasileira têm se valido dos tradicionais indicadores C_4 e Herfindahl-Hirshman. Mareels (1994: 34), por exemplo, compara a participação das quatro maiores empresas no mercado para o ano de 1992, obtendo os seguintes valores: Estados Unidos (34%), Japão (59%), Brasil (61%), México (78%), Argentina (99%), Venezuela e Colômbia (100%). O mesmo autor assinala que, em 1993, o índice brasileiro atingiu 75%, em função das aquisições ocorridas. Esses dados sugerem a hipótese óbvia de que parques de menor dimensão acabam apresentando maior concentração industrial.

Um estudo elaborado por Lúcia Helena Salgado estimou o grau de concentração na indústria brasileira de um modo geral. Dois segmentos da produção siderúrgica foram considerados e enquadrados como altamente concentrados: aços semi-acabados e planos (C_{hh} = 3.503,52) e aços laminados (C_{hh} = 3.201,63) – ver Gazeta Mercantil (30.12.94: 1 e 3). A base dessas informações é o Balanço Anual da Gazeta Mercantil, que inclui no primeiro segmento CSN, Usiminas, Cosipa, CST e Açominas. No segundo segmento, Cosigua, Armco, Usiba, Açonorte e outras empresas de pequena dimensão. Em outro segmento, não estudado por Salgado, denominado aços não-planos, encontram-se Belgo-Mineira, Mendes Jr., Riograndense, Pains, Barra Mansa, Dedini, Guaíra, Aliperti e outras. Se os dois últimos segmentos fossem considerados conjuntamente, os resultados seriam mais adequados.

Tendo em vista os objetivos deste artigo, estimou-se os índices de concentração (C_4 , C_8 e C_{hh}) apenas para os segmentos de aços longos comuns. Na verdade, recorreu-se a duas estimativas. A primeira considera a concentração por cada planta individualmente, mesmo quando faziam parte de um grupo empresarial que possuía mais de uma usina siderúrgica produtora de aços longos comuns (Gráfico 6). A segunda foi estimada ao nível dos grupos, que inclusive é mais relevante para a análise da tendência de concentração (Gráfico 7).

Os dados do Gráfico 6 mostram duas tendências relativamente nítidas. No período 1972-83, verificou-se uma trajetória de desconcentração das plnatas industriais. O principal fator explicativo disso é perda de *market-share* da empresa líder, a Belgo-Mineira. A partir de 1984, a trajetória é de aumento da concentração, com a ampliação da produção da Cosigua e o início das operações da Mendes Jr. Em 1996, a elevação abrupta dos índices de concentração foi decorrência da reestruturação patrimonial do Grupo Gerdau, que incorporou a Usiba e a Cearense na Açonorte. Ao longo do período 1972-96, o C_4 aumentou cerca de 43%, o C_8 em torno de 47% e o HHI ao redor de 76%.

Gráfico 6

Índices de Concentração na Siderurgia Brasileira de Laminados Longos, Por Plantas, 1972-96

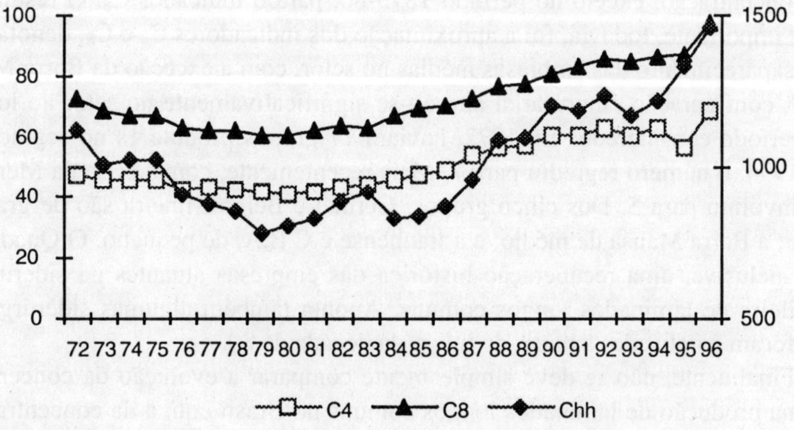

Gráfico 7
Índices de Concentração na Siderurgia Brasileira de Laminados Longos, Por Grupos, 1972-96

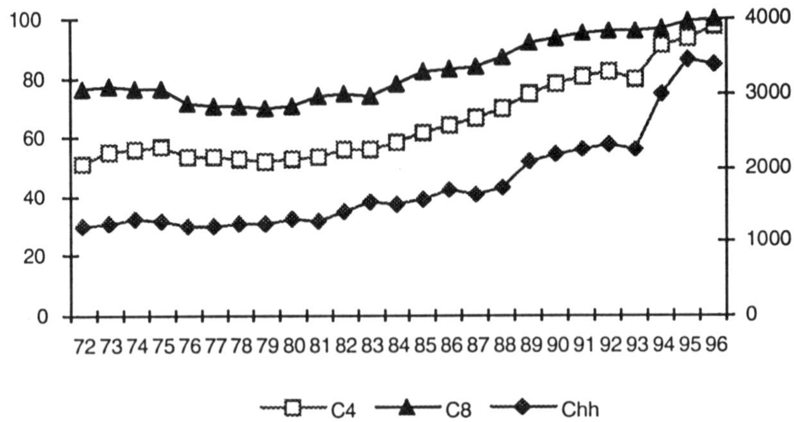

Fonte: Cálculos próprios a partir de dados do Consider e do IBS

Já o Gráfico 7 mostra os índices de concentração (C_4 , C_8 e C_{hh}), considerando-se a produção por grupo. Todavia, é preciso fazer uma ressalva. Toda a produção, no ano, de laminados de uma empresa incorporada foi considerada como produção do grupo adquirente. Optou-se por esse critério em função de que, em várias transações, não se conseguiu levantar o mês que a nova gestão tomou posse.

O crescimento da concentração de mercado no segmento de aços longos comuns foi mais pronunciada do que o verificado com a concentração das plantas, como seria de se esperar. Não se constatou uma trajetória importante de desconcentração, exceto no período 1875-80, para o indicador C_8. O resultado mais importante, todavia, foi a aproximação dos indicadores C_4 e C_8, denotando o desaparecimento das empresas médias no setor, com a exceção da Barra Mansa. A configuração empresarial alterou-se significativamente no setor ao longo do período considerado: em 1972, haviam 17 grupos produtores no segmento; em 1994, o número regrediu para 7. Mais recentemente, com a crise da Mendes Jr., involuiu para 5. Dos cinco grupos, Gerdau e Belgo-Mineira são de grande porte; a Barra Mansa de médio; e a Itaunense e C.B.A. de pequeno. O Quadro 5 faz, inclusive, uma recuperação histórica das empresas atuantes na siderurgia brasileira de laminados longos comuns. Aponta também algumas siderúrgicas que foram paralisadas a partir do início da década de 80.

Finalmente, não se deve simplesmente comparar a evolução da concentração na produção de laminados longos comuns no Brasil com a da concentração na produção de aço bruto no Ocidente, uma vez que os dados consideram a produção total de aço e não de um segmento específico. Além disso, o aparecimento dos *late-comers* parece explicar a desconcentração no plano mundial, não se verificando substancial retração da importância das grandes empresas no âmbito da indústria. De outro modo, os grandes produtores mundiais dos países desenvolvidos passaram a conviver com novos produtores de grande porte oriundos dos países em desenvolvimento. A grande empresa ainda é a configuração predominante na siderurgia, só que agora o número de produtores é maior.

2.4.3 A posição do CADE

A última proposta desta seção é relatar os processos de anti-concentração industrial que envolvem a siderurgia brasileira, produtora de aços longos comuns. De início, deve-se destacar a alteração na legislação pertinente, em junho de 1994, com a introdução da Lei 8.884 e a revogação da Lei 8.158/91. Pela antiga legislação, o órgão julgador do processo era a Secretaria de Direito Econômico do Ministério da Justiça (SDE/MJ). O ritual era relativamente rápido: após a consulta à SDE/MJ, a Secretaria de Política Econômica do Ministério da Fazenda (SPE/MF) tinha 30 dias para elaborar um parecer técnico, ressaltando os aspectos econômicos da transação. O processo retornava à SDE/MJ, que tinha mais 30 dias para a decisão; em caso de não-pronunciamento contrário, a consulta era aprovada por decurso de prazo. Por essa legislação, a SDE/MF somente poderia discutir a conduta – conceito de repressão às infrações de ordem econômica – e não a aquisição propriamente dita e seus virtuais impactos sobre a estrutura de mercado – conceito de prevenção.

Pela nova legislação, o órgão julgador passou a ser o Conselho Administrativo de Defesa Econômica (CADE), que se transformou em autarquia. O processo de aprovação tem um prazo total de 90 dias, mas que é suspenso em caso de exigências adicionais. Exige-se um parecer da Secretaria de Acompanhamento Econômico do Ministério da Fazenda (SEAE/MF, ex-SDE/MF) e outro da SDE/MJ. Além disso, o enquadramento tornou-se mais claro: é necessário a consulta pelo adquirente (ou produto da fusão) de transações que resultem no domínio de mais de 20% do mercado relevante ou que envolvam empresas que faturem mais de US$ 60 milhões. Com a nova legislação, o CADE passou também a avaliar os impactos sobre a estrutura de mercado derivados da compra de empresas, com o poder de desconstituir as incorporações ou fusões.

No caso brasileiro, verificam-se cinco processos relativos à concentração econômica, no segmento de aços longos comuns. O primeiro e bastante polêmico foi o da compra, e posterior desativação, da Cosinor pelo Grupo Gerdau. Na verdade, o Grupo nem apresentou uma consulta, pois a regulamentação do programa de privatização não obrigava. O processo já encerrado foi derivado, então, de uma denúncia da Pontezinha (empresa dos funcionários) relativa ao abuso do poder econômico, em função do virtual monopólio da produção de aços longos comuns no Norte-Nordeste. Como a base jurídica era a Lei 8.158/91, somente estava em questão a conduta, e não a aprovação da compra em si.

Quadro 5
Panorama das siderúrgicas produtoras de aços longos, Brasil

Grupos	Empresa	Usina	Data*	Histórico	Capacidade em mil ton.
Gerdau	Riograndense	Sapucaia Sul, RS	1948	Fundada em 1938	310
	Açonorte	Recife, PE	1969	Fundada em 1958	305
	Cosigua	Santa Cruz, RJ	1971	Inauguração: dez. 1972	1.280
		São Gonçalo, RJ	1985	Laminação de Neves (Hime), fundada em 1925	325
		Barão Cocais, MG	1988	Privatização da Cimetal, que havia comprado esta usina em 1976 da Hime	270
	Guaíra	Curitiba, PR	1972	Fundada em 1946	Laminação
		Araucária, PR	1981	Inauguração: out.1983	430
	Comesa	Atalaia, PR	1974	-	55
	Cearense	Maracanaú, CE	1980	Inauguração: out.1982	100
	Usiba	Simões Filho, BA	1989	Empresa fundada em 1961, mas inaugurada em 1973	485
	Cosinor	Cabo, PE	1991	Fundada em 1959 e estatizada em 1988	84
	Pains	Divinópolis, MG	1994	Fundada em 1953. Grupo Korf comprou ações em 1976	450
		Contagem, MG	1994	-	Laminação
		São J. Campos, SP	1994	Antiga Fi-El, fundada em 1926	Laminação
Belgo-Mineira	Belgo-Mineira	Sabará, MG	1925	-	Trefilaria
		Monlevade, MG	1937	-	1.000
		Contagem, MG	1959	-	Trefilaria
		Cariacica, ES	1993	Aciaria 2 da Cofavi	320
	Dedini	Piracicaba, SP	1994	Fundada em 1955	350
	BMP	Juiz de Fora, MG	1995	Arrendamento Mendes Jr.	600
Barra-Mansa		Barra Mansa, RJ	1937	Nova Aciaria: 1986	450
Itaunense		Itaúna, MG	1963	-	138
C.B.A.		São Paulo, SP	1943	-	100
Copala		Belém, PA	1959	Paralisada desde 1996	15
Ferroeste		Contagem, MG	1954	Antiga Lafersa. Desativou: aciaria (1992) e laminação (1996)	-
Cofavi		Cariacica, ES	1942	Privatizada em 1989. Paralisada em 1995	Laminação
Aliperti		São Paulo, SP	1924	Paralisada em 1990	-
Sidelpa		Lençóis Paul., SP	-	Paralisada em 1986	-
Santa Olímpia		Santa Olímpia, SP	1925	Perteneceu ao Grupo Jafet. Paralisada em 1986	-
Coferraz		Santo André, SP	1971	Fundada em 1942, pertenceu ao Grupo Jafet e Papa. Paralisada em 1982	-

* Refere-se à data de fundação ou aquisição.
Fonte: Pereira & Caron (1968), Baer (1970), Johannpeter (1990)

Passanezi F.º (1992: 119-120), ao comentar a privatização da Cosinor aponta que:

> "Mais significativo ainda, o Grupo [Gerdau] tornou-se monopolista na região Nordeste pois detém, todas as siderúrgicas instaladas na região. Essa possibilidade de aumento do grau de monopólio, detectada no edital de venda e contestada judicialmente pelos funcionários da COSINOR, não foi levada em consideração pela Comissão Diretora que poderia a priori impedir a participação do Grupo no leilão".

Os quatro últimos processos tiveram como origem a própria consulta promovida pelo adquirente. A compra da Açominas por um consórcio capitaneado pela Mendes Jr. já foi aprovada, porque se tratava de uma verticalização, e não horizontalização. Além disso, a combinação Mendes Jr/Açominas foi considerada benéfica à estrutura industrial da siderurgia brasileira por dois motivos. Primeiro, ao permitir um rápido enobrecimento da pauta produtiva – com a introdução de um novo laminador de barras na Mendes Jr.–, reduzindo a disponibilidade de semi-acabados para a venda interna e, principalmente, externa. Segundo, no segmento de longos comuns, a concentração não é uma necessidade técnica, na mesma proporção dos aços planos. A configuração gerada inicialmente, em que Belgo-Mineira, Gerdau e Mendes Jr/Açominas faturavam cerca de US$ 1 bilhão cada, caracterizando uma liderança tripartite, foi tida como uma boa solução em termos de estrutura industrial (Nigri, 1994: 11).

Em fevereiro de 1994, o Grupo Gerdau através da siderúrgica uruguaia Laísa adquiriu a Korf GmbH, a um custo de US$ 62 milhões. Desse total, cerca de US$ 50 milhões seriam relativos ao controle acionário da Siderúrgica Pains. Esse foi o mais polêmico e complexo processo de anti-concentração na siderurgia brasileira. Em março de 1995, o CADE desaprovou a operação de compra da Pains, pela primeira vez. Alegou que a incorporação aumentaria sua participação do Grupo Gerdau de 39,6% para 46,2% no mercado brasileiro de aços longos comuns. O Grupo ainda se comprometia a investir US$ 36 milhões na área siderúrgica, US$ 4 milhões em projetos ambientais e US$ 10 milhões na área florestal. O CADE intimou o Grupo para desafazer a compra num prazo de 60 (sessenta) dias.

Em seguida, o Grupo Gerdau entrou com um recurso administrativo que não estava previsto na legislação do CADE. Com base no princípio geral de que toda decisão administrativa cabe recurso, ainda que ao mesmo órgão, o CADE o aceitou (Gazeta Mercantil, 6.11.95: A-15). Dessa vez, o Grupo se comprometeu a direcionar metade da produção da Pains para o segmento de aços longos especiais. O recurso foi julgado em outubro de 1995, tendo sido novamente recusada, por quatro votos a três, a compra da Pains.

O Grupo Gerdau, então, interpôs um recurso administrativo ao Ministro da Justiça, Nelson Jobim. Em novembro de 1995, Jobim aceitou oficialmente o recurso do Grupo e pediu um novo parecer à SDE/MJ. O argumento foi de que o Ministro da Justiça somente estaria impedido de apreciar as decisões do CADE em casos de infrações à livre concorrência, como cartelização (conduta). A decisão de Jobim gerou uma crise entre o CADE e o Ministério da Justiça, e também entre a SEAE/MF e SDE/MJ. No primeiro caso, os conselheiros do CADE decidiram, em dezembro de 1995, ir à Justiça para garantir o cumprimento de sua decisão. Além disso, lembravam, informalmente, que, na prestação de contas das eleições de 1994 ao Tribunal Superior Eleitoral (TSE), o Grupo Gerdau figurou como o maior doador da campanha do atual governador do Rio Grande do Sul, do mesmo partido do Ministro Jobim (Gazeta Mercantil, 7.11.95: A-12).

A crise aberta entre a SEAE/MF e a SDE/MF, deveu-se à requisição do segundo parecer. Em janeiro de 1996, o secretário da SEAE/MF divulgou que o seu segundo parecer seria favorável à compra da Pains pelo Grupo Gerdau. O secretario da SDE/MJ afirmou, porém, que o Ministro da Justiça tinha pedido um segundo parecer somente à sua secretaria (Gazeta Mercantil, 11.01.96: A-11). Cabe lembrar que os primeiros relatórios, tanto da SEAE/MJ e da SDE/MJ foram contrários a incorporação da Pains.

Também em janeiro, o Conselheiro Edison Rodrigues-Chaves, como presidente interino do CADE, solicitou à Procuradoria Geral da República que movesse uma ação decretando a intervenção no Grupo Gerdau, com o afastamento dos atuais administradores, caso se recusassem a cumprir a desconstituição da compra da Pains. Tão logo reassumiu seu cargo, o presidente efetivo do CADE desconsiderou o pedido.

Janeiro de 1996 certamente foi o ápice da crise do caso Pains. Nesse mês, ainda foi divulgado inclusive que o CADE estaria julgando o Grupo Gerdau nas aquisições das siderúrgicas Usiba e Cosinor. Essas investigações teriam sido abertas em setembro de 1994, um mês após o início do processo de compra da Pains pelo Gerdau (Folha De São Paulo, 12.01.96: 2-9). As investigações se encontrariam na SDE/MJ, que deveria enviar ao CADE em um mês. Até então, tais investigações não haviam sido relevadas.

Em novembro de 1996, o CADE fez um proposta conciliatória para superar o impasse da aquisição da Pains pelo Grupo Gerdau. Foram formuladas duas propostas ao adquirente. A primeira contemplava dez medidas que eliminariam os efeitos nocivos da concorrência. As mais relevantes eram: a) a realização de um programa de requalificação profissional e recolocação dos funcionários demitidos após a compra da Pains; b) a alienação da Transpains; c) a restrição da distribuição pela Comercial Gerdau a 20% das vendas da Pains; d) o acesso a terceiros das tecnologias desenvolvidas entre a Gerdau e Mannesmann Demag. Além disso, previa a recuperação da laminação de Contagem, que se encontrava paralisada, e a posterior venda mediante oferta pública (Gazeta Mercantil, 28.11.96: A-14). A segunda previa o arrendamento das unidades de Divinópolis e Contagem da Pains por 20 anos.

O Grupo Gerdau optou pela primeira alternativa: a recuperação e venda da laminação de Contagem. O comprador não pode deter mais de 10% (no caso de empresa individual) ou 15% (no caso de consórcio). Estima-se que serão necessários US$ 15 milhões para a recuperação da unidade, visando produzir 40 mil toneladas anuais de vergalhões. O plano elaborado pelo Grupo Gerdau para cumprir as determinações do CADE foi aprovado pela autarquia em maio de 1997.

Em fevereiro de 1996, o CADE aprovou a compra de 49% da Siderúrgica Dedini pela Belgo-Mineira. A operação foi aprovada por unanimidade, permitindo que a empresa aumente sua participação no mercado de aços longos comuns de 18,8% para 37,2%, fazendo frente aos 41,1% mantidos pelo Gerdau (Gazeta Mercantil, 19.02.96: A-7). A aprovação foi condicionada a um termo de compromisso, formalizado em setembro de 1996, que fundamentalmente prevê investimentos de US$ 32 milhões no período 1996-99 (Gazeta Mercantil, 5.09.96: A-14).

Finalmente, a operação de compra da Açominas pela Mendes Jr., que havia sido saudada como benéfica à estrutura industrial do setor, acabou não sendo estável, por motivos financeiros. A Belgo-Mineira, a partir de junho de 1995, está gerindo a Mendes Jr. mediante um contrato de arrendamento com opção de compra. O processo ainda se encontra em trâmite, sendo que no começo de junho de 1997, a SDE/MJ concluiu seu parecer.

2.5 Concorrência, barreiras à entrada e preços

Esta seção visa discutir a dinâmica concorrencial na indústria brasileira de laminados longos comuns. As duas primeiras subseções referem-se à concorrência e às barreiras à entrada. Já a terceira subseção aborda a questão da proteção tarifária e a quarta a da proteção técnica. A quinta e última subseção analisa o comportamento de preços dos produtos siderúrgicos no Brasil e no exterior.

2.5.1 Dinâmica concorrencial

A principal forma de concorrência no setor é via preços. Há pouco espaço tanto para diferenciação quanto para a segmentação. Não existem produtos patenteados, ou processos com elevada margem de tolerância. A única exceção, que confirma a regra, é o "Dywidag", um ferro redondo rosqueável, com estrias, produzido pela Barra Mansa. Diferencia-se do vergalhão por não conter friso. É uma patente alemã, sendo apenas produzido para a própria Dywidag. Ou seja, é um produto feito sob encomenda, e utilizado em concreto protendido.

É claro que alguns produtores possuem linha mais direcionada para a indústria (Belgo-Mineira) e outros mais para a construção civil (Gerdau e Barra Mansa). Em função dessa especialização, a Belgo-Mineira é líder em fio-máquina e trefilados, enquanto o Grupo Gerdau o é em vergalhões. Naturalmente, num mercado com liderança tão proeminente e com poucos produtores independentes, não seria de se esperar guerra de preços com freqüência. De modo geral, a empresa líder de cada segmento fixa preço e os demais a seguem. Os produtores menores, para colocarem seus produtos, costumam conceder algum desconto sobre o preço da empresa líder.

Não existe, entretanto, um cartel formalizado. O número reduzido de produtores favorece "acordos de cavalheiros", que incluem metas de colocação nos mercados interno e externo. Inexiste, também, mecanismo de coerção para eventuais descumprimentos desses acordos. Resumidamente, a informalidade de eventuais acertos favorece que eles sejam freqüentemente rompidos pelos produtores. BNDES (1987: 48) assinala que a intensidade da concorrência varia conforme a situação macroeconômica:

> "A forma predominante de concorrência entre as empresas produtoras de aços não planos leves comuns é por preços e se manifesta nas fases de crise ou de aquecimento da demanda, prevalecendo as condições de cartel quando o mercado está 'normal'".

Ainda segundo BNDES (1987: 47), a linha de vergalhões é onde a concorrência é maior, por ser o produto mais simples do ponto de vista tecnológico e por ser produzido por todas as empresas, inclusive as de menor porte. Existiriam dois conjuntos de empresas nesse segmento: as grandes – permanentemente preocupadas com produtividade e custos – e as pequenas e médias – que, em termos de mercado, operam nas margens das grandes. A polarização no indústria de longos comuns certamente aumentou num período recente. A série de incorporações, associações e arrendamentos que o setor presenciou, tornou a liderança do Grupo Gerdau e da Belgo-Mineira ainda mais proeminente. A redução do número de empresas no setor não necessariamente implicou mudança do mecanismo da formação de preços. Muito provavelmente, apenas a liderança de preços foi reforçada.

Uma eventual – e, atualmente, improvável – guerra de preços atingiria mais intensamente as duas menores produtoras da indústria: Itaunense (especializada em barras e vergalhões de bitolas grossas) e C.B.A. (produtora apenas de perfis leves). Tendo em vista as turbulências que o setor passou em função do processo Pains/Gerdau, para as duas empresas líderes, seria contraproducente o fechamento de concorrentes. Nesse contexto, as pressões contra a oligopolização do setor certamente voltariam à tona. Aparentemente, a estrutura industrial do setor chegou a uma situação estável. De um lado, os pequenos produtores não podem ameaçar as duas empresas líderes. De outro, as grandes empresas não possuem interesse na redução do número de concorrentes, até porque as menores atuam na margem.

As siderúrgicas pequenas enfrentam pelo menos dois problemas em termos de concorrência frente às empresas líderes. Primeiro, as usinas pequenas não se apropriam de escala – de produção, de estrutura comercial, do poder de barganha na compra de insumos – na mesma intensidade que as grandes. Segundo, as empresas pequenas possuem uma dificuldade adicional na colocação de seus produtos, derivado de sua especialização produtiva. O Grupo Gerdau foi, através das recorrentes incorporações, ampliando seu leque de produtos. A Belgo-Mineira, com a compra da Aciaria 2 da Cofavi e de 49% da Dedini, também buscou oferecer a linha completa dos laminados longos comuns (leves). As pequenas empresas não têm condições de fabricar todos os produtos, dificultando a colocação junto à rede de distribuidores.

O oferecimento de uma linha completa de produtos, na área de laminados longos comuns, foi se tornando um instrumento cada vez mais importante em termos da dinâmica concorrencial. Assim, as desvantagens competitivas das pequenas empresas no setor foram se ampliando. Eventuais fechamentos não são improváveis, à semelhança do que aconteceu no passado. A diferença é que, agora, não se requer mais guerra de preços para tal.

Tendo em vista as diferenças dos produtos que fazem parte da chamada "linha comercial", frente aos produtos industriais, Pinho (1993: 85-86) chega a contrastar as formas de concorrência nos dois subsegmentos. Para os primeiros produtos, os esforços de marketing são mais importantes. Dispor, também, de ampla rede de distribuição é um fator decisivo na disputa do mercado. Apesar dos produtos serem homogêneos, o comprador pode ser mais facilmente influenciado e, assim, há um espaço significativo para campanhas publicitárias. Quanto aos produtos industriais, a qualidade do produto e a assistência técnica ganham relevo. Um relacionamento estreito com os clientes, que permita o atendimento a necessidades particulares, é de importância estratégica para esse mercado.

Apesar da separação, Pinho (1993: 86) conclui que a estrutura de mercado da indústria produtora de aços longos comuns é um oligopólio homogêneo. Embora possa haver reforço da marca, não se pode afirmar que a diferenciação seja algo importante na dinâmica do setor. Afinal de contas, não existem "lançamentos" de novos vergalhões, perfis, etc. É claro que se verificam melhorias no processo (com impactos nos produtos), mas não a ponto de criar novas famílias de laminados.

A integração vertical parece ser a forma natural da firma atuante em oligopólios homogêneos se diversificar, porque pode contribuir para fortalecer sua posição em sua indústria de origem (Guimarães, 1982: 65-66). Não por acaso, a Belgo-Mineira entrou na atividade de extração e beneficiamento de minério de ferro e reflorestamento, e o Grupo Gerdau montou a Metálicos – preparação de sucata. Outras empresas do setor, como Barra Mansa e Aliperti, também atuaram no setor de reflorestamento, para abastecimento de carvão vegetal.

Em suma, a dinâmica concorrencial é dada por três fatores: preço, ampliação do leque de produtos e integração vertical. Desses, o mais importante é preço, embora as guerras de preços não sejam freqüentes. Já a importância de oferecer uma linha completa de produtos vem se tornando cada vez mais importante. A integração vertical ainda é importante, mas "a onda da terceirização" pelo menos amenizou (e, em alguns casos, reverteu) sua importância.

2.5.2 Barreiras à entrada

No segmento de aços longos comuns, as barreiras à entrada são relativamente baixas, em comparação com as de aços planos e especiais, pelos menores requisitos tecnológicos e de aporte de capitais. É por esse motivo que os aços longos comuns costumam ser, em ordem cronológica, os primeiros produtos fabricados em cada país. Deve-se ainda destacar que a difusão das *mini-mills*, em grande medida em função dos melhoramentos das máquinas de lingotamento contínuo, permitiu a redução das barreiras à entrada para a produção de aços longos comuns.

A combinação da aciaria elétrica com o lingotamento contínuo a partir do início dos 60 propiciou, então, uma mudança radical no *modus operanti* da siderurgia. As usinas integradas começaram a ser substituídas parcialmente pelas *mini-mills* na produção de longos comuns. Embora tenha havido, naturalmente, uma queda no montante necessário para a implantação de uma siderúrgica, os investimentos iniciais ainda são bastante significativos em comparação com outros setores industriais. O investimento mínimo necessário para se obter uma escala ótima, no Brasil, é atualmente em torno US$ 100 milhões. Não é uma soma desprezível, ainda mais quando se considera que a siderurgia é tradicionalmente uma atividade de longa maturação.

Além do grande investimento inicial, cabe apontar outras barreiras à entrada no setor, não menos importantes: a) a expressiva capacidade ociosa no setor; b) o acesso à rede de distribuição e aos insumos; c) o poder econômico dos líderes da atividade.

Com relação à capacidade ociosa, deve-se destacar que os custos fixos são bastante significativos no setor. Assim, operar a plena capacidade é, conjuntamente com um baixo endividamento, um dos principais determinantes da rentabilidade das empresas. Tendo em vista aquela compulsoriedade, é fundamental exportar – até mesmo a preços desvantajosos – para diluir o custo fixo unitário. As exportações são uma válvula de escape para a retração do consumo doméstico de aço, mas, em compensação, apresentam menores preços, com impactos negativos sobre a rentabilidade. Assim, a existência de grandes excedentes exportáveis representam um desestímulo aos novos produtores, por diminuírem a receita por tonelagem vendida.

Outro impacto relevante da capacidade ociosa para o setor refere-se à eventual retaliação ao novo ingressante. Tendo em vista que os preços internacionais são inferiores aos praticados no mercado doméstico, os produtores já instalados podem promover guerras de preços em mercados determinados, com o objetivo de "minar" a situação financeira do ingressante. Deve-se lembrar que, nesse contexto, o ingressante apresenta maiores custos, pois ainda não se apropriou de nenhuma depreciação, tendo custos fixos mais elevados. O impacto negativo do excedente de capacidade poderia ser amenizado por um crescimento sustentado da demanda. Não é o que vem acontecendo no mercado brasileiro. Aliás, o setor siderúrgico vem apresentando alta elasticidade-renda do consumo e, por conta disto, amplificando as consideráveis flutuações da economia brasileira. A instabilidade do consumo e, conseqüentemente, do *mix* vendas internas/externas é mais um desestímulo ao ingresso de novos produtores no setor.

O consumo de aços longos comuns é bastante pulverizado no mercado doméstico, obrigando o novo fabricante a ter acesso à rede de distribuição. Seria necessário vencer dois obstáculos. É lícito acreditar que o novo ingressante tenha que oferecer, num primeiro momento, algum desconto para colocar seus produtos, com repercussões negativas sobre sua receita. Segundo, e talvez mais importante, dificilmente um ingressante terá condições de oferecer todo o leque de produtos do segmento, sob pena de não se apropriar de economias de escala.

Os dois principais insumos, para a produção semi-integrada de aço, são a sucata e a energia elétrica. O último não apresenta problemas de suprimento, requerendo obviamente a disponibilidade de redes de transmissão e a construção de uma subestação. O primeiro é mais complicado, porque novamente se verifica uma pulverização da captação e tratamento de sucata. Isso não deixa de ser um grande obstáculo à implantação de um empreendimento siderúrgico com a configuração de *mini-mill* no Brasil.

O último fator inibidor para o ingresso no segmento, embora não menos importante, corresponde ao grande poder econômico dos líderes da atividade. Disputar um mercado com empresas do porte do Grupos Gerdau e da Belgo-Mineira exigem uma situação financeira bastante satisfatória por uma série de fatores. Pode-se, a título de ilustração, citar dois deles: a grande capacidade para suportar uma eventual guerra de preços; a pressão que podem exercer sobre fornecedores de sucata ou distribuidores de aço para que não transacionem com o novo ingressante.

Embora menores do que as verificadas em outros segmentos da siderurgia, as barreiras à entrada no segmento de aços longos comuns são, em algum grau, relevantes. Não por acaso, a última planta inaugurada no setor foi a Mendes Jr., em 1984, que contou inclusive com participação acionária minoritária estatal (Siderbras). Num passado recente, entretanto, destacam-se dois empreendimentos (Sipasa e Açopalma), ainda em estágio de implantação, que podem alterar em parte o paradigma atual de recorrentes incorporações de usinas pelos dois mais importantes participantes do mercado.

A Siderúrgica Panamericana SA (Sipasa) está sendo construída nas proximidades da cidade de São Paulo, no município de Araçariguama. O empreendimento pertence ao Grupo Concremix, cuja principal atividade é concreto usinado. A idéia de entrada da Concremix no setor remonta o final dos anos 70. Apesar disto, foi apenas em 1989 que o projeto da Sipasa começou a ganhar os seus primeiros contornos. A primeira configuração da empresa previa uma capacidade instalada de 150 mil toneladas. Os equipamentos foram inclusive adquiridos em 1989.

O projeto da usina foi, entretanto, remodelado por duas vezes. Na primeira, previa-se a duplicação da capacidade do forno elétrico, além da introdução de um forno-panela. Na segunda, o tamanho do forno elétrico foi novamente ampliado, passando a incorporar a tecnologia corrente contínua e EBT. Nesse último projeto, a capacidade nominal foi ampliada para 350 mil toneladas. Os equipamentos já adquiridos foram devolvidos aos fabricantes, como parte do pagamento dos novos. O investimento total no projeto Sipasa é de US$ 120 milhões, mas ele encontra-se paralisado desde o início de 1996. Já foram adquiridos cerca de 80% dos equipamentos, em termos de valor, apesar de não ter começado a montagem dos mesmos. No final de janeiro de 1997, foi anunciado que o Grupo Gerdau teria comprado a empresa, mas a notícia não foi confirmada pela direção do Grupo.

A Companhia Industrial de Aços Várzea da Palma (Açopalma) foi constituída em 1973 e visava originalmente a implantação de uma usina para a fabricação de aços longos especiais, com uma capacidade inicial de 12 mil toneladas (Metalurgia, 1977 (231): 124). A concepção do projeto remonta, porém, ao final dos anos 60 (Finnance, 1995: 2). O projeto da Açopalma foi aprovado pela Sudene em 1974, sendo que as obras de implantação iniciaram em 1978. As obras foram mantidas em ritmo muito lento até março de 1991, quando o Grupo Costa Franco assumiu o controle da Açopalma. Até aquela data, já haviam sido investidos US$ 43 milhões no empreendimento (Gazeta Mercantil, 11.07.91: 30). O projeto foi, então, retomado: em dezembro de 1994, os investimentos já totalizavam US$ 82 milhões, com recursos dos 3.200 acionistas e do Finor (que detém 29% do capital). Em março de 1995, a empresa promoveu uma emissão de ações, com o objetivo de arrecadar cerca de US$ 35 milhões. Chegou a ser anunciada que a laminação entraria em operação em maio de 1995, com uma capacidade de 24 mil toneladas de longos especiais e 96 mil toneladas de longos comuns, e a aciaria elétrica em maio de 1996. Desconhece-se a situação atual do projeto.

2.5.3 Proteção tarifária

O nível de internacionalização da atividade siderúrgica é crescente. De um lado, presencia-se uma trajetória de incremento na relação entr exportações e produção. Em 1975, 22,6% do aço produzido no mundo foi exportado. Em 1994, este valor já atingia a 35,7%. De outro lado, são cada vez mais importantes os investimentos de siderúrgicas em outros países. Nesse caso, destacam-se os investimentos japoneses na siderurgia norte-americana (Paula, 1994).

A maior importância da internacionalização da siderurgia não se verifica com a mesma intensidade nos diversos segmentos. Em termos de comércio, as exportações totais têm se elevado consideravelmente a partir a de 1983. Mas, as exportações de laminados longos, por sua vez, vêm se mantendo estagnadas ao redor do patamar de 30 milhões de toneladas. Conseqüentemente, a participação dos laminados longos no comércio siderúrgico mundial retrocedeu de 32,0% (em 1974) para 24,3% (em 1994). Assim, o crescimento das transações deveu-se fundamentalmente aos laminados planos.

Existem pelo menos duas razões da trajetória diferenciada das exportações de aços planos e longos. Primeiro, a indústria siderúrgica origina-se desse segmento. Como as barreiras à entrada nesse segmento são as menores da indústria, o número de países produtores é elevado. Para a produção de aços planos – demandados na indústria automobilística –, o tamanho das plantas é significativamente maior, e o número de países que possuem essas siderúrgicas é menor. Um segundo fator que limita o maior crescimento das exportações dos laminados longos comuns é que eles possuem os menores preços unitários. Assim, o frete e os custos portuários pesam de modo mais intensivo. No caso brasileiro, as importações são residuais, sendo relevantes apenas para trilhos.

A siderurgia brasileira, assim como toda a economia nacional, passou nos últimos anos por uma alteração radical nas formas de proteção à indústria local: substituiu várias barreiras não-tarifárias – em especial o Anexo C da Cacex e a anuência-prévia do extinto Consider – pela proteção tarifária. Além disso, dentro do cronograma de redução tarifária, de julho de 1993 a dezembro de 1994, quase todos os produtos siderúrgicos contaram com alíquota de 10%. A Tabela 6 apresenta a evolução das tarifas de laminados longos e de alguns insumos relevantes no período 1988-95. As alíquotas do imposto de importação para a siderurgia seguiram as mudanças nacionais das reformas tarifárias de 1988, 1989 e 1991. Na reforma tarifária de 1991, estabeleceu-se que a alíquota modal da siderurgia seria de 10% a partir de 1994. Mas, com a antecipação da reforma tarifária, essa alíquota começou a vigorar em julho de 1993. Em janeiro de 1995, entrou em vigor a Tarifa Externa Comum (TEC) do Mercosul, em janeiro de 1995. A alíquota aumentou para 12% para a grande maioria dos laminados longos comuns, com exceção do arame farpado (14%).

Tabela 6
Imposto de importação de laminados longos comuns, Brasil - 1988/95

	Dez 88	Set 89	Out 90	Jan 91	Jan 92	Out 92	Jul 93	Out 94	Jan 95
Sucata	5	0	0	0	0	0	0	0	0
Blocos, Tarugos	25	15	15	10	10	10	10	8	8
Fio-Máquina	35	25	25	20	15	10	10	10	12
Perfis	35	25	25	20	15	10	10	10	12
Trilhos	35	25	25	20	15	15	10	10	12
Arame Farpado	45	25	25	s.d	s.d	15	10	10	14

Obs: Jan 95 = Tarifa Externa Comum do Mercosul
Fonte: Decex e Divisão Técnica de Tarifas

A liberalização comercial, todavia, não trouxe grandes impactos sobre as importações no segmento de longos comuns. Considerando o período 1987-96, constata-se que a relação importações/consumo doméstico manteve-se ao redor do patamar de 1% durante os anos de 1987 a 1994. Somente no biênio 1995-96, este valor suplantou 2%. Mesmo assim, as importações são ainda muito reduzidas. No caso de vergalhões, esta situação é ainda mais acentuada, pois as importações do produto não têm atingido nem 1.000 mil toneladas nos últimos anos. Os altos juros e a instabilidade da demanda, combinada com a pulverização do mercado de distribuição, contribuem para esse resultado.

Em relação ao nível absoluto das tarifas, as alíquotas brasileiras são relativamente altas em comparação com as praticadas nos países desenvolvidos, mas compatíveis com as verificadas nos chamados países em desenvolvimento (Tabela 7). Mas, de um modo geral, certamente as tarifas não são o principal impecilho às importações de laminados longos comuns no Brasil.

Tabela 7
Imposto de importação de laminados longos comuns - 1988/95

	Barras	Perfis
Japão	3,9	3,9
União Européia	4,4	s.d
Estados Unidos	4,9	4,9
Canadá	6,8	6,8
México	8,0	8,0
Chile	11,0	11,0
Brasil e Mercosul	12,0	12,0
Coréia do Sul	10,0	20,0

Fonte: IBS

2.5.4 Proteção técnica

A siderurgia brasileira, produtora de aços longos comuns, possui uma grande peculiaridade. Apenas três países do mundo (Brasil, Paraguai e Bolívia) consomem vergalhões CA-50. Todos os demais países, inclusive Argentina, Chile e Uruguai fazem uso de vergalhões CA-40. A peculiaridade no consumo de vergalhão CA-50 vem passando desapercebida pelos analistas da siderurgia brasileira. Na literatura pesquisada, a única menção encontrada foi a seguinte:

> "[...] é o caso do vergalhão CA-50, que permitiu reduzir o coeficiente de consumo de 90 kg/m3 para 50 kg/m3 de concreto" (BNDES, 1987: 39).

Mesmo assim, é uma afirmação indireta porque não menciona o vergalhão CA-40. Mais importante do que indicar a peculiaridade no consumo do vergalhão CA-50, é explicar os motivos que levaram a essa situação. A única fonte disponível é o artigo denominado "A Origem e a Evolução do Ferro de Construção de CA-25 ao Aço CA-50A", elaborado pelo Centro de Estudos e Pesquisas do Aço. As informações abaixo citadas foram retiradas desse artigo.

No início, o ferro para construção utilizado no Brasil era o CA-25, que começou a ser produzido por volta de 1934 pela Belgo-Mineira. Esse ferro era liso, com bitolas redondas (de 3/16" até 1 1/2"). Na década de 50, chegou um novo processo de origem italiana no Brasil: a torção do aço a frio. A introdutora desse processo foi a Aço Torcima, que utilizava vergalhões produzidos na Aliperti. Com o encruamento a frio, a resistência do aço aumentava de 35 para 50 kgf/mm^2. Assim, foi lançado o aço CA-50B. A introdução do aço CA-50B foi contemporânea a construção de Brasília, que demandou grande quantidade de aço. A estratégia comercial da Torcima foi de sugerir aos engenheiros a substituição do CA-25 pelo CA-50, pois haveria grande economia no peso do ferro. O lema da Torcima era: "Onde usar dois quilos de ferro CA-25, use um quilo de aço CA-50". Outras beneficiadoras seguiram a estratégia da Torcima, utilizando-se do processo de torção, tais como: Dova, Macife, Helitraço e Riograndense (Gerdau).

Em 1967, a Siderúrgica Coferraz (São Caetano do Sul), com tecnologia própria, lançou um novo produto: o CA-50A, sem torção. Esse produto laminado a quente apresentava grande aderência e, assim, os aços CA-50B foram gradativamente perdendo mercado. Em 1969, a Siderúrgica Coferraz introduz sua marca, a resistência e a bitola nas barras de aço. E, finalmente em 1970, lançou um produto com grande aderência, permitindo a eliminação do "gancho" do aço. Desde então, as siderúrgicas passaram a produzir vergalhões CA-50A (para consumo interno) e CA-40 (para exportação).

Esclarecida a trajetória que culminou na utilização do aço CA-50, resta examinar os motivos de sua manutenção, tendo em vista a desconformidade em relação à experiência internacional. Duas são as explicações mais levantadas: as normas e o fator cultural (o treinamento dos engenheiros). A NBR 7.480 é a norma brasileira em vigor para as barras e fios de aço para concreto armado. Ela é datada de julho de 1985, tendo sido reformulada em fevereiro de 1996. Até então, a norma brasileira incluía o vergalhão CA-40, que é o parâmetro internacional. A sua diferença era a inclusão do CA-50. Assim, a norma em si não foi uma restrição à mudança do tipo de vergalhão consumido.

Além disso, a nova norma excluiu o material classe B (torcido), que certamente já perdeu todo mercado para o material classe A (laminado). Na verdade, a norma era suficientemente flexível para uma eventual mudança do consumo para o vergalhão CA-40. Resta analisar quais as vantagens e desvantagens dessa medida para as siderúrgicas. Deve-se salientar que a alteração já foi discutida várias vezes, tendo sido retomada recentemente, no âmbito do esforço de padronização de normas no Mercosul.

A principal vantagem para as siderúrgicas no consumo do vergalhão CA-50 é a proteção técnica. Só existe outro país que produz vergalhão CA-50 regularmente: o Paraguai. Isso dificulta em muito a importação deste produto, no caso de insuficiência de oferta ou de elevação de preços. Não implica impossibilidade de importação, mas somente que é reduzida a probabilidade de compra no mercado *spot*. Ou seja, a capacidade de resposta dos consumidores domésticos é menor que em outros produtos siderúrgicos.

A médio prazo, é possível encomendar um lote de vergalhões CA-50. Não existem barreiras tecnológicas relevantes para isso, apenas o custo do produto é um pouco maior, tendo em vista a maior adição de ligas. Estima-se que a diferença de preço de vergalhões CA-40 e CA-50 seja da ordem de US$ 10 por tonelada. Não é, portanto, um custo elevado. O problema maior dessa eventual importação refere-se ao lote econômico. Ora, é possível contatar produtores internacionais de vergalhões com muita facilidade. Além disso, como o mercado mundial está superofertado, certamente haverá algum produtor interessado na encomenda. Mas, existe um problema remanescente: a mudança de alguns padrões operacionais somente valeria a pena para uma compra significativa.

Cabe destacar que, a longo prazo, a diferença no custo de fabricação dos vergalhões CA-40 e CA-50 tende a diminuir. Com a maior difusão dos processos de resfriamento abrupto e controlado (Thermex ou Tempcore), o custo da adição de ligas no vergalhão também vem se reduzindo. Assim, a perspectiva atual é de diminuição dessa diferença de custo de produção e de mudança nos padrões operacionais para a produção do vergalhão CA-50 no mundo. Em termos de desvantagem, o uso do vergalhão CA-50 diminui em cerca de 20% o consumo de aço em tonelagem. Assim, com a mudança as siderúrgicas passariam a vender uma quantidade muito maior de produtos. No curto prazo, a vantagem seria reduzir a capacidade ociosa do setor. Mas, no longo, seria necessários novos investimentos em capacidade, bem como haveria o impacto sobre a demanda adicional de sucata.

2.5.5 Comportamento de preços dos aços longos comuns

Os preços internacionais dos produtos siderúrgicos apresentam relativa volatilidade. Em termos gerais, a evolução reproduz um movimento cíclico, comportando-se com uma verdadeira *commodity*. Isso não seria problemático se o setor não apresentasse elevados custos fixos. Nesse contexto, as flutuações da rentabilidade são bem superiores às dos preços, instabilizando o mercado.

No Gráfico 8, são mostrados a evolução de preços de três importantes produtos siderúrgicos, com base no preço FOB Estivado Antuérpia, a partir de dados publicados no periódico *Metal Bulletin*. Optou-se pela reprodução de dois produtos planos (bobinas a quente e a frio) e um produto longo (fio-máquina). Note-se que o preço de vergalhão segue de perto a evolução do de fio-máquina.

Gráfico 8
Preço de Exportação Produtos Siderúrgicos (FOB Estivado Antuérpia)

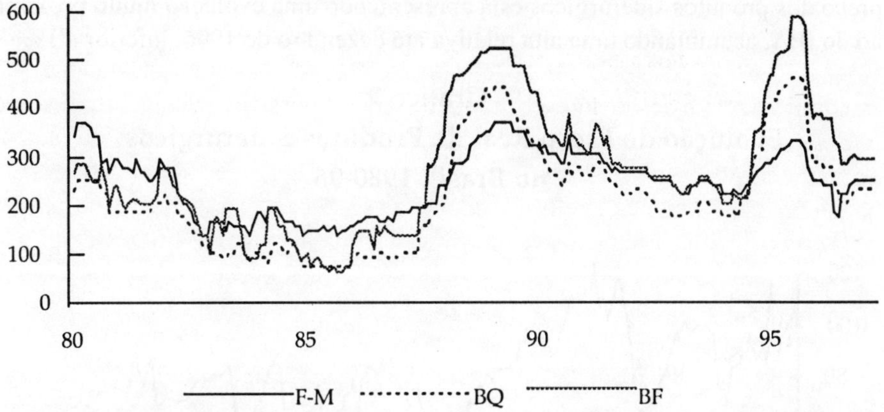

Fonte: Metal Bulletin/ Metaldata

A primeira constatação evidente é de que a evolução do preço dos produtos é muito similar. Geralmente, os picos e vales são simultâneos, denotando que as flutuações do mercado siderúrgico atingem sempre nas mesmas épocas os mais diversos produtos. A partir de 1994, verificou-se a recuperação de preços, mas a tendência foi revertida no segundo semestre de 1995. Os preços sofreram forte queda até junho de 1996, quando apresentaram forte inflexão. Os preços nos três primeiros meses de 1997 mostram-se estáveis.

Ainda com relação aos preços internacionais, cabe destacar dois aspectos. Primeiro, constata-se que os produtos planos (as duas linhas superiores) tendem a apresentar picos mais pronunciados do que os produtos longos. Ou seja, a elevação dos preços dos laminados longos é menos intensa em períodos de aquecimento do mercado. Isso decorre da maior flexibilidade operacional das aciarias elétricas, favorecendo a reativação e o desligamento de fornos com maior freqüência do que a verificada nas usinas integradas a coque. Segundo, o preço do fio-máquina é persistentemente maior ao do vergalhão. O custo de produção desse produto é, porém, similar. Assim, há mais um motivo pelo qual o comércio mundial de vergalhões não é tão dinâmico.

Com relação à evolução de preços no mercado doméstico, os dados são menos confiáveis. A expressiva volatilidade da economia nacional, com mudanças expressivas no patamar inflacionário dificultam em muito a confecção de série de preços robustas. Assim, preferiu-se elaborar uma série de preços relativos, comparando a evolução dos produtos siderúrgicos (todos) com o Índice de Preços ao Atacado (IPA). Utilizou-se, assim, a Coluna 32 da Fundação Getúlio Vargas, deflacionado-a pelo IPA (Gráfico 9). A evolução do preço real dos produtos siderúrgicos é fortemente decrescente. Isso derivou-se da utilização recorrente do controle de preços sobre o setor, com objetivos anti-inflacionários e de estímulos às exportações de produtos manufaturados. De modo geral, os preços somente se estabilizam a partir de 1991, quando as usinas siderúrgicas de grande porte começaram a ser privatizadas. Desde o início do Plano Real, o preço dos produtos siderúrgicos está apresentando uma evolução muito próxima ao do IPA, acumulando uma alta relativa até dezembro de 1996, inferior a 1%.

Gráfico 9
Evolução do Preço Real de Produtos Siderúrgicos no Brasil, 1980-96

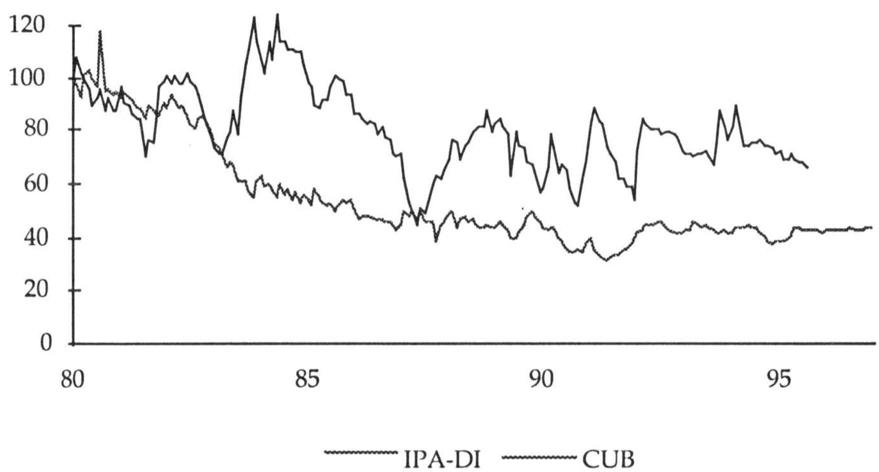

Fonte: Conjuntura Econômica e SindusCon-SP

O problema dos dados utilizando os índices da Fundação Getúlio Vargas derivam de sua generalidade, pois são relativos a todos os produtos siderúrgicos, e não aos produtos longos de um modo específico. Assim, foi também calculada uma série de preços de vergalhões CA-50A, deflacionando-os pelo índice do custo de material do CUB calculado pelo SindusCon-SP. Apesar da instabilidade, o preço de vergalhão regrediu ao longo do tempo. Em 1987, a queda do preço relativo foi muito acentuada. Em contrapartida, houve reversão da tendência de queda em 1988. Desde então, o preço relativo do vergalhão em relação ao conjunto de materiais de construção é tendencialmente de estabilidade no longo prazo, embora combinando com "ciclos curtos".

2.6 Considerações finais

A indústria brasileira de aços longos comuns produz trilhos (consumidos pelo setor ferroviário); vergalhões (construção civil); fio-máquina (trefilaria, fábricas de cabos e cordoalhas, arames e parafusos); trefilados (construção civil e agropecuária); perfis (construção civil, incluindo estruturas metálicas, linhas de transmissão, serralheria) e barras (construção civil, serralheria e mecânica). São produtos com pequeno grau de substituibilidade, à exceção dos perfis.

A indústria siderúrgica brasileira produziu, em 1995, 4,4 milhões de toneladas de laminados longos comuns. Desse total, 2,0 milhões de toneladas foram de fio-máquina, e 1,7 milhões de toneladas de vergalhões. O restante da produção foi distribuído em: perfis (334 mil toneladas), barras de aço carbono qualidade construção civil (310 mil toneladas) e trilhos (14 mil toneladas). No ano de 1996, todavia, a CSN desativou seu laminador de trilhos e perfis.

Três rotas tecnológicas são utilizadas no Brasil para a produção de aços longos comuns: semi-integrada, integrada a carvão vegetal e integrada a redução direta. A mais importante é semi-integrada, cujo insumo básico é a sucata. Pode-se utilizar ferro-gusa como substituto parcial da sucata no forno elétrico. Essa é a rota adotada pela grande maioria das usinas do Grupo Gerdau (exceções são a Usiba e a Pains), e pela Barra Mansa, Dedini, Itaunense, C.B.A., Mendes Jr., etc. A eletricidade é um importante item de custo para este tipo de produtores.

A rota integrada a carvão vegetal requer a utilização do alto-forno para a produção do ferro-gusa. Os principais insumos dessa rota são o carvão vegetal e o minério de ferro. Na aciaria básica a oxigênio (também denominada LD), utiliza-se com grande intensidade, evidentemente, oxigênio. As usinas que utilizam esta tecnologia são Monlevade (Belgo-Mineira), Pains e Barão de Cocais – antiga Cimetal, que foi incorporada à Cosigua/Gerdau. A Belgo-Mineira, contudo, está fazendo a substituição do carvão vegetal pelo coque importado.

A rota integrada a redução direta é utilizada apenas pela Usiba, que foi adquirida pelo Grupo Gerdau em 1989, através do programa de privatização do Governo Federal. Os principais insumos são: minério de ferro e gás natural, na unidade de redução direta, e eletricidade e ferro-esponja na aciaria. O ferro-esponja é produzido na unidade de redução direta. De modo geral, a excelência do minério de ferro brasileiro somente beneficia as usinas integradas, que vem perdendo importância no contexto do setor. Cabe lembrar que, a partir de janeiro de 1995, a Barra Mansa desativou totalmente seus altos-fornos, passando a operar apenas como usina semi-integrada.

O parque brasileiro produtor de aços longos comuns é atualizado tecnologicamente. Cabe destacar que esta afirmação é particularmente verdadeira para os produtores semi-integrados. Costuma-se avaliar tais produtores pelo consumo específico de eletricidade e de eletrodos, bem como o tempo médio de corrida do aço. Os fornos brasileiros apresentam, especialmente aqueles de maior porte, performances compatíveis com o estado-da-arte mundial. Com relação aos produtores integrados a carvão vegetal, não existe padrões de comparação, pois essa estrutura é utilizada em apenas mais três países além do Brasil, a saber: Argentina, Malásia e Paraguai. Quanto ao produtor integrado a redução direta

(Usiba), recentemente a empresa promoveu a conversão tecnológica de sua planta, passando de um processo intermitente para o contínuo.

O segmento produtor de aços longos comuns passou por forte processo de concentração nos últimos 15 anos. De um lado, várias empresas foram desativadas: Coferraz (1983), Santo Olímpia (1986) e Sidelpa (1986). Num passado mais recente, essa lista foi acrescentada pela Aliperti – que desde abril de 1990 mantém em operação apenas a laminação, requerendo a compra de tarugos de terceiros –, a Ferroeste, a qual desativou sua aciaria elétrica em 1992, e a Copala, paralisada desde 1996.

Por outro lado, os dois maiores grupos empresariais atuantes no setor compraram parcial ou totalmente oito siderúrgicas desde 1985. O Grupo Gerdau adquiriu cinco siderúrgicas no Brasil. A Belgo-Mineira comprou, em 1992, a Aciaria 2 do Cofavi e 49% da Siderúrgica Dedini. Atualmente, administra (como arrendatária) a Siderúrgica Mendes Jr., localizada em Juiz de Fora-MG.

No levantamento sobre concentração na indústria siderúrgica mundial, chegou-se a dois resultados principais: a) o número de empresas com produção anual acima de 2 milhões de toneladas aumentou de 37, em 1972, para 64 em 1996; b) tendo em vista que a produção da siderurgia ocidental ao longo desses 25 anos cresceu apenas 25,2%, parece natural que os índices de concentração tenham diminuído ao longo do tempo. Deve-se fazer duas considerações, contudo. A primeira é de que se houve desconcentração industrial, isto não se deve à redução do tamanho das empresas. Como apontado, um número bem maior de empresas passou a operar acima de 2 milhões de toneladas. Acontece que a maioria das novas grandes siderúrgicas estão instaladas nos países em desenvolvimento. As siderúrgicas dos países desenvolvidos, que já eram de porte grande, passaram a enfrentar a concorrência dos novos produtores e sofreram a estagnação de seu mercado doméstico. Assim, a produção da maior siderúrgica mundialregrediu 27% no período considerado. Em suma, o tamanho das empresas cresceu, mas não ultrapassaram o limite de 40 milhões de toneladas.

Por outro lado, não é correto comparar os dados nacionais, os quais mostram concentração na produção de aços longos comuns, com os dados internacionais – que indicam desconcentração na produção de aço bruto. Isso decorre de dois motivos. Primeiro, a desconcentração mundial, em função de novos países produtores, não implica desconcentração nacional. Segundo, os dados são relativos a variáveis distintas: os aços longos comuns são apenas uma parte da indústria siderúrgica. No Brasil, esse segmento específico é responsável por ¼ da capacidade instalada.

A principal forma de concorrência no setor é via preços. Há pouco espaço para diferenciação ou segmentação. É claro que alguns produtores possuem linha que atende mais à indústria (Belgo-Mineira) e outros mais à construção civil (Gerdau e Barra Mansa). Em função dessa especialização, a Belgo-Mineira é líder em fio-máquina e trefilados e o Grupo Gerdau é líder em vergalhões. Naturalmente, num mercado com liderança tão proeminente e com poucos produtores independentes, seria de se esperar que não houvesse, com freqüência, guerra de preços. De modo geral, a líder de cada segmento fixa preço e os demais seguem. Os produtores menores, para colocarem seus produtos, costumam dar algum desconto sobre o preço da líder.

Não existe, entretanto, um cartel formalizado. O número reduzido de produtores favorece "acordos de cavalheiros", que incluem metas de colocação nos mercados interno e externo. Não existe, porém, mecanismo de coerção para eventuais descumprimentos destes acordos. Resumidamente, a informalidade de eventuais acertos leva ao não cumprimento.

O nível de comercialização internacional do aço é crescente. Isso não implica, contudo, movimento similar no caso dos aços longos comuns por uma série de motivos. Primeiro, a indústria siderúrgica origina-se desse segmento. Como as barreiras à entrada são menores, o número de países produtores é elevado. Para a produção de aços planos (demandados na indústria automobilística), o tamanho das plantas é significativamente maior, e o número de países que possuem essas siderúrgicas é menor. Um segundo fator que limita o maior crescimento da internacionalização dos aços longos comuns é que eles representam a linha de menor preço unitário. Assim, o frete e os custos portuários pesam mais.

O consumo aparente brasileiro de laminados longos comuns foi de 3,5 milhões de toneladas em 1995. Em termos de produtos, registrou-se a seguinte demanda interna: vergalhões (1,465 milhão de toneladas), fio-máquina (1,351 milhão de toneladas), perfis (267 mil toneladas), barras de aço carbono qualidade construção civil (338 mil toneladas) e trilhos (38 mil toneladas). O segmento é exportador líquido, com exceção do produto menos representativo: o trilho. Aliás, desde 1980, o setor vem exportando mais do que importa.

Existem outras explicações para a reduzida relevância da importação de laminados longos comuns no Brasil. Pode-se citar pelo menos duas. A barreira técnica: apenas o Brasil, o Paraguai e a Bolívia consomem vergalhões CA-50; nos demais países, o padrão é CA-40. Isso explica parcialmente a situação porque, caso contrário, não haveria exportações de vergalhões brasileiros para outros países. É certo que siderúrgicas de outros países poderiam fazer o vergalhão CA-50, embora teria que haver um lote econômico que compensasse a mudança de padrões operacionais. O segundo motivo é a falta de atratividade da importação. O lote econômico das importações é superior à demanda até de grandes construtoras. Além disso, a alta taxa de juros é outro fator inibidor desta importação, pelo elevado custo de carregamento do estoque. Além disso, a rede de distribuição não promove tais aquisições.

É difícil apontar quais as tendências futuras da siderurgia brasileira, especialmente em função da contínuo rearranjo patrimonial pelo qual vem passando o setor. A indústria vem convivendo com várias aquisições, colocando em xeque a todo o momento a organização até em então considerada como definitiva. No caso específico do segmento de aços longos comuns, existe uma grande incógnita: quem controlará a Açominas? A Belgo-Mineira promoveu uma investida visando comprar algumas ações da empresa, mas os funcionários exerceram seu direito de preferência. A Belgo-Mineira está atualmente questionando essa transação na justiça. Certamente, o futuro da Açominas será um determinante fundamental para o futuro da indústria. Além disso, a conclusão do Projeto Sipasa poderá "balançar" o mercado de São Paulo, principal do país.

Com relação às perspectivas de investimentos, a siderurgia brasileira deverá privilegiar a automação, a informatização, o desempenho tecnológico, o enobrecimento do produto, em detrimento de ampliação de capacidade de produção de aço bruto. Os grupos que já estão em operação não demonstram intenções de ampliar consideravelmente sua capacidade instalada. É bem verdade que os próprios investimentos em automação e informatização acabam por incrementar de modo marginal a capacidade instalada. Mas, o aumento é mais uma conseqüência que um objetivo.

3 A indústria do alumínio no Brasil

Luciana Mendes Santos Servo

3.1 Introdução

Este artigo analisa a estrutura organizacional e o padrão de concorrência da indústria brasileira do alumínio, com atenção especial à etapa de produção de caixilhos e perfis para a construção civil. O estudo faz parte do projeto "Organização Industrial e Competitividade da Indústria Brasileira de Materiais de Construção", promovido pelo Sinduscon-SP.

O artigo está dividido em seis seções, mais esta introdução. Na primeira, definimos os produtos que são objetos deste estudo – barras e perfis de alumínio – de acordo com as normas da ABNT, e fazemos referência aos seus principais substitutos (aço, madeira e PVC) e à extensão geográfica do mercado. Na seqüência, descrevemos o processo de produção de barras e perfis de alumínio (a extrusão), assinalando a forma de obtenção do principal insumo: o alumínio. A terceira seção foi destinada ao resumo da história da indústria brasileira do alumínio primário, destacando as principais empresas, a participação do país na produção mundial (primária e de extrudados), bem como a evolução da capacidade instalada e do consumo de extrudados. Depois, analisamos a cadeia produtiva do setor de extrusão: organização, principais consumidores, gargalos da cadeia, principais empresas e sua participação no mercado. O objetivo da quinta seção foi mostrar como os produtores brasileiros estão inseridos no mercado mundial. Por fim, concluímos sobre a concentração do setor de extrusão e os principais problemas observados.

3.2 Definição do produto e identificação dos substitutos

A Associação Brasileira de Normas Técnicas (ABNT) apresenta normas para perfis e barras de alumínio, especificando, entre outras coisas, as propriedade mecânicas e as tolerâncias dimensionais dos produtos. A Associação Brasileira do Alumínio (Abal) fornece, no Guia Técnico do Alumínio – Extrusão, detalhes sobre os extrudados: produção, definição, ligas utilizadas etc. O Quadro 1 apresenta a classificação de barras e perfis.

Os principais substitutos de barras e perfis de alumínio são o aço, a madeira e o PVC. O uso do aço na estrutura de edifícios é uma tendência consolidada no

Brasil desde a década de 70, quando a indústria siderúrgica nacional passou a garantir o atendimento à demanda interna. O alumínio e o aço competem pelo mercado de perfis para esquadrias. O preço dos perfis de aço tende a ser menor que o dos perfis de alumínio, dado que a matéria-prima (aço) é mais barata. Entretanto, a gama de perfis que pode ser obtida no segmento de alumínio é bem maior. Isso se deve ao fato de os perfis de aço serem produzidos a partir de chapas dobradas, o que limita o número de dobras; os perfis de alumínio, por sua vez, são produzidos pelo processo de extrusão, com uma variedade quase ilimitada.

Quadro 1
Tipos de barras e perfis (ABNT)

Barra (*bar and rod*)	Produto sólido de seção transversal uniforme ao longo do comprimento fornecido em unidades retas. As seções transversais são: redonda, quadrada, poligonais regulares.	6599/81
Perfil (*shape*)	Produto dúctil de seção transversal uniforme ao longo do seu comprimento, diferente da barra, do arame, do tubo, da chapa ou da chapa bobinada, fornecido em unidade retas ou em rolos.	6599/81
Perfil formado (*profile*)	Perfil produzido a partir de chapa por formação a cilindro ou por estiramento, por ambos ou pelo uso de prensa viradeira mecânica.	
Perfil semitubular (*semi hollow extruder shape*)	Aquele cuja seção transversal tem vazios parcialmente circunscritos por metal.	
Perfil sólido (*solid extruded shape*)	A seção transversal não contém nenhum vão com periferia contínua.	6599/81
Perfil tubular da classe 1 (*class 1-hollow extruded shape*)	Perfil cujo vazio é redondo, tendo um diâmetro de 25mm ou mais, e cuja massa é distribuída igualmente nos lados opostos de dois ou mais eixos uniformemente.	8116/83
Perfil tubular de classe 2 (*class 2-hollow extruded shape*)	Qualquer perfil extrudado tubular, diferente da classe 1, tendo um único vazio de diâmetro não inferior a 9,5mm, área não inferior a 70mm² e diâmetro de seu círculo circunscrito não superior a 125 mm.	8116/83
Perfil tubular de classe 3 (*class 3-hollow extruded shape*)	Qualquer perfil extrudado tubular, diferente das classes 1 e 2.	8116/83

Fonte: Abal (1993).

A madeira é a matéria-prima que primeiro foi utilizada na construção civil. No Brasil, a produção de caixilhos de madeira é hoje realizada por produtores em escala industrial, oferecendo vários modelos e formatos compatíveis com as exigências do mercado. Alguns fatores como o preço da matéria-prima e as dificuldades de extração fizeram da madeira um produto nobre na fabricação de esquadrias, acessível ao público de maior poder aquisitivo.

No Brasil, a construção civil é a maior consumidora de PVC – cerca de 55% da produção nacional – na forma de tubos e conexões, calhas, telhas, esquadrias, pisos e outros. Os perfis de PVC podem ser utilizados para fechamentos externos, divisórias, biombos etc. A produção de perfis de PVC é feita pelo processo de extrusão.

> "A fabricação consiste da aplicação de uma mistura de materiais básicos, elevada a uma temperatura de 175°C a 185°C, que é empurrada por um sistema de rosca sem fim até um molde (ferramenta de moldagem) que define o perfil. Após sua moldagem, o perfil é retirado por um pu-

xador, sendo resfriado à temperatura ambiente por um circuito de água fria. Em seguida, os perfis que saem continuamente do molde podem ser cortados no comprimento, geralmente em barras de seis metros."[1]

No que se refere à utilização do PVC na fabricação de caixilhos, a produção e consumo brasileiros (2% do mercado) são reduzidos comparativamente à Europa, onde o insumo responde por 55% do mercado de esquadrias para janelas. Baseados no mercado europeu, os fabricantes brasileiros de perfis de PVC esperam um aumento do consumo deste material. Suas vantagens são: bom desempenho termoacústico, fácil manutenção, estanqueidade à água e aos ventos, ausência de corrosão, resistência mecânica, química e não propagador de chamas.

A tabela a seguir estima a distribuição da produção de esquadrias (em área – milhares de m^2) por tipo de material – alumínio, ferro/aço, madeira e plástico – nos anos de 1985 e 1995. Nela, podemos observar crescimento da participação do alumínio no total da produção de esquadrias no período em questão, muito embora as participações do alumínio ainda sejam reduzidas vis-à-vis às do ferro/aço.

Tabela 1
Participação dos vários insumos na produção brasileira de esquadrias
Em m², 1985 e 1995

Insumo	1985		1995	
	Área	Participação	Área	Participação
Alumínio	5.500	22%	9.300	27%
Ferro/aço	14.000	55%	17.500	50%
Madeira	6.000	23%	7.850	22%
Plástico	0	0%	350	1%
Total	25.500	100%	35.000	100%

Fonte: Alcoa (1996).

3.3 Características do produto e do processo de produção

3.3.1 Características físicas e tecnológicas do produto

Na produção de barras e perfis, o tarugo de alumínio é o principal insumo material. O tarugo é obtido a partir do alumínio primário. Por isso, para entender esse segmento do mercado, é necessário ter um bom conhecimento da produção de seu insumo básico.

O alumínio, sob a forma de minério, pode ser considerado como um dos metais mais abundantes na crosta terrestre. As reservas mundiais de bauxita, conhecidas e economicamente viáveis, totalizam cerca de 21 bilhões de tonela-

[1] [ABCI, 1990, p.89].

das, o que equivale a um volume líquido de alumínio da ordem de 4 bilhões de toneladas. O alumínio tem como principais características ser maleável, dúctil, resistente à corrosão, de elevada condutividade térmica e elétrica, leveza, além de sua alta capacidade de reciclagem. As etapas para a obtenção do alumínio primário são as seguintes: mineração (bauxita), refino (alumina) e redução (alumínio primário).

Na etapa de mineração, o minério de alumínio é lavado e peneirado para a remoção da areia e da sílica. Logo a seguir, ele é secado, obtendo-se uma bauxita depurada com alto teor de alumina – Al2O3.

Na etapa do refino, a bauxita é dissolvida numa solução de soda cáustica e submetida a alta temperatura e pressão para eliminação das impurezas e da água de hidratação, obtendo-se a alumina com elevado grau de pureza. Os principais insumos desta etapa são a bauxita, a soda cáustica, a energia elétrica e o óleo combustível. Esses três insumos representam mais de 70% do custo total de produção da alumina.

Na etapa de redução, a alumina é submetida a um processo de redução eletrolítica para a remoção do oxigênio e obtenção do alumínio. A alumina é derretida com criolita em altos-fornos. Pela mistura passa uma corrente elétrica por meio de anodos de carbono e cátodos. O alumínio fundido, líquido, junta-se ao cátodo e deposita-se no fundo do forno, sendo extraído, posteriormente, para lingoteiras ou em formas de diferentes tamanhos. Nessa etapa, os principais insumos são a alumina e a energia elétrica.

Posteriormente, o alumínio líquido é despejado em fornos especiais onde lhe podem ser conferidas outras propriedades, de acordo com o fim a que é destinado. Nos fornos, o metal líquido é misturado com outros componentes para a produção de ligas. São preparadas ligas de alumínio nas composições desejadas e então despejadas em moldes e resfriados até se solidificarem nas formas de placas, lingotes, blocos e tarugos.

O alumínio utilizado na produção de barras e perfis é o tarugo (lingotes cilíndricos com comprimento e diâmetro variáveis entre 6 e 15 polegadas). Este é produzido quando, após obtido o alumínio na forma líquida, processa-se a fundição contínua por vazamento vertical. Nesse sistema, o alumínio, através de um sistema de desgaseificação e filtragem, é alimentado em uma máquina de vazamento vertical para a produção de tarugos cilíndricos, com composição química ajustada à sua aplicação.

Os tarugos são cortados e passam, então, pelo processo de extrusão que está baseado em operações de prensagem de tarugos de alumínio aquecidos até aproximadamente 530° C (em função da liga a ser extrudada) contra uma matriz de aço "furada" (ferramenta) com o desenho do perfil que se deseja produzir. A operação é realizada em prensas horizontais com capacidade variando de algumas centenas a 15.000 toneladas de força (ton./f). A capacidade de força varia de acordo com o perfil a ser produzido. Prensas de 1.000 a 2.500 ton./f são as mais comuns e podem produzir uma variedade de produtos extrudados: perfis, tubos e barras. Prensas com capacidades de até 15.000 ton./f são utilizadas para empurrar perfis de grande dimensão ou complexidade geométrica, bem como perfis produzidos com ligas de alta resistência mecânica. No outro extremo, prensas de 200 ton./f, por exemplo, são utilizadas para pequenas extrusões, produzindo perfis simples.

Como equipamentos auxiliares estão incluídos vários tipos de fornos para pré-aquecimento de tarugos e grandes fornos de tratamento térmico de perfis. Igualmente inseridos na planta de extrusão estão os equipamentos para esticamento e correção dos contornos, corte e transporte de produtos extrudados. Nas ferramentarias mais modernas são utilizados os sistemas CAD/CAM (*computer aided design/computer aided manufacturing*), que minimizam os problemas e falhas no processo de produção.

Unidades extrusoras mais automatizadas operam com poucos operários – em média 7 operários por prensa, com previsão de reduzir esse número para 3 operários em equipamentos modernos. A automação do processo busca reforçar a qualidade do produto, bem como incrementar a produtividade a partir da eliminação de tempos mortos não produtivos. Também são utilizados sistemas de manuseio automáticos (*handling*) para os perfis produzidos, logo após a prensa de extrusão, visando a diminuir a mão-de-obra e garantir uma melhor qualidade aos perfis.

3.3.2 Principais insumos

Na produção de perfis o principal insumo material é o alumínio sob a forma de tarugo. A liga de extrusão 6063 é a mais utilizada, porque é fácil de ser extrudada e desenvolve propriedades mecânicas relativamente boas após resfriada na prensa hidráulica. O tamanho máximo de um perfil extrudado que pode ser produzido numa prensa depende da espessura da parede do perfil e da liga especificada.

Segundo a *The Aluminum Association* (1965), perfis com paredes espessas pesando de 50 a 100 libras por pé[2] são produzidos com ligas leves em prensas de 14.000 ton./f. Os custos de produção vão depender também do tipo de perfil desejado. Geralmente, um perfil sólido pode ser produzido com um custo menor por quilo que um perfil semitubular, e um perfil semitubular por menos que um perfil tubular. Entretanto, por causa do menor peso por pé, o custo total de um perfil tubular pode ser menor por peça que o correspondente perfil sólido.

A "finura" média de um perfil extrudado, medida em termos de um "fator", também afeta o preço. Este fator é determinado dividindo o perímetro da seção transversal do perfil (em centímetros) pelo seu peso por pé linear (em quilos). Um perfil mais fino com um fator mais alto custa mais por quilo que um perfil

---

[2] Uma libra corresponde a 0,4536 kg. Um pé corresponde a 0,3048 m.

mais pesado com um fator mais baixo, mas ele deve custar menos por pé devido ao seu peso mais leve.

3.4 Caracterização das empresas e do mercado

3.4.1 Produtores de alumínio primário

A história da indústria brasileira de alumínio primário teve início na década de 40, em plena guerra, quando o país ficou sem suprimento do metal, assim como ocorreu com tantos outros produtos originários, até então, da Europa ou dos EUA. As primeiras indústrias de alumínio no Brasil foram fábricas de utensílios domésticos. A Elquisa – Empresa Eletroquímica Brasileira S/A – foi a primeira fábrica de alumínio primário instalada no país, em Ouro Preto, tendo sido planejada na virada da década de 30 para 40 com capacidade para 2.500 ton., começando a funcionar dois meses antes do final da guerra. O Projeto CBA[3] – Companhia Brasileira de Alumínio – foi adiado para o após Guerra.

Com o final da guerra, a Elquisa foi colocada fora do mercado pelos excessos de produção mundial do alumínio aumentada para atender as necessidades bélicas e que ficaram sem utilização com o fim das hostilidades. Em dificuldades financeiras, a Elquisa é vendida a uma multinacional, a Alcan.

O Projeto CBA foi reorganizado, tornando-se integrado desde o início da fabricação, o que lhe permitiu sobreviver ao excesso de oferta mundial.

> "É interessante chamar atenção para a motivação dos 2 projetos pioneiros de produção de alumínio no Brasil, baseados nas descobertas de minério, ambos concebidos para atender uma necessidade do país e que foram realizados e apoiados cada um em reservas próprias de bauxita. O Projeto Ouro Preto, implantado de 1938-1945, teve origem na existência de bauxita de pequeno depósito, hoje exaurido, do Morro do Cruzeiro, quase dentro da cidade de Ouro Preto e que tinha sido estudado e relatado nos Anais da Escola de Minas em 1928 pelo Prof. Theodoro Vaz, de quem o engenheiro Giannetti (fundador da Elquisa) foi aluno [...] O Projeto CBA foi organizado em 1941 pela família do Sr. Lindolfo de Carvalho Dias, proprietário das jazidas de bauxita descobertas nas proximidades de Poços de Caldas em 1934 pelo engenheiro Paiva de Oliveira, da Cia. Geral de Minas que explorava minério de zircônio."[4]

Em 1946, o Grupo Ermírio de Moraes juntamente com a família Carvalho Dias, proprietária das jazidas de bauxita, compraram as participações dos outros sócios fundadores da CBA, empresa que hoje é patrimônio do Grupo Votorantim.

---

[3] Outra iniciativa concorrente para implantar a produção de alumínio em Mairinque, SP.

[4] [Machado, 1985, p.42].

Antes do início da produção primária no Brasil, a participação estrangeira restringia-se à venda de produtos acabados e semimanufaturados. Somente em 1947, a Alcan – *Aluminium Company of Canada* – começou a produzir no país semi-acabados. Em 1951, após adquirir a Elquisa, iniciaria a produção de alumínio primário. A Alcoa – *Aluminium Company of America* –, que desde 1915 possuía representação no país, somente entre 1967 e 1970 começaria a produzir alumínio primário, após adquirir a Cia. Geral de Minas, detentora de jazidas de bauxita em Poços de Caldas.

A Alcan prestou grande contribuição para o Brasil ao financiar a descoberta das reservas de bauxita do Trombetas, no Pará, entre 1963 e 1967, o que permitiria a entrada do país no mercado mundial de alumínio primário. Ela iniciou a organização da Mineração Rio Norte – MRN S/A – intencionando industrializar a bauxita da região. A implantação efetiva da mineração contaria com a participação decisiva da Companhia Vale do Rio Doce – CVRD. Outras empresas uniriam-se a essas duas com participações na MRN S/A: a CBA, a Billinton e a Norsk Hydro. A descoberta de bauxita na região Norte levaria a Alcoa a realizar pesquisas nos locais não pertencentes a Alcan, resultando na descoberta de jazidas próprias.

A empresa norte-americana, Reynolds, que fracassou na sua tentativa inicial de instalar uma redução de alumínio para exportação na Bahia, foi importante para a montagem da Valesul. Esta empresa resultou da iniciativa de diretores da CVRD que organizaram o Projeto Valesul em 1976. A Reynolds participou com a cessão da tecnologia, detendo 4% do capital. Em 1979, a CVRD negociou a participação da empresa anglo-holandesa Billinton, a qual ficaria com 35% da Valesul e iria aumentar sua participação para 45% em 1981. A entrada da Valesul, em 1982, permitiu a auto-suficiência brasileira em alumínio primário, passando o país a ter sobras exportáveis.

Nos anos 70, o Choque do Petróleo elevou os custos energéticos. A indústria de alumínio, altamente dependente de insumos energéticos, procurou deslocar-se para países onde houvesse abundância relativa desses recursos. O Brasil possuía energia elétrica, além de grandes reservas de bauxita. O Japão buscava obter alumínio a custos menores. O Projeto Albrás surge nesse período, contando com a participação da CVRD que se associou a um consórcio de empresas japonesas, a *Nippon Amazon Aluminium Company Ltd.* – NAAC – com o objetivo de produzir alumínio primário. A Albrás iniciou suas operações em 1985.

O Projeto Alumar foi uma iniciativa da Alcoa. Na década de 70, a empresa atingira o limite de sua capacidade de produção de alumina/alumínio em Poços de Caldas, tendo em vista as limitadas reservas de bauxita à sua disposição na região. A descoberta de bauxita definiu o Norte do país como a nova área produtora de alumina. Associando-se à Billinton, a Alcoa organizou o Consórcio Alumínio do Maranhão – Alumar – que começou a funcionar em 1984.

O Brasil ocupou, em 1994, o sexto lugar na produção de alumínio primário, situando-se atrás dos EUA, Rússia, Canadá, China e Austrália (Tabela 2). No ano de 1994, a produção brasileira de alumínio primário atingiu 1.200 mil toneladas, o que representa uma parcela importante da produção mundial, localizada na faixa de 19.000 mil toneladas. As exportações foram da ordem de 777,9 mil toneladas e as exportações de produtos transformados atingiram 98,3 mil toneladas.

Tabela 2
Principais produtores mundiais de alumínio primário, em 1.000 ton.

Países	1992	1993	1994
EUA	4.042	3.695	3.299
Rússia	2.700	2.820	2.670
Canadá	1.972	2.310	2.250
Austrália	1.240	1.380	1.320
Brasil	1.193	1.172	1.200
China	1.100	1.220	1.450
Total Mundial	19.464	19.735	19.144

Fonte: Abal e The Aluminum Association.

Por se tratar de uma *commodity*, cotada a partir de 1979 na Bolsa de Mercadoria de Londres (LME), o alumínio primário está sujeito a grandes oscilações em seus preços em função dos ciclos de conjuntura da economia mundial. (Gráfico 1).

Gráfico 1
Evolução dos preços do alumínio primário em US$ / ton.

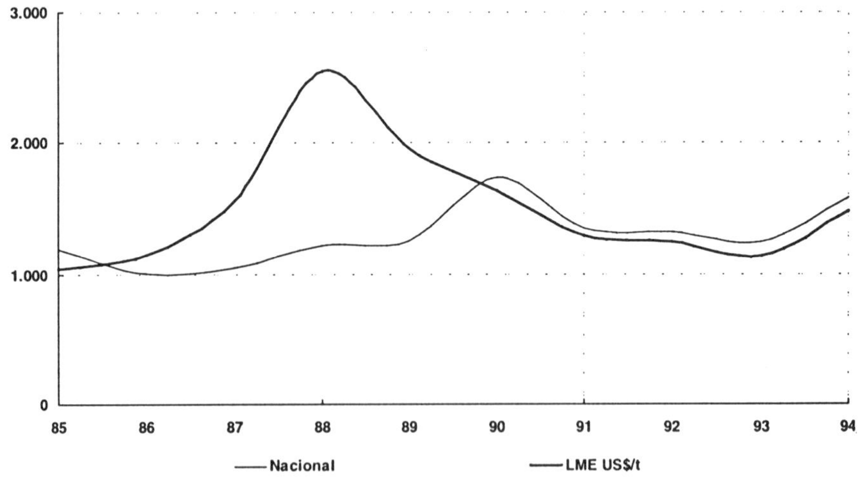

Fonte: Abal.

A despeito da ampla gama de aplicações e usos desse metal, e mesmo da entrada de novos produtores, a indústria do alumínio é altamente concentrada. Os seis maiores produtores de alumínio primário detêm aproximadamente 50%

do mercado mundial. São eles a Alcoa, Alcan, Kaiser, Reynolds, Alussuisse e Pechiney.

No Brasil, a produção do alumínio primário é, também, bastante concentrada, envolvendo basicamente 6 grupos industriais – CBA, Alcan, Alcoa, CVRD, Billinton e Reynolds – e 7 plantas industriais – Bacarena (Albrás), Ouro Preto (Alcan), Aratu (Alcan), Poços de Caldas (Alcoa), São Luís (Alumar), Santa Cruz (Valesul) e Mairinque(CBA).[5]

Tabela 3
Produção brasileira de alumínio primário por empresa em 1.000 ton.

Ano	Albrás	Alcan	Alcoa	Aluvale	Billinton	CBA	Valesul	Total
1980	-	87,9	89,3	-	-	83,4	-	260,6
1981	-	87,4	88,5	-	-	80,5	-	256,4
1982	-	88,5	89,7	-	-	96,6	24,2	299,0
1983	-	107,1	90,2	-	-	120,3	83,1	400,7
1984	-	119,6	105,9	-	10,4	127,9	91,2	455,0
1985	8,7	120,1	152,5	-	41,6	135,7	90,8	549,4
1986	98,8	120,2	227,2	-	61,4	158,8	90,9	757,3
1987	166,0	112,7	242,7	21,0	79,1	169,0	53,0	843,5
1988	170,4	117,0	256,4	50,7	108,9	170,1	-	873,5
1989	169,2	115,5	269,6	50,8	113,7	169,1	-	887,9
1990	194,0	115,9	266,1	51,4	128,7	174,5	-	930,6
1991	288,0	113,7	275,9	51,0	206,7	204,3	-	1139,6
1992	335,2	102,2	278,3	50,6	209,6	217,4	-	1193,3
1993	345,0	77,2	279,0	46,5	206,2	218,1	-	1172,0
1994	347,4	72,1	283,6	49,7	210,0	221,8	-	1184,6
1995	341,1	79,9	284,8	50,6	211,2	220,5	-	1188,1

Fonte: Abal.

A etapa de mineração é, basicamente, controlada pela MRN, responsável por mais de 75% da extração de bauxita. A MRN é uma *joint venture* entre a CVRD, Alcan, CBA, Billinton e Norsk Hydro.

Algumas empresas do setor integram essas várias etapas, enquanto outras atuam em etapas específicas. CBA, Alcan e Alcoa são empresas verticalizadas – bauxita, alumina e alumínio – que atuam, também, na etapa de transformação. A Alumar é uma empresa integrada – alumina e alumínio –, enquanto a Valesul e a Albrás são empresas não-integradas, produzindo alumínio primário a partir da alumina adquirida. Essas empresas tiveram, em 1995, uma produção de 1.188 mil toneladas, o que torna o Brasil um dos principais produtores e exportadores de metal primário do mundo.

[5] Como citado anteriormente, a Alcan e a Alcoa são multinacionais. A Valesul é uma *joint venture* entre a CVRD, Billinton e Reynolds; a Albrás, entre a CVRD e a NAAC; e a Alumar, entre a Alcoa e a Billinton. Somente a CBA, pertencente ao grupo Votorantim, é uma empresa de capital inteiramente nacional.

Trata-se de um setor com elevadas economias de escala e com fortes barreiras à entrada, devido ao elevado investimento inicial das plantas industriais. Machado (1985, p.55) fornece o valor estimado de reposição, em 1983, das fábricas e das minerações da CBA.

Tabela 4
Custos de reposição da CBA, 1983

Etapas	Capacidade 1.000 ton./a.	Investimento US$ por ton./a.	Investimento Total US$ milhões
Mineração de bauxita	600	30	18
Fabricação de alumina	270	800	216
Reduções	125	5.000	875
Transformação	100	2.000	200
Energia	241 MW	1.000	241
Total	-	8.830	1.550

FONTE: [Machado, 1985].

É importante ressaltar que a CBA possui uma estratégia de geração de energia própria. Aproximadamente 50% da energia usada na produção de alumínio primário é gerada pela própria empresa.

Machado (1985, p.56) fornece dados sobre investimentos de outros projetos não integrados, os quais, segundo ele próprio, incomparáveis: Valesul (86.000 ton./a.) US$370 milhões (1980-84), Alumar (100.000 ton./a.) US$1.300 milhões (1980-84) e Albras (320.000 ton./a.) US$1.850 milhões (1980-89).

3.4.2 Extrusoras

Algumas empresas produtoras de alumínio primário dedicam-se, também, às atividades de transformação – laminação e fundição – do alumínio bruto em produtos acabados e semi-acabados – chapas e lâminas, folhas, extrudados, fios e cabos condutores, fundidos e forjados, destrutivos, pó e pasta de alumínio.

No Brasil, a história da extrusão confunde-se com a própria história do alumínio primário. A CBA, à época de sua instalação, enfrentou o excesso de oferta mundial de alumínio primário. Para se manter no mercado, integrou ainda mais o processo de produção, indo da produção primária à produção de transformados de alumínio.

> "É possível que as dificuldades do Projeto Elquisa de Minas, paralisado em 1946, tenham influenciado a reorganização do Projeto CBA, que foi implantado em 1948-1950. Os setores do novo Projeto CBA eram: fábrica de alumina, redução, fundição para produção de ligas, extrusão, laminação, trefilação e fábrica de artefatos [...]."[6]

[6] [Machado, 1985, p.54].

A Alcan comprou a Elquisa e, também, instalou em Utinga, São Paulo, seu setor de transformação. A fábrica em Utinga compreendia laminação, extrusão e folhas. Na década de 70, instalou, em Contagem, a primeira unidade de extrusão fora de Utinga, com capacidade de 5.000 toneladas. Não sabemos qual foi a primeira unidade extrusora da Alcoa, o que podemos informar é que sua entrada no setor de transformados ocorreu no início da década de 80, com uma fábrica em Poços de Caldas, próxima à sua unidade de redução de alumínio primário.

Em janeiro do presente ano, a Alcan assinou um acordo de transferência de suas quatro fábricas de extrusão – Utinga, São Caetano, Contagem e Aratu – para a Alcoa. Até março, a Alcan continuaria produzindo e vendendo perfis; a partir de então, os mesmos passariam a receber a marca Alcoa[7]. A intenção da Alcan é concentrar-se na produção de chapas para latas de bebida. Isso significa que as 33 mil toneladas de alumínio primário, antes destinadas para a extrusão, passaram a atender a demanda do setor de laminados.

> "Concentrar as atividades na área de laminados, em especial para a fabricação de chapas para latas de bebidas, é uma estratégia internacional do grupo canadense, adotada desde 1993. No ano passado, a Alcan do Canadá vendeu suas fábricas de extrusão, decisão também seguida pela subsidiária nos Estados Unidos."[8]

Por outro lado, o objetivo da Alcoa é tornar-se um referencial no mercado de extrusão. As quatro antigas unidades da Alcan somaram uma capacidade de 50 mil toneladas à instalada nas outras três fábricas de extrudados da Alcoa, que passou a contar com 7 unidades extrusoras – Utinga, São Caetano, Pindamonhagaba e Sorocaba , em São Paulo; Contagem, em Minas Gerais; Aratu, na Bahia; e, Itapissuma, em Pernambuco.

A Almax, terceira maior empresa do setor, aproveitou um mercado no qual ainda não existiam extrusoras: o Rio de Janeiro. Instalou-se próxima à Valesul, garantindo o insumo. A empresa compra o alumínio líquido da Valesul e produz o tarugo em sua própria fábrica. A reciclagem é, para ela, outra fonte de insumo. A sucata reciclada responde por cerca de 20% do alumínio utilizado pela Almax.

Apesar da existência de produtores verticalizados no segmento de extrusão brasileiro, esse fator não tem conseguido, por si só, promover uma modernização produtiva no segmento. Segundo estudo realizado por Britto(1993), as atividades de extrusão apresentam uma grande heterogeneidade tecnológica, sendo bastante elevado o número de prensas em pequenas fábricas. Além disso, há defasagem tecnológica em termos dos parâmetros de eficiência dos produtos

7 [Gazeta Mercantil, 19/01/1996].

8 [Gazeta Mercantil, 19/01/1996, p.C3]

nacionais, o que se explica em função das tecnologias antigas, da menor escala de produção e do atraso na incorporação de equipamentos mais modernos.

O uso de tecnologias mais antigas não reside no fato da impossibilidade de acesso a novas. A tecnologia não oferece segredos. O preço de uma prensa moderna gira em torno de US$6,5 milhões. As unidades extrusoras com maior capacidade, em geral, estão relacionadas a prensas de maior tonelagem de força, que acabam sendo as mais modernas em termos tecnológicos. As pequenas extrusoras operam, usualmente, com pequenas prensas, com capacidade de produzir perfis de menor complexidade geométrica e menor espessura (perfis mais finos e de desenhos mais simples).

3.4.3 Evolução da produção, do consumo e da capacidade instalada

A produção e o consumo doméstico cresceram, respectivamente, a taxas médias anuais de 3,4% e 3,3% entre 1984 e 1994. Ambos apresentaram variações anuais bastante irregulares, em parte explicados pelas flutuações da economia brasileira. Na década corrente, os resultados mais expressivos foram registrados em 1993 e 1994.

No Brasil, como havíamos dito anteriormente, as atividades de extrusão apresentam uma grande heterogeneidade tecnológica, sendo bastante elevado o número de prensas em pequenas fábricas. Não existem dados disponíveis de capacidade instalada das empresas extrusoras. As informações de que dispomos referem-se à capacidade instalada e ao número de prensas por região. Em 1994, as 79 prensas existentes totalizaram uma capacidade instalada de 173 mil toneladas.

Em termos de distribuição espacial, a grande parcela das prensas (82,2%) estava localizada na região sudeste, onde está concentrada a maior parte do mercado consumidor. Do total das 79 prensas, apenas 26 eram operadas por produtores com nível de capacitação satisfatório.[9]

[9] Das 79 prensas em operação em 1994, 65 encontravam-se no sudeste brasileiro (em Minas Gerais, São Paulo e no Rio de Janeiro) e 9 no sul (no Paraná e no Rio Grande do Sul). No nordeste, encontram-se 5 prensas – localizadas na Bahia e em Pernambuco. Dentre os 26 estados brasileiros (sem considerar o Distrito Federal), apenas 7 contam com prensas de extrusão. O mercado norte-americano é bem mais pulverizado que o brasileiro. Em 1992, esse mercado contava com 190 plantas de extrusão. Dentre os cerca de 49 estados norte-americanos (não levando em conta o Alasca), apenas 8 não tinham prensas, 12 tinham até três prensas e o restante possuía mais de 4 prensas de extrusão.

Tabela 5
Produção e consumo doméstico de extrudados

Ano	Produção 1.000 ton.	Variação percentual	Consumo Interno 1.000 ton.	Variação percentual
1980	86,0	-	86,1	-
1981	77,3	-10,1	78,5	-8,8
1982	81,0	4,8	80,2	2,2
1983	81,1	0,1	73,7	-8,1
1984	78,2	-3,6	66,7	-9,5
1985	84,0	7,4	78,7	18,0
1986	106,3	26,5	100,5	27,7
1987	102,4	-3,7	99,2	-1,3
1988	93,3	-8,9	89,9	-9,4
1989	113,8	22,0	109,4	21,7
1990	73,7	-35,2	75,5	-31,0
1991	76,7	4,1	78,6	4,1
1992	84,5	10,2	84,0	6,9
1993	100,0	18,3	98,4	17,1
1994	119,8	19,8	116,9	18,8
1995	122,5	2,3	122,8	5,0
Média	85,1	3,4	89,9	3,3

Fonte: Abal.

Tabela 6
Capacidade instalada de extrudados*

Região	1990		1991		1992		1993		1994	
	Prens.	Capac.	Prens.	Capac.	Prens.	Capac.	Prens.	Capac.	Prens.	Capac.
Norte	-	-	-	-	-	-	-	-	-	-
Nordeste	5	28,7	4	17,3	4	17,5	5	26,3	5	26,3
Sudeste	52	126,2	53	122,1	63	119,5	66	128,1	65	141,3
C-Oeste	-	-	-	-	-	-	-	-	-	-
Sul	7	10,7	7	4,2	8	4,5	8	5,1	9	5,4
Total	64	165,6	64	143,6	75	141,5	79	159,5	79	173,0

* São consideradas as empresas representativas do setor e as prensas em operação, desconsiderando-se as desativadas
Fonte: Abal.

Quando se compara a produção de extrudados brasileira com a norte-americana, constata-se que, no período entre 1985 e 1994, a produção norte-americana foi, em média, 13 vezes maior que a brasileira. Enquanto a média nacional girou em torno de 95,5 mil toneladas, a norte-americana foi da ordem de 1.279,1 mil toneladas. É também baixo o consumo per capita de alumínio no Brasil (2,6 kg/hab.) em relação ao norte-americano (30,2 kg/hab.).[10]

Tabela 7
Produção de extrudados em 1.000 ton., Brasil e EUA

Anos	Brasil	EUA
1985	84,0	1267,2
1986	106,3	1335,3
1987	102,4	1350,6
1988	93,3	1336,6
1989	113,8	1285,9
1990	73,7	1210,6
1991	76,7	1090,4
1992	84,5	1182,6
1993	100,0	1316,4
1994	119,8	1415,5
Média	95,5	1279,1

Fonte: Abal e The Aluminum Association.

3.5. Caracterização da cadeia produtiva

3.5.1 Evolução da demanda por tipo de consumidor

O consumo de extrudados pelos diferentes setores industriais é apresentado na Tabela 8 e no Gráfico 2. Em 1994, o setor de extrusão registrou consumo de 116,9 mil ton., indicando a tendência de recuperação dos setores da construção civil, eletricidade (antenas), bens de consumo (artigos esportivos), entre outros fatores.

Entre 1985 e 1994, o setor de construção civil representou o maior mercado para o alumínio. Em 1994, o consumo de extrudados pela construção civil totalizou 68 mil ton., representando cerca de 58% do mercado. O principal produto final da extrusão é o perfil (sólido, tubular e semitubular) para janelas, portas, boxes e telas.

O setor de transporte foi o segundo maior mercado no período. Naquele mesmo ano, o volume absoluto do consumo de extrudados desse setor foi de 18,3 mil ton., o que representou 15,6 % do total consumido. Incluídos nesse mercado estão os ônibus, carros, caminhões e bicicletas.

O terceiro setor que mais consumiu extrudados foi o de bens de consumo e manufaturados com 13,2 mil toneladas, seguido pela indústria de eletricidade, com 9,1 ton., e pelo setor de máquinas e equipamentos, com 6,6 mil ton.

[10] Em relação a outros países, o consumo *per capita* brasileiro também é reduzido. Como exemplos, temos o Canadá (23,9 kg/hab.), a Austrália (17,5 kg/hab.) e a Venezuela (6,3 kg/hab.).

Tabela 8
Evolução do consumo de extrudados por setor industrial em 1.000 ton.

Setor	Construção civil	Transportes	Indústria de eletricidade	Bens de Consumo	Bens de Capital	Outros	Total
1985	44,8	8,1	4,7	11,4	5,9	3,8	78,7
1986	58,4	10,7	4,7	13,7	8,7	4,3	100,5
1987	55,8	12,0	4,6	13,6	8,9	4,3	99,2
1988	49,9	15,4	4,8	10,5	5,7	3,6	89,9
1989	64,4	16,5	4,3	11,6	7,1	5,5	109,4
1990	41,3	10,7	3,0	9,5	5,4	5,6	75,5
1991	40,7	18,3	3,7	8,7	4,1	3,1	78,6
1992	49,3	15,9	5,5	6,3	6,4	0,6	84,0
1993	61,0	16,8	6,3	8,0	5,8	0,5	98,4
1994	68,1	18,3	9,1	13,2	6,6	1,6	116,9

Fonte: Abal.

Gráfico 2
Participação dos setores industriais no consumo de extrudados, 1994

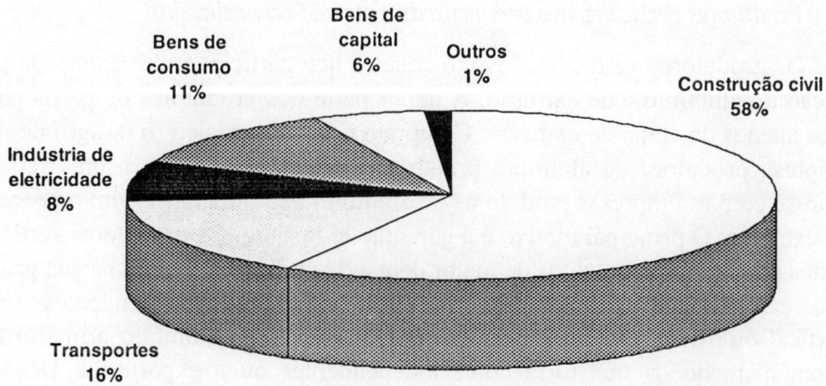

Fonte: Abal.

3.5.2 Principais segmentos da cadeia produtiva

Como vimos, o grande mercado consumidor do setor de extrusão é a construção civil. No setor produtor de barras e perfis de alumínio, podemos encontrar mais de uma forma de organização da cadeia produtiva se incluirmos o relacionamento com os clientes do setor. De forma genérica temos o seguinte fluxograma:

Figura 1
A cadeia produtiva de extrudados

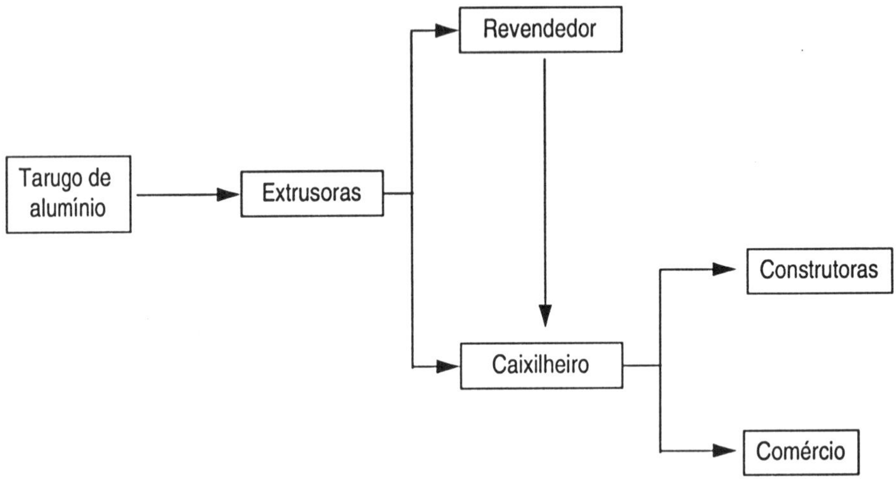

Produtores verticalizados versus produtores não verticalizados

Os produtores verticalizados são aqueles que participam das etapas de produção do alumínio e de extrusão. A maior parte dos produtores de perfis participa apenas da etapa de extrusão. Compram o insumo básico (o tarugo) de uma empresa produtora de alumínio primário. Em geral, esses extrusores relacionam-se com as empresas produtoras de alumínio não integradas com o processo de extrusão. O principal motivo é a garantia do insumo. Os produtores verticalizados podem, em momentos de maior demanda, utilizar o insumo na sua produção e reduzir o fornecimento para os extrusores independentes (não-verticalizados). Empresas cujo único produto final é o alumínio primário têm como mercado os transformadores independentes ou a exportação. Desde o início da década de 80, quando o Brasil passou a ser exportador de metal primário, os problemas de compra de insumo (tarugo) foram minorados.

Dentre os extrusores não-verticalizados, existem empresas que trabalham com prensas de maior tonelagem de força (acima de 2.000 ton./f) até empresas cujas prensas são de 200 ton/f. As extrusoras menores são chamadas de marginais. Trabalham na produção de perfis de menor complexidade e com um mercado de menor poder aquisitivo.

Revendedores e caixilheiros

Os produtores verticalizados vendem tanto para os caixilheiros como para os revendedores. Os revendedores são aqueles que compram o perfil das extrusoras, mantém estoques e repassam para os pequenos caixilheiros. Segundo nos informou um entrevistado, existem aproximadamente 3 mil pequenos caixilheiros (serralheiros) no país.

No setor de extrusores não-verticalizados, o principal cliente é o revendedor. Isso, entretanto, não impede a venda direta ao caixilheiro. Para a Almax – empresa extrusora independente – o fornecimento ao revendedor é prioritário, sendo que a empresa não concorre no mercado com seus clientes. A explicação residiria no fato de os revendedores serem clientes fiéis, no sentindo de que sempre compram uma quantidade mínima de perfis – um grande revendedor compra de 1.000 a 2.000 ton./mês –, visto que estocam o produto para posterior revenda. Além disso, o caixilheiro – principalmente o não-padronizado – depende do prazo de execução da obra e acaba trabalhando com prazos menores do que os do revendedor. Portanto, quantidade e maior prazo de entrega são fatores que determinariam a preferência de vendas para os revendedores.

Os caixilheiros compram os perfis para uso quase imediato. Recebem o perfil e já iniciam a produção de esquadrias. De um modo geral os perfis são vendidos em barras de 6 metros e ocupam muito espaço físico. Esse seria um dos fatores que elevariam os custos de estocagem. Segundo os caixilheiros, não compensa incorrer nesse custo, sendo melhor comprar a quantidade de perfil que efetivamente será utilizada de imediato na produção.

Existem basicamente dois tipos de caixilheiros no mercado: padronizados e não-padronizados. A padronização está relacionada à ferramenta de extrusão e às linhas de caixilharia (portas, janelas e boxes). Cada linha refere-se a um conjunto padrão de porta e janela. Para uma janela, por exemplo, usa-se, no mínimo dois tipos de perfis (altura e comprimento). O perfil da altura é diferente do perfil do comprimento, que por sua vez varia de linha para linha. Alguns caixilheiros vendem somente modelos de portas e janelas predeterminados, o que leva ao uso de determinados tipos de perfis. O que vai determinar a forma do perfil é a ferramenta de extrusão. Portanto, um perfil padronizado resulta da prévia definição de determinados modelos de portas e janelas, o que leva a um determinado número de ferramentas. Esses caixilheiros, em geral, vendem para lojas de material de construção. Projetos de construção civil de pequeno porte podem ser elaborados já pensando numa linha existente no mercado de padronizados.

Existem aqueles caixilheiros que vão determinar o tipo de porta e janela após o projeto arquitetônico da construção. Diferentes projetos de esquadrias implicam diferentes modelos de portas e janelas, com diferentes perfis e ferramentas. Em geral, são esses caixilheiros que se relacionam com as empresas de construção civil.

Alguns caixilheiros preferem relacionar-se diretamente com as extrusoras. As vantagens do relacionamento direto com a extrusora seriam: melhor preço que o do revendedor; melhor qualidade dos perfis; melhor qualidade do serviço (da venda a entrega final); e possibilidade de comprar barras de comprimento menor do que seis metros (tamanho padrão para os revendedores), a depender do projeto de esquadria.

3.5.3 Principais problemas da cadeia produtiva

Diversidade das empresas do setor de extrusão

Existem no setor de extrusão um pequeno número de empresas modernas em termos tecnológicos e que adotam um certo padrão de qualidade do produto, e, ao mesmo tempo, um grande número de empresas marginais – com pequenas prensas capazes de produzir perfis mais finos e sem muita complexidade geométrica.

A existência de produtores mais modernos – que detêm grande parte do mercado – não levou a uma difusão de tecnologia mais avançada por todo setor de extrusão. A tecnologia de extrusão é conhecida de todos aqueles que atuam no setor. Uma prensa moderna custa cerca de US$6,5 milhões. A principal razão dos pequenos não terem sido expulsos do mercado nem serem obrigados a se modernizar parece residir no fato desses extrusores possuírem mercado cativo de pequenos caixilheiros (entre 2.000 e 3.000). Esses pequenos caixilheiros trabalham com perfis simples, voltados para um segmento de mercado com menor poder aquisitivo, em que a qualidade não é a exigência principal.

Padronização

Alguns extrusores reclamaram da baixa demanda por perfis padronizados vis-à-vis aos não padronizados. De acordo com informações fornecidas pelo setor de vendas da CBA, apenas 20% de sua demanda por perfis refere-se ao material padronizado. Além disso, as encomendas são de baixa tonelagem, isto é, muitas vezes a prensa é posta para funcionar para produzir 300kg de um determinado tipo de perfil, quando o mínimo ideal seriam 1.000kg por item. A padronização seria uma forma de reduzir o custo do produto final. A não-padronização implica um custo maior por requisitar um maior número de ferramentas e uma menor quantidade de produção por item (por ferramenta). As extrusoras menores trabalhariam com menor número de ferramentas e, com isso, com um mercado mais concentrado. Elas estariam no segmento dos perfis padronizados.

Distribuição

A qualidade da distribuição foi um fator mencionado nas entrevistas. Para grande parte dos caixilheiros, um dos fatores determinantes da escolha da empresa extrusora com a qual vão se relacionar é o prazo de entrega do produto. Entre as reclamações com relação a algumas extrusoras está o não cumprimento dos prazos de entrega. Após ter sido feita a encomenda do perfil, algumas extrusoras ou não entregam no prazo combinado ou entregam apenas parte do material encomendado, atrasando a outra parte. Com isso, a grande parcela dos caixilheiros de maior porte relaciona-se com um único extrusor. Ao serem fiéis a uma única empresa eles buscam: maior prazo para pagamento; menor preço;

melhor qualidade do produto; assistência técnica; e respeito aos prazos de entrega.

3.5.4 Principais empresas do setor de extrusão

As empresas e sua participação no mercado

Como vimos anteriormente, existiam no Brasil 79 prensas em funcionamento em 1994. Essas 79 prensas pertenciam a cerca de 30 empresas, sendo que as principais eram, em ordem decrescente, a Alcan Alumínio S/A, Alcoa Alumínio S/A, CBA, Almax Alumínio S/A e Acro Extrusão de Metais Ltda.

Em 1996, a Alcan resolveu especializar-se no setor de laminação, vendendo suas unidades de extrusão para a Alcoa. Os entrevistados informaram que a Alcan e a Alcoa detinham, cada uma, cerca de 33% do mercado. Com a compra das extrusoras da Alcan pela Alcoa, esta passou a responder por cerca de 65% do mercado de extrudados. Calcula-se que a participação da CBA seja da ordem de 15%. Portanto, essas duas empresas juntas responderiam por cerca de 80% do mercado de extrudados. O número de prensas da Alcoa e da CBA seria, respectivamente, dezessete e cinco.

A Almax conta com duas prensas. Essa empresa seria aquela que se iguala às duas maiores em termos de atualização tecnológica. Segundo um engenheiro da empresa, a Almax teria, hoje, a tecnologia de extrusão mais moderna do país, utilizando um processo totalmente automatizado. Sabemos que a Acro possui duas prensas, mas, segundo informação de terceiros, não produziriam perfis mais complexos (como os tubulares, por exemplo).

As outras empresas existentes no país deteriam, como se denomina no setor, prensas marginais: pequenas prensas capazes de produzir perfis mais finos e sem muita complexidade geométrica. Essas empresas atenderiam pequenos caixilheiros.

No segundo semestre de 1994 e início de 1995, as duas maiores empresas do setor utilizavam plenamente suas capacidades instaladas. A partir do segundo semestre de 1995, com a redução generalizada do consumo, a CBA passou a trabalhar com capacidade ociosa, sendo que em março de 1996, apenas duas de suas cinco prensas encontravam-se ativadas.

Estratégia especial de vendas de uma grande empresa

A Alcan adotava uma estratégia especial de serviços para alguns clientes exclusivos, que compravam perfis de alumínio em grande escala. Essa estratégia pode ser exemplificada pelo relacionamento que a empresa mantinha com a Esquadrimetal, uma das maiores empresas de caixilharia no setor de padronizados.

Entre outras coisas, a Alcan desenvolvia as ferramentas pedidas pelos clientes sem cobrar por elas. A Esquadrimetal patenteou todas as ferramentas que foram por ela desenvolvidas em conjunto com a Alcan. A empresa de caixilharia é proprietária das mesmas, mas foi a Alcan quem arcou com os custos de produção. A Alcan detinha o direito de uso das ferramentas para produção de perfis destinados exclusivamente para esse cliente. Além disso, a Alcan garantia assistência técnica, entrega dos produtos no prazo, devolução dos produtos que apresentassem defeitos e bom preço. Não tivemos informações sobre o preço de venda da Alcan; portanto, não se pode inferir que existam práticas de diferenciação de preço. Pode-se afirmar sobre diferenciação de qualidade de serviço e distribuição.

A Alcan estava sempre inovando. Segundo relatório da Abal (1990, p.9), em fins da década de 80 a Alcan:

> "[...] adotou a técnica de comercialização de um pacote especial, denominado 'Sistema', para uso dos caixilheiros, composto de uma linha de perfis para esquadrias, acessórios, prensas manuais de fácil manejo, ferramentas de usinagem, catálogos e desenhos técnicos".

Com venda das unidades de extrusão da Alcan, a maior parte de seus clientes exclusivos foi transferida para a Alcoa.

3.6 O Brasil no mercado mundial de extrudados

3.6.1 Importações e exportações brasileiras de perfis de alumínio

Ao longo do período 1980-95, as exportações brasileiras apresentaram comportamento irregular. A partir de 1982, teve início uma fase de crescimento que se estendeu por três anos. Entre 1982-84, o grande crescimento das exportações de barras e perfis pode ser, em parte, explicado pela desvalorização cambial e pela recuperação da economia norte-americana (importadores de perfis produzidos no Brasil), pós Choque do Petróleo. A "fase áurea" das exportações desses produtos coincide com um período de grande expansão das exportações brasileiras de um modo geral. Em 1987, as exportações brasileiras de perfis voltaram ao nível de 1981.

Em período mais recente (1994) o segmento de barras e perfis apresentou um bom desempenho no setor externo, com crescimento tanto das exportações como das importações, mas não comparáveis ao volume exportado observado entre 1982-84. Em 1995, as importações, que em 1994 tinham crescido 202% em relação ao ano anterior, voltaram a apresentar um aumento surpreendente de 687%, atingindo um nível absoluto de 8.653 toneladas. As exportações atingiram um nível de 3.140 toneladas em 1995, com uma queda de 39% em relação ao ano anterior. No período entre 1980 e 1995, o último ano foi o único em que a balança comercial do segmento de barras e perfis apresentou déficit.

No segundo semestre de 1994 e primeiro trimestre de 1995, a economia passou por um forte aquecimento do mercado interno, com crescimento da procura por diversos bens. Nessa época, cresceram a demanda por carros, bicicletas, bem como houve aquecimento do setor de construção civil. Como vimos, esses setores são responsáveis por grande parte do consumo interno de perfis de alumínio. O aumento da demanda teria levado a um elevação das importações.

Tabela 9
Importação e exportação de barras e perfis de alumínio em ton.

Ano[11]	Importação	Var. (%)	Exportação	Var. (%)
1980	437,2	-	1.175,4	-
1981	1.915,4	338,1	1.946,9	65,6
1982	526,8	-72,5	3.496,9	79,6
1983	72,7	-86,2	23.105,6	560,7
1984	356,7	390,6	19.799,9	-14,3
1985	164,5	-53,9	13.875,3	-29,9
1986	148,9	-9,5	8.747,9	-37,0
1987	561,0	276,8	1.914,9	-78,1
1988	572,9	2,1	4.576,1	139,0
1989	592,7	3,5	5.485,5	19,9
1990	1.287,3	117,2	3.091,8	-43,6
1991	1.043,6	-18,9	2.893,7	-6,4
1992	454,6	-56,4	2.266,8	-21,7
1993	364,1	-19,9	3.675,5	62,1
1994	1.099,7	202,0	5.164,0	40,5
1995	8.653,1	686,9	3.136,9	-39,3
Média	1.140,7	113,3	6.522,1	46,5

Fonte: CIEF (Centro de Informações Econômico-Fiscais) e Cacex.

Pode-se, todavia, notar que os níveis absolutos de importação e exportação são baixos em relação à produção doméstica de extrudados, conforme ilustra o gráfico a seguir. Buscamos saber quais as dificuldades da importação do produto. Os subitens relacionados a seguir foram os mais citados pelos entrevistados.

A dimensão do perfil impede que se tenha volume satisfatório por container

Usualmente, o perfil é vendido em barras de seis metros de comprimento. Quando se coloca perfis em um container, a tonelagem de perfis por container é baixa em relação custo de importação ou exportação.

Mercado maior é de não-padronizados

Como a maior parte do mercado brasileiro é de não-padronizados, obras diferentes acabam exigindo um certo número de ferramentas diferentes. O tempo médio de fabricação de uma ferramenta é de trinta dias. Com isso, a importação implicaria a necessidade de um prazo maior para realização da obra.

[11] Entre 1980 e 1988, os dados de barras e perfis, bem como fios de alumínio encontram-se na NBM 7.602; a partir de 1989, a NBM 7.604 passa a englobar apenas o segmento de barras e perfis de alumínio. Na tabela, foram excluídas as importações e exportações de fios.

Qualidade do produto

Se um produto importado apresentar defeitos, a obra para a qual ele se destina fica comprometida se o prazo de execução for pequeno. Um perfil com defeito implica novos contatos com o fornecedor, além da necessidade de uma nova guia de importação. A Esquadrimetal, uma empresa de caixilharia padronizada, tentou importar o produto, mas o recebeu com atraso e apresentando defeitos.

A grande vantagem da importação do produto residiria no financiamento. Para compras feitas na Argentina e no Uruguai (Mercosul), os caixilheiros podem pagar em até 180 dias, com baixo custo financeiro.

Gráfico 3

Produção, consumo doméstico, importações e exportações em mil ton.
Barras e perfis de alumínio

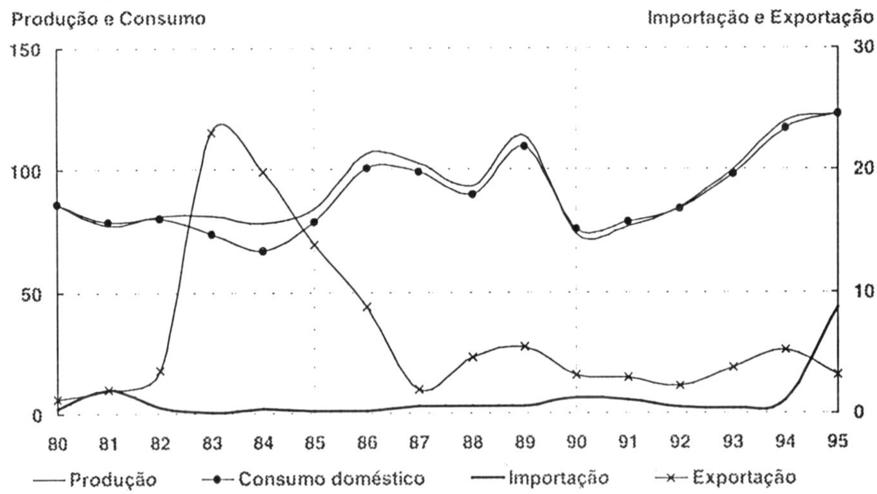

Fonte: Abal, CIEF e Cacex.

3.6.2 Custos de produção

Alumínio primário

O Brasil possui vantagens comparativas em relação aos demais países pelas grandes reservas de bauxita de boa qualidade. Em relação ao alumínio primário, o Brasil desfruta de uma forte posição competitiva internacional. Na obtenção da alumina, não há defasagem tecnológica. Na obtenção do alumínio, os principais insumos são a alumina e a energia elétrica. A principal diferença de custos entre os países reside na energia elétrica. Trata-se de uma indústria eletrointensiva e como já não há mais energia elétrica abundante e barata é necessário melhorar a eficiência energética das plantas. O elevado custo relativo da energia é um dos principais gargalos para a expansão do setor.

Tabela 10
Custos de produção do alumínio primário em US$ / ton.
Brasil e média mundial, outubro de 1992

Custos	Brasil*		Média Mundial	
	US$/ton.	Participação %	US$/ton.	Participação %
Energia elétrica	453,0	35,5	307,0	25,9
Matérias-primas	558,0	43,7	577,0	48,7
Mão-de-obra	132,0	10,3	174,0	14,7
Outros custos	134,0	10,5	128,0	10,8
Custos totais**	1.277,0	100,0	1.186,0	100,0

* Unidade do Nordeste e Sudeste, excluindo geração própria.
** Excluindo-se a depreciação e despesas administrativas e comerciais.
Fonte: Abal.

Em 1989, o custo da energia elétrica brasileira seria de US$31,5/MWh contra uma média mundial da ordem de US$22,1/MWh. (Tabela 10). Em 1996, a participação da energia elétrica nos custos totais gira em torno de 30%.

Tabela 11
Tarifa média estimada nas reduções de alumínio
Por países produtores, 1989

Países	Capacidade (1.000 t)	US$/MWh corrente
Estados Unidos	3.900	26,8
Canadá	1.577	4,7
Austrália	1.030	16,7
Brasil*	873	31,5
Noruega	833	16,7
Alemanha	729	29,5
Índia	502	40,8
Venezuela	430	8,6
Média dos países	1.234	21,9
Média mundial**	298	22,1

* Inclui ICMS; média Brasil set/89.
** Foram considerados 33 países produtores de alumínio primário.
Fonte: [Abal, 1990, p.5].

A alumina utilizada pela Albrás e Valesul é importada, o que implica custos médios mais elevados do que nos demais países. Na produção de alumina, a Alumar com capacidade de produção acima de 650 ton./ano apropria-se das economias de escala e é competitiva em nível internacional. As plantas mais antigas – Alcan e Alcoa – com escalas menores de produção, de 150 a 350 mil ton./ano, são menos competitivas e possuem um custo médio de produção mais elevado do que nos demais países.

Extrusão

Britto (1993, p.71) afirma que os custos de produção dos transformadores (laminadores, extrusores etc.) brasileiros são maiores que os dos produtores norte-americanos. Ele se baseia em um estudo realizado pela Abal, ao qual não tivemos acesso. A defasagem entre a estrutura de custos dos extrusores brasileiros e seus concorrentes norte-americanos seria devido aos maiores custos do metal primário a ser extrudado, dos impostos e do capital. Os fatores que resultariam nas diferenças nos custos seriam:

- O mercado norte-americano é mais padronizado que o nacional. Com uma maior padronização, pode-se reduzir os custos, entre outros, porque aumenta-se a quantidade produzida por item (ferramenta).
- O baixo consumo *per capita* de alumínio primário no Brasil (2,6 kg/hab.) vis-à-vis ao consumo norte-americano (30,2 kg/hab.).
- A heterogeneidade tecnológica do parque extrusor nacional é muito maior que no mercado norte-americano. A grande maioria dos extrusores nacionais trabalham com prensas de pequena tonelagem, mais defasadas tecnologicamente. Somente três extrusores locais são considerados modernos (Alcoa, CBA e Almax), mas detêm a grande parcela do mercado.
- A heterogeneidade tecnológica implica, também, defasagem de qualidade dos produtos gerados. De acordo com Brito (1993, p.72):

> "As menores exigências do mercado consumidor interno se refletem nas características do sistema de normalização: além do número reduzido, comparativamente aos países mais desenvolvidos, as normas existentes são pouco exigentes quanto às especificações dos produtos. Apesar disto se dever, em parte, a natural adaptação do sistema de normalização à heterogeneidade tecnológica da indústria".

Essa menor qualidade está representada, por exemplo, na produção de perfis de espessura menor do que aquela dos produtos no mercado norte-americano. Segundo um engenheiro da Almax, a produção de perfis para bicicleta passou por um período no qual a espessura foi sendo reduzida a tal ponto que os produtos começaram a apresentar defeitos antes de chegar ao consumidor final, o que levou a um retorno para perfis de maior espessura.

Na construção civil, a exigência quanto a qualidade é menor que a exigência quanto a preço. Há expectativa de reversão para um melhor padrão de qualidade. Após a promulgação do Código de Defesa do Consumidor, uma melhor qualidade do produto passou a ser mais requisitada pelos próprios produtores, principalmente na construção de determinados edifícios. Processos-crime, relativos a acidentes devido a problemas oriundos da baixa qualidade da construção, começaram a ser mais freqüentes. Mas a busca por qualidade ainda não se tornou um fato generalizado entre todos os produtores de perfis.

3.6.3 Preços

Relação do preço interno de perfis e de materiais de construção

Nesta seção, são cruzados os dados sobre índices mensais de preços de perfis de alumínio com aqueles sobre índices de preços de materiais de construção. As séries de índices de preços são calculadas pelo Sinduscon-SP, ambas deflacionadas pelo IGP-DI da FGV. No período de julho de 1991 a dezembro de 1996, ao se comparar a evolução do índice de preços dos materiais de construção (CUB-Materiais do Sinduscon-SP) e a evolução do índice de preços dos perfis de alumínio (Sinduscon-SP), nota-se que as séries apresentam a mesma tendência. Isso é um indicativo de certo grau de dependência do setor em relação ao seu principal mercado consumidor. Ou seja, existe uma relação clara entre preço dos demandantes e preço de ofertantes (produtores de perfis).

Gráfico 4

Evolução dos preços de materiais de construção e de perfis de alumínio
Índices deflacionados pelo IGP-DI, Base jun / 94=100

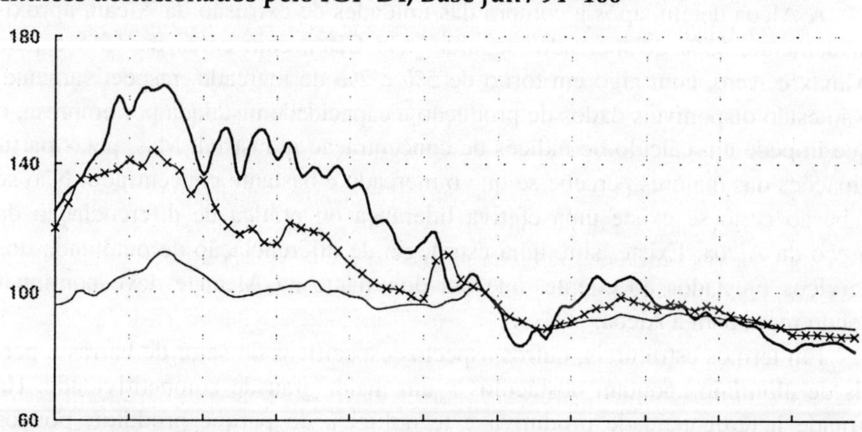

Fonte: Sinduscon-SP e FGV-RJ.

Preço nacional versus preços internacionais

No mercado internacional, a média de preços referentes à liga 6063 varia entre US$3,37/Kg e US$3,47/Kg – outras referências são EUA (US$3,52/Kg e US$3,63/Kg), Alemanha (US$3,10/Kg e US$3,17/Kg), Rússia (US$3,57/Kg e US$3,73/Kg) e Itália (US$3,30/Kg e US$3,47/Kg). No Brasil, o preço do perfil, para pagamento em quatorze dias, já incluídos os impostos, está em torno de R$4,81/Kg. As informações quanto à evolução dos preços internacionais e nacionais não estão disponíveis.

3.7 Conclusão

O mercado de barras e perfis está diretamente relacionado ao mercado de alumínio primário, principal insumo material utilizado na produção. Este é usado sob a forma de tarugo de alumínio (lingote cilíndrico utilizado na extrusão).

Quanto ao mercado de insumo, o Brasil é o sexto maior produtor de alumínio primário do mundo. Na indústria do alumínio primário existe uma única empresa de capital inteiramente nacional (CBA) e outras seis contando com a participação do capital externo. O principal estrangulamento nesse setor é o custo da energia elétrica, mais cara no Brasil em relação aos seus principais concorrentes externos. Não existe, contudo, nenhum problema maior de fornecimento de insumo (tarugo) para as fábricas extrusoras.

No setor de extrusão, existem, hoje, duas empresas verticalizadas (Alcoa e CBA) que produzem desde a bauxita ao perfil de alumínio. Ao lado dessas, com maior proximidade tecnológica, está a Almax e, em seguida, a Acro – ambas empresas de capital nacional. Participando do mercado ao lado dessas quatro empresas, existem aproximadamente 26 pequenas empresas.

A Alcoa detém, após a compra das unidades de extrusão da Alcan, aproximadamente, 65% do mercado, seguida pela CBA, com cerca de 15% e pela Almax e Acro, com algo em torno de 5% e 2% do mercado, respectivamente. Não estão disponíveis dados de produção e capacidade instalada por empresa, o que impede um cálculo de índices de concentração industrial. Mas, pelas participações das maiores percebe-se que o mercado é bastante concentrado. Não se sabe ao certo se existe uma efetiva liderança ou prática de diferenciação de preço da Alcoa. Existe, sim, uma estratégia de diferenciação de qualidade dos serviços prestados ao cliente, que era dominante na Alcan e deve continuar sendo regra para a Alcoa.

Em termos estruturais, outros aspectos específicos do setor de barras e perfis de alumínio apontam obstáculos a um maior grau de competitividade. Há grande heterogeneidade produtiva e tecnológica do parque produtor: poucos produtores, verticalizados (Alcoa e CBA) e independentes (Almax, principalmente, e Acro), com padrão de qualidade e inovação tecnológica convivem com produtores mais atrasados em termos de tecnologia e menor qualidade do produto final. O consumo per capita de alumínio no país é baixo; o consumidor final exige menos qualidade do produto, o que leva, por sua vez, a uma menor preocupação relativa do setor produtor. Há dificuldades para ampliar a exportação do produto devido, em parte, à menor qualidade do produto nacional vis-à-vis ao de outros concorrentes estrangeiros. Por fim, há limitações à importação do produto, relacionadas à restrita padronização dos perfis e ao próprio custo de importação (em grande parte devido a dimensão e complexidade geométrica dos perfis).

4 A exploração de areia na RMSP

Armênio de Souza Rangel

4.1 Características físicas e tecnológicas

A atividade de extração de areia é classificada pelo IBGE no gênero Extração de Minerais. As areias são bens minerais constituídos, principalmente, por grãos de quartzo que resultam do processo de decomposição das rochas. No Estado de São Paulo, os depósitos de areia encontram-se nos leitos dos rios[1], em planícies aluviais[2], em formações geológicas, em coberturas de rochas cristalinas e em praias do litoral.

As principais propriedades da areia são a granulometria, o formato dos grãos, a composição mineralógica e a pureza. Quanto à granulometria, as areias podem ser classificadas nas seguintes categorias: Areia Grossa (2.00-1.20mm); Areia Média (1.20-0.42mm); Areia Fina (0.42-0.075mm). Quanto à composição mineralógica, outros minerais podem estar, também, presentes na composição das areias: feldspatos, argilas, óxidos de ferro etc. A presença de algumas dessas substâncias colocam limitações ao seu uso na construção civil, principalmente no caso de minerais que reagem com o álcalis do cimento. Neste sentido, o grau de pureza da areia é definido pela presença ou não desses outros minerais. Quanto ao formato, a areia com elevado grau de uniformidade dos grãos é de melhor qualidade pois não deixa espaços para serem preenchidos por cimento. Além dessas propriedades, a ABNT define outras propriedades físicas e mecânicas – norma NBR-7211 – na definição das areias próprias para a construção civil. Na prática, contudo, muitas vezes as normas da ABNT são ignoradas e adotam-se as noções corriqueiras de *areias pouco grossas* para o concreto e *areias mais finas* para a fabricação de blocos.

As areias recebem, também, as seguintes denominações comerciais de acordo com o grau de beneficiamento a que foram submetidas: a) areia bruta – sem qualquer forma de beneficiamento; b) areia lavada – areia que passou por

---

[1] Tietê, Paraíba do Sul, Mogi Guaçu, Piracicaba etc.

[2] Rio Tietê: municípios de Itaquaquecetuba, Mogi das Cruzes, Suzano e Biritiba-Mirim. Paraíba do Sul: municípios de Jacareí, São José dos Campos e Caçapava.

um processo de lavagem para a eliminação de impurezas, principalmente da argila.

A areia possui, como bem substituto próximo, a areia produzida durante o processo de britagem nas pedreiras, também chamada de pó-de-pedra. Embora as propriedades técnicas desse tipo de areia sejam adequadas para muitos usos na construção civil, na prática ela é utilizada apenas para fins secundários.

As tecnologias utilizadas para a extração de areia são, em geral, extremamente simples e de domínio público. Além disso, as baixas exigências quanto à especificação dos produtos possibilitam um acesso irrestrito a esse tipo de atividade econômica. As tecnologias para a extração da areia mais utilizadas no Estado de São Paulo são as seguintes: a) extração em leito de rio; b) extração em cava seca nas encostas dos morros; e c) extração em aluviões nas margem dos rios.

Na extração em leito de rio, é realizada a dragagem dos sedimentos depositados no leito dos rios em profundidades não muito elevadas. A dragagem é feita através de bombas de sucção instaladas sobre barcaças com tubulações que transportam a areia até as peneiras dos silos situados nas margens do rio. A economicidade desse método resulta do fato de que a areia já sai lavada. A areia de Jacareí é famosa pela ausência de impurezas e por sua granulometria adequada para a produção de concreto de alta resistência com baixo consumo de cimento. Hoje em dia, há poucos portos de areia, no Vale do Paraíba, que extraem areia do leito do rio. Na medida em que a profundidade de escavação no leito do rio aumenta, a areia torna-se mais grossa e eleva-se o teor das impurezas, principalmente de argila. Hoje em dia, com a escassez crescente de areia, a profundidade de escavação chega a atingir 11 metros[3]. Em decorrência, é necessário tecnologia mais sofisticada e os custos de produção elevam-se, pois é necessário um maior beneficiamento da areia.

Nas encostas, a extração da areia é feita por desmonte hidráulico – jatos de água sob alta pressão. A lama resultante é conduzida para uma bacia de decantação. Em geral, essa areia não apresenta as mesmas qualidades da areia de leito de rio pois possui um elevado teor de barro. Esse é um processo mais custoso que emprega mais trabalhadores por m^3 de areia extraída e que só é viável economicamente nas minas situadas dentro da própria Região Metropolitana de São Paulo – RMSP. Nas margens dos rios, onde se encontram depósitos aluviais, o método de extração consiste em ir escavando até formar uma lagoa. No início, a produtividade é elevadíssima pois os depósitos de areia são aflorantes. No entanto, o processo de extração acaba formando lagoas que exigem máquinas para a extração e silos para a lavagem, aumentando o custo de produção. Hoje em

[3] Francesconi (1995) sugere, diante do quadro de escassez de areia, a extração de areia das represas da CESP, Eletropaulo e CPFL.

dia, a grande maioria dos portos de areia situados ao longo do Rio Paraíba do Sul são constituídos nos depósitos aluviais situados em suas margens[4]. Na medida em que a areia vai sendo extraída é realizada a sua lavagem, peneiramento e secagem.

4.2 Estrutura da oferta e demanda de areia na RMSP

4.2.1 Principais fontes de abastecimento

A RMSP é a principal região consumidora de agregados – areia e brita – para a construção civil no Estado de São Paulo[5]. Durante muitas décadas, a demanda de areia na RMSP foi atendida pela extração de areia nos arredores da própria RMSP. No entanto, o processo acelerado de urbanização da RMSP foi deslocando a atividade para regiões cada vez mais distantes. Assim, o abastecimento da RMSP por essas regiões só se tornou viável em função da crescente escassez de areia e da elevação permanente dos preços do insumo. Mais recentemente, a introdução de inúmeras medidas de controle da poluição ambiental contribuiu para agravar ainda mais o estado de escassez deste bem mineral. Hoje em dia, a demanda de areia na RMSP chega a ser atendida por minas situadas a mais de 150 Km de distância. Devido aos elevados custos de transporte, o mercado de areia é sempre regionalizado. Ou seja, somente as regiões próximas à RMSP conseguem ser competitivas no atendimento do mercado.

Este estudo deparou-se com uma grande dificuldade na reunião de estatísticas confiáveis sobre o setor. Como se sabe, a extração de areia, o seu transporte e comercialização são extremamente pulverizados. Além disso, a mineração de areia caracteriza-se, também, por um elevado grau de informalidade. Os últimos dados disponíveis de caráter abrangente sobre as lavras de mineração de areia foram organizados pelo DNPM, para o ano de 1987, através do cadastro SIPROM – Sistema de Informações sobre a Produção Mineral. A fonte de informações para a montagem do cadastro era o IUM – Imposto Único sobre Minerais –, o qual foi extinto no ano de 1988. Deve-se observar, no entanto, que mesmo essa fonte documental subestimava fortemente as estatísticas sobre mineração pois só incluía o setor formal, ou seja, os mineradores com registro no DNPM e que recolhiam o IUM. Após o ano de 1987, não há qualquer fonte de informação com algum grau de confiança. Aliás, os estudos consultados[6] sempre se valem das informações contidas no SIPROM, apesar das grandes limitações dos dados no que se refere à sua abrangência e atualidade.

---

[4] A partir de 1988, não foi mais permitido novas extrações de areia do leito do Rio Paraíba do Sul. No Vale do Ribeira, 100% da extração é realizada em leito de rio.

[5] Estão incluídos na RMSP 39 municípios. Estima-se que o consumo de agregados na RMSP atinja 50% do total do Estado de São Paulo.

[6] Vide, por exemplo, IPT 1991.

De acordo com os dados do SIPROM, a demanda de areia no Estado de São Paulo atingiu, no ano de 1987, um volume de 6.870 mil m^3. Esse número parece subestimar fortemente os números efetivos, conforme já destacava o estudo Mercado Produtor Mineral do Estado de São Paulo (IPT,1991). Segundo esse estudo, depoimentos de especialistas apontavam para uma demanda de areia em torno de 24 milhões de m^3, três vezes maior que a estimativa do SIPROM[7]. Os principais centros produtores no ESP são as Regiões Administrativas de São José dos Campos e a RMSP que, em conjunto, respondem por mais de 50% da extração total de areia. Deste total, a demanda anual da RMSP pode ser estimada em torno de 12 milhões de m^3.

Tabela 1

Estimativa da produção de areia no Estado de São Paulo[8], Segundo regiões administrativas – 1995 em m^3

RAMSP	Produção	%	% Ac
1. São José dos Campos	7.631.838	31.80	31.80
2. RMSP	4.615.668	19.23	51.03
3. Ribeirão Preto	2.894.663	12.06	63.09
4. Campinas	2.414.513	10.06	73.15
5. Presidente Prudente	1.809.727	7.54	80.69
6. Santos/Registro	1.707.446	7.11	87.80
7. Sorocaba	831.452	3.46	91.26
8. Bauru	788.286	3.28	94.54
9. São José do Rio Preto	774.373	3.23	97.77
10. Marília	363.220	1.51	99.28
11. Araçatuba	168.815	0.70	100.00
Total	24.000.000	100.00	100.00

Fonte: Elaboração própria.

As regiões que, por sua proximidade geográfica, abastecem a RMSP são as de São José dos Campos, a própria RMSP e a de Santos/Registro. Das três regiões, a principal delas, no abastecimento da RMSP, é a de São José dos Campos. Nessa região, os principais municípios produtores e que destinam grande parte de sua produção para a RMSP são os seguintes: São José dos Campos, Jacareí, Caçapava, Taubaté e Pindamonhangaba. Em geral, estima-se que 60% da demanda de areia da RMSP é atendida pelos municípios localizados ao longo do

[7] De acordo com os depoimentos de alguns técnicos e empresários vinculados ao setor, este número pode chegar a atingir até 28 milhões de m^3/ano. A demanda de areia foi estimada para o ano de 1995, tendo por base a demanda de brita na RMSP estimada pelo SINDIPEDRAS em 21,3 milhões de m^3. Foi adotado o coeficiente de 0,8125 m^3 de areia por m^3 de brita. Esse é um coeficiente adotado na obtenção de concreto usinado 150 Kgf/cm^2. Admitiu-se também, que os números sobre a demanda de brita do SINDIPEDRAS subestimava em 20 % o verdadeiro consumo.

[8] Os dados foram projetados a partir das estimativas da demanda total de areia e admitiu-se que a sua distribuição entre as distintas regiões seja a mesma do SIPROM.

Rio Paraíba. Em segundo lugar, destacam-se os municípios localizados no entorno da própria RMSP e que atendem 38,5% da demanda de areia da RMSP: Itaquaquecetuba, Santa Isabel, Arujá, Jandira, Carapicuíba, Mauá, Mogi das Cruzes, Barueri, Guarulhos, entre outros. Finalmente, destacam-se os municípios de Registro, Juquiá e Miracatu, pertencentes à Região de Registro, os quais respondem por cerca de 1,5% da demanda da RMSP.

4.2.2 Organização da produção

A mineração de areia é realizada nos chamados portos de areia. O número de portos de areia existentes no Estado de São Paulo pode ser estimado em torno de 1.400[9]. No Vale do Paraíba, as estimativas indicam existir cerca de 400 portos de areia e, na RMSP, o número de portos existentes chega a 250. Cada porto de areia constitui uma unidade extrativa. A atividade de extração de areia é desenvolvida por uma multiplicidade de empresas que, em média, possuem de 3 a 4 unidades extrativas. Em decorrência, pode-se estimar a existência de pelo menos 400 empresas dedicadas à extração de areia no Estado de São Paulo[10]. Algumas empresas, no entanto, chegam a possuir inúmeros portos de areia como é o caso, por exemplo, da Itaquaraí, uma das maiores extratoras de areia no Estado de São Paulo, que possui cerca de 8 portos e extrai um volume de 90.000 m^3/mês. Os portos de areia atingem, em média, uma produção mensal de 1.500 m^3 e empregam, em média, 10 trabalhadores[11]. Pode-se estimar, portanto, que a atividade de extração de areia no Estado de São Paulo emprega, no total, cerca de 14.000 trabalhadores. Um grande porto de areia chega a atingir uma produção mensal de 10.000 a 20.000 m^3 e emprega de 20 a 30 trabalhadores se a extração for em lagoa[12]. Na RMSP, cabe destacar a Viterbo Machado, localizada na região de Parelheiros, que extrai 15.000 m^3/mês e emprega 60 funcionários. Neste caso, como a extração é em cava seca, a produtividade é menor.

---

9 Algumas estimativas chegam a indicar a presença de quase 3.000 portos de areia (Francesconi, 1996).

10 De acordo com o SINDAREIA, o sindicato possui 196 sócios sendo 132 pertencentes à AIMEA do Vale do Paraíba. Já o Sindicato dos Armadores da Navegação Fluvial no Estado de São Paulo possui 423 associados dentre os quais estão incluídos inúmeros mineradores. No total, existem 619 sócios.

11 Os dados oficiais do SIPROM, indicam, para o ano de 1987, uma produção média mensal da ordem de 1.487,2 m^3 por mina. Visto que os dados do SIPROM não englobam os mineradores clandestinos, é provável que esta média seja mais reduzida.

12 O tamanho ideal para um porto de areia é da ordem de 10 a 20 mil m^3/mês. Volumes maiores começam a se deparar com dificuldades para o escoamento da produção. Atualmente, algumas empresas estão investindo para trabalhar na faixa de 30 a 40 mil m^3/mês.

4.3 Distribuição e transporte de areia na RMSP

A demanda de areia na RMSP pode ser segmentada nas seguintes categorias segundo o tipo de obra: residenciais, industriais, comerciais, de serviços e obras públicas. A demanda total do setor privado responde pela maior parcela da demanda total de areia da RMSP. A demanda para obras residenciais – autoconstrução e construção de edifícios, casas e habitações populares pelas construtoras – constitui-se no principal componente da demanda total de areia. De acordo com algumas estimativas, a demanda varejista de areia para a autoconstrução responde por parcela significativa da demanda total. Portanto, os principais fluxos de areia vinculam os locais de extração com as construtoras e com os depósitos de materiais de construção.

Hoje em dia, na construção residencial de grande porte, dificilmente as construtoras "viram o concreto" no próprio canteiro de obras. Em geral, as construtoras já adquirem o concreto usinado nas concreteiras. Em razão disso, um dos fluxos de distribuição de areia na RMSP vincula diretamente o porto de areia aos pátios das concreteiras. Ainda no caso de grandes obras, a areia para outros usos – revestimento, contra-piso etc. – é transportada diretamente desde o porto de areia até o canteiro de obra. Em ambos os casos, a ligação entre a produção e o consumo é feita por empresas distribuidoras de areia. No caso do consumo varejista, as empresas distribuidoras colocam a areia nos depósitos de materiais de construção.

Grande parte da areia consumida na RMSP é comercializada através de empresas distribuidoras de areia. Muitas das empresas que não possuem depósitos próprios de areia na RMSP comercializam a areia exclusivamente para as concreteiras e para as obras de grande porte. As que possuem depósitos de areia atendem, também, ao consumo varejista. Em geral, a integração vertical entre a etapa de extração, distribuição e consumo é fraca. Ou seja, dificilmente os portos de areia comercializam a areia e dificilmente as empresas distribuidoras[13], construtoras e concreteiras[14] possuem portos de areia próprios.

Da mesma forma que na extração de areia, a estrutura da distribuição é extremamente pulverizada[15]. Em geral, predomina a pequena empresa que sub-

[13] Há empresas distribuidoras que possuem portos de areia próprios e frotas próprias de carretas e caminhões, como é o caso da Pedrasil e Cortesia. Contudo, isto é uma exceção.

[14] De acordo com a ABESC, há 32 empresas concreteiras com mais de 100 usinas de concreto. Desse número, apenas 4 possuem portos de areia. Em geral, as concreteira terceirizam o transporte.

[15] A APA possuía, em 1990, mais de 90 empresas associadas que comercializavam cerca de 60% da distribuição de areia.

contrata caminhoneiros autônomos[16]. A pequena empresa distribuidora de areia transporta, em média, de 3 a 4 mil m^3/mês. Há, no entanto, grandes empresas distribuidoras com frotas próprias de carretas e caminhões[17]. As grandes distribuidoras de areia para a RMSP são as seguintes: Pedrasil, Areião Vila Prudente, Sato, Transterralheiro, Carpan, Cortesia, Santa Adélia, São Bernardo etc. Algumas dessas empresas chegam a transportar de 30 a 40 mil m^3/mês.

A maior parte da areia colocada na RMSP é transportada em carretas e caminhões. O principal fluxo é proveniente do Vale do Paraíba através da Rodovia Presidente Dutra. As distâncias percorridas pelos veículos nessa rodovia chegam a atingir mais de 150 Km, como é o caso da areia proveniente dos municípios de Roseira, Lorena e Pindamonhangaba, localizados no Vale do Paraíba. De acordo com algumas estimativas, cerca de 80% da areia transportada pelo Vale do Paraíba atinge distâncias que variam de 80 a 200 Km. Até a instalação de balanças na Rodovia Presidente Dutra, as carretas transportavam, em média, 30 m^3/viagem. Posteriormente, o limite por carreta, com três eixos traseiros, atinge, em média, de 18 a 20 m^3. Se a areia está seca, as carretas chegam a transportar 20 m^3 por viagem. As pequenas distribuidoras, que não possuem carretas, utilizam caminhões que, em média, transportam 10 m^3/viagem. Algumas estimativas indicam haver cerca de 20.000 veículos envolvidos permanentemente no transporte de areia para a RMSP. O transporte de areia através de ferrovia é uma exceção. Apenas as distribuidoras Pedrasil e Abareias utilizam a ferrovia. O transporte ferroviário só e compensador para longas distâncias devido ao frete da ponta, ou seja, o transporte da areia desde o porto de areia até o terminal ferroviário.

4.4 Padrão de concorrência e formação de preços

O mercado de areia para a RMSP é extremamente competitivo e a concorrência se dá via preços e não pela diferenciação do produto. Dada a estrutura atomizada da extração, distribuição e consumo, os preços são determinados, basicamente, por oferta e demanda, ou seja, as firmas não possuem poder de mercado na determinação dos preços.

Em geral, as barreiras econômicas à entrada no setor são fracas. Trata-se de uma atividade econômica caracterizada pela simplicidade dos métodos de extração, pelas fracas exigências quanto à especificação do produto e pelo pequeno

---

[16] Algumas empresas entrevistadas já possuíram caminhões próprios. No entanto, a tendência é a subcontratação do frete. O frete pago pelas empresas distribuidoras corresponde a 70% do valor líquido da areia. Ou seja, do valor adicionado pela atividade de distribuição, excluindo o ICMS, a remuneração da distribuidora é de 30%. Antigamente, o critério para a remuneração do frete era a quilometragem rodada.

[17] Uma grande empresa chega a possuir 70 caminhões, como é o caso da Distribuidora São Bernardo que atende às prefeituras do ABCD.

montante do investimento inicial exigido para a organização de uma mina[18]. Contudo, as maiores dificuldades para a entrada de novas firmas no setor referem-se às exigências legais para o licenciamento de um empreendimento minerário, ao controle da degradação ambiental e ao bloqueio de áreas pelas firmas já estabelecidas. De acordo com alguns depoimentos, é extremamente difícil para quem está de fora ter acesso a novas minas.

O preço da areia pode ser decomposto em três componentes: custo de produção na mina, custo do transporte e arrendamento da terra[19]. O preço na ponta do consumo é dado pelo estado da demanda. Atualmente, há um preço de referência para a areia posta em Guarulhos da ordem de R$ 18,00/m^3. Dado esse preço, quanto maior é a distância da mina, maiores são os gastos de transporte e menor, portanto, o preço da areia na mina. No limite, distâncias elevadas inviabilizam a atividade extrativa para o suprimento da RMSP. Assim, o arrendamento da terra deve reduzir-se à medida em que as distâncias são maiores. O preço da areia em Pindamonhangaba, por exemplo, está cotado atualmente entre R$ 5,00 e R$ 6,00/m^3. Em regiões marginais, pode-se considerar como desprezível o arrendamento da terra. Já nas regiões próximas à RMSP, o preço do aluguel da terra eleva-se consideravelmente.

No Vale do Paraíba, são estabelecidos, geralmente, acordos de preços entre as maiores firmas que procuram regular o preço da areia na mina. Contudo, essa é uma prática difícil de ser efetiva pois os preços na mina variam muito em função da distância. O principal componente na determinação dos preços é o estado da demanda de areia. Quando há excesso de demanda os preços se elevam e quando se atravessa uma conjuntura recessiva toda a cadeia de distribuição e extração é obrigada a se ajustar, apesar das tentativas das empresas mais representativas de reduzir as quantidades produzidas e manter preços[20]. Numa situação de excesso de oferta, os vários portos de areia concorrem entre si na disputa de uma demanda mais reduzida. Numa conjuntura de baixa, alastra-se a prática do "chorinho", isto é, por um mesmo preço de referência adquire-se uma maior quantidade de areia[21]. Dada a grande pulverização na distribuição, as construtoras cotam preços em várias distribuidoras e exigem os melhores preços.

A dinâmica desse mercado é determinada, basicamente, pelo comportamento da construção civil, que é muito sensível às variáveis macroeconômicas. Em períodos de aquecimento da demanda, muitas firmas retomam a atividade de

[18] Um porto de areia com uma produção da ordem de 10 mil t./mês envolve um investimento da ordem de R$ 200.000,00.

[19] Além disso, há o ICMS de 12%.

[20] No mês de janeiro de 1996, alguns portos tentaram puxar o preço da areia.

[21] Em Pindamonhangaba, o desconto pode chegar a 30%.

extração da areia. Quando há uma retração do mercado, muitas empresas saem do mercado. Esse parece ser um comportamento típico das empresas não formalmente constituídas, isto é, os chamados mineradores clandestinos.

Em relação à areia proveniente do Vale do Paraíba, pode-se tomar a região de Guarulhos, na Rodovia Presidente Dutra, como ponto referencial. Nessa região, a areia está sendo cotada a R$ 18,00/m^3 – para pagamento em 30 dias fora a dezena. A areia para entrega na cidade de São Paulo varia entre R$ 21,00 a 23,50/m^3, dependendo da região. Em Jacareí, o m^3 de areia é cotado entre R$ 10,00 e R$ 11,00. Em Caçapava o m^3 custa de R$ 7,00 a R$ 8,00 e, em Pindamonhangaba, de R$ 5,00 a R$ 6,00. Portanto, em relação a Jacareí, o custo de transporte onera o preço da areia em 100% e, em relação a Pindamonhangaba, 300%. Como se pode observar, os preços na mina variam fortemente segundo as distâncias percorridas no transporte. Portanto, o custo do transporte tem papel determinante da formação do preço da areia.

No varejo, ou seja, nas casas de materiais de construção, a areia chega a atingir de R$ 30,00 a R$ 35,00/m^3. Ou seja, entre o preço da areia em Pindamonhangaba e sua comercialização em São Paulo há uma margem de pelo menos 500% que deve remunerar o transporte e o distribuidor final da areia. Nesse caso, o custo da distribuição final, ou seja, das casas de materiais de construção, eleva em 50% o preço da areia relativamente ao preço da areia posta em grandes quantidades diretamente nas grandes obras.

A demanda de areia é muito pouco sensível às variações de preço e muito sensível ao comportamento de variáveis macroeconômicas como a renda disponível da população, o crescimento populacional e a política econômica. Como se trata de uma demanda derivada, ela segue o mesmo padrão de comportamento da economia e da construção civil. As estatísticas disponíveis sobre o PIB da construção civil para os últimos três anos mostram a estreita relação existente entre comportamento da economia brasileira e o da construção civil. Após a forte recessão do início dos anos 90, a economia brasileira passou a experimentar um forte crescimento a partir do segundo trimestre de 1993. Desse período até o último trimestre de 1994, a economia brasileira cresceu 15,5%. A construção civil cresceu 22,4% do último trimestre de 1992 até o último trimestre de 1994. Com o Plano Real, a economia brasileira cresceu 4,6% ao longo de 1994, basicamente impulsionada pelo aumento da renda disponível da população com a eliminação do imposto inflacionário e pela valorização da taxa de câmbio.

Além de apresentar um comportamento próximo ao da economia como um todo, a construção civil experimentou acentuada sazonalidade ao longo do ano. O seu produto cresce no primeiro semestre e declina no segundo. As estatísticas elaboradas pelo IBGE sobre a produção de insumos para a construção civil, permitem um acompanhamento mais minucioso sobre o comportamento da construção civil neste período. Nos anos de 1992 e 1993, há um nítido comportamento sazonal como já foi observado. No ano de 1994, o ponto de reversão sazonal desloca-se para o mês de outubro em função da introdução do real que impulsionou em grande medida a autoconstrução. Posteriormente, volta a manifestar-se o comportamento sazonal típico do final do ano. Já no ano de 1995, em função da política monetária restritiva, a construção civil experimentou forte recessão no primeiro semestre, contrariando o seu comportamento sazonal.

A evolução da produção de areia e brita nos primeiros meses de 1995 contraria a tendência do índice geral da produção de insumos para a construção civil, que já havia declinado, após haver experimentado um forte crescimento nos primeiros meses do Plano Real. É provável que o comportamento atípico da produção de areia e brita possa ser explicado pela autoconstrução que foi impulsionada pelo aumento da renda disponível da população de menor poder aquisitivo.

No gráfico 1, pode-se observar a contínua queda do custo dos materiais para a construção civil no Estado de São Paulo medido pela FGV. De janeiro de 1992 a novembro de 1994, houve uma redução da ordem de 28,6%. Essa redução acelerou-se com a entrada do Plano Real: de junho a novembro de 1994, o custo dos materiais de construção reduziu-se em 15,1%. A partir do final do ano de 1994, houve uma ligeira elevação destes custos.

No caso da areia, o comportamento dos preços mostra, para o ano de 1993 e primeiros meses de 1994, uma divergência extremamente acentuada relativamente aos demais materiais da construção. Nesse período, enquanto os preços dos materiais declinam, os preços da areia se elevam sistematicamente. Como já foi observado, o principal componente na determinação dos preços da areia é o custo de transporte. Por sua vez, o custo do transporte sobe de forma sistemática. Há, pois, uma correlação nítida entre os dois movimentos nesse período, o que indica que o sistema extração-distribuição conseguiu repassar para os preços da areia os aumentos no custo do transporte. No entanto, deve-se lembrar que foi um período expansivo em que o excesso de demanda viabilizou este aumento. O mesmo não ocorre durante o ano recessivo de 1992: apesar da elevação do custo do transporte, a cadeia extração-distribuição de areia não conseguiu repassar para os preços o aumento de custo. Já no segundo semestre de 1994, o custo do transporte se reduz, induzindo a uma redução nos preços da areia, apesar da conjuntura expansiva introduzida pelo Plano Real. Ou seja, no comportamento dos preços da areia são determinantes o custo dos transportes e a conjuntura econômica.

Gráfico 1

Evolução do preço da areia e do ICC-SP

Índices Base Jan/92=100

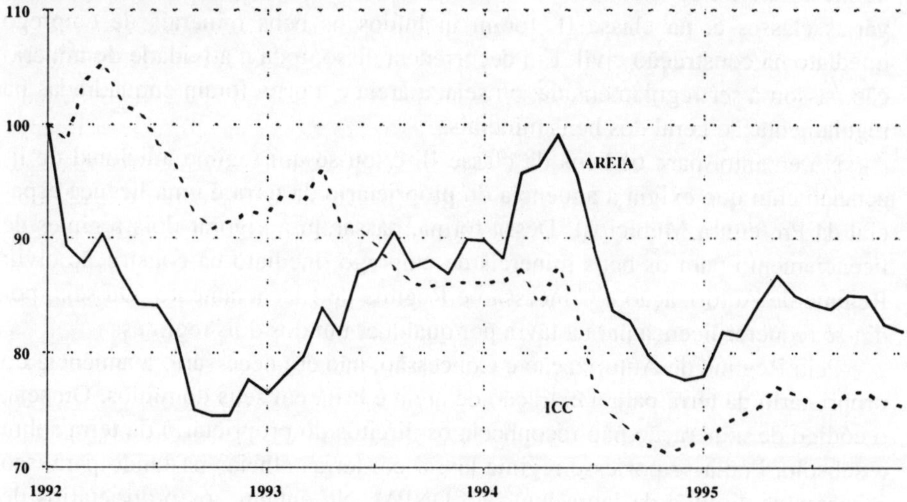

Fonte: SindusCon/SP e FGV-RJ.

4.5 Regulamentações

4.5.1 Regularização dos empreendimentos minerários

Na atualidade, a mineração de areia está submetida a um conjunto de regulamentações que dificultam enormemente a entrada de novas firmas no setor. De um lado, encontram-se as regulamentações inerentes aos bens minerais. De outro, encontram-se as regulamentações – CETESB e prefeituras municipais – que visam a minimizar os impactos ambientais adversos da mineração sobre o meio ambiente.

A constituição de 1934 estabeleceu a propriedade do subsolo como propriedade distinta da do solo. Até então, o proprietário da terra detinha a propriedade conjunta do subsolo de acordo com a Constituição de 1894. Ou seja, a propriedade do subsolo passou a pertencer à União e sua exploração somente realizar-se-ia com o licenciamento da mesma. O Código de Mineração de 1940 criou o Regime de Autorização e Concessão de Lavra. Por esse regime, podia-se obter licença para a extração mineral independentemente da anuência do proprietário da terra ou de qualquer licença especial por parte do poder municipal. Ou seja, o código respeitava a Constituição de 1934 reconhecendo a separação entre propriedade do solo e do subsolo. No entanto, em seu art.12, os bens de baixo valor econômico (areia e brita) não foram incluídos. Como decorrência, esses bens minerais ficaram à margem de qualquer tipo de regulamentação.

O Código de Mineração seria alterado, posteriormente, pela Constituição de 1967. Manteve-se o Regime de Autorização e Concessão para os bens minerais e procurou-se regulamentar a mineração dos bens minerais de baixo valor econômico – areia e brita entre outros. Para tanto, as jazidas foram classificados em várias classes e, na classe II, foram incluídos os bens minerais de emprego imediato na construção civil. Em decorrência disso, toda a atividade de mineração passou a ser regulamentada, ou seja, a areia e a brita foram enquadradas na regulamentação geral dos bens minerais.

No entanto, para os bens da classe II, criou-se um regime adicional de licenciamento que exigia a anuência do proprietário da terra e uma licença especial da Prefeitura Municipal. Dessa forma, passaram a vigorar dois regimes de licenciamento para os bens minerais de emprego imediato na construção civil: Regime de Autorização e Concessão e Regime de Licenciamento. Ou seja, podia-se requerer licença para a lavra por qualquer um dos dois regimes.

Pelo Regime de Autorização e Concessão, não era necessário a anuência do proprietário da terra para a extração de areia e brita em seus domínios. Ou seja, o código de mineração não reconhecia os direitos do proprietário da terra sobre o subsolo. Podia-se por esse regime lavrar em terras alheias bastando para isso requerer os direitos de lavra junto ao DNPM. No entanto, os proprietários de Terra forçaram a promulgação da Lei 6567, em 1978, que, para os bens da classe II, manteve a exclusividade do Regime de Licenciamento. Ou seja, respeitando os direitos adquiridos, essa lei criou, como única alternativa para a lavra de areia e brita, o Regime de Licenciamento que dependia da anuência do proprietário da terra e de licença do poder municipal.

Em 1985, um novo decreto[22] retirou a brita da classe II e enquadrou-a na classe VII, ou seja, exclusivamente no Regime de Autorização e Concessão, como os demais bens minerais. No entanto, a areia foi mantida na classe II, constituindo-se no único bem mineral submetido exclusivamente ao Regime de Licenciamento. Em janeiro de 1995, os mineradores de areia conseguiram aprovar a Lei N° 8.982 que restaurou o Regime de Autorização de Concessão para a areia[23]. Ou seja, foi restaurado o regime de dualidade.

Como se pode observar, as permanentes mudanças de legislação expressam os conflitos de interesse que envolvem a mineração de areia. Atualmente, pode-se extrair areia sem a anuência do proprietário da terra. Para tanto, basta requerer uma licença de lavra ao DNPM. No Vale do Paraíba, por exemplo, os confli-

---

[22] Lei N° 7312 de 16/05/1985.

[23] Tudo voltou a ser como era em 1967, ou seja, para os bens da classe II voltou a vigorar o Regime de Autorização e Concessão. No entanto, a lei representou retrocesso, na medida em que voltou a classificar a brita na classe II. Dessa forma, o produto, que já havia sido equiparado aos demais bens minerais, voltou a ser submetido aos dois códigos para as lavras de até 50 ha. Como decorrência, as pequenas pedreiras sentiram-se prejudicadas.

tos dos mineradores com os proprietários de terra aumentaram muito com a restauração do Regime de Autorização e Concessão para a areia. A tendência para o futuro é que a areia entre no procedimento de um bem mineral qualquer, eliminando-se o Regime de Licenciamento.

4.5.2 Legislação ambiental

Os problemas ambientais originados pela mineração de areia e os conflitos com outras formas de uso e ocupação do solo conduziram a uma escassez progressiva de jazidas disponíveis para o atendimento da demanda de areia da RMSP. Na região de São José dos Campos, por exemplo, existem grandes jazidas de areia. No entanto, poucos portos de areia estão em funcionamento devido aos conflitos com a expansão da cidade. Há mais de 20 anos que a prefeitura municipal não dá licença para o funcionamento de novos empreendimentos. Na região de Parelheiros, muitos portos foram fechados por questões ambientais. Há inúmeros empreendimentos minerários paralisados que não conseguem obter licença de funcionamento junto à CETESB.

De acordo com a Lei estadual N° 997, promulgada em 1976, as atividades de extração e tratamento de minerais são consideradas fontes de poluição. Assim, para o exercício das mesmas, é necessário o registro e a licença de funcionamento da CETESB. Até o início de 1986, bastava obter da CETESB a licença de Instalação e Funcionamento. No entanto, em 1986, o CONAMA – Conselho Nacional de Meio Ambiente – estabeleceu a exigência do EIA/RIMA – Estudo de Impacto Ambiental e Relatório de Impacto Ambiental – para a atividade mineradora. A resolução seria, posteriormente, incorporada à Constituição de 1988 e às Constituições Estaduais. Em 1989, o Decreto Federal N° 97.632 estabeleceu a necessidade do PRAD – Programa de Recuperação de Áreas Degradadas – para os empreendimentos de mineração[24]. No mesmo ano, os governos estaduais incorporaram às suas respectivas legislações a nova exigência da política nacional de meio ambiente.

Em 1990, o CONAMA deu competência aos Estados para dispensar os pedidos de licenciamento para os minerais da classe II da exigência do EIA/RIMA. As exigências foram substituídas pelo RCA/PCA. Em 1995, a SMA regulamentou os novos procedimentos para o licenciamento de empreendimentos minerários de areia: os projetos com área total menor do que 100 ha e produção mensal inferior a 5.000 m^3 poderão ser dispensados da apresentação do EIA/RIMA desde que o RCA/PCA – Relatório de Controle Ambiental e Programa de Controle Ambiental – sejam aprovados pela CETESB e pelo DEPRN.

---

[24] Nos países desenvolvidos, os mineradores recolhem um imposto específico destinado à recuperação de áreas lavradas. Muitas vezes, esse imposto é devolvido aos próprios mineradores, à medida que os mesmos realizam as obras de recuperação.

Atualmente, os documentos necessários para se obter licença ambiental para os empreendimentos minerários são os seguintes: a) Certidão da Prefeitura Municipal declarando a conformidade do empreendimento com as leis municipais que disciplinam o uso do solo; b) Certidão ou matrícula do cartório de registro de imóveis ou anuência do proprietário do solo, quando couber; e c) RCA/PCA.

4.6 Conclusões

Em resumo, podemos dizer que o mercado da areia na Região Metropolitana de São Paulo apresenta sérios problemas estruturais que comprometem sua eficiência. Seu preço é formado, basicamente, pelo estado da demanda, derivada diretamente da atividade construtiva. A produção é relativamente atomizada, ao passo que as tentativas de acordos de preços entre produtores e de restrição de oferta têm sido ineficazes. O componente de custo que mais onera a produção e distribuição de areia é o transporte. Em função desses fatores (preço determinado pela demanda, elevados custos de distribuição e atomização da produção), o preço da areia nas unidades de extração varia em função da distância entre a mina e o centro consumidor. Isso indica baixo poder de mercado, em tese e na prática, desse segmento industrial.

As recentes leis de regulação do meio ambiente devem, ao longo dos próximos anos, onerar o custo final da areia, na medida em que forem se esgotando as fontes de extração próximas à metrópole. O encarecimento do produto deve, por seu turno, viabilizar o deslocamento de areia de regiões mais distante. Sendo o custo de transporte bastante elevado, eventuais flutuações nesse componente, como as ocorridas no início de 1996, continuarão afetando o preço desse mercado.

5 A indústria brasileira da cal

Galeno Ferraz Filho

5.1 Breve histórico da indústria brasileira da cal

A história da indústria da cal no Brasil acompanha, de perto, a história da industrialização do país. Até a década de trinta, a produção da cal esteve voltada, primordialmente, para usos tradicionais compatíveis com a presença de um setor industrial pouco desenvolvido. Nestas circunstâncias a produção da cal tinha como mercado mais importante a construção civil, enquanto a demanda industrial do produto circunscrevia-se àquela derivada de alguns poucos setores como o açucareiro e o de couros. A esses usos somava-se, ainda, o relativo ao tratamento de água.

O quadro descrito anteriormente começou a ser alterado, de forma radical, com o avanço da industrialização. Nesse processo, a implantação de novos seguimentos industriais abriu mercados alternativos para a cal estimulando o aparecimento de novas empresas e unidades produtivas. Entre os setores industriais cujo surgimento ou desenvolvimento tiveram impactos importantes sobre a demanda por cal estão, por exemplo, os setores siderúrgicos, químico e o de papel e celulose. Concomitantemente ao desenvolvimento industrial, a aceleração da urbanização impulsionou a construção civil, ampliando, sobremaneira, o consumo do produto.

De uma maneira geral pode-se afirmar que a moderna indústria da cal no Brasil é contemporânea à industrialização do país. O quadro que se segue, construído a partir de uma amostra significativa de empresas, revela que apenas uma pequena parcela delas foi fundada anteriormente a 1940 e que a sua grande maioria implantou-se após 1960. Na verdade, a expansão acelerada da capacidade instalada da indústria brasileira da cal se fez a partir de 1970. Um indicador deste fato está em estimativa acerca da produção de cal em Minas Gerais (CEMIG, 1991) que registra uma variação de capacidade instalada no Estado da ordem de 617% entre 1970 e 1985[1].

---

[1] Estimativa presente em estudo da Cemig acerca do uso de energia na indústria de cal de Minas Gerais. Neste trabalho a capacidade instalada total da indústria mineira é estimada em 486 mil ton./ano para 1970 e em 3.000 mil ton./ano para 1985.

Quadro 1
Produtoras de cal : distribuição por data de fundação (%)

Data	Até 1940	1941/50	1951/60	1961/70	1971/80
(%)	9,1	9,1	3,0	30,3	48,5

Obs.: 33 empresas.
Fonte: CDI/SIND(1983).

A origem do capital da indústria da cal foi, desde sua origem, primordialmente nacional. A participação do Estado na produção assumiu importância, por um longo período, em função da existência de produção cativa nas grandes siderúrgicas estatais. O recente processo de desestatização do setor siderúrgico vem revertendo esse quadro. Hoje, a quase totalidade da produção de cal, seja cativa ou para o mercado, está sob controle de capital privado nacional.

A implantação da indústria da cal se fez nas regiões ricas em reservas de calcário e dolomito (suas principais matérias-primas) e próximas aos grandes centros consumidores. Por essa razão, a maior parte da indústria está geograficamente concentrada na região Sudeste, principalmente em Minas Gerais e em São Paulo. A desconcentração industrial verificada a partir dos anos setenta permitiu, por sua vez, a emergência de novos pólos produtores em outros estados da federação portadores de reservas de matéria-prima de boa qualidade (Paraná, Rio Grande do Sul, Bahia, Ceará, Pernambuco, Espírito Santo entre outros).

5.2 Caracterização do mercado

A produção de cal no Brasil é realizada por um número estimado de cerca de 300 empresas, e ultrapassa, atualmente, a ordem de 5 milhões de ton./ano (produção média de 5,15 milhões de ton./ano na última década), patamar que coloca o país entre os sete maiores produtores mundiais (ver Quadro 2). O consumo per capita brasileiro, embora superior à média mundial, encontra-se, ainda, expressivamente inferior àquele verificado nas economias desenvolvidas. Ao final da década de oitenta o consumo per capita no Brasil estava em torno de 33 Kg/hab., contra uma média mundial de 26 Kg/hab. Países como a Alemanha (130 Kg/hab.), CEI (112 Kg/hab.), USA (70 Kg/hab.) e Japão (67 Kg/hab.) apresentavam, por sua vez, taxas significativamente mais elevadas (IPT, 1991).

O comércio internacional da cal é diminuto, circunstância que aparece nos reduzidos números das importações e exportações brasileiras. Esse fato torna o consumo aparente do produto no país praticamente idêntico à produção nacional (ver Quadro 3).

Quadro 2
Produção mundial de cal (1993)

País	Produção (10^3Ton.)	Participação (%)
CEI	25.000	17,8
China	22.000	15,7
Usa	18.300	13,0
Japão	8.800	6,2
França	8.500	6,0
México	7.200	5,1
Brasil	5.575	4,0
Itália	3.900	2,8
Outros	41.200	29,4
Total	140.475	100

Fonte: DNPM (Sumário Mineral 1994)

Quadro 3
Consumo aparente de cal no Brasil

Ano	Produção 10^3 ton.	Importação ton.	Exportação ton.	P + I - X 10^3 ton.
1984	4.584	48	82	4.584
1985	4.767	67	216	4.767
1986	4.909	54	46	4.909
1987	5.300	32	1.327	5.299
1988	5.500	90	2.490	5.488
1989	5.730	65	2.926	5.727
1990	4.900	125	2.993	4.897
1991	5.000	42	1.315	4.999
1992	5.240	15	1.280	5.238
1993	5575	80	4071	5571

Fonte: DNPM/DIPEM/DECEX.

Parte relevante da produção brasileira de cal (em torno de 25,0% do total) é resultante de produção cativa, principalmente das grandes siderúrgicas. O restante (produção para o mercado) tem origem, de uma maneira geral, em dois tipos de empresa. De um lado, em empresas de pequeno porte que se utilizam de tecnologia e gerência empresarial rudimentares. Estima-se que a oferta de cal oriunda dessas empresas, conjuntamente com a oferta de cal secundária (reciclada), esgota cerca de 30% da oferta total. De outro, estão empresas de médio e grande porte, portadoras de distintos graus de sofisticação gerencial e tecnológica. A maior parte da produção para o mercado é resultante da operação desse grupo de empresas[2] (ver Quadro 4).

Quadro 4
Produção brasileira de cal em 1.000 ton.

Ano	Produção total (A)	Produção cativa (B)	Produção de Mercado (C=A-B)	Produção ABCP (D)	D/C (%)
1984	4.584	776	3.808	2.017	53%
1985	4.767	986	3.693	2.027	55%
1986	4.909	1.074	3.835	2.302	60%
1987	5.300	1.190	4.110	2.426	59%
1988	5.500	1.227	4.273	2.612	61%
1989	5.730	1.294	4.426	2.642	59%
1990	4.900	1.048	3.852	2.313	60%
1991	5.000	1.007	3.993	2.427	60%
1992	5.240	1. 235	4.005	2.364	59%
1993	5.575	1.375	4.200	2.379	57%
1994	n.d.	1.377	n.d.	2.620	n.d.

Fonte: Elaboração Própria a partir de dados da ABPC e DNPM.

Os dados disponíveis sobre capacidade instalada da indústria da cal são imprecisos. Entretanto, para o ano de 1989, trabalho realizado por Guimarães (1990) estimou a capacidade total da indústria brasileira de cal em cerca de 6,35 milhões de ton./ano, geograficamente distribuídas da seguinte forma:

Quadro 5
Capacidade instalada por unidade da federação (1989)

UF	CI	UF	CI
M. Gerais	2.918	R. G. Norte	6
S. Paulo	1.400	M. Grosso do Sul	60
Paraná	1.200	Paraíba	38
Bahia	160	Rio de Janeiro	6
Pernambuco	48	Maranhão	6
Sergipe	100	Alagoas	70
R. G. do Sul	90	Piauí	4
Ceará	150	M. Grosso	2
Goiás	3	Pará	2
E. Santo	90	Rondônia	3
Brasil	6354		

Fonte: Guimarães (1990).

[2] Grosso modo, a produção dessas empresas corresponde à produção levantada pela ABPC, exclusive a produção cativa. Nessas condições, as estatísticas apresentadas neste trabalho sob a denominação de empresas organizadas, ou empresas ABPC, referem-se a dados sobre este grupo de empresas.

Os números do quadro anterior indicam um alto grau de concentração regional da indústria de cal onde apenas dois estados (Minas Gerais e São Paulo) detêm, em conjunto, 70% do total da capacidade instalada. Um grau expressivo de concentração da capacidade instalada pode, também, ser observado pelo critério de empresas, visto que as dez maiores produtoras de cal, no ano em consideração (1989), responsabilizavam-se por cerca de 50% da capacidade total (ver Quadro 6). Entre 1989 e 1995 algumas empresas desse grupo, majoritariamente localizadas no Sudeste, promoveram um aumento de capacidade instalada, da ordem de 40% (ver Quadro 6). Esse fato sugere que, ao longo desse período, os graus de concentração da capacidade instalada, tanto pelo critério geográfico quanto pelo critério de empresas produtoras, aumentaram significativamente.

Quadro 6
Capacidade instalada de cal virgem das dez maiores produtoras
Em ton./ano

Empresa	1989	1995
Itaú	990.000	1.617..900
Ical	850.000	1.091..500
Votorantim	360.000	676.000
Minercal	360.000	360.000
Lapa Vermelha	180.000	260.000
Calsete	155.000	155.000
Calmit	-	130.000
Sublime	99.000	99.000
Cal e Tintas	96.000	96.000
Carbomil	65.000	65.000
Total	3.155.000	4.550.400

Elaboração própria a partir de dados da ABPC.

5.3 O mercado relevante

5.3.1 A importância dos mercados regionais

Na seção anterior vimos que a produção de cal brasileira está concentrada na região Sudeste do país, principalmente nos estados de Minas Gerais e São Paulo. Da mesma forma, o mercado regional mais relevante situa-se nessa região. Em 1995, 77% da cal virgem e 89% da cal hidratada comercializada pelos produtores de cal organizados, destinou-se a região Sudeste. No que diz respeito à cal virgem observa-se certa equivalência entre os principais estados consumidores: São Paulo (29%) e Minas Gerais (26%). Já o mercado de cal hidratada concentra-se, sobretudo, em São Paulo, estado que, em 1995, absorveu 71% das vendas totais deste tipo de cal (ver Quadro 7). Para a cal virgem, o mercado nordestino é o segundo em relevância (15%), região menos importante no que se refere ao consumo de cal hidratada (2%).Os estados do sul absorvem, por sua vez, cerca de 8% das vendas de cal virgem e 7% das de cal hidratada. Do ponto de vista regional, pode se afirmar que o mercado de cal virgem é um pouco menos concentrado que o da cal hidratada (ver Quadro 7).

Quadro 7
Cal hidratada (C.H.) e cal virgem (C.V.)
Participação nas vendas dos produtores organizados (%)

Região	C.V. 1994	C.V. 1995*	C.H. 1994	C.H. 1995*
Norte	-	-	-	-
Nordeste	18	15	3	2
Sudeste	75	77	86	89
São Paulo	25	29	67	71
Minas Gerais	26	26	16	14
Sul	7	8	9	7
Centro-Oeste	-	-	2	2

* Acumulado de janeiro a novembro.
Nota: produção cativa não computada.
Elaboração própria a partir de dados da ABPC.

As empresas localizadas em Minas Gerais são as principais responsáveis pelo suprimento da cal virgem no mercado brasileiro. Em 1995 responsabilizaram-se por quase 90% do total das vendas. Já no mercado de cal hidratada observa-se um maior equilíbrio entre as produtoras paulistas e mineiras. Nos últimos dois anos cada um desses grupos de empresas comercializou cerca de 45% do total das vendas nacionais (ver Quadro 8).

Quadro 8
Cal hidratada (C.H.) e cal virgem (C.V.)
Participação nas vendas totais (Brasil) dos produtores organizados (%)

Produtoras	C.V. 1994	C.V. 1995*	C.H. 1994	C.H. 1995*
Mineiras	84,1	88,9	46,7	44,4
Paulistas	1,4	0,3	45,8	49,5

* Acumulado de janeiro a novembro.
Nota: produção cativa não computada.
Elaboração própria a partir de dados da ABPC.

Como principais empresas do mercado de cal virgem, as produtoras localizadas em Minas Gerais concentram cerca de 85% de suas vendas desse produto na região Sudeste. Os mais relevantes estados consumidores da produção mineira são, mais uma vez, Minas e São Paulo. Já as regiões Sul e Nordeste apresentam participações no consumo bastante similares, da ordem de 7%. No que diz respeito à cal hidratada, as vendas das produtoras mineiras dirigem-se primordialmente para o Sudeste (93%), região onde São Paulo aparece como o maior estado consumidor, absorvendo cerca de 55% das vendas totais (ver Quadros 9 e 10).

Quadro 9

Cal virgem (C.V.) e cal hidratada (C.H.), produtoras mineiras
Importância dos mercados regionais no total das vendas (%)

Ano		1994	1995*
Norte	C.V.	0,1	-
	C.H.	-	-
Nordeste	C.V.	7,3	6,7
	C.H.	0,1	0,4
Sudeste	C.V	85,1	85
	C.H.	92,9	93,7
Sul	C.V.	7,2	7,7
	C.H.	3,9	3,1
Centro-Oeste	C.V.	0,3	0,6
	C.H.	3,1	2,8

* Acumulado de janeiro a novembro.
Nota: produção cativa não computada.
Elaboração própria a partir de dados da ABPC.

Quadro 10

Destino das vendas das empresas mineiras produtoras de cal (%)

	Cal Virgem		Cal Hidratada	
Estado	1994	1995*	1994	1995*
São Paulo	28,66	32,30	55,06	56,45
Minas	29,76	28,52	33,41	31,86
Outros	41,58	39,18	11,53	11,69

* Acumulado de janeiro a novembro.
Nota: produção cativa não computada.
Elaboração própria a partir de dados da ABPC.

Como visto anteriormente, as produtoras paulistas (localizadas em São Paulo) especializam-se fortemente na produção de cal hidratada. Em relação a esse produto, o mercado mais relevante é o Sudeste e, mais especificamente, o do Estado de São Paulo que, isoladamente, absorve mais de 90% das vendas das produtoras paulistas (ver Quadros 11 e 12).

Quadro 11
Cal virgem (C.V.) e cal hidratada (C.H.), produtoras paulistas
Importância dos mercados regionais no total das vendas (%)

Ano		1994	1995*
Norte	C.V.	-	-
	C.H.	-	-
Nordeste	C.V.	-	-
	C.H.	-	-
Sudeste	C.V	76,2	98,4
	C.H.	93,1	95,3
Sul	C.V.	23,8	0,6
	C.H.	5,4	2,7
Centro-Oeste	C.V.	-	1
	C.H.	1,5	2

* Acumulado de janeiro a novembro.
Nota: produção cativa não computada.
Elaboração própria a partir de dados da ABPC.

Quadro 12
Destino das vendas das empresas paulistas produtoras de cal (%)

	Cal Virgem		Cal Hidratada	
Estado	1994	1995*	1994	1995*
São Paulo	30,79	62,55	90,57	93,20
Minas	18,49	10,43	0,68	0,31
Outros	50,72	27,02	8,75	6,49

* Acumulado de janeiro a novembro.
Nota: produção cativa não computada.
Elaboração própria a partir de dados da ABPC.

As considerações anteriores permitem algumas conclusões, resumidas a seguir:

- Do ponto de vista regional o mercado da cal mais relevante está no Sudeste, região que absorve a maior parte da produção nacional. Analisada por produto (cal virgem e hidratada) a concentração é ainda mais expressiva no mercado de cal hidratada.

- As empresas localizadas em São Paulo são bastante especializadas na produção de cal hidratada. Nestas circunstâncias, o mercado nacional de cal virgem e, em seu interior, o mercado regional mais relevante (Sudeste), são supridos, fundamentalmente, por produção oriunda de Minas.

- O mercado relevante de cal hidratada (Sudeste e especialmente São Paulo) é disputado por produtoras mineiras e paulistas. Neste caso, os produtores paulistas atuam de forma concentrada em seu próprio estado, penetrando pouco em Minas Gerais. Já os produtores localizados em Minas dominam o mercado local e apresentam participação relevante, embora inferior à verificada para as produtoras paulistas, nas vendas de cal hidratada realizadas no Estado de São Paulo.

5.3.2 A importância dos segmentos de mercado

A diversidade de usos da cal implica a demanda e produção de múltiplos tipos do produto, com distintas características físico-químicas. Desse fato resulta a presença, no setor da cal, de diversos segmentos de mercado portadores de padrões de concorrência não homogêneos e diferenciados no que diz respeito aos seus volumes de consumo. Os principais usos da cal estão na siderurgia, na construção, no tratamento de água e de efluentes industriais, na produção açucareira, na produção de papel e celulose, de álcalis, de tintas, de alumínio, de carbureto de cálcio, de argamassas de assentamento e revestimento, de tijolos e placas, de misturas asfálticas, e na estabilização de solos. Em usos importantes como a siderurgia, a construção e o tratamento de água não existem substitutos economicamente competitivos. Substitutos eventuais para aplicações específicas são o gesso para algumas argamassas especiais e o calcário pulverizado para remoção do dióxido de enxofre da água e do ar (IPT, 1993).

A composição da demanda de cal por setor consumidor varia de país a país, em conformidade com seus graus de desenvolvimento econômico e com a natureza de suas estruturas produtivas. No caso brasileiro, a disponibilidade de dados sobre a importância relativa dos diversos setores no consumo da cal restringe-se a estimativas publicadas pela ABPC para o período 1975/1986 (ver Quadro 13). No último ano de cobertura desta estimativa (1986), apontava-se como principais setores consumidores da cal a siderurgia (31%), a construção civil (23,4%), a produção de papel e celulose (17%), e a álcalis (7,8%).

Embora temporalmente defasada, a estimativa da ABPC para 1986 muito provavelmente é ainda válida para a atualidade, pelo menos no que diz respeito a ordenação dos setores pelo critério de participação no consumo. Isso porque em entrevistas realizadas junto a importantes empresas produtoras de cal foi possível constatar que a siderurgia, a construção, a produção de papel e celulose e a indústria química permanecem como os principais mercados para a cal brasileira.

O tipo de cal consumido, a razão de consumo nos usos diversos e o porte dos fornecedores por setor podem ser observados no Quadro 14. Os setores de consumo mais relevante são, à exceção da construção civil, abastecidos por fornecedores de grande porte.

Quadro 13
Estimativas do mercado setorial da cal no Brasil

Setor consumidor	1975	1980	1986
Siderurgia	45,9	44,2	31,9
Construção Civil	30,3	35,4	23,4
Papel e Celulose	3,8	4,1	17,0
Álcalis	4,8	3,6	7,8
Açúcar	3,0	3,1	2,5
Carbureto de Cálcio	2,7	3,2	2,4,
Tintas	3,1	2,5	2,1
Metalurgia do Alumínio	1,3	0,8	1,5
Tratamento de Águas	1,2	2,1	4,5
Couro	0,3	0,6	0,4
Outros	3,6	0,4	6,5
Total	100	100	100

Fonte: 1975 e 1980 - Estimativa CDI/Consultec; 1986 Estimativa ABPC (inclui cal virgem, cal secundária, e cal comercializada) Extraído de ABPC (1990).

Quadro 14
Setores, razão de consumo, tipo de cal consumida e de fornecedor

Principais Mercados	Razão de Consumo	Tipo de Cal				Fornecedor			
		Hid.		Virg.		Porte		Orig.	
		M	C	M	C	P	G	T	A
Siderurgia	6,5% em peso Aço Forno LD, 5% A.F.Elétr., 4% Sinter e 2,5% Pellets			X	X		X	X	X
C. Civil	2% em m.de área licenciada corrigida	X				X	X		X
P. e Celulose	10% em peso de pastas químicas e semiquímicas				X		X		X
Álcalis	68% em peso barrilha				X		X	X	X
Química e Met.	10% em peso de minério tratado				X		X	X	X
Açúcar	1,15% em peso demerara e 1,% em peso branco				X		X		X
Carb. de Cálcio	1 t. cal para 1 t. de carbureto				X		X	X	X
Couro	45 em peso de couro salgado e 5,5% em peso de couro verde				X	X	X		X
Tintas	de 50% nas caiações até % menores em outras tintas	X				X	X	X	X
Met. Alumínio	10 % em peso de alumina				X		X		X
Tratam. de água	13,2 g p/1 m³ água tratada		X		X		X		X
Outros				X	X				X

M = Magnesiana, C= Cálcica, P= Pequeno, G= Grande, T= Cativa, A= Adquirida.
Fonte: ABPC (1990).

As evidências anteriores acerca dos segmentos do mercado da cal no Brasil mostram que:

- A demanda por cal é bastante concentrada, visto que apenas três setores (siderurgia, construção civil e papel e celulose) absorvem em torno de 70% das vendas.
- Os grandes produtores de cal fornecem o produto para todos os setores consumidores. Atuam em todos os segmentos do mercado.

- Os pequenos produtores têm atuação mais restrita participando do fornecimento de cal em poucos segmentos.
- Entre os maiores setores consumidores, a construção civil é o único segmento que tem suprimento de cal oriundo de fornecedores de pequeno porte. Para esses produtores, este é o mercado mais relevante .

5.4 Descrição da cadeia produtiva

A cal produzida no Brasil é oriunda, em sua maior parte, da calcinação, à temperaturas entre 900°C e 1200°C, de calcários e dolomitos metamórficos. O principal produto do processo químico de calcinação é a cal virgem (cal viva ou ordinária) definida, segundo as normas da ABNT, como o produto composto predominantemente por óxido de cálcio ou óxido de cálcio e de magnésio. Conforme o óxido predominante, ela pode ser classificada como cálcica, magnesiana ou dolomítica. A cal virgem e os finos de sua produção quando combinados à água resultam na cal hidratada que, de acordo com a cal que lhe dá origem, pode ser classificada, da mesma forma, como cálcica, magnesiana ou dolomítica. Em média, cada tonelada de cal virgem gera em torno de 1,27 ton. de cal hidratada.

O processo de produção da cal envolve várias etapas que, grosso modo, podem ser descritas como pesquisa mineral, explotação mineral e fabricação. A pesquisa mineral pode ser realizada por processos diretos (sondagens rotativas, com recuperação de testemunho para a quantificação de reservas e análise da composição química do calcário) ou indiretos (métodos geofísicos de sísmica de refração ou eletroresistividade). No caso brasileiro, tendo em vista seus altos custos, a pesquisa geológica prévia só é realizada mediante equipe própria pelos grandes produtores, em geral proprietários de inúmeras minas. Na maioria das vezes, nas empresas de menor porte, é realizada por intermédio de terceiros (IPT, 1993). Na explotação mineral, o método de lavra do calcário utilizado é, quase sempre, a céu aberto e envolve operações de perfuração, desmonte, carregamento, transporte e britagem. Já o processo de fabricação propriamente dito se faz através da calcinação da matéria-prima mineral, quando se dá a dissociação entre o óxido de cálcio ou magnésio (CaO e MgO) e o anidro carbônico (CO^2). No Brasil, a calcinação é realizada com o uso de diversos tipos de fornos, desde os mais primitivos até os mais modernos. Na produção da cal, o principal insumo, além da matéria prima mineral é o combustível utilizado para a produção de energia térmica. No caso brasileiro, a maior parte das empresas utiliza como fonte de energia o óleo combustível ou a lenha.

Na oferta total da cal predomina a cal cálcica, dada sua utilização em segmentos consumidores importantes como a indústria siderúrgica, de papel e celulose e açucareira. De uma maneira geral as cales virgens são comercializadas em recipientes (plásticos, metálicos e outros) ou a granel, na forma de blocos, britada (partículas de diâmetro entre 1 a 6 cm) ou moída e pulverizada (85% a

95% passando em peneiras de 0,149 mm). Já a cal hidratada, cujo principal mercado está na construção civil, é ,quase sempre vendida em recipientes plásticos ou de papel *kraft* contendo 8, 20 ou 40 kg do produto, numa granulometria 85% abaixo de 0,074mm.

5.5 Indicadores de concentração industrial

5.5.1 Considerações sobre a base de dados utilizada

Os registros estatísticos sobre a produção da cal no Brasil restringem-se, basicamente, aos dados sobre vendas das empresas produtoras levantados pela ABPC (produção cativa e para o mercado). Estima-se que a parcela da produção não apropriada pelo levantamento da ABPC cobre cerca de 30% da produção total do país. É a partir dessa estimativa que se calcula a produção nacional de cal[3], isto é, agrega-se ao volume anual de vendas registrado pela ABPC uma parcela adicional correspondente a 30% do seu total (produção ABPC x 1,3). O critério utilizado dificulta sobremaneira o cálculo de indicadores de concentração referentes à totalidade da produção. Isto porque, a utilização de um percentual fixo de 30% correspondente, em princípio, à cal reciclada e à participação de produtores não organizados, supõe, implicitamente, que esses têm sido capazes de manter sua fatia de mercado ao longo do tempo. Em outras palavras, trabalha-se com a hipótese de inexistência de concentração da produção entre o grupo dos produtores organizados (ABPC) e o dos não organizados. Essa parece ser uma hipótese pouco realista, visto que esses últimos são justamente os produtores que operam, em geral, com produção descontínua, são portadores de pequenas capacidades produtivas, pequeno grau de organização empresarial, e fazem uso de tecnologia desatualizada (fornos de barranco)[4]. De outro lado, mesmo que esse conjunto de produtores tenha, efetivamente, conservado sua participação no total da produção, não se conhece o número de empresas e a participação de cada uma delas, circunstância que inviabiliza o cálculo de alguns índices de concentração como, por exemplo, o Hirschman-Herfindal (C_{hh})

Tendo em vista as considerações anteriores, os índices de concentração, apresentados neste trabalho, foram calculados com referência às vendas para o mercado contabilizadas pela ABPC (exclusive produção cativa). As vendas

---

[3] Este expediente é utilizado mesmo pelo DNPM, órgão responsável pela produção mineral do país.

[4] Estimativas realizadas para a produção mineira de cal indicavam que, em 1970, 30% da capacidade instalada total (486 mil ton./ano)) correspondiam à produção oriunda de fornos de barranco (150 mil ton./ano). Em 1980, esta proporção estava em 22% (450 ton./ano sobre 2.000 ton./ano).(CEMIG, 1991). Nas entrevistas realizadas para este trabalho, especialistas no setor afirmaram que esse tipo de produção praticamente desapareceu em algumas regiões do Estado, como a região de Vespasiano, São José da Lapa e Sete Lagoas, onde localizam-se grandes empresas produtoras.

cobrem a parcela mais importante do mercado (quantitativa e qualitativamente), dando conta da produção de cal oriunda do segmento de empresas mais organizado. Nestas condições, os indicadores calculados são capazes de apreender a situação atual e os movimentos mais relevantes ocorridos no interior da produção brasileira de cal.

5.5.2 O padrão de concentração atual e histórico

O índice de concentração Hirschman-Herfindal (C_{hh}), calculado para as vendas de cal total (virgem+hidratada) dos grupos que atuam na produção de cal, revela, pelos critérios do Federal Trade Comission-USA[5], que o mercado da cal brasileiro é, atualmente, altamente concentrado. Índices indicando alto grau de concentração foram encontrados em todos os anos para os quais foram calculados (desde 1980). Computado para as vendas de cal virgem e cal hidratada em separado, o índice C_{hh} revelou, da mesma forma, vendas altamente concentradas. O grau de concentração das vendas por grupo é, entretanto, maior no mercado de cal Hidratada (ver Quadro 15).

Quadro 15
Índice de concentração da produção por grupos – C_{hh}

Ano	Cal hidratada	Cal Virgem	Cal Total
1980	2891	1765	2058
1985	3519	2251	2659
1990	3650	2114	2494
1991	3480	2252	2579
1992	3410	2263	2588
1993	3296	2210	2546
1994	3145	2324	2449

Nota: índice calculado para a produção contabilizada pela ABPC, exclusive a produção cativa.
Fonte: Elaboração própria a partir de dados da ABPC.

O quadro anterior é confirmado por outros índices de concentração. Na década de noventa, o grupo produtor mais importante responsabilizou-se por uma proporção (C_1)[6] que variou entre 41% e 44% das vendas de cal total (virgem + hidratada) no mercado brasileiro. No mesmo período, os dois maiores grupos produtores (C_2) esgotaram cerca de 65% das vendas e os quatro maiores (C_4) entre 77% e 85% do total.

No que diz respeito à cal hidratada, os índices de concentração relativos às vendas, ao longo da década de noventa, são ainda maiores. Para o maior grupo

---

[5] Pelos critérios da Federal Trade Comission - USA (Horizontal Merger Guidelines; 1992, pg. 15) são os seguintes os intervalos definidores dos graus de concentração dos mercados: entre 0 e 1.000 mercado desconcentrado; entre 1.000 e 1.800 mercado moderadamente concentrado e entre 1.800 e 10.000 mercado altamente concentrado.

[6] Sobre as definições dos índices de concentração industrial, ver Capítulo 1.

(C_1) este índice variou entre 45% e 55%, para os dois maiores (C_2) entre 70% e 73% e para os quatro mais importantes (C_4) entre 91% e 94% (ver Quadro 16).

As vendas relativas à cal virgem são, da mesma maneira, bastante concentradas nos anos noventa. Nesse período, o grau de concentração no maior grupo (C_1) esteve no intervalo entre 31% e 38%, nos dois maiores (C_2) entre 59% e 62% e nos quatro maiores (C_4) entre 78% e 81% (ver Quadro 16).

O quadro de concentração descrito para os anos noventa revela um padrão de alta concentração das vendas por grupo, que já estava consolidado e vigente desde a década de oitenta. Entretanto, o grau de concentração (C_1, C_2 e C_4, para cal virgem e hidratada) verificado para os anos 1990/95 esteve, em média, um pouco superior ao verificado para o biênio 1980/81 (ver Quadro 16). Esta evidência sugere que o grau de concentração na indústria da cal brasileira ainda não se estabilizou totalmente podendo aumentar ainda mais[7].

Um elemento interessante derivado da análise da concentração da indústria da cal está na constatação de que os graus de concentração das vendas por grupo tem se revelado expressivamente maiores no mercado de cal hidratada do que aqueles observados nas vendas de cal virgem (ver Quadro 16). A explicação para essa situação encontra-se, muito provavelmente, no fato de grupos produtores importantes atuarem unicamente no mercado de cal virgem, não participando, portanto, da competição no mercado de cal hidratada.

Os números até aqui analisados dizem respeito à concentração no mercado nacional de cal. Entretanto, é interessante verificar o grau de concentração no mercado regional mais relevante, o Sudeste, que absorveu, em 1995, 77% e 89% do total das vendas nacionais de cal virgem e hidratada, respectivamente. Nesse mesmo ano, a participação dos dois maiores grupos nas vendas realizadas (C_2) no Sudeste atingiu cerca de 71% no mercado da cal hidratada e 67% no de cal virgem. Já a participação dos quatro maiores grupos (C_4) na comercialização regional alcançou 97% para a cal hidratada e 88% para cal virgem (ver Quadros 17 e 18). Portanto, constata-se que a concentração no mercado do Sudeste é ainda maior que aquela verificada para o mercado nacional. Altos índices de concentração foram, também, encontrados nos demais mercados regionais.

---

[7] Recentemente, o maior grupo produtor de cal no país adquiriu uma empresa produtora de cal virgem tradicionalmente importante na produção da cal brasileira. Esta empresa, a CALSETE, nos últimos dois anos responsabilizou-se por cerca de 7% das vendas totais de cal virgem. Este é um fato que aponta para a circunstância dos graus de concentração da indústria não estarem, de todo, estabilizados.

Quadro 16
Índices de concentração industrial por grupos

Ano	Cal hidratada			Cal virgem			Total		
	C_1	C_2	C_4	C_1	C_2	C_4	C_1	C_2	C_4
1980	0,479	0,706	0,830	0,272	0,545	0,766	0,382	0,549	0,774
1981	0,490	0,721	0,863	0,247	0,585	0,765	0,379	0,574	0,781
1982	0,605	0,805	0,984	0,277	0,676	0,867	0,460	0,683	0,887
1983	0,501	0,698	0,860	0,290	0,560	0,750	0,402	0,565	0,760
1984	0,559	0,727	0,870	0,342	0,611	0,776	0,446	0,613	0,784
1985	0,559	0,717	0,872	0,392	0,601	0,804	0,473	0,634	0,784
1986	0,508	0,669	0,872	0,416	0,643	0,820	0,459	0,650	0,789
1987	0,501	0,674	0,873	0,394	0,645	0,810	0,443	0,647	0,784
1988	0,523	0,682	0,885	0,357	0,641	0,790	0,428	0,657	0,787
1989	0,555	0,728	0,916	0,367	0,669	0,806	0,443	0,693	0,813
1990	0,557	0,728	0,920	0,318	0,608	0,780	0,419	0,659	0,789
1991	0,529	0,715	0,939	0,348	0,628	0,815	0,428	0,666	0,813
1992	0,517	0,710	0,937	0,375	0,619	0,804	0,436	0,658	0,814
1993	0,511	0,716	0,911	0,383	0,593	0,779	0,440	0,647	0,784
1994	0,457	0,695	0,897	0,373	0,620	0,779	0,409	0,652	0,813
1995*	0,481	0,701	0,919	0,367	0,615	0,804	0,422	0,656	0,859

Fonte: Elaboração Própria a partir de dados da ABPC.

Quadro 17
Cal hidratada, índices de concentração regionais por grupos

Região	C_2		C_4	
	1994	1995*	1994	1995*
Norte	0,6967	0,9362	0,8862	1,0000
Nordeste	0,6942	0,6609	0,9795	1,0000
Sudeste	0,6808	0,7111	0,9477	0,9772
Sul	0,7241	0,8008	0,9796	1,0000
C. Oeste	0,8632	0,9670	1,0000	1,0000

* Acumulado de janeiro a novembro de 1995.
Elaboração própria a partir de dados da ABCP.

Quadro 18
Cal virgem, índices de concentração regionais por grupos

Região	C_2		C_4	
	1994	1995*	1994	1995*
Norte	0,9342		1,0000	-
Nordeste	0,6846	0,7909	0,9521	0,9811
Sudeste	0,6983	0,6694	0,8847	0,8817
Sul	0,5449	0,5434	0,8523	0,8828
C. Oeste	0,7657	0,8942	0,9356	1,0000

Nota: Produção cativa não computada.
* Acumulado de janeiro a novembro de 1995.
Elaboração própria a partir de dados da ABCP.

5.6 Caracterização das empresas do setor

A produção nacional de cal é realizada, por empresas cuja atividade está voltada para o suprimento do mercado e por empresas cuja produção tem como destino o autoconsumo, em processos produtivos intensivos no uso da cal. A produção cativa relevante encontra-se no setor siderúrgico (CSN-RJ; CST-ES; Usiminas-MG; Açominas-Mg e Cosipa-SP) à qual soma-se a produção da C.N.Álcalis (RJ) e da White Martins (RJ). A concentração da produção cativa na siderurgia não é um elemento exclusivo da conformação do setor produtor de cal brasileiro, mas está presente em outros países como os USA. A participação da produção cativa no total da produção desse país atingia a ordem de 25% ao final dos anos setenta, proporção que se reduziu a cerca de 13% nos últimos anos da década de oitenta. Esse processo refletiu, por um lado, a retração ocorrida na indústria siderúrgica americana e, por outro, o fortalecimento de terceirização no suprimento da cal verificado naquele país. No Brasil, entre 1980 e 1994, o peso da produção cativa não revelou tendência à redução, fato que indica que o consumo de cal do setor siderúrgico permanece relevante e que movimentos em direção à terceirização não se mostraram expressivos, pelo menos do ponto de vista quantitativo[8].

A produção de cal para o mercado se faz, grosso modo, a partir de dois grupos de empresas. O primeiro deles corresponde a pequenos e médios produtores que produzem cal a partir de fornos de alvenaria rudimentares (fornos de barranco), quase sempre descontínuos e que não possibilitam qualquer controle de processo, qualidade e produto. O segundo grupo está constituído de médios e grandes produtores cuja produção se faz por meio de fornos contínuos metálicos, capazes de permitir maior controle de processo, produto e qualidade. Dessa produção resultam cales portadoras de rígidas especificações de qualidade e que atendem aos mercados consumidores mais exigentes.

No interior desse último grupo estão as empresas que operam com grandes escalas de produção, com processos mais complexos e controlados, que detêm conhecimento geológico da mina e fazem investimentos intensivos em capital no processo produtivo (IPT, 1993).

A heterogeneidade dos produtores de cal brasileiros pode ser constatada a partir dos diversos tipos de fornos atualmente presentes no parque produtivo nacional. Entre eles estão fornos de barranco construídos em alvenaria (contínuos e descontínuos), fornos verticais metálicos de cuba simples, geral-

---

[8] Em entrevista realizada junto à uma grande empresa colhemos a informação de que, com a privatização, algumas empresas siderúrgicas reviram alguns processos produtivos, controlaram custos e, nesse processo de ajuste, concluíram que a melhor estratégia estava em concentrar suas produções na cal virgem granulada e demandar cal virgem fina no mercado. Desse fato teria resultado um aumento significativo da demanda do setor siderúrgico por cal virgem fina.

mente tipo AZBE, fornos verticais de cubas múltiplas, geralmente do tipo MAERZ e fornos rotativos metálicos, contínuos.

As empresas líderes do setor produtor da cal no Brasil produzem, hoje, com tecnologia de ponta, contando com fornos atualizados tecnologicamente, em termos mundiais. Entre as empresas possuidoras de fornos verticais contínuos modernos estão a ICAL, a ITAÚ, a Lapa Vermelha, a Calmit e a CSN. A experiência de modernização de uma das empresas líderes[9] teve início em meados dos anos setenta e se completou em 1992, data da instalação do último de seus grandes fornos. Esta empresa possui, atualmente, em seu parque produtivo três fornos (tipo AZBE), os quais, mesmo prontos para operar, estão desativados, visto que produzem uma cal não condizente com as exigências do mercado. Nessas circunstâncias, produz mediante quatro fornos com controle automático total, dos quais três são verticais contínuos (tipo MAERZ) e um é rotativo de última geração. A atualização tecnológica da empresa foi resultante de pressões do mercado consumidor, principalmente o industrial, que passou, crescentemente, a demandar cales específicas de alta qualidade. A empresa trabalha com um forno voltado, especialmente, para o suprimento do consumo do setor siderúrgico, o qual utiliza um óleo combustível especial, que, em conformidade com as exigências deste tipo de consumo, incorpora pouco enxofre ao produto. Nos outros fornos, a empresa utiliza óleos de alto ou médio teores de enxofre, produzindo cales adequados a outros fins industriais. As diversas composições químicas das cales demandadas pelo setor industrial levaram, ainda, a empresa a trabalhar com lavra seletiva.

As considerações aqui desenvolvidas, embora referentes a uma empresa, são representativas de uma tendência que atingiu a maior parte das empresas produtoras de cal, em especial, aquelas que atuam mais fortemente no mercado de cal virgem. Em outras palavras, a sofisticação da demanda exigiu melhoria na qualidade do produto e as grandes empresas do setor reagiram a essa situação atualizando-se do ponto de vista tecnológico. Passaram a produzir a partir de fornos de grande capacidade, que permitiram um maior controle de qualidade do produto e do processo, fatores que, associados às economias de escala, implicaram ganhos de produtividade relevantes.

A experiência da empresa em consideração inclui a presença de investimentos recentes na área de controle de processo, de produto e na área de treinamento de pessoal. Por outro lado, inclui a busca de certificação pela ISO 9002. No setor produtor de cal, já existe uma empresa certificada pela NBR ISO-9002, e cinco outras encontram-se em fase de auditoria[10].

---

[9] Informações colhidas em entrevista.

[10] Informação datada de junho de 1995.

Ainda em relação a empresa considerada, foi possível constatar que outros investimentos, não diretamente ligados à produção, foram efetivados recentemente. Exemplo disso está na instalação de uma ensacadeira rotativa em substituição às ensacadeiras mecânicas, até então, utilizadas. Essas ensacadeiras operavam sem precisão enquanto que a rotativa trabalha mais rapidamente, economiza mão-de-obra e, através de controle eletrônico, permite o ensacamento com peso preciso. Além de aumentar a produtividade nas operações de ensacamento, o equipamento colocou a empresa em condições de cumprir, rigorosamente, as exigências da legislação de proteção ao consumidor.

Entre 1991 e 1995 a empresa passou por ajustes muito significativos, em busca de aumentos de produtividade. Seus resultados foram fundamentais para o enfrentamento de uma conjuntura caracterizada por tendência à queda das cotações da cal. Nesse período, o emprego total diminuiu de 716 para 340 funcionários, num processo ainda em curso que deve, futuramente, reduzir, ainda mais, os postos de trabalho oferecidos, principalmente em áreas não ligadas diretamente à produção.

Os ajustes realizados entre 1991 e 1995 permitiram uma elevação da produtividade bastante expressiva. Em 1992, o faturamento/ano por empregado estava na ordem de 60 mil dólares enquanto o número atingiu um patamar em torno de 130 mil dólares em 1995. No período em análise, algumas atividades, não componentes do processo produtivo propriamente dito, foram terceirizadas. Entre elas, estão as atividades de vigilância, segurança e limpeza.

Mais uma vez, é necessário afirmar que a experiência dessa empresa tende a ser comum às grandes empresas do setor da cal, pelo menos àquelas que têm conseguido manter suas participações de mercado. Algumas empresas, tradicionalmente importantes no suprimento da cal, que não se atualizaram tecnologicamente e continuam a operar com fornos de menor capacidade e produtividade, começam a enfrentar dificuldades para sustentar suas participações no mercado, mesmo tendo promovido ajustes em busca de maior produtividade. Uma outra grande empresa, proprietária de um parque produtivo tecnologicamente desatualizado, foi, recentemente, adquirida por um dos grandes grupos produtores de cal.

5.7 Variáveis de concorrência e barreiras à entrada

O mercado da cal apresenta-se bastante regionalizado, dada a importância dos custos de transportes no preço final do produto. Este fato reflete a circunstância da cal ser uma mercadoria de baixo valor agregado por unidade de peso. Nestas circunstâncias, a localização dos produtores e sua proximidade em relação aos centros consumidores aparece como variável crucial na concorrência[11]. Não é por outra razão que em todas as regiões do país a maior parte do suprimento da cal tem origem em produtores regionais. Em 1995, 59% da cal virgem e 66% da cal hidratada consumidas no Nordeste tinham origem em produtores nordestinos. No Sudeste os produtores regionais responsabilizaram-se por 99,3% das vendas de cal virgem e 100% das de cal hidratada, números que atingiram, respectivamente 11% e 60% na região Sul (ver Quadro 19).

Quadro 19

Cal virgem e hidratada, proporção do suprimento oriundo de produtores regionais

Região	C.V.		C.H.	
	1994	1995*	1994	1995*
Nordeste	62	59	82	66
Sudeste	98	99	100	100
Sul	10	11	52	60

Nota: Produção cativa não computada.
* Acumulado de janeiro a novembro de 1995.
Elaboração própria a partir de dados da ABCP.

Um outro indicador da importância dos custos de transporte e, portanto, da localização dos produtores em relação aos centros consumidores, como variável decisiva na competitividade das empresas pode ser visto na participação dos maiores grupos produtores nos mercados regionais. Os Quadros 20 e 21 revelam que esses grupos, por definição os mais competitivos, têm maior poder competitivo em sua própria região, onde apresentam participação proporcional nas vendas superior às suas participações em outras regiões do país.

Quadro 20

Cal hidratada, participação dos dois maiores grupos produtores nas vendas dos mercados regionais (%)

Região	Grupo Ical		Grupo Itaú	
	1994	1995*	1994	1995*
Norte	10,83	-	5,86	6,64
Nordeste	1,44	9,90	0,05	0,17
Sudeste	24,45	22,14	49,74	51,19
São Paulo	11,81	10,58	58,57	51,19
Minas	66,75	64,57	20,86	27,28
Sul	21,45	20,12	20,99	16,90
C. Oeste	35,86	34,28	50,46	62,40
Brasil	23,73	22,00	45,73	48,11

* Acumulado de janeiro a novembro de 1995.
Elaboração própria a partir de dados da ABCP.

[11] Estimativas para as distâncias limites de transporte da cal no caso brasileiro baseiam-se nos limites observados para o caso americano: 320 Km para o transporte rodoviário e 1.600 Km para o transporte marítimo ou fluvial (IPT, 1993).

Quadro 21
Cal virgem, participação dos dois maiores grupos produtores nas vendas dos mercados regionais (%)

Região	Grupo Ical		Grupo Itaú	
	1994	1995*	1994	1995*
Norte	7,39	-	6,57	-
Nordeste	9,65	1,38	33,42	37,11
Sudeste	30,50	29,52	39,33	37,41
São Paulo	32,81	31,78	42,05	41,96
Minas	25,39	25,54	26,75	20,69
Sul	25,57	25,72	28,92	26,75
C. Oeste	8,87	9,71	50,79	62,97
Brasil	24,71	24,42	37,31	36,67

Nota: Produção cativa não computada.
* Acumulado de janeiro a novembro de 1995.
Elaboração própria a partir de dados da ABCP.

A importância do custo de transportes, associada à relativa simplicidade do processo químico de calcinação (inexistência de barreiras tecnológicas), à possibilidade de se produzir sem investimentos iniciais de monta e à presença de minas de calcário e dolomitos por quase todo território nacional, permitiu uma organização técnico-econômica do parque produtivo que põe, como vimos, empresas portadoras de padrão tecnológico e estrutura empresarial sofisticados lado a lado com empreendimentos de pequena capacitação técnica-empresarial. Estas últimas sobrevivem tanto mais quanto se afasta dos grandes centros de consumo, quase sempre através de produção descontínua e em pequena escala. À produção resultante da atuação destes dois grupos de empresas soma-se a produção cativa de alguns ramos industriais, principalmente o siderúrgico.

A presença de produção cativa e de produção oriunda de pequenas empresas talvez seja o elemento explicativo do comportamento dos preços da cal no mercado brasileiro. Numa estrutura de produção bastante concentrada, os preços médios da cal brasileira têm se fixado em patamares inferiores aos preços internacionais e têm apresentado crescimento inferior à inflação (ver seção sobre preços). A combinação de uma estrutura de produção oligopolizada e bom comportamento de preços seria explicada pela circunstância da produção cativa assentar um preço de referência e pelo fato de a possibilidade de produção da cal por pequenas empresa, de baixa produtividade, se viabilizar a partir de um determinado patamar de preços. Assim, as grandes empresas do setor operariam com um preço de exclusão, ou seja não poderiam elevar seus preços visto que tal estratégia viabilizaria a entrada de novos concorrentes, mesmo que portadores de uma estrutura técnica-empresarial rudimentar.

Os argumentos anteriores sugerem que, no momento atual da produção de cal do país, a concorrência em preços é importante mesmo com os graus de concentração da produção vigentes. Numa conjuntura de expansão moderada da demanda, onde as empresa líderes expandiram consideravelmente suas capacidades produtivas e implementaram programas de aumento de produtividade, ganhar novas fatias de mercado tem passado por concorrer em preços. Algumas empresas de porte e de experiência no mercado da cal têm revelado dificuldades em resistir à concorrência via preços atualmente praticada pelas empresas líderes[12].

A importância da concorrência em preços parece ser inequívoca no mercado da cal. Entretanto, é necessário reter que este não é um mercado homogêneo, mas, ao contrário, bastante segmentado. Grosso modo pode-se afirmar a existência de um mercado para cal virgem, constituído, em sua maior parte, por demandas oriundas das indústrias consumidoras de cal, e um mercado para a cal hidratada na qual o consumo direta ou indiretamente ligado à construção civil é o mais relevante.

A consideração do mercado da cal como um mercado composto, grosso modo, por dois segmentos distintos, o industrial e o da construção, não é arbitrária, mas se justifica pela própria estratégia de comercialização das empresas produtoras. Através de entrevista foi possível constatar que uma das empresas líderes do mercado da cal opera com dois setores distitos na área de vendas, objetivando atender aqueles dois segmentos, portadores de características bastante peculiares.

5.7.1 O mercado de cal para a indústria

No primeiro dos referidos segmentos de mercado (cal para indústrias) a questão do preços não é mais relevante que a da qualidade. Trata-se de demanda mais concentrada (menor número de clientes consumidores de grandes volumes), na qual a possibilidade de se atender os requisitos físicos e químicos do produto solicitado pelo consumidor industrial (diferenciação do produto) é peça central na concorrência. Sobre a questão da importância do requisito qualidade, na definição da competitividade das empresas no mercado de cal para indústria, é bastante ilustrativo o depoimento do gerente comercial de uma grande produtora, reproduzido a seguir.

> "A cal virgem produzida pela empresa destina-se, primordialmente, à pelotização, siderurgia e papel e celulose. Cada segmento de mercado tem exigências particulares, na especificação da cal, que a empresa busca atender. A siderurgia, por exemplo, exige, hoje, cal com alto teor de cálcio, baixo teor de enxofre e alta reatividade. Já a produção de papel e celulose demanda cal sem resíduos com altíssimo teor de óxido de cálcio

[12] Em entrevista realizada a referida empresa, localizada no Estado de São Paulo e especializada na produção de cal hidratada para construção, arrolou como principais problemas enfrentados na concorrência via preços, a concorrência de produtores marginais que produzem fora das normas e oferecem produtos de baixo preço e qualidade e o aumento da capacidade produtiva dos grandes produtores mineiros do qual resultou uma estratégia de concorrência em preços mais agressiva no mercado paulista.

livre. Atualmente o uso de novas tecnologias na produção de papel e o avanço da produção em alguns ramos da indústria química vem expandindo a demanda por carbonato de cálcio precipitado. Esta é uma substância que exige, em sua fabricação, uma cal especial, cuja produção depende de tecnologia e, sobretudo, da qualidade da matéria prima, só disponível na região de Arcos.

A empresa enfrenta bem a situação anteriormente descrita por possuir vários fornos operando a partir de calcário extraído de minas próprias. O calcário já contem, naturalmente, algum teor de enxofre. O que se pode fazer é trabalhar em lavras seletivas buscando operar nas frentes onde esta concentração é menor. O processo de calcinação que utiliza óleo combustível incorpora, por sua vez, mais enxofre à cal. A empresa utiliza, hoje, um forno voltado para o atendimento à siderurgia consumindo um óleo especial portador de baixos teores de enxofre. Este é um óleo bem mais caro, mas que incorpora pouco enxofre ao produto. Nos demais fornos, trabalha-se com óleos de alto ou médio teor de enxofre produzindo-se cales adequadas para outros usos industriais.

O controle da qualidade da cal nas suas especificações técnicas é uma variável importante na concorrência. Nos últimos anos, o mercado industrial tornou-se muito exigente quanto aos padrões de qualidade, do que resultou melhoria significativa no produto nacional e a inviabilidade econômica de algumas empresas de pequeno e médio portes. Na questão da qualidade, o padrão da jazida é tão importante quanto o domínio de tecnologia. Um bom forno não é capaz de transformar um calcário ruim em cal de qualidade.

A exigência de qualidade tem estimulado a empresa a programar mudanças na produção. Exemplo disto está na programação de alteração da matriz energética com a introdução do gás natural oriundo da bacia de Campos, previsto para chegar à Minas até o final de 1997. O uso do gás permitirá produzir cal com baixos teores de enxofre a custos significativamente mais baixos que os atuais.

Um outro item de qualidade que tem sido cada vez mais exigido pelas indústrias consumidoras de cal diz respeito à granulometria. Antigamente, o mercado operava com praticamente três faixas granolumétricas (de 0 a 10mm, de 20 a 40 mm e acima de 40mm). Hoje, o mercado se especializou de tal forma que existem múltiplas especificações granolumétricas, sendo que o cliente praticamente faz a sua própria. Se a empresa não dispõe de instalações que permitam produzir com o peneiramento exigido estará automaticamente alijada do mercado. As próprias siderúrgicas que solicitavam cal de 10 a 40 mm, hoje operam com granulometrias diferenciadas em função do processo produtivo utilizado. Existem empresas siderúrgicas que estão peneirando a cal em suas unidades produtivas, obtendo um produto granulometrado nas condições desejadas, e devolvendo para os fornecedores de cal os finos gerados com o processo de transporte (externo e interno à empresa) e com o manuseio no interior de seus parques produtivos.

A qualidade do transporte da cal é importante visto que pode interferir na qualidade do produto alterando sua granulometria, produzindo finos e hidratação não desejada pelo contato da cal com o meio ambiente. Por esta razão, a empresa estimulou a produção de algumas embalagens propícias à conservação das especificações do produto durante de seu transporte. Hoje, a empresa trabalha com sacos de polipropileno trançado, para aqueles consumidores que tem preocupação com a conservação das normas da cal, embora este tipo de embalagem (big-bags de 1 ton.) seja utilizado, primordialmente, por siderúrgicas. Por encarecer significativamente o produto, parcela expressiva do consumo não utiliza esta embalagem. Usa-se ainda o transporte a granel".

O depoimento anterior deixa claro a importância da qualidade como variável definidora da capacidade competitiva das empresas. É por essa razão que, no segmento de cal para consumo industrial, existem inúmeras normas técnicas que regulam o produto. Entretanto, o controle da qualidade é realizado, fundamentalmente, pelo demandante em função do uso específico da cal em seus processos produtivos.

A oferta de cal para usos industriais é bastante concentrada. Este fato pode ser inferido a partir dos altos graus de concentração encontrados para as vendas de cal virgem no país (ver seção 5). Em geral, as indústrias optam por adquirir cal virgem, embora este tipo de cal só seja utilizada diretamente nas aciarias e na sinterização. Outras indústrias consomem cal hidratada, mas preferem adquirir cal virgem e hidratá-la em seus próprios parques produtivos. Isso se explica pela diminuição dos custos de transporte (não transportar água) e porque grande parte das indústrias aproveita a energia térmica proveniente do processo de hidratação em seus próprios processos produtivos. Por essa razão, as vendas de cal virgem são um bom indicador da demanda industrial de cal.[13]

Se as vendas de cal para o setor industrial são bastante concentradas, do ponto de vista das empresas ofertantes, o mesmo pode ser observado do ponto de vista dos setores e empresas demandantes. O principal setor consumidor é,

[13] Parte relevante das vendas de cal hidratada também destina-se ao mercado industrial. Em entrevista junto a uma grande empresa foi possível constatar que do total de suas vendas de cal hidratada 55% destinam-se à construção civil e os 45% restantes à setores industriais.

sem dúvida, o setor siderúrgico, seguido de outros como o setor produtor de papel e celulose e o setor químico. Mais importante que a concentração da demanda por setores industriais é a concentração da demanda por empresa. Embora não existam dados precisos sobre essa questão, em entrevista junto a uma grande produtora de cal, foi possível apurar que, no último ano, cerca de 40% de suas vendas totais (cal hidratada e virgem) foram destinadas a apenas três empresas.

O fato da demanda por cal ser concentrada, por setor e por empresa, implica, quase sempre, uma relação de comercialização direta entre produtor da cal e consumidor industrial. Isto é tanto mais importante, quando se tem em conta que faz parte da estratégia de compras das grandes empresas consumidoras diversificar suas fontes de suprimento. Raramente, uma destas empresas concentra sua demanda em uma só empresa produtora. Neste quadro, crescem de relevância, além da possibilidade de se cumprir as exigências relativas à qualidade do produto, variáveis concorrenciais tais como: formas de pagamento, capacidade de se garantir suprimento contínuo e de se honrar prazos de entrega. O depoimento do gerente comercial de uma grande produtora de cal, abaixo registrado, fornece evidências da importância das variáveis de comercialização na competitividade das empresas.

> "Na área de vendas para a indústria, cerca de 80% das vendas são feitas diretamente às empresas. Nesta área (indústria), apenas uma pequena parcela da comercialização se faz por intermédio de representantes que a empresa credencia em alguns estados da federação. Neste caso, o representante da empresa vai até a firma consumidora e efetua a venda. Quem emite a nota fiscal é a empresa produtora e o representante opera autonomamente (não é empregado da empresa) através de contrato de representação, com ganhos por comissão. As vendas para a indústria são, em sua maioria, vendas de grandes lotes, para um número reduzido de empresas, e demandam, por exigências de especificações (composição químico-física) do produto, uma relação próxima entre cliente e fornecedor. Decorre deste fato a maior incidência de vendas diretas(80% das vendas para a indústria).
>
> A empresa não possui frota de transporte própria. Trabalha com transportadoras credenciadas. Hoje, 80% da clientela contrata o transporte por conta própria. Quando é do interesse do consumidor a empresa levanta cotações de frete e apresenta alternativas para o cliente, que toma sua decisão e paga diretamente à transportadora. Este é apenas um serviço que a empresa presta, quando solicitada, a seus clientes. Assim, a maior parte é de vendas F.O.B.; uma pequena parcela tem intermediação da empresa produtora, que contrata a transportadora, lança o valor do frete na nota fiscal, repassando-o, posteriormente, para o cliente consumidor (C&F).

O cliente industrial raramente concentra suas compras num único fornecedor. Os grandes clientes compram, na sua grande maioria, mês a mês. Atualmente, com a estabilização da economia, já existem alguns contratos de seis meses a um ano. Tais contratos incluem cláusulas de renegociação de preços que podem ser acionadas a favor de ambas as partes. Grandes clientes podem, pelo volume demandado, ter preços diferenciados. As diversas especificações do produto podem implicar diferenciação de preços".

5.7.2 O mercado da construção civil

O mercado da cal hidratada, cujo principal setor demandante é a construção civil, apresenta uma demanda pulverizada para a qual a variável preço tradicionalmente se sobrepõe à qualidade. Existem no mercado um número expressivo de marcas de cal, muitas delas de qualidade duvidosa. A ABPC estima que, atualmente, são comercializadas 160 marcas do produto, mas que somente cerca de 20 delas originam-se de indústrias montadas com um mínimo de estrutura suficiente para garantir a oferta de cales em conformidade com as normas técnicas vigentes (Sinduscon,1995)[14].

O quadro anterior levou as empresas produtoras mais organizadas a realizar um esforço no sentido de estimular o consumidor a incorporar em sua decisão de consumo o item qualidade[15]. Em várias empresas, onde foram realizadas entrevistas, foi possível constatar que esta foi uma decisão estratégica das empresas maiores e melhor organizadas, quando da constatação das dificuldades enfrentadas para garantirem a boa qualidade das cales ofertadas e, simultaneamente, concorrer em preços com as marcas não portadoras das especificações exigidas pelas normas técnicas vigentes. Nestas circunstâncias, as empresas e a associação que lhes representa (ABPC) passaram a promover, e ainda hoje promovem, campanhas visando incentivar o respeito às normas técnicas[16] e a escla-

---

[14] Reportagem publicada na revista Anamaco (Dez. 95/ Jan. 96), sob o título "Produtores de cal tentam resgatar a imagem do produto", estima que o consumo de cales que não apresentam conformidade com as normas técnicas atinge, no Estado de São Paulo, a ordem de 40% do total consumido.

[15] Sobre este ponto é bastante ilustrativo o depoimento do superintendente comercial de uma produtora importante: "houve tempo em que a empresa chegou a trabalhar no vermelho" para fazer frente à concorrência de cales baratas e de má qualidade. Atualmente a maior valorização da qualidade, associada a ganhos de produtividade obtidos pela empresa, vem permitindo preços não aviltados.

[16] A especificação de cal hidratada para a construção (argamassas) está prescrita na NBR-7175, que define três tipos de cales: CH-I (especial do tipo 1), CH II (Comum do tipo 2) e CH-III (Comum com carbonatos do tipo 3). A norma fixa condições exigíveis de embalagem, marcação, entrega e características químicas e físicas. Todas as associadas da ABPC produzem a cal CH-III. A cal CH-I é fabricada pela Supercal (grupo Cobrascal), pela Campical, pela Itaú e pela Sifercal. A cal CH-II não tem sido fabricada (SindusCon-SP, 1995).

recer ao consumidor sobre os problemas derivados do uso de cales de má qualidade. No mesmo sentido, divulgam e apoiam a legislação de defesa do consumidor, ao mesmo tempo em que a ABPC vem alertando aos consumidores para as vantagens da aquisição de produtos portadores de seu selo de qualidade. Estas iniciativas visam, em última instância, tornar a qualidade um requisito importante na concorrência.

Algumas tendências recentes observadas na construção civil, como o uso de argamassas adquiridas no mercado em substituição a argamassa auto-produzida, têm permitido maior eficiência dessas campanhas, visto que possibilitam uma relação mais direta com clientes (argamasseiros) de maior porte e preocupados com a questão da qualidade de seus produtos. O crescimento da demanda por argamassa levou pelo menos uma importante produtora de cal a entrar neste mercado. A fabricação desse produto permite à empresa abrir uma nova frente de negócios, criar uma demanda cativa por sua própria cal e deslocar parte do seu esforço competitivo para um outro mercado, potencialmente promissor.

Apesar da situação referida anteriormente, a demanda no segmento de mercado da construção civil é, em sua maior parte, bastante pulverizada, fato que fortalece o fator preço como elemento central na concorrência[17]. Tendo em vista esta característica, a eficiência dos esquemas de distribuição aparece como mais um elemento de importância na concorrência. Buscando agilizar vendas, as grandes empresas operam com distintas formas de comercialização, como pôde ser atestado em entrevista realizada com o superintendente comercial de uma das empresas líderes do setor. Sobre este ponto registramos o depoimento que se segue.

> "Na área da construção são várias as modalidades de venda. Na região próxima à fábrica opera-se, normalmente, com vendas diretas aos consumidores. Se o pedido é pago à vista, e se o cliente responsabiliza-se pelo transporte, a empresa vende qualquer quantidade, como num varejo. Além das vendas diretas, opera-se com vendas através de representantes, credenciados para atuar em regiões delimitadas. Em algumas cidades de maior porte, a empresa conta com distribuidores que, por comercializarem maiores volumes de cal, fazem jus a descontos no preço de compra do produto."

A importância da comercialização como elemento definidor da competitividade das empresas pode, mais uma vez, ser atestada pelo depoimento do Diretor Comercial da Cia. de Cimento Portland Itaú, quando do prêmio Anamaco 95,

[17] Embora não haja números que revelem a importância do consumo formiga no total da demanda, existe um certo consenso entre especialistas do setor que esse tipo de consumo é quantitativamente relevante, da mesma forma que o observado no setor cimento. Em depoimento recente à revista Anamaco (Dez 95/Jan.96) o presidente da ABPC afirmou que em 1995, com a estabilização da economia, o consumo formiga sofreu forte incremento.

recebido pela cal Itaú, na categoria pulverização (pequenos clientes) e na categoria grandes clientes. O prêmio reflete a preferência dos clientes pela marca da cal e funciona como um bom indicador do desempenho das empresas produtoras junto aos pequenos e grandes consumidores, tanto no que diz respeito à qualidade do produto como no que se refere à eficiência de seus esquemas de distribuição e comercialização. Neste quadro, o diretor em consideração afirmou que a questão dos preços já foi uma das preocupações da Itaú, mas que, entretanto, a estratégia atual da empresa é, sobretudo, demonstrar que as vantagens da qualidade do produto justificam os preços diferenciados. No interior dessa estratégia, os investimentos em propaganda e serviços de assistência técnica aos clientes e vendedores da empresa ganharam prioridade. Buscando maior aproximação entre a empresa e o mercado a Itaú mantêm, em várias regiões do país, um engenheiro para coordenar aqueles serviços. Do ponto de vista dos clientes, a preferência pela cal Itaú se justifica, além da questão da qualidade, pela agilidade e pontualidade na entrega dos pedidos e pelo bom atendimento prestado pela empresa.

Os comentários sobre os padrões de concorrência vigentes no setor produtor de cal podem ser enriquecidos com um breve resumo acerca da natureza das barreiras à entrada, presentes neste ramo da indústria. Nestas condições, o primeiro ponto a merecer registro centra-se no fato de as barreiras à entrada de novas firmas não aparecerem sob a forma de barreiras tecnológicas. Existe tecnologia disponível e acessível no mercado e a escala mínima de produção depende da região e da escolha da tecnologia. Entretanto, produzir com tecnologia atualizada implica escala considerável, e investimentos não desprezíveis. A instalação de um forno da qualidade e capacidade produtiva, como os em operação nas empresa mais modernas do parque produtivo brasileiro, envolve, hoje, investimentos da ordem de US$ 30 milhões. Uma importante barreira à entrada deriva-se da relevância dos custos de transportes inerente ao comércio de uma mercadoria de pequeno valor agregado e grande volume. A questão do acesso à matéria-prima é outro ponto a ser considerado. Existem jazidas de calcário de boa qualidade disponíveis no território brasileiro. Entretanto, as de qualidade e bem localizadas (próximas às grandes regiões consumidoras) já estão apropriadas. Assim, produzir cal de boa qualidade a partir de jazidas mal localizadas é inviável do ponto de vista econômico. Entretanto, é sempre possível produzir cal, em pequenas quantidades, através de tecnologia rudimentar. Basta disponibilidade de matéria-prima e mão-de-obra barata, elementos não muito escassos em inúmeras regiões do país. Resulta desse tipo de produção uma cal de baixa qualidade, dificilmente utilizável por ramos da indústria que demandam cales específicas. Atendem ao consumo de micro-regiões e de usuários pouco exigentes quanto à qualidade, quase sempre usinas de açúcar e construção. Esse tipo de produção está sob pressão da legislação ambiental, embora continue a existir em várias partes do país. Na região da grande produção de Minas Gerais, praticamente desapareceu, em virtude da concorrência dos grandes produtores.

5.8 Considerações sobre a questão dos custos

A indisponibilidade de dados sobre a estrutura de custos das empresas produtoras de cal impede uma análise mais fina do potencial competitivo dessas empresas e sua comparação com a indústria de cal internacional. Entretanto, em relação à esta questão, alguns pontos podem ser levantados. O primeiro deles refere-se ao fato de a explotação representar uma parcela não muito expressiva no custo total da produção da cal. Estimativas disponíveis para a produção americana, no início dos anos oitenta, indicavam que o peso do custo da explotação não ultrapassava 8,5% do preço final da cal (IPT, 1993). No processo produtivo propriamente dito, a energia representa o maior custo. Em entrevista realizada junto a uma grande empresa brasileira foi registrada a informação de que, ao final da década de setenta, na crise do petróleo, a participação deste custo no custo total chegou a atingir a ordem de 50%, proporção que, atualmente, está na casa dos 22%, para um consumo energético em torno de 1.000 Kg/cal por Kg do produto. Ainda segundo essa empresa, o segundo custo mais relevante é o relativo à mão-de-obra, item que se torna mais pesado em função da presença de legislação que rigidifica a utilização de mão-de-obra industrial. Para o consumidor pesam, ainda, custos que não são propriamente custos de produção, como a elevada carga tributária incidente sobre o produto e os custos de transporte. Por fim, a empresa considerada, chamou a atenção para a questão do custos da embalagem que oneram o produto quando seu transporte não é realizado a granel. As elevações observadas no preço das embalagens de papel tem levado a empresa a substituir sacos de papel por sacos plásticos.

5.9 O grau de atualização tecnológica das empresas e tendências

Como visto na seção 6 deste relatório, na indústria de cal brasileira convivem empresas com pequena capacidade produtiva e uso de tecnologia rudimentar com empresas modernas, produzindo a partir de escalas elevadas e portadoras de tecnologia atualizada, de alto investimento inicial. Mesmo no segmento mais organizado do mercado não há homogeneidade no que diz respeito à base tecnológica utilizada, do que é expressão a presença no parque industrial de vários tipos de fornos de calcinação de distintas capacidades produtivas e idades tecnológicas. As empresas líderes operam com fornos atualizados tecnologicamente com capacidade produtivas que lhes garante ganhos de escala e, por conseguinte, maior produtividade. Os diversos modelos de fornos de cal demandam diferentes patamares de investimento inicial e garantem distintas capacidades produtivas. Segundo Carmo et al (IPT, 1990), o investimento necessário para a implantação de uma usina varia de US$ 350 mil a US$ 33 milhões para capacidades de, respectivamente, 10 e 330 Mt/ ano.

As tendências tecnológicas recentes orientam-se no sentido de buscar aumentos de produtividade, redução de custos, melhoria de qualidade e diversificação de produtos. Na lavra mineral, crescem as exigências de sua compatibilização com a preservação ambiental. Outras tendências são o aproveitamento de rejeitos da lavra e da fabricação, a terceirização de algumas atividades e o maior controle e programação da manutenção dos equipamentos utilizados ao longo de todo o processo de produção da cal.

Internacionalmente, nas atividades de explotação são visíveis algumas tendências como o uso de métodos geofísicos indiretos na pesquisa mineral para orientar os métodos diretos. As carretas de perfuração hidráulica são uma inovação na atividade de perfuração. Seu uso resulta em patamares de produtividade bastante superiores aos correspondentes à perfuração pneumática. Sua disseminação é dificultada, todavia, por seu alto custo, fator que exige escalas significativas para viabilizar sua adoção. No desmonte, aumenta o uso de emulsão como explosivo, dada sua maior segurança, rapidez de carregamento e menor toxidade. Nas operações de carregamento e transporte, a tendência é o uso de equipamentos de maior porte e as escavadeiras hidráulicas vêm substituindo as pás-escavadeiras. Finalmente, a diversificação dos mercados tem estimulado, crescentemente, a utilização de lavra seletiva.

No processo de fabricação, as tendências internacionais são, a utilização de combustíveis mais baratos, a utilização de fornos de múltiplas cubas com sistemas de pré-aquecimento para maior rendimento térmico, a micropulverização do carvão, o desenvolvimento de fornos verticais para calcinação de materiais mais finos e a automatização dos fornos através de controladores lógicos programáveis (CLPs).

5.10 O comportamento recente dos preços da cal

Os preços da cal no Brasil têm estado abaixo das cotações do produto em outros países produtores. O quadro que se segue mostra o diferencial entre os preços da cal virgem brasileira e da cal virgem americana. Ele revela que, nos anos noventa, a diferença a favor dos preços americanos foi ainda maior que aquela encontrada para o final da década de setenta.

Em relação aos preços internos, os preços da cal têm sido, ultimamente, reajustados abaixo da inflação, fato que, em princípio, indica a presença de uma tendência à queda de seus preços reais. Entre dezembro de 1993 e janeiro de 1991, o crescimento nominal dos preços da cal alcançou a proporção de apenas 79,2% da variação média dos preços medida pelo IPA-OG. Comparados aos preços de outros materiais de construção, a expansão dos preços da cal mostrou-se, da mesma forma, modesta. Entre 1992 e 1995, o Índice Nacional da Construção Civil mostrou uma variação média, 44,7% maior que a observada para os preços da cal. No mesmo período, os preços da totalidade dos materiais de construção elevaram-se, em média, 25% a mais que os preços da cal (ver Quadro 23). A variação dos preços da cal relativamente aos preços da construção e de seus materiais, no período que se sucede ao plano real, pode ser observada, mês a mês, no Quadro 24.

Quadro 22
Preço da cal - Brasil e USA (US$/ton.)

Ano	Brasil		EEUA	Brasil/EEUA
	Hidratada	Virgem	Virgem	Virgem
1978	72,20	43,74	42,09	1,04
1979	68,65	36,53	40,39	0,90
1980	76,92	41,02	44,96	0,91
1981	64,94	36,55	45,90	0,80
1982	66,67	39,75	49,46	0,80
1983	70,17	25,99	50,95	0,51
1984	65,71	30,85	50,95	0,60
1985	70,58	26,94	50,50	0,53
1986	69,76	32,80	52,06	0,63
1987	63,10	35,97	51,91	0,69
1988	60,55	35,94	50,00	0,72
1989	62,40	38,40	48,00	0,80
1990	64,54	34,70	50,00	0,54
1991	66,38	37,40	51,00	0,73
1992	67,10	33,90	51,70	0,65
1993	63,18	34,66	53,20	0,65

Fonte: DNPM(Balanço Mineral-1988 e Sumário Mineral- 1990 e 1994).

Quadro 23
Brasil, índices de preço (1992=100)

Ano	INCC	Materiais de Construção	Cimento	Cal
92	100,00	100,00	100,00	100,00
93	2.224,56	2.090,01	1.873,32	1.946,21
94	54.618,76	50.209,21	39.902,63	41.517,58
95	96.052,75	83.330,74	57.930,65	66.387,42
Diferencial*	+44,7%	+25,5%	-14,6%	

* Diferença do comportamento dos preços (INCC, Mat. Cons. e cimento) em relação ao dos preços da cal (1992/95).
Fonte: FGV

Quadro 24
Brasil, índices de preço (agosto de 1994=100)

Mês	INCC	Materiais de Construção	Cimento	Cal
A/94	100,00	100,00	100,00	100,00
S	100,38	100,10	100,63	99,15
O	101,71	100,97	100,10	99,65
N	104,11	102,37	100,19	100,85
D	105,49	104,16	100,18	101,50
J/95	109,18	106,49	100,37	102,50
F	111,45	108,72	100,94	104,54
M	115,13	111,43	103,61	108,53
A	117,77	114,21	105,19	110,12
M	128,10	116,66	105,44	112,80
J	132,09	118,85	105,45	115,07
J	133,52	120,33	105,17	115,33
A	134,35	121,47	104,37	116,81
S	135,32	122,47	104,55	117,83
O	136,48	123,30	103,73	117,74
N	137,48	123,73	102,43	117,27
D	138,66	124,32	101,73	116,58
Diferencial*	0,19	0,07	-0,15	

*Diferença do comportamento dos preços (INCC, Mat. Cons. e cimento) em relação ao dos preços da cal (1994/95).
Fonte: FGV

Como já registrado anteriormente, algumas análises dos movimentos dos preços da cal atribuem seu bom comportamento, num quadro de forte concentração da oferta, à presença de dois fatores próprios à estrutura do setor de cal brasileiro. O primeiro deles manifesta-se na presença de expressiva produção cativa, a qual assentaria um preço de referência para o produto. O segundo está na presença, não desprezível, de empresas de pequeno porte no mercado operando com organização técnico-empresarial precária e, portanto, com maiores custos. A existência desse conjunto de empresas fixaria um patamar máximo de preços (preço de exclusão) acima do qual viabilizar-se-ia o aumento da oferta oriunda desse tipo de empresa.

Um fator alternativo responsável pela disciplina dos preços está, provavelmente, no fato de parcela relevante da demanda por cal, sobretudo aquela de alguns setores industriais importantes, ser bastante concentrada, configurando uma situação onde o poder de barganha dos demandantes é expressivo.

Outra questão, ligada ao comportamento dos preços, diz respeito à pequena intensidade do comércio internacional do produto, circunstância que se repete nos números do comércio exterior da cal brasileira. No Brasil, o balanço comercial do produto é superavitário, embora pouco expressivo do ponto de vista quantitativo. Na última década, no ano de maior volume exportado, a quantidade de cal comercializada para o exterior atingiu o patamar de apenas 0,007% do total das vendas internas. No mesmo período, as importações foram desprezíveis. Esse quadro indica que, diferentemente de outros setores industriais, o comércio internacional não têm papel relevante na regulação da concorrência e, logo, não atua como disciplinador de preços.

O comportamento dos preços da cal nos anos noventa está, ao que tudo indica, associado à expansão da capacidade produtiva das grandes empresas. Essa situação, num quadro de crescimento modesto da demanda, teria estimulado a concorrência em preços, como forma de aumentar suas fatias de mercado.

5.11 Perspectivas da indústria da cal

O elevado grau de concentração atualmente observado na produção da cal deverá marcar a operação dessa indústria nos próximos anos. A elevação recente de capacidade produtiva observada no núcleo mais moderno do setor tem implicado uma política competitiva agressiva, via preços e qualidade (diferenciação de produto), que pode resultar em graus ainda mais expressivos de concentração. A aquisição recente de uma empresa produtora tradicional por uma das empresas líderes do setor exemplifica essa tendência.

A estratégia de atuação das empresas bem organizadas, do ponto de vista técnico e gerencial, passa pela produção em grande escala, associada a modernas tecnologias de calcinação e inclui, por outro lado, a modernização de outras fases do processo de produção, desde o desmonte e tratamento da matéria-prima principal até o ensacamento. A aplicação de modernas técnicas gerenciais é, também, parte daquela estratégia.

O desaparecimento de pequenos produtores tende a ocorrer, e mesmo já ocorreu, nas áreas em que se localizam as grandes produtoras. Sobreviverão em micro-regiões protegidas pela presença de demandas pouco exigentes quanto a qualidade e pela distância dos grandes centros de produção.

O custo do transporte implicará a permanência da regionalização da produção. Nessas condições, a entrada das grandes produtoras do Sudeste em mercados potencialmente promissores, como o nordestino, demandaria a implantação ou compra de unidades produtivas na região. Essa é uma estratégia possível e já ensaiada, pelo menos por uma das empresas líderes.

A substituição dos combustíveis atualmente utilizados por outros mais baratos e limpos deverá ser uma tendência. Os grandes produtores de Minas Gerais já estão se preparando para a utilização do Gás Natural proveniente da bacia de Campos, cuja chegada à região está prevista para os próximos anos. A substituição do combustível pode ser inviável economicamente para algumas unidades produtivas de médio porte que operam com tecnologia intermediária e, nessas condições, pode representar sério entrave à sua permanência no mercado.

As empresas melhor capacitadas definem suas estratégias a partir de estimativas sobre o comportamento futuro dos vários segmentos que compõem a demanda por cal. Nesse sentido, esperam a queda de determinado tipo de consumo e a expansão de outros. Segundo entrevistas realizadas junto a essas empresas, o consumo da cal na siderurgia e pelotização tende, por exemplo, a expandir-se pouco. No caso da pelotização, por mudança de rota tecnológica que permite a utilização de calcário em natura. No caso da siderurgia, por economia resultante do uso de cal de ótima qualidade. Antigamente era comum o consumo de 70 kg de cal por ton. de aço. Hoje há empresas operando com 40 kg por ton. Outro segmento que deve usar unitariamente menos cal é a construção, dada a tendência de uso de mais vidro, madeira, painéis e menos argamassa. Nesse setor é também importante o efeito do esforço das construtoras em evitar desperdícios de material. Por outro lado, é esperado um aumento do consumo derivado de outros setores. Entre eles, o de tratamento de água e esgoto, visto que o país ainda apresenta, nestes campos, taxas de cobertura modestas. Avanço da legislação ambiental, implicando maior uso da cal no tratamento de efluentes industriais e outros poluentes, deverá expandir o consumo do produto. Além do mais espera-se o desenvolvimento de novos setores da indústria que utilizam matérias-primas produzidas com uso da cal. Exemplo disso está na expansão promissora do mercado de carbonato de cálcio precipitado. A demanda de cales de qualidade específica, como o que se verifica nesse último caso, induziu investimentos das empresas líderes na implantação de unidades produtivas voltadas para a produção dessas cales de altíssima qualidade, sem os quais estariam alijadas da concorrência. Esse é um caso em que a qualidade do produto utilizado por um segmento de mercado, potencialmente promissor, direcionou os planos de expansão das empresas líderes.

6 A indústria brasileira do cimento

Lia Haguenauer

6.1 Introdução

6.1.1 Características físicas e tecnológicas do produto

O texto a seguir focaliza a indústria produtora de cimento Portland[1]. As normas brasileiras atuais definem os seguintes tipos de cimento, que diferem em sua composição e aplicações específicas:

Quadro 1
Tipos de cimento

Tipos de cimento	Identificação	Componentes
Comum	CP I	100% clínquer e gesso
	CP I - S	1 a 5% de material carbonático, escória e pozolana
	CP II - E	94 a 56% de clínquer e gesso; 6 a 34% de escória; até 10% de material carbonático
Composto	CP II - Z	94 a 76% de clínquer e gesso; 6 a 14% de pozolana; até 10% de material carbonático
	CP II - F	94 a 90% de clínquer e gesso; até 10% de material carbonático
Alto-forno	CP III	65 a 25% de clínquer e gesso; 35 a 70% de escória; até 5% de material carbonático
Pozolâmico	CP IV	85 a 45% de clínquer e gesso; 15 a 50% de pozolana; até 5% de material carbonático
Alta resistência inicial	CP V - ARI	100 a 95% de clínquer e gesso; até 5% de material carbonático

Fonte: [Kihara e Marciano Jr., 1995].

O cimento também é classificado de acordo com a resistência à compressão que apresenta, em argamassa normal, após 28 dias (ou sete dias, para o cimento de alta resistência inicial).

[1] Usinas de concreto e fabricantes de artefatos são considerados como segmentos a jusante da cadeia produtiva.

Para os consumidores, o tipo de cimento mais adequado depende da avaliação das relações entre tempo de secagem, quantidade de cimento e resistência necessária. Do ponto de vista da produção, da disponibilidade de jazidas de material carbonático, pozolana ou proximidade a siderúrgicas (para o abastecimento de escória).

6.1.2 Produtos substitutos

Embora o cimento possa ser substituído em diversas aplicações específicas por outros materiais (estruturas metálicas, asfalto, madeira etc.), nenhum o substitui em todas suas utilizações e, em diversos casos, há nítidas vantagens do emprego do cimento em relação a outros materiais.

Com relação ao asfalto, por exemplo, o estudo da Abesc (1995) sobre a pavimentação do corredor para os ônibus biarticulados de Curitiba – cidade que possui o sistema viário urbano mais avançado do país – concluiu que a utilização de concreto significaria redução de custos, prazo da obra e aumento de segurança.

Há 25 anos, o fibrocimento era constituído apenas por cimento e amianto; ao longo do tempo o cimento foi sendo substituído por calcário, mas já se atingiu o limite de substituição (cerca de 70% de cimento, 20% de calcário, 2% de celulose e 8% de amianto) e as grandes empresas do setor sequer dirigem pesquisas para essa área; tentam, até hoje sem sucesso, a substituição do amianto. E coberturas de cimento amianto custam, em média, 40% menos que as realizadas com telhas de barro.

Embora a construção civil no Brasil utilize proporcionalmente menos estruturas metálicas e mais de concreto que na maioria dos países, não parece haver tendência a alterar esta situação, em função de diversos fatores: baixo custo do trabalho, já que uma das principais motivações para a utilização de estruturas metálicas é a redução das necessidades de mão-de-obra; cultura e capacitação da engenharia civil no país, com pouca tradição no uso de estruturas metálicas, principalmente na construção de prédios mais altos; e, também, em decorrência das condições climáticas favoráveis, na medida em que existem problemas na utilização de cimento e concreto em temperaturas baixas.

6.1.3 Extensão geográfica do mercado

A proximidade ao centro consumidor constitui importante fonte de poder de mercado, dada a relevância do custo de transporte no preço final do cimento. O mercado "natural", estimado pelos especialistas no setor, é o situado a uma distância máxima de cerca de 300 km da fábrica – ou cerca de 500 km em áreas de menor densidade populacional, como nas regiões Norte e Nordeste. A essa distância o custo de transporte representa de 10% a 20% do preço do produto.

Em contrapartida, os ganhos de escala também são muito relevantes, reduzindo custos e permitindo atingir mercados mais distantes. Essa característica, aliada ao custo associado à operação com elevados níveis de ociosidade, explica a existência de fluxos de cimento a distâncias maiores, inclusive exportações – muitas vezes a custos marginais, ou seja, com preços que cobrem apenas os custos variáveis.

A Tabela 1 apresenta a distribuição espacial da produção e consumo de cimento no Brasil nos anos de 1994 e 1995. Nela, podemos observar que São Paulo, Minas Gerais, Rio de Janeiro, Paraná e Rio Grande do Sul são os principais centros consumidores (66% do consumo nacional, em 1994) e, por outro lado, Minas (pólo de Pedro Leopoldo), São Paulo, Paraná (Rio Branco do Sul) e Rio de Janeiro (Cantagalo), os principais produtores. Como também se pode ver na Tabela 1, existe forte correlação entre volume de produção e de consumo nas diversas unidades da federação (e em unidades com nível muito baixo de demanda não há fábricas de cimento), demonstrando a segmentação regional dos mercados.

Tabela 1
Produção e consumo de cimento no Brasil, por UF, em mil toneladas

Unidade da federação	1994		1995	
	Consumo	Produção	Consumo	Produção
Rondônia	88	0	94	0
Acre	22	0	26	0
Amazonas	222	334	176	318
Roraima	16	0	33	0
Pará	463	341	473	311
Amapá	41	0	48	0
Tocantins	132	0	138	0
Maranhão	193	154	184	133
Piauí	148	0	140	0
Ceará	530	473	552	690
Rio Grande do Norte	214	173	226	167
Paraíba	359	931	306	904
Pernambuco	719	434	803	450
Alagoas	220	289	225	269
Sergipe	194	472	201	401
Bahia	1.193	901	1.180	912
Minas Gerais	3.087	6.128	3.470	7.075
Espírito Santo	524	840	602	865
Rio de Janeiro	2.622	2.077	2.945	2.486
São Paulo	7.339	4.968	8.969	5.890
Paraná	1.750	2.265	2.331	2.728
Santa Catarina	1.012	345	979	536
Rio Grande do Sul	1.613	1.371	1.680	1.453
Mato Grosso	417	485	371	447
Mato Grosso do Sul	382	465	412	497
Goiás	931	984	955	889
Distrito Federal	618	798	543	835
Total	25.046	25.230	28.063	28.256

Fonte: [SNIC,1995 e 1996].

De acordo com dados do Sindicato Nacional da Indústria do Cimento (SNIC), o consumo na própria unidade da federação produtora representa cerca de 70% do total. Dos fluxos regionais, o mais importante tem origem em Minas Gerais (40% do total despachado para outras unidades da federação, em 1994), estado que se destaca como importante fornecedor para São Paulo e Rio de

Janeiro, abastecendo também Espírito Santo e Bahia. A região Norte, como um todo, importa de outras regiões 35% de seu consumo.

6.2 Características da estrutura de produção

6.2.1 Principais insumos

Como se pode ver no Quadro 2, calcário, gesso, areia, argila, escória de alto-forno, óleo combustível, energéticos alternativos, explosivos e embalagem são os principais insumos da indústria do cimento.

Quadro 2
O processo produtivo

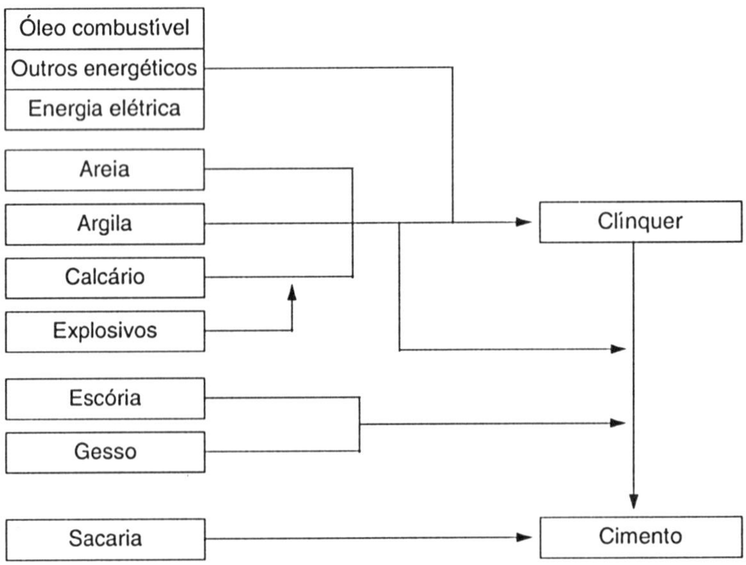

De modo geral, fazem parte do processo produtivo a extração e seleção das principais matérias-primas, sua moagem, mistura, secagem e homogeneização em fornos especiais, obtenção do clínquer, dosagem com materiais aditivados (gesso, argilas, escória), nova moagem e distribuição a granel ou ensacamento.

O processo é intensivo em energia e o óleo combustível é o item de maior peso na estrutura de custos correntes da indústria do cimento. Existem diversos tipos de óleo, diferenciados principalmente segundo a viscosidade. O óleo tipo 7A, de menor preço, é o mais utilizado, mas nem todas as fábricas podem usá-lo devido a limitações técnicas dos fornos. De acordo com informações do SNIC, os óleos de baixa viscosidade da Petrobrás têm preços de 20% a 30% superiores aos do mercado internacional; os de alta viscosidade têm preços competitivos, mas a produção da Petrobrás é inferior à demanda.

É grande a possibilidade de substituição de combustíveis – carvão mineral e vegetal, resíduos industriais diversos, como casca de arroz, raspa de pneus, resíduos de madeira etc. – embora existam implicações sobre a qualidade do clínquer obtido. As diversas plantas utilizam diferentes combinações de produtos energéticos, predominando entretanto o óleo combustível, como se pode ver na Tabela 2[2].

Tabela 2
Estrutura do consumo energético – 1994
(%) em toneladas equivalentes de óleo combustível

Fonte energética	Participação
Óleo combustível	64,8
Carvão mineral	21,6
Carvão vegetal	11,5
Outros	2,1

Fonte: SNIC (1995).

6.2.2 Acesso aos insumos

A propriedade de jazidas de calcário relativamente próximas a centros consumidores é, ao mesmo tempo, fator determinante da viabilidade econômica das fábricas de cimento e uma das principais fontes de poder de mercado para as empresas do setor. Constituem, ao lado do elevado nível de investimentos necessários, barreiras realmente importantes ao ingresso de novos produtores no mercado.

Antes da Constituição de 1988 – mais rígida quanto às condições de exploração das jazidas que, se não cumpridas, acarretam perda da concessão –, era comum a prática do "tapetão": alguns produtores de cimento requeriam direitos de lavra sobre áreas enormes, que não pretendiam explorar a curto prazo, construindo uma espécie de "reserva de mercado". Mesmo com a legislação atual, nas regiões mais próximas aos grandes centros de consumo, como em Minas Gerais, que ademais dispõe de calcário de excelente qualidade, não estão disponíveis jazidas para novos produtores. A possibilidade de compra depende do interesse da empresa detentora, se for produtora de cimento, quanto ao controle do mercado.

Quanto aos insumos energéticos, existem especificidades regionais, sendo diferenciadas as taxas de substituição do óleo combustível por outros produtos: enquanto nas regiões Norte, Nordeste e Centro-oeste a participação do óleo combustível no consumo total de produtos energéticos variou entre 92% e 99%,

2 Também entre países existem variações. Na Itália, por exemplo, a principal fonte de energia é o carvão [Souza, Silva e Agopyan, 1993]. Segundo o SNIC, o carvão brasileiro tem preço elevado e baixa qualidade e a importação não é compensadora do ponto de vista econômico.

em 1994, no Sudeste foi de 61% e na região Sul de apenas 16,7%, com maior participação do carvão[3]. Os produtores do sul dispõem ainda de oferta de óleo parafinado, mais vantajoso economicamente; nas demais regiões a estrutura do refino é diferente e o custo de transporte não compensa sua utilização.

Cabe destacar, no entanto, que a Petrobrás torna acessíveis seus diversos produtos a todas as empresas de cada região, ou seja, a todas que concorrem em um mesmo mercado. O fim da equalização de preços dos combustíveis poderá levar a maior diferenciação regional dos preços do cimento, em função da incidência do frete sobre o óleo consumido. Há, por outro lado, queixas em relação à concorrência desleal com o cimento venezuelano importado, já que os produtores desse país adquirem óleo subsidiado.

6.2.3 Estrutura de custos

É difícil a obtenção de uma estrutura de custos detalhada e atualizada, representativa para o setor como um todo. A Tabela 3 fornece uma noção geral dos principais itens de custo na produção mundial de cimento, para o ano de 1988. Como seria de se esperar, no Brasil o custo de capital representa uma desvantagem competitiva, enquanto a energia é relativamente menos onerosa para os produtores nacionais.

Tabela 3
Custos industriais comparativos: participação no custo total (%)

País/Item	Capital	Matéria prima	Energia	Pessoal	Outros*
Brasil	24,5	18,0	30,0	17,5	10,0
Espanha	22,5	7,3	39,4	14,7	16,1
Turquia	7,0	14,0	60,0	9,0	10,0
França	16,3	2,9	28,8	21,7	30,3
Alemanha Ocidental	13,0	5,0	35,0	21,0	26,0
Japão	16,0	21,0	37,0	7,0	19,0
Coréia do Sul	17,0	5,3	48,0	9,8	19,9
Grécia	19,0	8,0	38,0	19,0	16,0

* Manutenção, embalagem, administração geral e subcontratação.
Fonte: [Souza, Silva e Agopyan,1993].

Há grandes variações nas estruturas de custo entre as diversas empresas brasileiras, dependendo da escala de produção, do nível de automação do processo produtivo, do grau de atualização dos equipamentos utilizados e dos insumos energéticos consumidos.

', 1995].

O principal item do custo corrente é o óleo combustível, e sua participação pode chegar até 50% do custo direto de produção. Em média, o consumo nacional das fábricas de cimento é de cerca de 800 kcal por quilo de clínquer, enquanto a *best practice* internacional aponta para 700/720 kcal[4]. Mas também existe grande dispersão entre os produtores.[5]

Em termos de toneladas equivalentes de óleo combustível (TEOC), o consumo energético vem sendo gradualmente otimizado: passou de 69,1 TEOC/mil toneladas de cimento, em 1993, para 68,1, em 1994.

O Gráfico 1 mostra a evolução real dos preços do cimento no mercado paulista e do óleo combustível, segundo a variação do IPA-OG da Fundação Getúlio Vargas. Desde o Plano Collor e o desaquecimento da demanda que se seguiu, o preço do cimento apresentou grande retração e passou a acompanhar a evolução do nível geral de preços em um patamar significativamente mais baixo em relação ao passado. A partir de meados de 1991 e até abril de 1992, passou a apresentar aumentos superiores à inflação e ao crescimento dos preços do óleo combustível, implicando redução de custos e aumento de margens para os produtores de cimento. A retomada ao antigo patamar não se sustentou e, desde então, a tendência básica foi de queda do preço do cimento – em que pesem pequenas recuperações.

Em novembro de 1995, o produto apresentava níveis de preços 60% abaixo dos de março de 1990 e menos da metade dos de abril de 1992. Já o óleo combustível teve recomposição de preços, principalmente entre meados de 1991 e agosto de 1992, a qual se revelou sustentada até o segundo trimestre de 1994, quando também passou a declinar, mantendo-se, entretanto, em níveis superiores aos do cimento.

A queda real do preço do cimento tem levado ao encarecimento relativo de seus insumos, principalmente o óleo combustível, mas, também, de fretes e energia elétrica, estimulando o desenvolvimento de programas de qualidade que visam a otimização de processos e redução do consumo energético.

Quanto ao custo do capital destaca-se a utilização de recursos próprios – fator que tende a reforçar a concentração no setor –, embora o BNDES tenha sempre contribuído substantivamente no financiamento de seus investimentos. De qualquer forma, e considerando também o custo alternativo frente a aplicações financeiras, o custo do capital onera bastante os produtores locais de cimento, constituindo realmente uma desvantagem associada ao "custo Brasil".

---

4 [SNIC, 1995].

5 Por exemplo, em uma das fábricas visitadas por ocasião da realização deste estudo, o consumo atual era de 780 kcal/kg clínquer e o investimento previsto para 1996 em novos equipamentos deverá reduzir esse valor para 730 kcal/kg clínquer, chegando a um nível bastante competitivo.

Gráfico 1
Evolução dos preços relativos de cimento e óleo combustível
Índice base março de 1990 = 100

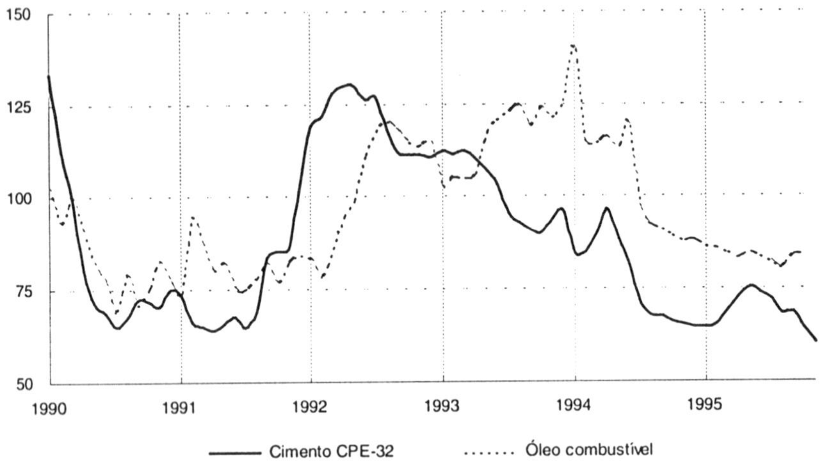

Nota: índices de preços deflacionados pelo IPA-OG.
Fontes: Sinduscon-SP e FGV-RJ.

6.2.4 Evolução da produção, consumo e capacidade instalada

Como o cimento é um produto relativamente perecível, exigindo baixos níveis de estoques, e o comércio externo é muito reduzido, a evolução da produção e do consumo no país são praticamente idênticas, como pode ser visto no Gráfico 2.

De 1926, quando teve início a produção sistemática de cimento no Brasil, até 1980, apenas em cinco anos a variação anual da produção foi negativa. Na década de 70, a taxa média de crescimento da indústria foi de 11,7% ao ano e em nenhum ano dessa década foi inferior a 7%. O vigor da expansão da indústria do cimento no período anterior à década de 80 pode ser comprovado pelo número de fábricas que entraram em operação entre 1972 e 1977: 21 novas unidades, abrangendo quase todas as regiões do país; e ressalte-se que, desde finais dos anos 60, a utilização da capacidade situou-se sempre acima de 90%. Esse desempenho contrasta fortemente com o verificado nos anos 80 e primeira metade dos 90, como mostra a Tabela 4.

Gráfico 2

Produção e consumo de cimento no Brasil, em mil toneladas

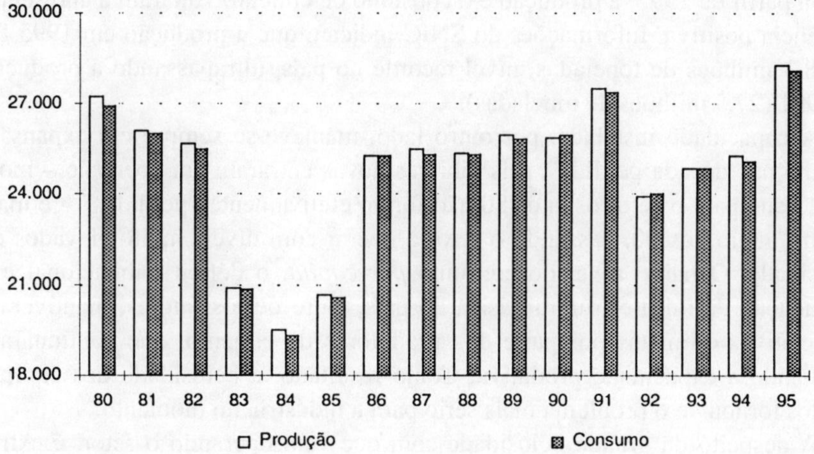

Fonte: [SNIC, 1995].

Tabela 4

Capacidade instalada, produção e nível de utilização
Em milhões de toneladas anuais

Ano	Capacidade	Produção	Utilização(%)
1979	25,1	24,9	99,2
1983	32,5	20,9	64,3
1991	36,5	27,5	75,3
1994	45,0	25,3	56,2

Fonte: [Prochnik, 1983], [Souza, Silva e Agopyan, 1993] e [SNIC, 1995].

Depois de mais de 50 anos de crescimento sustentado do consumo interno de cimento, a indústria passou a enfrentar, como toda a economia brasileira, fases de queda e estagnação da demanda. A recessão iniciada em 1981 afetou seriamente o setor, que só se recuperou através dos efeitos do Plano Cruzado, de 1986 (ano em que apresentou a taxa extraordinária de crescimento de 22,4% em relação a 1985), sem alcançar, entretanto, os níveis de produção do começo da década. Em 1989, a produção brasileira de cimento foi de 25,9 milhões de toneladas, volume inferior às 27,2 milhões de toneladas produzidas em 1980.

O ano de 1990 iniciou com forte retração da produção e do consumo, mas terminou com um nível apenas 0,3% menor que o do ano anterior, já prenunciando o crescimento de 1991 que, finalmente, superaria o nível de produção de 1980. A construção civil, entretanto, apresentava taxa negativa de crescimento de 3,5% em 1991, que se agravou para -6,6% em 1992. Esse desempenho acabou por se refletir na indústria do cimento, que decresceu, em 1992, 13% em relação a 1991.

Com a retomada do crescimento da construção e da economia como um todo a partir de 1993, a produção e o consumo de cimento voltaram a apresentar tendência positiva. Informações do SNIC indicam que a produção em 1995 foi de 28,3 milhões de toneladas, nível recorde no país, ultrapassando a produção de 1991 (27,5 milhões de toneladas).

A capacidade instalada, por outro lado, manteve-se sempre em expansão. Mesmo na "década perdida", seis fábricas novas entraram em operação – mostrando que para o setor os anos 80 não foram efetivamente "perdidos" – e mais três no início dos 90, passando o setor a operar com níveis muito elevados de ociosidade. O baixo nível do consumo *per capita*, o déficit habitacional e a degradação da infra-estrutura básica do país, entre outros fatores, mantiveram expectativas otimistas por parte dos produtores de cimento, que continuaram ampliando a capacidade produtiva. Como resultado, a ociosidade dos equipamentos tornou-se o problema mais sério para a indústria no momento.[6]

A despeito da grande ociosidade com que vem operando o setor, é extremamente baixo o consumo *per capita* de cimento no Brasil. Em 1994 foi de apenas 162,5 kg por habitante/ano, retroagindo a níveis já alcançados em meados dos anos 70. O ponto máximo (226 kg/hab./ano) foi atingido em 1980, valor que se situa muito abaixo do de países como Portugal, Espanha e Grécia, por exemplo, cujo consumo é de cerca de 600 kg/hab./ano. Em 1991, o consumo per capita de cimento na Coréia do Sul, com o desenvolvimento de um programa habitacional no país, chegou a mais de 1000 kg/hab./ano.[7]

No Brasil, as carências associadas à dívida social – principalmente no que se refere a habitação e saneamento – e a uma infra-estrutura que favoreça a competitividade das demais atividades econômicas – em especial rodovias e energia elétrica – exigiriam, na verdade, níveis de consumo de cimento *per capita* superiores mesmo aos da Coréia.

Como ocorre com a maioria dos produtos industrializados no país, o consumo de cimento também apresenta uma distribuição geográfica bastante desigual. O gráfico mostra a evolução da distribuição regional da demanda por cimento. Embora, o consumo continue fortemente concentrado na região Sudeste, assim como a produção, pode-se observar que esta é a única área que reduziu sua participação entre 1980 e 1994. A região Centro-oeste foi a que mais ampliou sua participação, refletindo o avanço da fronteira agrícola e o crescimento relativo de sua população.

---

[6] De acordo com informações do SNIC, projetos novos e expansões em andamento elevarão a capacidade atual para cerca de 55 milhões de toneladas até o ano 2000.

[7] Dados fornecidos pelo SNIC.

Gráfico 3

Distribuição regional do consumo de cimento

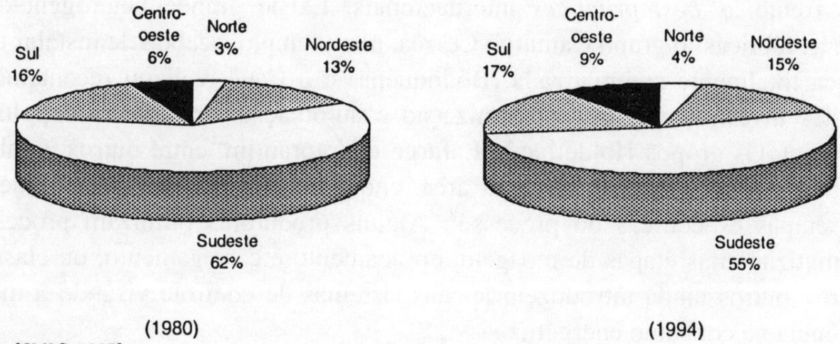

Fonte: [SNIC, 1995].

Quanto à produção de cimento, a distribuição regional da capacidade instalada mostra participações semelhantes (ver Tabela 5), como seria de esperar em mercados segmentados do ponto de vista geográfico.

Tabela 5

Distribuição regional da capacidade instalada, 1991

Região	Capacidade (mil ton./ano)	Participação (%)
Norte	1.254	3,4
Nordeste	5.586	15,3
Centro-oeste	3.225	8,8
Sudeste	21.717	59,6
Sul	4.679	12,8

Fonte: [Souza, Silva e Agopyan, 1993].

6.2.5 Grau de atualização tecnológica

O setor cimenteiro não apresenta grande dinamismo tecnológico: a última inovação que pode ser considerada radical é o processo de produção por via seca, conhecido desde o final do século passado e já difundido em todo o mundo nos anos 70. As inovações recentes referem-se a introdução de equipamentos de automação, de sistemas de qualidade, de equipamentos redutores do consumo energético e dos efeitos sobre o meio ambiente, além do desenvolvimento de produtos com propriedades particulares para aplicações específicas. Praticamente todas as fábricas no Brasil produzem atualmente cimento por via seca, estando em extinção a produção por via úmida.[8]

Já há dez anos os fabricantes locais de cimento vêm introduzindo equipamentos de automação, mas o setor como um todo ainda está relativamente defasado frente às *best practices* internacionais. Existe grande heterogeneidade entre as fábricas: o grupo Camargo Corrêa, por exemplo, acabou de instalar uma fábrica totalmente automatizada (Bodoquena) e o Cauê realizou recentemente grandes investimentos em modernização e automação em Pedro Leopoldo e Mesquita. Os grupos Holderbank, Lafarge e Votorantim, entre outros, também possuem fábricas avançadas nessa área, enquanto outros produtores modernizam etapas específicas do processo[9]. Alguns produtores otimizam processos automatizando as etapas de moagem, ensacamento e carregamento, ou classificação e outros ainda introduzem apenas sistemas de controle visando à maior eficiência no consumo energético.

No que se refere a sistemas de qualidade, as empresas cimenteiras brasileiras estão mais avançadas, basicamente através da implantação das normas ISO, em especial a ISO 9002, chegando a constituir destaque na indústria nacional por não ser um setor exportador. Mais de 15 unidades, responsáveis por mais da metade da produção nacional de cimento, já estão certificadas e diversas estão em processo de certificação – só no grupo João Santos, por exemplo, três unidades já estão certificadas e pelo menos mais duas devem se certificar este ano.

A motivação para esse movimento deriva, em primeiro lugar, da necessidade de racionalização da produção, frente à queda dos preços relativos do cimento; e, secundariamente, da demanda de clientes especiais (como Petrobrás, Sabesp ou Eletropaulo) e da influência positiva de órgãos como a Associação Brasileira de Cimento Portland (ABCP) e o SNIC.

Quanto ao meio ambiente, já estão em curso estudos relacionados à ISO 14.000, visando a transformação da imagem do setor cimenteiro de indústria poluente em indústria benéfica ao balanço ecológico, principalmente através da eliminação de resíduos tóxicos ou de qualquer forma nocivos ao meio ambiente provenientes de outros setores, como escórias, cinzas de unidades termelétricas (pozolanas), resíduos químicos e do tratamento de metais, a serem mais intensivamente utilizados nos fornos de cimento. A grande maioria das fábricas opera com filtros eletrostáticos, que asseguram cerca de 99% de eficiência na supressão da emissão de poeira e óxidos de nitrogênio e enxofre, embora não haja, como na Alemanha, interrupção automática das operações quando os níveis de emissão superam parâmetros predeterminados.

---

[8] Cabe notar que nos EUA mais de 30% da capacidade instalada ainda se refere a esse último processo.

[9] A fábrica do grupo Paraíso em Minas Gerais, de acordo com executivos da empresa, possui a lavra mais atualizada do país

Existe capacitação da engenharia nacional para o desenvolvimento de produtos especiais, estando o país na "ponta" da tecnologia internacional de cimento para poços de petróleo – atuação em conjunto com a Petrobrás – e para barragens. Pode-se ainda mencionar o desenvolvimento conjunto de produtos especiais para a produção de artefatos de fibrocimento, realizado pelo principal produtor brasileiro – que possui 10 fábricas em todo o país – e por cimenteiras locais de diversos grupos, de modo a atender às necessidades de produtividade das máquinas e de qualidade do produto final. Entretanto, as empresas de modo geral não priorizam a estratégia de diferenciação de produto, preferindo produzir maiores quantidades de produtos padronizados.

Deve-se destacar o papel da ABCP, instituição mantida pelas empresas cimenteiras, no apoio ao desenvolvimento tecnológico do setor. A ABCP presta assessoria a empresas, realiza testes e avaliações da qualidade do cimento, fornece assistência técnica aos produtores e usuários e serviços tecnológicos em geral, além de realizar projetos de pesquisa relacionados à produção e utilização de cimento.

No que diz respeito à idade do parque cimenteiro instalado no país, também existe grande heterogeneidade. Considerando o elevado volume dos investimentos necessários, só se viabiliza a instalação de uma fábrica de cimento com uma expectativa de operação de pelo menos cerca de 30 anos. Essa característica explica a convivência, em todos os países, de unidades bastante díspares em termos da idade dos equipamentos básicos.

No Brasil, há fábricas novas, como a Camargo Corrêa de Bodoquena ou a Mato Grosso, do grupo Votorantim, que iniciaram suas operações em 1993 e 1991, respectivamente, ao lado de unidades bastante antigas, mas que são modernizadas ao longo do tempo, como a fábrica de Itapessoca (grupo João Santos), que iniciou atividades em 1954, atualizou todo o processo produtivo em 1976 e, em 1996, deve instalar nova torre intercambiadora (principal equipamento da produção). As unidades realmente obsoletas, de via úmida, estão paralisadas ou fechando, seja em função da ociosidade com que o setor como um todo se defronta, seja em decorrência da queda de preços do cimento, que pode vir a expulsar do mercado as unidades menos produtivas.

6.3 A Cadeia produtiva

6.3.1 Segmentos da cadeia

As empresas da indústria do cimento são integradas para trás, produzindo para consumo próprio suas principais matérias-primas – além de material calcário, argilas e às vezes também gesso. Os insumos adquiridos não fazem parte propriamente da cadeia produtiva; dentre esses, o óleo combustível é o mais importante, mas, como já mencionado, sendo a Petrobrás o único fornecedor, prevalecem condições idênticas de acesso nos diversos mercados regionais, ocorrendo o mesmo com a energia elétrica.

Na verdade, o setor produtor de cimento (e a extração mineral inerente à atividade) está na base do complexo da construção civil, sendo mais relevante para a análise de sua inserção na matriz industrial o estudo de suas articulações com os segmentos a jusante na cadeia produtiva. Dentre esses, destaca-se a construção civil, que consome o cimento tanto diretamente como através dos segmentos industriais – usinas de concreto, fabricantes de pré-moldados e de artefatos de cimento, de artefatos de fibrocimento, ou ainda de argamassas preparadas.

Como mostra a Tabela 6, a queda das obras públicas e a ausência de grandes investimentos por parte do setor privado, praticamente desde o início da década de 80, reduziram esse tipo de demanda a pouco mais de 6% do total do consumo. Os consumidores industriais, a despeito do crescimento recente do segmento de argamassas preparadas, respondiam por apenas cerca de 20% do total em 1994. Como referência, na Itália, em 1991, as usinas e produtores de pré-fabricados de concreto demandavam 42% e os fabricantes de artefatos de cimento mais 12% da oferta local[10].

Tabela 6
Distribuição do consumo em volume (%), 1994

Consumidores Industriais	
Concreteiras	9,2
Artefatos e pré-moldados	7,3
Fibrocimento	3,5
Argamassas	0,3
Subtotal	20,3
Construção	
Construtoras e empreiteiras	21,9
Autoconstrução/pequenos empreiteiros	51,6
Subtotal	73,5
Órgãos Públicos	2,5
Empresas privadas	3,7

Fonte: [SNIC, 1995].

Assim, a atividade de construção civil é, atualmente, responsável por quase 4/5 do total do consumo direto de cimento no Brasil. E a ausência de grandes empreendimentos no país também se reflete nessa demanda: empreiteiras e construtoras de maior porte representam menos de 30% do volume consumido,

[10] [Souza, Silva e Agopyan, 1993].

enquanto o "consumo formiga"[11] – construção por conta-própria, pedreiros e pequenas construtoras – já absorve mais de 70% do cimento consumido diretamente na construção civil e mais da metade do total da oferta local do produto.

Essa tendência também é observada para os demais segmentos da cadeia: o mercado atualmente mais aquecido para os fabricantes de artefatos de fibrocimento é o chamado "varejo pobre", ou seja, vendas atomizadas de produtos menos nobre – as telhas de 4 mm, por exemplo. E mesmo usinas de concreto informam que tem aumentado o pedido de entregas nos fins de semana, período típico de atividade da construção por conta-própria.

O peso crescente do pequeno consumidor tem trazido modificações nas estratégias das empresas de cimento. Além do maior direcionamento das vendas a revendedores, as empresas vêm substituindo a assistência técnica prestada a grandes consumidores por programas institucionais de esclarecimento quanto ao uso do cimento[12]. Atualmente buscam ampliar o mercado rural, incentivando o uso do cimento no lugar da madeira em estacas para cercas, baias etc., através da atuação da ABCP na difusão de informações.

Se o consumo formiga representa menor estímulo para o desenvolvimento de novos produtos em comparação aos grandes consumidores, ele é muito exigente quanto a preços. A demanda do pequeno consumidor é provavelmente muito mais elástica em relação a preços do que a de grandes empreiteiras, presas a contratos com seus clientes e cronogramas de obras, ou consumidores industriais, que necessitam de certa continuidade na produção para cobrir seus custos fixos. O "formiga" pode em geral postergar suas compras se considerar que o preço não está adequado.

De todo modo, o consumo atomizado implica perda de poder de mercado para as cimenteiras, na medida em que reduz a previsibilidade da demanda, introduzindo mais dificuldades ao estabelecimento de acordos entre empresas, e praticamente impossibilita qualquer discriminação a consumidores.

6.3.2 Principais empresas dos segmentos

As Tabelas 7.1 e 7.2 mostram as maiores empresas dos principais segmentos consumidores de cimento e sua participação na receita operacional líquida do segmento. Na análise das informações, deve-se considerar, em primeiro lugar, que não se trata de um levantamento completo, referindo-se portanto o total às empresas que tornaram seus balanços disponíveis à editora (embora inclua as maiores empresas). Em segundo lugar, a ordenação por empresa nos mercados como o do cimento – segmentados regionalmente, em especial os de concreto e

---

[11] "Assim denominado porque, embora de pequeno volume por vez, é feito por um grande número de pessoas de forma continuada e firme" [SNIC, 1993], p.52.

[12] A publicação "Mãos à Obra", por exemplo, editada e distribuída pela ABCP, traz orientações detalhadas para a construção de pequenas unidades habitacionais e o uso correto do cimento.

artefatos de fibrocimento e de cimento – não reflete a real importância dos consumidores em cada mercado; além disso, depende da forma de organização do grupo econômico, que pode atuar através de várias empresas locais ou com uma só razão social.

Tabela 7.1
Principais consumidores de cimento – empresas da construção

Setor / Empresa	Participação (%)
Construção Pesada	
1 Andrade Gutierrez	26,7
2 Camargo Corrêa	11,9
3 OAS	6,9
4 CBPO	6,8
5 Norberto Odebrecht	6,0
Incorporadoras e Construtoras	
1 Encol	66,8
2 Gafisa	15,5
3 VIA	5,2
4 Rossi Residencial	4,5
5 João Fortes	3,2
Montagem Industrial	
1 Sade Vigesa	13,1
2 Tenenge	10,6
3 Montreal	9,4
4 Techint	9,4
5 MPE	4,5

Tabela 7.2
Principais consumidores de cimento – demais setores

Setor / Empresa	Participação (%)
Concretagem	
1 Engemix	19,3
2 Brasil Beton	12,2
3 Concrebrás	11,5
4 Concretex	11,0
5 Supermix	9,2
Amianto	
1 Sama	39,0
2 Brasilit SP	17,0
3 Eternit	17,0
4 Sano	13,0
5 Brasilit AM	9,3
Artefatos de cimento e premoldados	
1 Eterbrás Tec (Eternit/Brasilit)	84,3
2 Reago	6,5
3 Incopre	2,5
4 Ebac	1,7
5 Premolde	1,4

Fonte: [Gazeta Mercantil, 1996].

Atuam na construção pesada os maiores grupos privados nacionais, como Andrade Gutierrez, Odebrecht e Camargo Corrêa, sendo que este último desde

1974 verticalizou-se para a produção de cimento, possuindo a planta mais moderna e automatizada do setor. Este segmento é o mais afetado pela retração das obras públicas. Convivem grandes e pequenas empresas na construção comercial e residencial e sua evolução está estreitamente relacionada às condições de financiamento, no momento bastante desfavoráveis, indicando reversão da tendência à recuperação do setor de construção iniciada em 1993[13]. São incertas as perspectivas de curto prazo para o segmento de montagens industriais, onde predominam grandes empresas, uma vez que seu comportamento acompanha o movimento do investimento industrial.

Na fabricação de concreto, os dois maiores grupos internacionais da indústria do cimento, Holderbank e Lafarge, repetem no Brasil o padrão internacional, operando em ambos os setores: o primeiro com Ciminas e Concretex e o segundo com Mauá e Brasil Beton. Os dois grupos vêm aumentando sua participação no setor de concreto, e empresas não associadas a cimenteiras reclamam de discriminação. Há uma tendência (talvez não aparente, ainda, pelo grande peso dos pequenos construtores) ao aumento da utilização do concreto usinado – por sua maior qualidade e menor exigência de espaço na obra – como indica o fato de em São Paulo já representar cerca de 30% do concreto consumido e no Brasil, 10%.

No setor de fibrocimento só atuam empresas de grande porte, assim como no de pré-moldados, enquanto os segmentos de artefatos de cimento e, principalmente, argamassas, são mais heterogêneos, admitindo grandes e pequenas empresas. Algumas empresas cimenteiras já estão entrando no mercado de argamassas, ensacando seu cimento com outros materiais dosados para usos específicos e aproveitando as oportunidades de expansão esperadas para esse segmento.

Quanto a possíveis consumidores externos, a relevância do custo do frete faz com que o cimento praticamente não participe do comércio internacional. A estratégia dos grandes grupos cimenteiros mundiais é instalar fábricas em diversos países e participar dos diversos mercados com produção local. O comércio existente representa o escoamento de excedentes de produção sobre o consumo interno e é freqüentemente objeto de ações *antidumping*.[14]

O Brasil exporta tradicionalmente apenas cerca de 0,2% de sua produção, basicamente para Paraguai e Bolívia (a chamada "fronteira seca"), a partir do Paraná, Mato Grosso e Mato Grosso do Sul. Além das grandes distâncias das

---

[13] Nas palavras, certamente exageradas, de um executivo de empresa de cimento, a evolução da demanda de cimento para a construção depende, devido ao atual peso do consumo formiga, basicamente da evolução do salário mínimo.

[14] Europa Ocidental contra a Oriental, Estados Unidos contra México e França contra Grécia, entre outros.

fábricas a outros países, as condições dos sistemas viário e portuário brasileiros dificultam ampliar o volume das exportações (de 40 a 60 mil toneladas).

6.3.3 Estrutura de distribuição e formas de fornecimento

Apenas os grandes consumidores industriais se abastecem diretamente junto aos produtores de cimento, como pode ser visto na Tabela 8. Principalmente com o aumento de importância do consumidor formiga, o conjunto de revendedores do produto é o grande cliente do setor cimenteiro, representando atualmente quase 80% das vendas da indústria.

Tabela 8
Estrutura das vendas da indústria, 1994
Participação em volume

Consumidor	Participação (%)
Consumidor industrial	17,0
Construtoras e empreiteiras	3,6
Órgãos públicos	0,5
Empresas privadas	0,1
Consumo direto	21,2
Atacadistas	32,8
Varejistas	46,0
Revendedores	78,8

Fonte:[SNIC, 1995].

A maioria das fábricas de cimento possui depósitos mais próximos aos centros de consumo, para onde é dirigida a produção, otimizando a primeira incidência do custo de transporte; consumidores e revendedores são abastecidos a partir desses depósitos.

O cimento transportado por ferrovias – meio de transporte utilizado basicamente entre fábricas e depósitos – representou em 1994 apenas 13% do total, proporção inferior a 1993 (15%), mas superior a 1990 (11%). Além da baixa confiabilidade quanto a prazos, os aumentos nas tarifas ferroviárias no Brasil tornaram esse meio de transporte mais oneroso que o rodoviário – ao contrário do que ocorre no resto do mundo –, penalizando empresas que investiram em terminais.

A sacaria do cimento fica mais vulnerável no transporte rodoviário, fator agravado pelo estado atual das rodovias do país, e o frete apresenta grandes flutuações, variando de acordo com o movimento geral da economia – nas fases de maior crescimento há grande disputa e sobem as tarifas; no momento, o frete é considerado razoável.

Algumas empresas cimenteiras têm frota própria de veículos, que utilizam tanto para o transporte interno como para a entrega do produto a clientes. Outras usam seus caminhões apenas para o transporte das fábricas aos depósitos. Mas parece existir uma tendência à terceirização desse serviço, contratando com autônomos ou empresas de transporte todo o frete necessário.

A questão das "vendas casadas" – com o frete (em nível exorbitante) obrigatoriamente incluído no preço ao consumidor – parece ser um problema do passado. Quando o Conselho Interministerial de Preços (CIP) fixava preços considerados inaceitáveis pelos produtores de cimento (segundo técnicos do setor, abaixo do custo), existia realmente a prática de faturar na fábrica o produto pelo preço tabelado e cobrir a diferença em relação ao preço desejado impondo ao consumidor fretes abusivos ou comercialização através de empresas do grupo com margens muito elevadas[15]. A partir da liberação de preços, tais práticas perderam o sentido e, quando legislações mais restritivas foram implementadas e, principalmente, quando o Governo passou a se preocupar efetivamente com a aplicação da legislação referente ao abuso de poder econômico, os produtores de cimento já se desfaziam de suas unidades transportadoras ou comerciais.

Técnicos da Secretaria de Direito Econômico (SDE) argumentam que ainda podem existir vantagens nas "vendas casadas", na medida em que as empresas cimenteiras são basicamente Sociedades Anônimas (com obrigações definidas quanto à distribuição de lucros) ao passo que as transportadoras a elas associadas são principalmente Companhias Limitadas. Entretanto, os produtores entrevistados asseguram vender tanto C.I.F. como F.O.B., com preponderância de vendas F.O.B.; os consumidores também entrevistados – à exceção de um, que afirmou só conseguir comprar C.I.F. – declararam possibilidade de escolha, preferindo, em diversos casos, a venda C.I.F. pela maior confiabilidade na entrega do produto e economias de escala no transporte, quando realizado por conta dos produtores ou revendedores.

Como visto na Tabela 8, os principais clientes da indústria do cimento são revendedores e vêm ganhando importância com o crescimento dos pequenos consumidores – construção por conta-própria, pedreiros e pequenas construtoras. O setor em geral oferece o produto a preços menores para os atacadistas e crescentes ao longo da cadeia de distribuição – varejistas, consumidores industriais e consumidores finais –, viabilizando margens nos dois níveis de distribuição e concorrência na venda ao consumidor final.

Os prazos de pagamento também diferem entre clientes, sendo geralmente maiores para consumidores industriais, seguidos de atacadistas e varejistas; para a maioria dos consumidores finais as vendas são à vista. Os prazos variam ainda entre as diversas regiões, refletindo mercados onde é maior ou menor a concorrência: são mais dilatados no Sudeste (até 25/30 dias), menores em estados

[15] Como curiosidade, a empresa de transporte de propriedade de um grupo cimenteiro já foi apontada como uma das maiores transportadoras do país (em decorrência de seu faturamento), mesmo sem contar com um caminhão sequer, contratando com terceiros o transporte efetivamente realizado; essa empresa já foi desativada.

como a Bahia (cerca de 7 dias) e mais curtos nas regiões Sul, Nordeste e, principalmente, Norte. De acordo com alguns consumidores, de um modo geral os prazos para pagamento têm sido ampliados nos últimos anos.

Contratos são raríssimos atualmente, uma vez que praticamente só se realizam entre fábricas e órgãos públicos, cuja demanda está muito baixa; mesmo com consumidores industriais, a prática dominante são acordos verbais.

A contração da demanda e dos preços e a conseqüente queda das margens de revenda acarretou grande inadimplência dos revendedores, levando alguns produtores a restringir e selecionar mais os atacadistas e ampliar suas vendas diretas ao varejo e a consumidores. Grandes empresas de construção, que antes compravam cimento basicamente de atacadistas, estão passando a ter acesso direto às fábricas de cimento.

6.4 Empresas líderes

6.4.1 Empresas e grupos do setor

Atuam no setor 17 grupos diferentes, listados a seguir com suas empresas e a localização de suas fábricas de cimento.

Votorantim	Cearense (CE), Cipasa (PB), Poty (PE), Cimesa (SE), Aratu (BA), Itaú (MG, MS, GO), S.A. Votorantim (SP, RJ), Rio Branco (PR, SC), Gaúcho (RS), Mato Grosso (MT) e Tocantins (DF).
João Santos	Itautinga (AM), Cibrasa (PA), Itapicuru MA), Ibacip (CE), Itapetinga (RN), Itapessoca (PE) e Itabira (ES, SP).
Brennand	Goiás (GO), Cimepar (PB) e Atol (AL)
Holderbank	Ciminas (MG, SP)
Paraíso	Paraíso (MG, ES, RJ)
Camargo Corrêa	Camargo Corrêa (MS, SP)
Lafarge	Mauá (MG, RJ) e Minas Oeste (MG)
Champalimaud	Soeicom (MG)
Bunge y Born	Quimbrasil (SP, RS)
Tupi	Tupi (MG, RJ)
Cauê	Cauê (MG)
Matsulfur	Matsulfur (MG, BA)
Itambé	Itambé (PR)
Ciplan	Ciplan (DF)
Cibrex	Cibrex (RJ)
Cisafra	Cisafra (BA)
Maringá	Maringá (SP)

6.4.2 Evolução das empresas líderes[16]

O volume de investimentos para ingressar no setor de cimento é tão elevado que todos os grupos que nele atuam tiveram origem em outras atividades, nas quais realizaram a necessária acumulação prévia de capital. No setor, é freqüente a expansão através da compra de empresas já instaladas devido, entre outros fatores, ao tempo de maturação dos investimentos, às escalas mínimas de produção frente ao tamanho dos mercados e, principalmente, à disponibilidade de jazidas de calcário a um tempo próximas à fábrica e aos centros consumidores. Cada grupo, entretanto, apresenta especificidades nas suas estratégias de expansão.

O grupo Votorantim é de longe o principal dentre os produtores nacionais de cimento. Originário da indústria têxtil e do comércio, começou a operar sua primeira fábrica de cimento em 1936 e, desde os anos 50, é o maior produtor no país. Partindo de São Paulo, instalou sua segunda fábrica no Nordeste, em 1942, e, no início da década de 50, ingressou nos mercados da região Sul, construindo uma nova planta e adquirindo duas empresas, mas sempre ampliando a capacidade produtiva em São Paulo – maior mercado. Nos anos 60 e primeira metade dos 70, consolidou sua presença nesses mercados (que estavam em constante expansão), detendo cerca de 1/4 do total da capacidade instalada da indústria no país em todo esse período.

Em 1977, o grupo Votorantin adquiriu o controle do segundo maior grupo cimenteiro desde finais dos anos 50: o Itaú. A incorporação do Itaú representou um acréscimo de capacidade produtiva de quase 60% (passando a controlar mais de 30% da capacidade brasileira), o acesso imediato a novos mercados – destacando-se Minas Gerais, principal base de operação do Itaú, mas também Bahia, Brasília e Mato Grosso do Sul – e o reforço de suas posições no Rio de Janeiro e Paraná. Caracterizou-se, desde então, o perfil atual do grupo, de liderança nacional e atuação em quase todos os mercados do país.

Esse perfil fica ainda mais nítido com a direção da expansão do grupo no período subseqüente, cobrindo todo o território nacional (à exceção da região Norte) e privilegiando os maiores mercados. Nos anos 80, aumentou sua capacidade sobretudo no Nordeste (implantação de novas fábricas em Sergipe e na Paraíba) e ampliou e modernizou as unidades do Sul do Rio de Janeiro. Nos anos 90, inaugurou a primeira fábrica do Mato Grosso (na região de crescimento mais promissor) e incorporou, em 1993, o grupo Santa Rita, que atuava exclusivamente em São Paulo. Essa incorporação não representou um acréscimo de capacidade produtiva tão significativo como o proveniente da incorporação do grupo Itaú, mas o Santa Rita detinha cerca de 4% da produção nacional de

---

[16] O texto a seguir procura resumir os principais traços da história das empresas cimenteiras no país descritos com detalhes por Prochnik (1983).

cimento, levando o Votorantim a ultrapassar 40% do total (ver Gráfico 4 a seguir).

Gráfico 4
Participação dos maiores grupos na produção nacional (%)

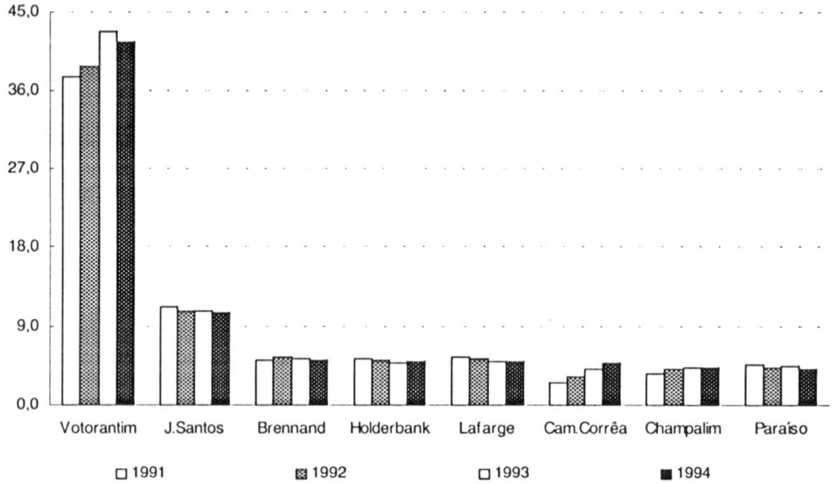

Fonte: [SNIC, 1995].

Prochnik (1983) atribui a posição de liderança sustentada do grupo Votorantim ao seu tamanho – maior grupo privado nacional – e ao fato de ser um dos pioneiros na indústria do cimento, acumulando aprendizagem, o que fez com que fosse sempre mais ágil que os demais do setor, antecipando-se às fases de maior expansão da demanda e apresentando taxas de retração menores que a média da indústria nos períodos de desaceleração.

A estratégia do grupo João Santos, segundo maior do país desde finais da década de 70, ao contrário do Votorantim, nunca buscou uma atuação nacional, nem priorizou a conquista de posições de liderança nos maiores mercados do país. Tendo origem na atividade agroindustrial em Pernambuco, inaugurou aí sua primeira fábrica (Itapessoca), em 1954. Oito anos depois, comprou a Barbará, no Espírito Santo, onde instalou a Itabira (dominando o mercado do sul da Bahia e concorrendo no do Rio de Janeiro), e uma fábrica no Pará, implantando a Cibrasa. Sua estratégia de expansão – liderança nos mercados menores do Norte e Nordeste e participação também nos do Sudeste – se definiu nos anos 70, quando inaugurou plantas sucessivamente no Rio Grande do Norte, Maranhão e Ceará, além da unidade de maior escala de produção do grupo, a Itabira de São Paulo.

À semelhança do grupo Votorantim, os principais investimentos nas décadas de 80 e 90 confirmam a estratégia básica: o grupo João Santos construiu a primeira fábrica de cimento do Amazonas (1986) e tem, em fase final de implantação, com previsão para iniciar operações em 1996, fábricas no Piauí (também primeira do estado), Sergipe, Bahia e Pará. No Sudeste, os investimentos são voltados para a qualidade, modernização e otimização de processos. É provável que, na segunda metade dos anos 90, amplie sua participação na produção nacional, de cerca de 10% do total (ver Gráfico 4), desde o final da década de 70.[17]

Atuam na indústria brasileira de cimento quatro grupos de capital estrangeiro: Holderbank (suíço), Lafarge (francês), Champalimaud (português) e Bunge y Born (argentino). Os dois primeiros são, respectivamente, o primeiro e o segundo maiores grupos internacionais da indústria do cimento, possuindo fábricas em todos os continentes[18].

Todos operam nos maiores mercados do país – Minas Gerais, São Paulo e Rio de Janeiro, sendo que o Bunge y Born também atua no Rio Grande do Sul. O Holderbank construiu a Ciminas em Minas Gerais em 1975, a qual, à época, era não só a maior como a mais moderna fábrica de cimento do Brasil. O Lafarge uniu-se ao grupo americano Lone Star (um dos pioneiros no país) em 1977 (mesmo ano da incorporação do Itaú pelo Votorantim), atuando hoje principalmente através da Mauá, empresa que pertencia àquele grupo.

O Holderbank e o Lafarge eram em 1994, respectivamente, o quarto e o quinto maiores produtores de cimento no país, com 5% do total; o Champalimaud (através da Soeicom) e o Bunge y Born (Quimbrasil) detinham cerca de 4% cada (ver Gráfico 4). O capital estrangeiro totalizou, assim, 18,2% da produção nacional de cimento nesse ano.

O terceiro maior grupo do setor em 1994 foi o Brennand (5,1% da produção nacional),[19] grupo que atuava em azulejos e ingressou no setor de cimento em 1945, atuando no Nordeste, e mais tarde comprou do grupo Paraíso uma fábrica em Goiás. Com origem na indústria têxtil e tendo entrado no mercado de cimento do Sudeste pouco depois do Brennand, o Paraíso já foi o terceiro maior grupo do país (atrás do Votorantim e Itaú), mas desde finais dos anos 70 foi perdendo participação na produção brasileira, detendo atualmente 4,1%. Movimento inverso pode ser observado no grupo Camargo Corrêa (dos maiores grupos priva-

---

[17] Esses investimentos, em uma conjuntura de elevado custo do capital e ociosidade na indústria, podem abalar a saúde financeira do grupo. Entretanto, as novas fábricas estão sendo instaladas em áreas de baixa concorrência e o grupo dispõe de sólidos ativos também nas atividades agroindustriais, que podem, se necessário, garantir a sustentação na indústria do cimento.

[18] Como ilustração, o grupo Lafarge-Coppée tinha, em 1995, a seguinte distribuição: de 33 mil empregos em todo o mundo, 32% na França (país sede), 29% no restante da Europa, 20% nos EUA, 11% na América Latina e 8% na Ásia e África.

[19] O volume de cimento produzido pelo Brennand, Holderbank e Lafarge são muito próximos (1,3 milhões de toneladas cada, em 1994), o que torna instável a ordenação dos grupos por tamanho. O ideal seria utilizar dados de capacidade instalada, mas infelizmente não foi possível obter essa informação por empresa para anos recentes.

dos nacionais, atuando na construção pesada), o qual se verticalizou para a produção de cimento em 1974 e é um dos poucos que apresentam crescimento de participação no setor (ver Gráfico 4), com o início da produção da moderna fábrica de Bodoquena (MS), em 1993. Cabe ainda mencionar os grupos Matsulfur (que também inaugurou uma fábrica em 1993, na Bahia), Cauê e Tupi, todos com participação acima de 3% da produção nacional e atuação principal no Sudeste.

6.5 Padrão de concorrência

6.5.1 Padrão de concorrência e barreiras à entrada

Como o cimento é um produto bastante homogêneo, os consumidores basicamente buscam menores preços (em especial o consumidor formiga), ou melhores condições na transação – no momento um fator importante na concorrência são os prazos para pagamento oferecidos aos consumidores industriais.

Apesar de existir capacitação para o desenvolvimento de cimentos especiais – como demonstram os já realizados para poços de petróleo, barragens, artefatos de cimento-amianto etc. – e, efetivamente, os produtos especiais permitirem maiores margens, não faz parte das estratégias empresariais a ampliação dessas atividades. A indústria prefere fabricar cimentos padronizados em volumes maiores.

Os esforços empreendidos atualmente na busca por maior qualidade parecem estar mais associados à restruturação produtiva e redução de custos do que a exigências de clientes ou procura de diferenciação do produto por via da qualidade, em especial com o crescimento da participação do pequeno consumidor na demanda do setor. Algumas empresas conseguem fixar marcas e conquistar certa fidelidade dos clientes (como a *Votoran* em São Paulo), mas essa não é uma estratégia característica nem predominante na indústria do cimento.

Assim, a concorrência, do ponto de vista dos e consumidores, se dá fundamentalmente por preços e condições de pagamento. A relevância dos custos de frete no preço final do cimento, entretanto, circunscreve as áreas geográficas de atuação empresarial, acarretando a segmentação do mercado. Porém, deve-se destacar que não se trata de uma estratégia deliberada de concorrência, como ocorre em outras indústrias, em que as empresas procuram diferenciações de produto de modo a atrair classes específicas de consumidores. No caso do cimento, as empresas têm que adotar estratégias de concorrência regionais porque o mercado é naturalmente segmentado.

As principais barreiras à entrada nos mercados de cimento, comuns a oligopólios homogêneos, são as elevadas escalas técnicas de produção necessárias e o acesso à matéria-prima – jazidas de calcário relativamente próximas a mercados consumidores. Específicas ao setor são o custo do transporte – barreira à entrada tanto de produtores de outras regiões como de importações – e ações extra-mercado praticadas por produtores estabelecidos; há indícios de que essas ações ocorriam com relativa freqüência no passado.

As escalas mínimas para a produção de cimento exigem, além de mercados de certa dimensão, grande volume de investimento e longo prazo de amortização. As fábricas mais modernas em construção na Ásia têm capacidade para produzir até 15 mil toneladas por dia; já estão em operação em países como Japão, Coréia e México fábricas que produzem cerca de 10 mil ton./dia. Não há consenso entre os especialistas no setor quanto à tendência internacional – ampliação contínua de escalas ou redução para três a cinco mil toneladas por dia, pela necessidade de proximidade aos mercados consumidores –, mas para o Brasil há certa convergência de que o tamanho ideal está entre duas e três mil ton./dia. Cerca de metade das fábricas no país têm capacidade para produzir mais de 600 mil ton./ano (cerca de 1,7 mil ton./dia).

Também quanto ao investimento necessário há divergências. O valor tradicionalmente aceito de US$ 250,00 por ton./ano pode estar se reduzindo por efeito do aumento de escalas – para até US$ 150,00 por ton./ano, de acordo com o SNIC – ou aumentando, em decorrência do aumento de exigências quanto ao controle ambiental. Além do direito sobre jazidas de calcário, o investimento para a construção de uma fábrica que produza 2,5 mil ton./dia de cimento montaria a US$ 225 milhões.

A principal barreira às importações de cimento é o custo do frete. Mesmo na Europa, onde as distâncias entre países são relativamente pequenas, é muito reduzido o comércio externo de cimento.

> "Quando comparados ao consumo de cada país, verifica-se que os volumes produzidos apresentam um dimensionamento ajustado às respectivas demandas internas, com excedentes da ordem de 1 a 2% da produção."[20]

As importações brasileiras, que representaram apenas 0,5% da produção nacional em 1992 e 1993, atingiram aproximadamente 1,0% em 1994 e 1,6% em 1995.

Como se pode ver na Tabela 9, parte expressiva dos aumentos observados em 1994 e 1995 correspondeu à importações da Grécia, feitas a partir de um navio que percorria o mundo com silos e ensacadeiras, abastecido periodicamente por navios com cimento daquele país. Os produtores atribuem práticas desleais de comércio não só em relação a esse grupo, como em relação a importações provenientes de países da Europa Oriental e de Cuba. A Tabela 9 também mostra a relevância desses países nas vendas ao Brasil, bem como a ausência, entre os principais fornecedores, dos maiores produtores mundiais.

---

[20] [Souza, Silva e Agopyan, 1993].

Tabela 9
Importações brasileiras em mil toneladas – principais países de origem

Países	1993	1994	1995
Grécia	0,0	140,6	196,5
Cuba	28,6	42,7	83,8
Turquia	16,0	34,5	0,0
Romênia	4,8	12,5	82,8
Outros	12,9	43,0	88,2
Total	113,2	273,3	451,3

Fonte: [SNIC, 1995 e 1996].

Alguns consumidores apontaram como grande desvantagem da importação a ausência de assistência técnica e instabilidade nas relações fornecedor/cliente.

Existe alguma controvérsia quanto ao fato de as normas técnicas brasileiras constituírem ou não barreira à entrada de cimento importado – o cimento grego e o turco, por exemplo, não atenderiam aos requisitos das normas. De fato, a elaboração das normas ficou a cargo da ABCP, entidade mantida pelas empresas cimenteiras, por delegação da ABNT, assim como a concessão da marca de conformidade. Apenas a partir de 1991 passou-se a exigir certificação de "terceira parte", passando a ABCP a conferir apenas um "selo de qualidade"[21].

No entanto, grandes consumidores de cimento entrevistados avaliaram muito positivamente as normas brasileiras, apontando que a qualidade e confiabilidade aumentaram bastante depois da normalização. Um dos maiores consumidores industriais avaliou que, ao contrário, as normas nacionais são, na verdade, "muito frouxas" – assegurou que diversas partidas do cimento composto CPII-E[22], por exemplo, seriam rejeitadas pelas normas da maioria dos países europeus.

De qualquer forma, são extremamente elevadas as barreiras à entrada, seja de novos produtores em um mercado, seja de cimento procedente de outros mercados. A conjugação do requisito de elevadas escalas de produção com mercados regionais segmentados – e, portanto, com limitações de demanda – por si só aponta para a concentração industrial. Acresce-se, no caso do cimento, tanto o volume do investimento mínimo para a instalação de uma nova planta, como o necessário controle sobre jazidas de calcário próximas a centros consumidores, recurso certamente limitado.

Desse modo, em todo o mundo a indústria do cimento é concentrada e liderada por grandes empresas, requerendo interferência externa para tentar concili-

[21] [Souza, Silva e Agopyan, 1993].

[22] Definido como podendo conter de 94 a 56% de clínquer e gesso, 6 a 34% de escória e até 10% de material carbonático (ver Quadro 1).

ar a necessidade técnica e econômica da concentração com as indispensáveis garantias aos consumidores e demais agentes econômicos.

6.5.2 Regulação da concorrência

A instalação de uma nova fábrica em uma região com demanda reduzida pode inviabilizar o próprio investimento e a operação das já instaladas, situação que certamente favorece a coalizão entre empresas. Ao mesmo tempo, as elevadas barreiras do setor garantem posições sustentadas *a priori* nos mercados, as quais, por sua vez, permitem a obtenção de lucros extraordinários através de preços artificialmente elevados, discriminação de consumidores e outras práticas de abuso de poder econômico.

A experiência internacional mostra diferentes soluções institucionais na regulação da concorrência no setor. Na Suíça, a indústria do cimento constitui um cartel formalizado desde 1911 (EG Portland), que fixa preços anualmente, reparte o mercado e organiza o sistema de transporte. O cartel é fiscalizado por um órgão específico para a vigilância da atuação de cartéis, que procura garantir preços competitivos em relação aos dos demais produtores europeus.[23]

O cimento italiano tem preço e frete submetidos a controle público com base em planilhas de custo médio, e seu preço é efetivamente um dos menores da Europa. Os produtores têm reivindicado liberalização de preços frente à unificação dos mercados e medidas mais enérgicas contra práticas de *dumping*, principalmente por parte de produtores gregos e da antiga Iugoslávia.[24]

No Brasil, já foi tentada a regulação como a italiana. Entretanto, o controle de preços exercido pelo CIP nos anos 70 e 80 revelou-se ineficaz, seja por distorções de custo nas planilhas apresentadas pelos produtores, seja pela adoção de práticas de "vendas casadas", com frete superfaturado ou revendedoras do mesmo grupo com margens muito elevadas[25]. Durante o período de controle e logo após a liberalização, os preços do cimento nos mercados brasileiros situavam-se, em geral, bem acima dos praticados na maioria dos países.

Em 1991 foi criada a Secretaria de Direito Econômico (SDE) para atuar em coordenação com o Conselho Administrativo de Defesa Econômica (CADE), visando a defesa da ordem econômica, vista como a proteção à livre concorrência e iniciativa. Esses são os principais órgãos brasileiros de regulação da concorrência.

---

[23] [Souza, Silva e Agopyan, 1993], p.39.

[24] id.ibid., p.38.

[25] Ver a respeito Prochnik (1983). O autor aponta conseqüências inversas ao esperado da regulação da concorrência pela atuação do CIP, como o reforço do sindicato patronal, o SNIC, que mediava os interesses do setor junto ao órgão; e, indiretamente, em um período de contenção de preços, a inadimplência do grupo Itaú, que levou à sua incorporação pelo Votorantim.

Dos 150 processos em andamento na SDE no período 1993/1994, 38 (cerca de 1/4) se referiam à indústria do cimento. Os principais pontos em análise diziam respeito ao abuso do poder econômico, "*dominando o mercado ou eliminando, total ou parcialmente, a concorrência*"; a "*formar acordo, convênio, ajuste ou aliança entre ofertantes, visando: (a) à fixação artificial de preços... (b) ao controle regionalizado do mercado por empresa ou grupo de empresas*"; a "*elevar sem justa causa o preço do bem ou serviço, valendo-se de posição dominante no mercado*"; e a "*subordinar a venda de bem ou a utilização de serviço à aquisição de outro bem ou ao uso de determinado serviço*", práticas caracterizadas na legislação brasileira como crimes contra a economia e as relações de mercado.[26]

As relações da construção civil com o setor cimenteiro sempre foram conflituosas, com acusações na linha de formação de cartel e imposição de preços abusivos. No entanto, quase todos os processos na SDE eram de ofício, isto é, procedentes do próprio órgão e não de consumidores que se sentiram prejudicados, e relativos a anos anteriores.

Um problema mencionado por técnicos da SDE é o longo período necessário para a investigação e análise criteriosa dos setores. Na França e EUA, sentenças contra o abuso de poder econômico levam de cinco a dez anos para serem concluídas, além de mais cinco em que podem ser interpostos recursos. No Brasil, há grande carência de funcionários no órgão e a demora nos processos com freqüência acarreta a perda de sentido, uma vez que não só a conjuntura em que foram abertos pode mudar substancialmente, como também a própria legislação brasileira é sujeita a constantes mudanças.

Ocorre que atualmente os níveis extremamente altos de capacidade ociosa têm levado os produtores a tentar escoar o máximo possível de produção, reduzindo o poder das empresas e coibindo naturalmente práticas abusivas. O maior peso na demanda do pequeno consumidor – de comportamento mais imprevisível e cuja demanda é provavelmente mais elástica a preços – e o crescimento das importações – responsáveis por uma parcela do consumo ainda pequena – são fatores que atuam no mesmo sentido. O comportamento declinante dos preços, analisado adiante, é certamente um indicador de perda de poder de mercado por parte das empresas de cimento.[27]

O controle da sociedade sobre setores muito oligopolizados é, seguramente, necessário. Se, neste momento, a situação desfavorável da demanda tem restringido práticas abusivas e beneficiado os consumidores, é possível e desejável uma mudança da conjuntura. Neste sentido, a regulação da concorrência precisa

---

[26] [Ministério da Justiça, 1995].

[27] É interessante a referência de um executivo do setor à época em que a regulação do setor era total: "bons tempos de CIP, quando os aumentos de preços dos insumos podiam ser sempre repassados aos consumidores".

ser ágil na proteção e defesa do consumidor e respeitar, simultaneamente, as necessidades técnicas da produção.

6.5.3 Indicadores de concentração industrial

Os indicadores tradicionais de concentração industrial medem a participação das empresas no mercado. Quando existe pequena abertura ao comércio exterior e os estoques são desprezíveis (igualando oferta e demanda) os indicadores podem ser calculados como a participação das *j* maiores empresas na produção nacional. No caso do setor cimento, a presença de grandes grupos atuando através de várias empresas faz com que a medida que utiliza a empresa como referência subestime a real concentração de capitais no setor. Ademais, o mercado relevante – o verdadeiro espaço da concorrência – é mais restrito que o país. Os índices dos maiores grupos por região permitem, ao lado dos índices para o país como um todo, melhor avaliação do poder de mercado na indústria cimenteira brasileira. A Tabela 10 mostra os vários índices para 1994.

Em relação a outras indústrias, os indicadores de concentração do setor do cimento são extremamente elevados, refletindo, basicamente, as altas escalas necessárias à produção. Como se pode ver na Tabela 10, os indicadores são, em geral, maiores para regiões com mercados menores, como os estados da região Norte, não sendo a demanda local suficiente para viabilizar, em alguns casos, mais que uma só fábrica de cimento.[28]

É importante ressaltar que os indicadores regionais não consideram os fluxos interestaduais. É verdade que a proximidade aos mercados constitui fator da mais absoluta relevância para a entrada em mercados, sendo praticamente impossível a um produtor do Norte ou do Nordeste abastecer os grandes mercados do Sudeste. Entretanto, Minas Gerais, principal produtor nacional, com cerca de 30% do total do país, despacha para outras unidades da federação mais da metade de sua produção, enquanto São Paulo, maior consumidor nacional (com cerca de 30% do total do consumo), importa de outros estados em torno de 40% de suas necessidades. Nesse sentido, os elevados indicadores de concentração industrial observados na produção paulista, assim como em outros estados, superestimam o efetivo poder de mercado dos produtores locais, já que a maioria das unidades da federação também é abastecida por produtores de outras regiões.

[28] Os estados do Acre, Rondônia, Roraima, Amapá, Tocantins e Piauí, com mercados bastante reduzidos (ver Tabela 1), ainda não possuem fábricas em operação.

Tabela 10
Indicadores de concentração industrial, 1994

	"C_1"	C_2	C_4	C_8	C_{hh}
Empresas	0,13	0,21	0,32	0,49	0,04
Grupos	0,42	0,52	0,62	0,80	0,21
		Grupos/Região			
AM, PA, MA, RN, AL, SE, SC, MT	1,00	-	-	-	1,00
ES	0,76	1,00	-	-	0,64
CE	0,74	1,00	-	-	0,62
PR	0,74	1,00	-	-	0,62
GO	0,68	1,00	-	-	0,56
PB	0,65	1,00	-	-	0,55
RS	0,65	1,00	-	-	0,55
DF	0,62	1,00	-	-	0,53
MS	0,57	1,00	-	-	0,51
PE	0,56	1,00	-	-	0,51
SP	0,50	0,68	0,93	1,00	0,32
BA	0,43	0,77	1,00	-	0,35
RJ	0,38	0,64	0,98	1,00	0,27
MG	0,18	0,36	0,66	1,00	0,14

Fonte: [SNIC, 1995].

A Tabela 11, que mostra a evolução da concentração na indústria do cimento, reflete basicamente o comportamento do grupo Votorantim, o maior do setor. Como visto brevemente na seção 4, a expansão através de investimentos e, principalmente, da incorporação de grupos de peso no setor, ampliou significativamente sua participação na indústria ao longo do tempo[29]. Note-se, entretanto, que foi mantido o espaço para grupos de menor porte, como indica a pequena variação, seja no indicador associado às quatro maiores empresas (C_4), seja no associado às oito maiores (C_8).

[29] A participação do Votorantim na produção nacional de cimento era de 24% em 1967 (e o Itaú era o segundo, com 14%), de 34% em 79 (já com o grupo João Santos em segundo, com 10%) e 42% em 1994.

Tabela 11

Evolução dos indicadores de concentração industrial por grupos

	1967	1979	1991	1992	1993	1994
C_2	0,38	0,44	0,49	0,50	0,54	0,52
C_4	0,59	0,61	0,59	0,60	0,64	0,62
C_8	0,84	0,81	0,77	0,77	0,81	0,80

Fonte: [SNIC, vários anos] e [Prochnik, 1983].

No que diz respeito ao nível absoluto da concentração, pode-se tomar como referência indicadores internacionais da indústria. A Itália, por exemplo, principal produtor europeu de cimento, apresenta níveis de concentração semelhantes aos brasileiros:

Tabela 12

Indicadores de concentração por grupos na indústria italiana, 1991

C_1	C_2	C_4	C_8	C_{hh}
0,36	0,50	0,65	0,80	0,17

Fonte: [Souza, Silva e Agopyan, 1993].

Como apontado em relação aos mercados regionais brasileiros (Tabela 10), o grau de concentração tende a acompanhar o tamanho dos mercados. Assim, a indústria de cimento norte-americana é menos concentrada que a brasileira e a italiana – os dois maiores grupos respondem por somente cerca de 22% da produção nos EUA. No entanto, a expressiva defasagem tecnológica e a legislação ambiental mais exigente vêm acarretando um processo de restruturação do setor – entre 1973 e 1990 240 fornos foram desativados e 52 fábricas fechadas – que deverá conduzir ao aumento da concentração nessa indústria.

Como contraponto, países com mercados de dimensões mais reduzidas apresentam níveis de concentração industrial muito mais elevados: o Paraguai possui apenas uma empresa (estatal) e o Uruguai três, sendo a empresa estatal responsável por 55% da produção nesse país.[30]

6.5.4 Evolução de preços

Os preços do cimento estiveram sempre no centro dos conflitos entre produtores e consumidores, como seria de esperar de um mercado no qual essa é a variável básica da concorrência. Os preços internos do produto têm se situado, em geral, acima dos verificados em economias com nível semelhante de desenvolvimento da indústria, embora venham apresentando tendência declinante desde 1992.

[30] [Souza, Silva e Agopyan, 1993].

O Gráfico 5 mostra a evolução recente dos preços do cimento em dólares correntes e em reais de outubro de 1995. O declínio dos últimos anos fica mais claro quando medido em reais, devido à sobrevalorização da moeda brasileira, principalmente em 1995. No início dos anos 90, os preços estavam em um patamar extremamente elevado, tendo atingido um máximo de quase US$ 12,00 por saco de 50 kg em janeiro daquele ano. Nesse sentido, a queda e relativa estabilidade que se seguiu até meados de 1991 certamente não constituiu problema para os produtores, principalmente considerando que 1991 foi ano de recorde de produção. No entanto, rapidamente as margens do setor foram recompostas, quase retornando o preço do cimento, em menos de um ano, aos níveis de 1989/90.[31]

Gráfico 5
Evolução do preço do cimento – índices base mar/1990=100

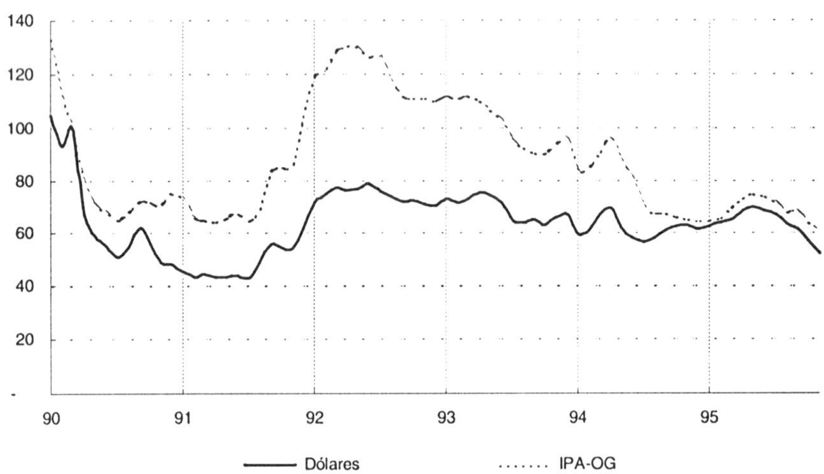

Fonte: SindusCon-SP e FGV-RJ.

Por efeito dos diversos fatores já discutidos, dentre os quais se destaca a ociosidade de mais de 40% da capacidade instalada, desde meados de 1992 há uma nítida tendência à redução dos preços do cimento. Em novembro de 1995, o preço levantado pelo Sinduscon-SP para o saco de 50 kg no mercado paulista foi de US$ 5,20. Como referência, a Tabela 13 mostra os preços vigentes no mercado europeu em 1991.

É importante salientar que comparações internacionais são feitas geralmente para o "cimento em pó" (a granel, sem sacaria, em grandes volumes, na fábrica e sem impostos), como indicado na nota da Tabela 13. Vinte sacos de 50 kg

[31] Aqui também há discrepâncias entre os dados em reais e dólares, em função do câmbio, mostrando um aumento bem mais acentuado em reais.

custariam no Brasil US$ 104,00 em 1995, o que mostra que não está muito distante da média européia.

Tabela 13
Preços internacionais do cimento na europa, 1991, US$ por tonelada

País	Preços
Grécia	64,84
Itália	68,17
Bélgica	73,04
Portugal	73,24
França	76,25
Finlândia	77,88
Holanda	81,42
Alemanha	83,31
Irlanda	87,12
Espanha	89,74
Luxemburgo	90,07
Suíça	90,55
Suécia	91,80
Dinamarca	92,30
Noruega	93,72
Áustria	94,39
Reino Unido	96,69

Nota: Cimento Portland Comum a granel, F.O.B. fábrica.
Fonte: [Souza, Silva e Agopyan, 1993].

Um dos maiores consumidores industriais no país informou que compra, desde 1994, cimento a granel por cerca de US$ 80,00 por tonelada no Sudeste. Esse preço colocaria o Brasil entre os mais competitivos da Europa. Entretanto, além de na região Sudeste praticar-se o preço médio mais reduzido do país, esse consumidor compra grandes volumes.

Os preços são mais altos na região Norte – cerca de 34,7% acima do preço verificado no mercado do Sudeste nos anos de 1994 e 1995 – por causa, entre outros fatores, do custo de transporte. Segue-se a região Nordeste, onde é maior a concentração industrial e menores as escalas de produção das plantas, circunscritas a mercados mais reduzidos. Minas Gerais é o estado com menor preço basicamente porque, congregando o maior número de produtores, possui excedente estrutural de produção sobre o consumo (mesmo em fases de baixa ociosidade da indústria) e disputa com os produtores locais, com o ônus do diferencial de frete, os concorridos mercados do Rio e de São Paulo.

6.6 Conclusão

Diversos fatores concorrem para que a indústria do cimento seja necessariamente concentrada e para que as empresas dessa atividade detenham, em geral, grande poder de mercado. A relevância do custo de transporte no preço final do produto determina a segmentação regional dos mercados, fazendo com que a proximidade da produção aos mercados consumidores seja fator básico da concorrência. Constitui, assim, importante barreira ao fluxo de cimento vindo de outras regiões. Ao mesmo tempo, o controle de jazidas de calcário, também próximas à fábrica e a mercados que possibilitem as elevadas escalas mínimas de operação, constituem barreira à entrada de novos produtores nos mercados. São evidentes as vantagens da expansão e ampliação dos produtores já instalados.

E, talvez mais importante, o volume dos investimentos requeridos para a instalação de uma fábrica de cimento e o longo prazo para sua amortização restringem o ingresso no setor a grandes grupos econômicos e reforçam a necessidade de sustentação de posições para os que nele detêm ativos. Desse modo, só grandes grupos participam da indústria do cimento e a expansão "natural", como se tem observado historicamente, é a ampliação dos grupos já instalados.

No Brasil, 17 grupos empresariais atuam na indústria do cimento. O grupo Votorantim, maior grupo econômico privado nacional, detém mais de 40% da produção brasileira de cimento e está instalado em quase todo o território nacional. O segundo em volume de produção, grupo João Santos, controla cerca de 10% da produção brasileira e opera nos mercados do Nordeste e Norte, embora também participe do mercado de São Paulo, o maior nacional. Seguem-se, com cerca de 5% da produção nacional cada, os grupos estrangeiros Holderbank e Lafarge (primeiro e segundo maiores grupos internacionais do setor), além do Champalimaud e Bunge y Born, e os nacionais Brennand, Camargo Corrêa, Paraíso, Cauê e Matsulfur.

O grupo Votorantim tem aumentado sua participação no setor e é provável que o João Santos também amplie a sua no futuro próximo. Entretanto, o coeficiente de concentração relativo aos oito maiores grupos tem se mantido constante em 0,80, o que significa que cerca de 20% do mercado têm sido preservado como espaço para atuação de grupos relativamente menores. Atualmente, um obstáculo adicional a novos entrantes é o elevado nível de capacidade ociosa no setor.

Esses grupos operam com plantas com um grau razoável de atualização tecnológica em relação às *best practices* internacionais. A tecnologia básica, o processo por via seca, é adotado em mais de 90% da produção; técnicas de controle da qualidade estão amplamente difundidas – destacando-se o setor cimenteiro na indústria nacional em relação ao número de firmas homologadas na série de normas ISO 9.000. A automação industrial vem sendo introduzida crescentemente, embora de forma heterogênea entre as empresas. O consumo energético (item de maior peso na estrutura dos custos correntes) vem se aproximando dos padrões internacionais, embora também de forma heterogênea. Existe capacitação local para o desenvolvimento de produtos, ainda que não priorizado nas estratégias empresariais até o presente. E as lideranças do setor têm passado a incluir em sua agenda preocupações com o meio ambiente, em parte já incorporadas às práticas de diversas plantas.

De 1926, quando teve início a produção de cimento no país, até 1980, o consumo interno de cimento expandiu-se a taxas permanentemente elevadas, possibilitando o simultâneo desenvolvimento da indústria em condições de ampliação constante. A partir da recessão da economia brasileira iniciada em 1981, a demanda passou a oscilar, e só em 1991 foi superado o nível de produção de 1980. Em 1992, o consumo voltou a cair, mas desde o ano seguinte retomou o crescimento, chegando-se a 1995 com a produção recorde de 28,3 milhões de toneladas em 1995.

Os produtores de cimento, no entanto, continuaram expandindo a capacidade de produção, mantendo expectativas otimistas de recuperação do consumo. Nove fábricas entraram em operação depois de 1980, expandindo a capacidade instalada para 45 milhões de toneladas em 1994. A ociosidade dos equipamentos, de mais de 40%, tornou-se o problema mais sério para a indústria, a despeito da retomada recente do consumo. Seria necessário um crescimento de 10% a.a. de 1996 até o ano 2000 para ocupar a atual capacidade produtiva do setor.

A indústria do cimento está na base da cadeia produtiva do complexo da construção civil e tem nesta atividade seu foco de dinamismo. A queda da demanda por obras públicas, com a permanente crise fiscal do Governo, o baixo nível de investimentos privados e condições de financiamento que inibem a construção habitacional restringem a demanda por cimento e não oferecem perspectivas, no curto prazo, de crescimento do consumo compatível com as necessidades do setor.

O crescimento do consumo formiga – construção por conta-própria, pedreiros e pequenas construtoras – vem sustentando a demanda da indústria e já é responsável por mais de 50% do consumo nacional de cimento. As necessidades mínimas de habitação têm encontrado formas de sustentar o já reduzido consumo *per capita* de cimento no Brasil (162,5 kg por habitante/ano, em 1994). Em países com níveis de desenvolvimento semelhantes, o consumo *per capita* situa-se acima de 500 kg por habitante/ano.

Por outro lado, na fase de crescimento acelerado da demanda, que incluía períodos de escassez de cimento, há indícios de que os grandes grupos do setor exerciam efetivamente seu poder de mercado mediante práticas abusivas, tais como: "vendas casadas", formação de cartel e preços artificialmente elevados. O sistema regulatório existente – indispensável para garantir os direitos dos consumidores em setores necessariamente concentrados, como o do cimento – não foi capaz de prevenir e reprimir essas práticas.

Atualmente, no entanto, o baixo patamar da demanda e a excessiva capacidade ociosa, assim como o aumento de importância do pequeno consumidor – atomizado, mais sensível às flutuações de preços e de comportamento menos previsível – têm desestimulado e mesmo coibido tais práticas. A perda de poder de mercado dos produtores de cimento fica evidenciada no comportamento dos preços do produto, declinantes desde 1992 (entre abril de 1992 e novembro de 1995 os preços caíram quase a metade). O preço atual – cerca de US$ 5,00 por saco de 50 kg, em novembro de 1994 – é superior aos menores preços internacionais (EUA, Itália, Grécia, Portugal), mas não se distancia muito da média dos demais países europeus (US$ 92/ton. de cimento a granel, sem impostos).

Com a queda da rentabilidade e o excesso de capacidade produtiva, não é provável que novos grupos sejam atraídos para o setor e plantas menos eficientes devem ser expulsas do mercado, o que poderá ampliar a concentração industrial. O aumento de escalas e do ritmo de introdução de automação, estreitamente relacionados à expansão do investimento, deve prosseguir gradualmente. Por outro lado, certamente serão mantidos os programas para racionalização da produção, qualidade e redução do consumo energético. O preço do cimento pode continuar se aproximando dos internacionais, mas o declínio deverá ser limitado pelos custos de operação com altos níveis de ociosidade.

Em síntese, o setor de cimento ocupa uma posição privilegiada frente à grande questão da indústria brasileira no momento: níveis baixíssimos de consumo *per capita* de quase todos os produtos, desemprego e concomitante capacidade produtiva ociosa e em risco de sucateamento, seja pela concorrência (nem sempre leal) de produtos importados, seja pelos juros exorbitantes que vigoram no país.

No caso da indústria do cimento, mesmo se algum governo não se dispuser a resgatar a dívida social relativa ao déficit habitacional e carências generalizadas de saneamento, aumentando a demanda de cimento através de obras públicas, o "consumidor formiga" suprirá suas necessidades e continuará crescendo de importância. A desgastada infra-estrutura rodoviária e de geração de energia elétrica brasileira – que prejudica a competitividade dos demais setores do país – certamente será recuperada algum dia, pelo setor público ou após privatizações. E é praticamente inexistente o risco de "desindustrialização" no setor de cimento, devido tanto às barreiras naturais da indústria como ao porte e saúde financeira dos grupos que nele atuam (aqueles em risco financeiro e produtivos não serão sucateados, mas comprados por outros, provavelmente do próprio setor).

A retomada do crescimento acelerado da indústria do cimento seria positiva para o setor e para o país, desde que submetido a um sistema de regulação da concorrência que, simultaneamente, leve em conta as necessidades da eficiência produtiva na indústria e impeça abusos do poder econômico.

7 O cobre primário no Brasil

João Bosco M. Machado e
Cristina M. Salazar Pessoa

7.1 Introdução

Este estudo apresenta, em oito seções, um diagnóstico do mercado brasileiro de cobre, com ênfase no segmento de cobre primário, produtor de concentrados, cátodos e vergalhões.Na segunda seção é apresentado o mercado mundial do cobre. Também é discutida a inserção do Brasil nesse mercado, bem como os fluxos de comércio do cobre, com ênfase nas transações entre Brasil e Chile. A Seção 3 trata da indústria produtora de cobre primário e está subdividida em três itens. O primeiro diz respeito à produção de concentrado de cobre, o segundo à produção de cátodos e o terceiro à fabricação de vergalhões. A Seção 4 trata da formação e evolução dos preços do cobre primário no mercado interno e revela que estes acompanham a cotação internacional. Destaque é dado ao fato de que os custos de produção da Caraíba Metais estão entre os menores do mundo. Na Seção 5 é discutida a proteção efetiva e a competitividade da metalurgia do cobre no Brasil. A seção seguinte trata do avanço tecnológico no segmento produtor de cobre primário, ressaltando a lentidão no ritmo de geração e difusão do progresso técnico nesta indústria. A seção 7 apresenta os principais segmentos consumidores de transformados de cobre e os produtos que lhes fazem concorrência. Por fim, as conclusões constam da última seção.

7.2 O mercado mundial de cobre primário

O mercado de cobre primário é formado por quatro tipos de produtos originados em etapas distintas do processo de fundição e refino, os quais estão relacionados a seguir:

- Minério de cobre – corresponde ao mineral extraído diretamente da mina, cujo conteúdo de cobre oscila entre 0,7% e 2,5% de cobre.
- Concentrado de cobre – corresponde ao cobre que, através de um processo de moagem das rochas e mistura com água e reagentes, passa a ter entre 30% e 38% de cobre fino.
- Cobre fundido – corresponde aos concentrados que, por meio de processos pirometalúrgicos, se transformam no chamado cobre blister e, posteriormente, no cobre anódico, cujo conteúdo de cobre é de cerca de 99,5%.

- Cobre refinado – corresponde ao blister e aos concentrados ou soluções (no caso da lixiviação) que são refinados, por processo de fundição ou de eletrólise, a fim de produzir os lingotes ou cátodos com pureza de 99,99% de cobre. Apenas estes últimos podem ser utilizados na produção de produtos transformados de cobre, como fios e cabos, barras e perfis.

7.2.1 A produção de cobre primário

Em 1994, a produção mundial de cobre extraído do minério e concentrados atingiu 9,39 milhões de toneladas, a segunda maior desde 1985. Houve um crescimento da ordem de 11,73% no período, equivalente à taxa média anual de 1,24%. Os principais produtores foram, pela ordem, Chile (23,64%), Estados Unidos (19,11%), o conjunto de países da antiga União Soviética (8,53%), Canadá (6,57%), China (4,60%), Austrália (4,43%), Zâmbia (4,09%), Polônia (4,01%), Peru (3,85%) e Indonésia (3,55%). Juntos, esses países responderam, em média, por 77,3% da produção mundial entre 1985 e 1994 (Quadro 1).

Quadro 1

Produção mundial de cobre contido em minério, incluindo concentrados, por países selecionados – milhares de toneladas métricas

País	1985	1986	1987	1988	1989	1990	1991	1992	1993	1994
Chile	1.356,2	1.401,1	1.418,1	1.451,0	1.609,3	1.588,4	1.814,3	1.932,7	2.055,4	2.219,9
%	16,13	11,90	16,21	16,70	17,83	17,83	19,94	20,75	21,64	23,64
EUA	1.105,8	1.147,3	1.243,6	1.416,9	1.497,8	1.587,2	1.634,4	1.765,1	1.801,4	1.795,4
%	13,16	13,12	14,22	16,31	16,60	17,72	17,96	18,95	18,97	19,11
Ex-URSS	1.030,0	1.030,0	1.010,0	990,0	950,0	900,0	840,0	840,0	885,0	800,0*
%	12,26	11,78	11,55	11,40	11,40	10,05	9,23	9,02	9,32	8,53*
Canadá	738,6	698,5	802,2	776,5	723,1	793,7	811,1	768,6	732,6	617,4
%	8,79	7,99	9,17	8,94	8,94	8,86	8,91	8,25	7,71	6,57
China	239,8	220,0	350,0	281,9	299,1	295,9	304,0	334,3	345,7	432,1
%	2,85	2,52	4,00	3,25	3,25	3,30	3,34	3,59	3,64	4,60
Austrália	259,8	248,4	232,7	238,3	295,0	327,0	320,0	378,0	402,0	415,6
%	3,09	2,84	2,66	2,74	2,74	3,65	3,52	4,06	4,23	4,43
Zâmbia	510,8	512,9	527,0	476,1	510,2	496,0	412,4	432,6	431,5	384,4
%	6,08	5,86	6,03	5,48	5,48	5,54	4,53	4,64	4,54	4,09
Polônia	432,0	435,0	438,0	441,0	385,0	329,3	320,3	323,0	382,6	376,8
%	5,14	4,97	5,01	5,08	5,08	3,68	3,52	3,47	4,03	4,01
Peru	385,0	386,1	406,4	298,3	364,2	317,6	375,3	369,4	374,8	359,9
%	4,58	4,41	4,65	3,43	3,43	3,55	4,12	3,97	3,95	3,85
Indonésia	88,7	95,8	105,3	126,2	148,7	169,1	219,5	290,9	309,7	333,8
%	1,05	1,10	1,20	1,45	1,45	1,89	2,41	3,12	3,26	3,55
Subtotal	6.187	6.215,3	6.573,6	6.541,0	6.829,8	6.840,6	7.089,2	7.474,4	7.764,3	7.775,0
%	73,6	74,1	75,2	75,3	75,7	76,4	77,9	80,2	81,7	82,8
Total	8.404,5	8.393,2	8.746,5	8.686,7	9.025,3	8.956,4	9.098,2	9.316,1	9.498,0	9.390,8

* Valor estimado.

Nota: Os dados correspondem ao conteúdo de cobre recuperável de minério e concentrados produzidos.

Fonte: World Metal Yearbook, World Metal Statistics, 1995.

Nesse mesmo período, o Chile registrou crescimento sustentado da produção de cobre extraído a partir do minério e dos concentrados equivalente, em média, a 5,62% ao ano. Com isso, sua participação no mercado mundial passou de 16,13%, em 1985, para 23,64%, em 1994. Os Estados Unidos apresentaram desempenho semelhante: sua produção aumentou 5,53% em média. No ano de 1985, os Estados Unidos foram responsáveis por 13,16% da produção mundial de cobre a partir do minério e do concentrado, participação que subiu para 19,11% em 1994. Em conseqüência, a concentração da produção mundial nas mãos desses dois países aumentou de 29,29%, em 1985, para 42,59%, em 1994.

No que respeita à América Latina, a produção de cobre a partir do minério e concentrados alcançou 26,11% entre 1985 e 1994. O Chile foi responsável por 71,51% da produção total da Região no período, seguido pelo Peru e pelo México, que responderam por 15,79% e 10,86% do total produzido, respectivamente. No Brasil, a produção de cobre a partir do minério e dos concentrados não é significativa: correspondeu a apenas 41,1 mil tm em média, entre 1985 e 1994, o equivalente a 0,46% da produção mundial e 1,79% da produção latino-americana. Além disso, o país apresentou pequena perda relativa nesse período – de 3,17% –, dado que sua produção diminuiu de 41,0 mil tm em 1985 para 39,7 mil tm em 1994 (Quadro 2).

Quadro 2
Produção latino-americana de minério de cobre, incluindo concentrados, por países selecionados – milhares de toneladas métricas

País	1985	1986	1987	1988	1989	1990	1991	1992	1993	1994
Chile	1.356,2	1.401,1	1.418,1	1.451,0	1.609,3	1.588,4	1.814,3	1.932,7	2.055,4	2.219,9
%	69,28	69,61	67,62	69,95	70,86	71,08	72,62	73,72	74,05	76,26
Peru	385,0	386,1	406,4	298,3	364,2	317,6	375,3	369,4	374,8	359,9
%	19,70	19,18	19,38	14,38	16,03	14,21	15,02	14,09	13,50	12,37
México	172,9	184,6	230,6	279,4	249,3	291,3	267,0	277,1	301,1	291,2
%	8,83	9,17	11,00	13,47	10,98	13,04	10,69	10,57	10,85	10,00
Brasil	41,0	40,2	40,3	44,8	47,4	36,4	37,9	39,8	43,6	39,7
%	2,09	1,99	1,92	2,16	2,09	1,63	1,52	1,52	1,57	1,36
Subtotal	1.955,1	2.012,0	2.095,4	2.073,5	2.270,2	2.233,7	2.494,5	2.619,0	2.774,9	2.910,8
%	99,89	99,96	99,91	99,97	99,96	99,96	999,85	999,90	99,97	100,0
AL (A)	1.957,4	2.012,8	2.097,2	2.074,2	2.271,2	2.234,5	2.498,2	2.621,6	2.775,7	2.910,8
%	100,0	100,0	100,0	100,0	100,0	100,0	100,0	100,0	100,0	100,0
Mundo (B)	8404.5	8.393,2	8.746,5	8.686,7	9.025,3	8.956,4	9.098,2	9.316,1	9.498,0	9.390,8
(A/B)	23,29	23,98	23,98	23,88	25,16	24,95	27,46	28,14	29,22	31,00

Nota: Os dados correspondem ao conteúdo de cobre recuperável de minério e concentrados produzidos.
Fonte: World Metal Yearbook, World Metal Statistics, 1995.

No tocante ao cobre fundido (cobre blister e ânodos), a produção mundial foi de 9.714,3 mil tm (toneladas métricas) no ano de 1994, a maior registrada desde 1985. Seu crescimento alcançou 8,32% no período, equivalente a uma taxa anual de 0,82%, inferior à do minério de cobre (1,24%). Os principais produtores foram, pela ordem, Estados Unidos (15,3%), Chile (12,9%) Japão

(11,2%), países da antiga União Soviética (11,0%), Canadá (5,6%), Zâmbia (4,6%), Polônia (4,1%), China (4,0%), Peru (3,2%) e Austrália (2,5%). Juntos, estes países foram responsáveis por 75,4% do cobre fundido produzido no mundo entre 1985 e 1994. Cabe ressaltar que, dentre os grandes produtores, o Japão é o único que não fabrica cobre blister e ânodos de cobre a partir de minas localizadas no seu território (Quadro 3).

Quadro 3

Produção mundial de cobre blister e ânodos de cobre por países selecionados – milhares de toneladas métricas

País	1985	1986	1987	1988	1989	1990	1991	1992	1993	1994
EUA	1.190,9	1.195,9	1.248,8	1.374,6	1.479,5	1.463,3	1.450,3	1.573,9	1.679,9	1.715,8
%	13,28	13,05	13,44	14,66	15,22	16,02	16,00	16,56	17,37	17,66
Chile	1.088,4	1.123,9	1.106,9	1.189,4	1.266,6	1.218,6	1.173,6	1.201,5	1.255,1	1.460,4
%	12,14	12,26	11,91	12,69	13,03	13,34	12,94	12,64	12,98	15,03
Japão	932,6	962,1	980,2	994,0	1.005,5	1.040,6	1.085,4	1.174,9	1.184,8	1.122,0
%	10,40	10,50	10,55	10,60	10,34	11,39	11,97	12,36	12,25	11,55
Ex-URSS	1.140,0	1.155,0	1.140,0	1.110,0	1.075,0	990,0	920,0	920,0	900,0	900,0*
%	12,71	12,60	12,27	11,84	11,06	10,84	10,15	9,68	9,31	9,21
Canadá	520,7	477,7	504,6	524,9	500,2	523,0	532,2	552,4	576,3	560,0
%	5,81	5,21	5,43	5,60	5,15	5,73	5,87	5,21	5,96	5,76
China	280,0	350,0	417,0	335,2	346,3	358,5	385,0	418,0	443,7	460*
%	3,12	3,82	4,49	3,58	3,56	3,93	4,25	4,40	4,59	4,74
Polônia	380,0	366,4	367,3	407,6	381,3	341,6	360,0	370,0	411,2	425*
%	4,24	4,00	3,95	4,35	3,92	3,74	3,97	3,89	4,25	4,38
Zâmbia	544,2	514,2	523,2	66,8	485,2	355,4	300,5	380,2	337,8	380,7
%	6,07	5,61	5,63	0,71	4,99	3,89	3,31	4,00	3,49	3,92
Austrália	175,4	178,8	182,8	188,2	213,0	202,0	205,2	314,3	333,0	325,0
%	1,96	1,95	1,97	2,01	2,19	2,21	2,26	3,31	3,44	3,34
Peru	354,0	335,0	311,0	239,0	309,3	235,8	313,0	300,7	285,8	315,0
%	3,95	3,66	3,35	2,55	3,18	2,58	3,45	3,16	2,96	3,24
Subtotal	6.686,8	6.760,0	6.915,8	6.561,7	7.208,4	6.876,4	6.870,3	7.365,9	7.557,6	7.814,3
%	74,6	73,7	74,4	70,0	74,2	75,3	75,8	77,5	78,2	80,4
Total	8.968,0	9.164,8	9.291,8	9.376,2	9.719,8	9.132,4	9.067,2	9.505,9	9.668,7	9.714,3

* Valor estimado.

Nota: Metal produzido sob a forma de blister e ânodo de cobre, a partir de minério de cobre, concentrados, outros metais primários e resíduos de blister secundário.

Fonte: World Metal Yearbook, World Metal Statistics, 1995.

Em termos dos países latino-americanos, estes responderam por 19,3% da produção mundial de cobre fundido, entre 1985 e 1994. O Chile foi responsável por 66,6% do total da Região, seguido pelo Peru (16,7%), México (9,3%) e Brasil (7,4%). Neste último país, a produção alcançou em média 134,7 mil tm, equivalente a 1,57% do total mundial. Apesar de pouco expressiva, cabe ressaltar que a produção brasileira cresceu significativamente no período, 86,60%, um dos maiores aumentos registrados para o conjunto dos países produtores deste tipo de cobre (Quadro 4).

Quadro 4

Produção latino-americana de cobre blister e ânodos de cobre por países selecionados – milhares de toneladas métricas

País	1985	1986	1987	1988	1989	1990	1991	1992	1993	1994
Chile	1.088,4	1.123,9	1.106,9	1.189,4	1.266,6	1.218,6	1.173,6	1.201,5	1.255,1	1.460,4
%	68,41	68,76	65,91	69,51	66,73	68,61	64,69	63,53	63,63	66,30
Peru	354,0	335,0	311,0	239,2	309,3	235,8	313,0	300,7	285,8	315,0
%	22,25	20,50	18,52	13,98	16,30	13,28	17,25	15,90	14,49	14,30
México	68,0	74,6	127,5	150,4	175,7	174,0	182,5	228,9	281,5	276,9
%	4,27	4,56	7,59	8,79	9,26	9,80	10,06	12,10	14,27	12,57
Brasil	80,6	101,0	134,0	132,0	146,5	147,6	145,1	160,0	150,0	150,4
%	5,07	6,18	7,98	7,71	7,72	8,31	7,80	8,46	7,61	6,83
Subtotal	1.591,0	1.634,0	1.679,4	1.711,0	1.898,1	1.776,0	1.814,2	1.891,1	1.972,4	2.202,7
%	100,0	100,0	100,0	100,0	100,0	100,0	100,0	100,0	100,0	100,0
AL (A)	1.591,0	1.634,0	1.679,4	1.711,0	1.898,1	1.776,0	1.814,2	1.891,1	1.972,4	2.202,7
%	100,0	100,0	100,0	100,0	100,0	100,0	100,0	100,0	100,0	100,0
Mundo (B)	8.968,0	9.164,8	9.291,8	9.376,2	9.719,8	9.132,4	9.067,2	9.505,9	9.590,5	9.962,9
(A/B)	17,74	17,83	18,07	18,25	19,53	19,45	20,01	19,89	20,57	22,11

Nota: Metal produzido sob a forma de blister e ânodo de cobre, a partir de minério de cobre, concentrados, outros metais primários e resíduos de blister secundário.
Fonte: World Metal Yearbook, World Metal Statistics, 1995.

Com relação à produção mundial de cobre refinado, esta alcançou 11.140,3 mil tm em 1994, o terceiro melhor desempenho desde 1985. A produção aumentou no período 14,27%, equivalente a uma taxa média de crescimento de 1,49% ao ano. Os principais produtores foram, pela ordem, Estados Unidos (17,7%), países da antiga União Soviética (12,3%), Chile (10,4%), Japão (9,8%), China (5,1%), Alemanha (5,1%), Canadá (4,9%), Zâmbia (4,3%) Polônia (3,7%) e Austrália (2,4%). Juntos, eles foram responsáveis por 76,5% da produção mundial de cobre refinado entre 1985 a 1994 (Quadro 5). Os aumentos mais significativos na oferta desse produto no mesmo período corresponderam à Austrália (72,88%), à China (65,84%) e aos Estados Unidos (55,16%).

No que respeita aos países latino-americanos, além do Chile, a região conta com outros três produtores de cobre refinado com alguma expressão: o Peru, responsável por 13,94% da produção latino-americana entre 1985 e 1994, o México (8,98%) e o Brasil (8,72%) (Quadro 6).

Quadro 5
Produção mundial de cobre refinado em mil tm

País	1985	1986	1987	1988	1989	1990	1991	1992	1993	1994
EUA	1.429,0	1.479,9	1.541,7	1.852,5	1.953,7	2.017,4	1.995,1	2.143,9	2.252,5	2.217,2
%	14,66	15,01	15,17	17,67	17,97	18,67	18,89	19,18	19,94	19,90
Chile	884,3	942,3	970,3	1.012,7	1.071,0	1.191,6	1.228,3	1.242,3	1.268,2	1.277,4
%	9,07	9,55	9,55	9,66	9,85	11,03	11,51	11,11	11,22	11,46
Ex-URSS	1.400,0	1.400,0	1.410,0	1.380,0	1.345,0	1.260,0	1.120,0	1.120,0	1.320,0	1.267,7
%	14,36	14,20	13,88	13,16	12,37	11,66	10,08	10,02	11,68	11,46
Japão	936,0	943,0	980,3	955,1	989,6	1.008,0	1.076,3	1.160,9	1.188,8	1.119,2
%	9,60	9,56	9,65	9,11	9,10	9,33	10,49	10,38	10,52	10,05
China	412,5	350,0	450,0	517,0	555,1	561,5	560,0	659,0	690,7	684,1
%	4,23	3,55	4,43	4,93	5,11	5,20	5,25	5,89	6,11	6,14
Alemanha	414,4	421,9	399,8	426,4	475,2	476,2	521,5	582,0	631,9	591,9
%	4,25	4,28	3,94	4,07	4,37	4,41	4,89	5,21	5,59	5,31
Canadá	499,6	493,4	491,1	528,7	515,2	515,8	538,3	539,3	561,6	550,0
%	5,12	5,00	4,83	5,04	4,74	4,77	5,04	4,82	4,97	4,94
Polônia	387,0	387,9	390,2	400,6	390,3	346,1	378,5	387,0	404,2	405,2
%	3,97	3,93	3,84	3,82	3,59	3,20	3,55	3,46	3,58	3,64
Zâmbia	510,0	487,3	508,6	447,9	470,1	478,6	423,7	472,0	424,9	369,5
%	5,23	4,94	5,01	4,27	4,32	4,43	3,97	4,22	3,75	3,32
Austrália	194,3	185,1	207,8	222,7	255,0	274,0	279,0	303,0	309,0	335,9
%	1,99	1,88	2,05	2,12	2,35	2,54	2,61	2,71	2,73	3,02
Subtotal	7.161,0	7.206,8	7.496,8	7.863,8	8.186,7	8.286,0	8.262,1	8.766,1	9.213,8	8.987,1
%	73,5	73,1	73,8	75,0	75,3	76,7	77,4	78,4	81,5	80,7
Total	9.749,1	9.862,1	10.159,9	10.485,1	10.871,5	10.806,3	10.672,9	11.177,7	11.298,5	11.140,3

Quadro 6
Produção latino-americana de cobre refinado em mil tm

País	1985	1986	1987	1988	1989	1990	1991	1992	1993	1994
Chile	884,3	942,3	970,3	1.012,7	1.071,0	1.191,6	1.228,3	1.242,3	1.268,2	1.277,4
%	65,95	68,07	65,34	68,22	66,25	70,34	69,02	66,91	67,30	68,27
Peru	227,0	225,6	224,8	174,7	224,3	181,8	244,1	251,1	261,7	253,0
%	16,93	16,29	15,14	11,77	13,87	10,73	13,72	13,52	13,89	13,52
México	122,6	89,5	130,0	137,3	143,9	151,9	153,9	191,1	181,0	183,0
%	9,14	6,46	8,75	9,25	8,90	8,97	8,65	10,29	9,61	9,78
Brasil	93,9	116,0	147,0	147,2	166,5	156,8	141,4	157,1	158,4	143,2
%	7,00	8,38	9,90	9,92	10,30	9,26	7,95	8,46	8,41	7,65
Argentina	13,0	11,0	13,0	12,5	11,0	11,9	12,0	15,0	15,0	14,4
%	0,97	0,79	0,88	0,84	0,68	0,70	0,67	0,81	0,80	0,77
AL (A)	1.340,8	1.384,4	1.485,1	1.484,4	1.616,7	1.694,0	1.779,7	1.856,6	1.884,3	1.871,0
%	100,0	100,0	100,0	100,0	100,0	100,0	100,0	100,0	100,0	100,0
Mundo (B)	9.749,1	9.862,1	10.159,9	10.485,1	10.871,5	10.806,3	10.672,9	11.177,7	11.298,5	11.140,3
(A/B)	13,75	14,04	14,62	14,16	14,87	15,68	16,67	16,58	16,30	16,50

Nota: Cobre refinado por eletrólise ou a fogo. Compreende a produção a partir de blister, ânodos e outros materiais primários, juntamente com a produção secundária a partir de resíduo e materiais semelhantes. Não inclui o cobre recuperado de materiais secundários através simplesmente de fundição.
Fonte: World Metal Yearbook, World Metal Statistics, 1995.

A grande diferença entre os países produtores de minério de cobre e de cobre refinado é explicada por dois fatores. Em primeiro lugar, as refinarias tendem a se localizar próximas aos mercados consumidores, em virtude, principalmente, dos elevados custos de transporte do produto final. Em segundo lugar, para construir uma refinaria com capacidade de 100 mil tm/ano de cobre fino são necessários entre 270 e 330 milhões de dólares, investimento elevado demais para alguns produtores de minério incluídos na categoria de países pobres.

O fato de a capacidade de refino concentrar-se nos principais países consumidores, a maioria dos quais desenvolvidos, diminui a possibilidade de os países produtores, em geral países subdesenvolvidos ou em processo de desenvolvimento, influam decisivamente no mercado, determinando a quantidade ofertada ou fixando preços.

7.2.2 O consumo mundial de cobre refinado

O consumo mundial de cobre primário atingiu 11.516,3 mil tm em 1994, o maior volume desde 1985. A demanda cresceu 19,16% no período, equivalente a uma taxa média de 1,97% ao ano, superior ao aumento da produção no mesmo período, que foi de 14,27% (1,49% a.a.). Os principais segmentos consumidores de produtos transformados de cobre são o da construção civil, de telecomunicações, de automóveis, de máquinas e equipamentos e de produtos eletroeletrônicos.

Apenas quatro países foram responsável por quase metade (47,4%) da demanda mundial entre 1985 e 1994. Os Estados Unidos destacaram-se como o principal consumidor (20,6%), seguido de longe pelo Japão (13,0%), pela Alemanha (8,2%) e pela China (5,6%). Os países cujo consumo mais aumentou no período fazem parte do grupo dos chamados Tigres Asiáticos, especialmente Taiwan – cujo consumo cresceu 491,99% no período, equivalente a uma taxa média de 21,8% a.a. – e Coréia do Sul –130,49% no período ou 9,8% a.a. Eles assumiram, respectivamente, a posição de quinto e oitavo maiores consumidores mundiais de cobre refinado (Quadro 7).

Quadro 7

Consumo mundial de cobre refinado por países selecionados , mil tm

País	1985	1986	1987	1988	1989	1990	1991	1992	1993	1994
EUA	1.958,0	2.100,0	2.126,7	2.205,9	2.203,5	2.150,4	2.057,7	2.175,7	2.364,0	2.674,3
%	20,26	20,84	20,42	20,94	20,06	19,95	19,21	19,59	21,37	23,22
Japão	1.226,3	1.210,5	1.276,6	1.330,7	1.446,6	1.576,5	1.613,2	1.411,1	1.384,1	1.374,9
%	12,69	12,01	12,26	12,64	13,17	14,62	15,06	12,71	12,51	11,94
Alemanha	753,8	770,7	800,1	797,5	854,3	896,9	1.005,9	1.031,6	921,1	999,5
%	7,79	7,65	7,68	7,57	7,78	8,32	9,32	9,29	8,33	8,68
China	420,0	450,0	470,0	465,0	528,0	512,0	590,0	882,0	942,3	745,7
%	4,35	4,47	4,52	4,41	4,81	4,75	5,51	7,94	8,52	6,47
Taiwan	92,4	156,0	207,8	214,9	315,3	264,7	399,1	415,6	477,2	547,0
%	0,96	1,55	1,99	2,04	2,87	2,45	3,73	3,74	4,31	4,75
França	397,8	401,1	399,0	408,9	458,8	477,6	481,2	487,9	473,9	495,0
%	4,12	3,98	3,83	3,88	4,18	4,43	4,49	4,39	4,28	4,30
Itália	362,0	394,0	420,0	445,0	458,4	474,8	470,7	502,4	489,5	483,8
%	3,75	3,91	4,03	4,22	4,17	4,40	4,39	4,52	4,42	4,20
Coréia	206,6	262,3	259,0	266,3	251,6	324,2	343,2	353,5	399,8	476,2
%	2,14	2,60	2,49	2,53	2,29	3,01	3,20	3,18	3,61	4,13
Bélgica	309,6	303,3	291,8	317,8	376,0	389,5	372,0	371,8	320,0	440,0
%	3,20	3,01	2,80	3,02	3,42	3,61	3,47	3,35	2,89	3,82
Ex-URSS	1.305,0	1.300,0	1.270,0	1.210,0	1.140,0	1.000,0	880,0	880,0	560,0	400,0*
%	13,50	13,90	12,16	11,49	10,38	9,28	8,22	7,92	5,06	3,47
Subtotal	7.228,6	7.585,4	7.760,2	7.838,2	8.220,0	8195,3	8.383,8	8.677,6	8.499,9	8.826,4
%	74,8	75,3	74,5	74,4	74,8	76,0	78,3	78,4	76,8	76,6
Total	9.664,9	10.075,1	10.413,6	10.531,2	10.982,4	10.780,2	10.709,9	11.106,5	11.063,0	11.516,3

* Valor estimado.

Nota: Consumo de cobre refinado, a partir de materiais tanto primários como secundários. O consumo de cobre sob a forma de sucata foi excluído.

Fonte: World Metal Yearbook, World Metal Statistics, 1995.

O consumo de cobre na América Latina não é elevado. Entre 1985 e 1994, a Região foi responsável por apenas 4,28% do consumo mundial. A participação mais relevante coube ao Brsil e ao México, países com maior grau de industrialização, os quais consumiram, respectivamente, 40,93% e 27,17% do cobre refinado absorvido pela América Latina, seguidos de longe pelo Chile (11,09%), pela Argentina (9,70%) e pelo Peru (6,67%). Cabe ressaltar, ainda, que a evolução da demanda no Brasil registrou pequena retração no período, de -3,60%. Em conseqüência, o país reduziu sua participação relativa no consumo mundial de cobre refinado, que passou de 2,20% em 1985 para 1,64% em 1994. No mesmo período, o consumo médio nacional foi de 186,1 mil toneladas (Quadro 8).

Quadro 8

Consumo latino-americano de cobre refinado, por países selecionados, mil toneladas métricas

País	1985	1986	1987	1988	1989	1990	1991	1992	1993	1994
Brasil	197,1	237,5	239,2	176,2	187,5	128,7	170,8	166,0	168,0	210,0
%	45,99	52,20	43,42	38,86	43,01	34,77	39,89	36,26	35,26	4,02
México	120,4	79,4	123,6	120,4	133,6	127,2	131,3	127,0	137,0	127,0
%	28,09	17,45	22,44	27,23	30,65	34,37	30,66	27,74	28,75	24,29
Chile	25,7	36,4	47,8	42,7	42,9	45,2	47,6	62,8	72,3	86,3
%	6,00	8,00	8,68	9,66	9,84	12,21	11,12	13,72	15,17	16,50
Argentina	41,0	58,8	63,9	44,4	26,1	23,0	24,9	55,7	55,2	55,2
%	9,57	12,92	11,60	10,04	5,99	6,21	5,82	12,67	11,58	10,56
Peru	34,0	31,5	45,7	31,2	33,0	30,0	29,0	29,3	19,0	19,2
%	7,93	6,92	8,30	7,06	7,57	8,11	6,77	6,40	3,99	3,67
Subtotal	418,4	443,6	520,2	414,9	423,1	354,1	403,6	440,8	451,5	497,7
%	97,62	97,49	94,43	93,85	97,06	95,68	94,26	96,29	94,75	95,18
AL (A)	428,6	455,0	550,9	442,1	435,9	370,1	428,2	457,8	476,5	522,9
%	100,0	100,0	100,0	100,0	100,0	100,0	100,0	100,0	100,0	100,0
Mundo (B)	9.664,9	10.075,1	10.413,6	10.531,2	10.982,4	10.780,2	10.709,9	11.106,5	11.063,0	11.516,3
(A/B)	4,43	4,52	5,29	4,20	3,97	3,43	4,00	4,12	4,31	4,54

Nota: Consumo de cobre refinado, a partir de materiais tanto primários como secundários. O consumo de cobre sob a forma de sucata foi excluído.

Fonte: World Metal Yearbook, World Metal Statistics, 1995.

7.2.3 Fluxos de comércio na América Latina

Entre 1985 e 1994, a América Latina exportou 21,08% de sua produção de concentrado de cobre, equivalente a 28,78% das exportações mundiais. A participação da região no total das exportações aumentou 44,41% no período, correspondendo a um crescimento médio de 4,18% ao ano. Para os países mais relevantes, a relação exportação/produção foi a seguinte: o Chile exportou 23,28% da sua produção, equivalente a 78,13% das exportações latino-americanas e a 22,93% das exportações mundiais, o Peru 8,41% (6,73% das exportações latino-americanas e 1,86% das mundiais) e o México 30,88% – 16,83% das exportações latino-americanas e 4,45% das exportações mundiais.[1]

Do lado da importação, o único importador relevante é o Brasil, que no período considerado respondeu pela totalidade das importações da Região e por 5,50% do total das importações mundiais, correspondente a 82,4 mil toneladas/ano. Cabe ressaltar, ainda, que mais de 90% das importações brasileiras de concentrado de cobre tiveram origem em países latino-americanos. A importação de países de fora da Região deveu-se unicamente ao fato de os concentrados de cobre apresentarem grandes variações químicas de mina para mina, o que

[1] Os dados para o México abrangem o período compreendido entre 1985 a 1993.

obriga os fundidores a comprar produtos provenientes de distintos fornecedores a fim de obter a mistura mais adequada a partir de múltiplos tipos de concentrados.

Quadro 9

Exportação e importação latino-americanas de concentrado de cobre, por países selecionados, mil toneladas métricas

Exportação	1985	1986	1987	1988	1989	1990	1991	1992	1993	1994
Chile Prod. (A)	1.356,2	1.401,1	1.418,1	1.451,0	1.609,3	1.588,4	1.814,3	1.932,7	2.055,4	2.219,9
X Chile (B)	265,5	270,7	272,5	224,2	314,4	261,4	504,6	631,9	655,0	685,1
(B/A)	19,57	19,32	19,22	15,45	19,54	16,46	27,81	32,70	31,87	30,86
(B/G)	65,06	65,74	61,40	65,00	80,25	72,89	86,05	94,55	94,71	95,66
(B/H)	18,75	18,30	17,99	15,03	17,73	15,21	25,79	29,23	31,48	39,81
Peru Prod. (C)	385,0	386,1	406,4	298,3	364,2	317,6	375,3	369,4	374,8	359,9
X Peru (D)	33,2	42,5	50,0	34,1	22,2	25,5	28,7	22,3	15,9	31,1
(D/C)	8,62	11,01	12,30	11,43	6,10	8,03	7,65	6,04	4,24	8,64
(D/G)	8,13	10,32	11,27	9,89	5,67	7,11	4,89	3,34	2,30	4,35
(D/H)	2,34	2,88	3,30	2,29	1,25	1,48	1,47	1,03	0,76	1,81
Méx. Prod. (E)	172,9	184,6	230,6	279,4	249,3	291,3	267,0	277,1	301,1	291,2
X México (F)	109,4	98,6	121,3	86,6	55,2	71,7	53,1	14,1	20,7	n.d.
(F/E)	62,27	53,41	52,60	31,00	22,14	24,61	19,89	5,09	6,87	n.d.
(F/G)	26,81	23,94	27,33	25,11	14,09	19,99	9,06	2,11	2,99	n.d.
(F/H)	7,72	6,87	8,01	5,81	3,11	4,17	2,71	0,65	0,99	n.d.
Produção AL	1.957,4	2.012,8	2.097,2	2.074,2	2.271,2	2.234,5	2.498,2	2.621,6	2.775,7	2.910,8
X AL (G)	408,1	411,8	443,8	344,9	391,8	358,6	586,4	668,3	691,6	715,2
(X/Produção) AL	20,84	20,46	21,16	16,63	17,25	16,05	23,47	25,49	24,92	24,57
X Mundo (H)	1.416,2	1.478,1	1.514,3	1.491,5	1.772,7	1.718,2	1.956,7	2.161,7	2.080,9	1.720,7
(G/H)	28,82	27,86	29,31	23,12	22,10	20,87	29,97	30,92	33,24	41,62
Importação	**1985**	**1986**	**1987**	**1988**	**1989**	**1990**	**1991**	**1992**	**1993**	**1994**
Brasil Prod.(I)	41,0	40,2	40,3	44,8	47,4	36,4	37,9	39,8	43,6	39,7
M Brasil (J)	41,0	67,2	85,1	94,6	87,6	88,0	102,0	n.d.	93,7	n.d.
(J/I)	100,0	167,16	211,17	211,16	184,81	241,76	269,13	n.d.	214,91	n.d.
(J/K)	100,0	100,0	100,0	100,0	100,0	100,0	100,0	100,0	100,0	100,0
(J/L)	3,19	4,91	6,26	6,44	5,81	5,59	6,31	n.d.	5,48	n.d.
M AL (K)	41,0	67,2	85,1	94,6	87,6	88,0	102,0	n.d.	93,7	n.d.
M mundo (L)	1.285,6	1.369,3	1.359,0	1.468,7	1.507,8	1.573,6	1.617,2	1.505,0	1.710,9	1.679,7
(K/L)	3,19	4,91	6,26	6,44	5,81	5,59	6,31	n.d.	5,48	n.d.
(X - M) AL	367,1	344,6	358,7	250,3	304,2	270,6	484,4	n.d.	597,9	n.d.

Nota: Os dados correspondem ao conteúdo de cobre recuperável de minério e concentrados produzidos.
Fonte: World Metal Yearbook, World Metal Statistics, 1995.

Quadro 10

Exportação e importação latino-americanas de cobre blister e anódico, por países selecionados, mil toneladas métricas

País	1985	1986	1987	1988	1989	1990	1991	1992	1993	1994
Chile Prod. (A)	1.088,4	1.123,9	1.106,9	1.189,4	1.266,6	1.218,6	1.173,6	1.201,5	1.255,1	1.460,4
X Chile (B)	190,0	199,4	139,9	161,9	168,6	151,1	92,5	127,0	139,6	184,2
(B/A)	17,46	17,74	12,56	13,61	13,31	12,40	7,88	10,57	11,12	12,61
(B/G)	59,99	63,69	59,00	68,54	53,83	51,84	36,42	43,34	37,61	65,27
(B/H)	25,67	25,89	21,38	22,28	25,45	24,87	19,61	20,02	25,78	42,77
Peru Prod. (C)	354,0	335,0	311,0	239,0	309,3	235,8	313,0	300,7	285,8	315,0
X Peru (D)	126,7	94,7	87,0	55,0	89,8	92,8	101,0	88,7	92,9	98,0
(D/C)	35,7,9	28,27	27,97	23,01	29,03	39,36	32,27	29,50	32,51	31,11
(D/G)	40,04	30,25	36,69	23,29	29,67	31,84	39,76	30,27	25,03	34,73
(D/H)	17,13	12,30	13,30	7,57	13,56	15,27	21,41	13,98	17,16	22,75
Méx. Prod. (E)	68,0	74,6	127,5	150,4	175,7	174,0	182,5	228,9	281,5	276,9
X México (F)	0,0	19,0	10,2	19,3	54,8	47,6	60,5	77,3	138,7	n.d.
(F/E)	0,00	25,47	8,00	12,83	31,19	27,36	33,15	33,77	49,27	n.d.
(F/G)	0,00	6,07	4,30	8,17	17,50	16,33	23,81	26,38	37,37	n.d.
(F/H)	0,00	2,47	1,56	2,66	8,27	7,83	12,83	12,18	25,62	n.d.
Produção AL	1.591,0	1.634,0	1.679,4	1.711,0	1.898,1	1.776,0	1.814,2	1.891,1	1.972,4	2.202,7
X AL (G)	316,7	313,1	237,1	236,2	313,2	291,5	254,0	293,0	371,2	282,2
(X/Produção) AL	19,91	19,16	14,12	13,80	16,50	16,44	14,00	15,49	18,82	12,81
X Mundo (H)	739,7	770,1	654,2	726,5	662,4	607,6	471,7	634,4	541,4	430,7
(G/H)	42,81	40,66	36,24	32,51	47,28	47,98	53,85	46,19	68,56	65,52
País	**1985**	**1986**	**1987**	**1988**	**1989**	**1990**	**1991**	**1992**	**1993**	**1994**
Brasil Prod.(I)	80,6	101,0	134,0	132,0	146,5	147,6	145,1	160,0	150,0	150,4
M Brasil (J)	17,3	7,1	11,2	15,1	6,5	12,8	n.d.	n.d.	n.d.	n.d.
(J/I)	21,46	7,03	8,36	11,44	4,44	8,67	n.d.	n.d.	n.d.	n.d.
(J/K)	100,0	100,0	100,0	86,29	100,0	100,0	n.d.	n.d.	n.d.	n.d.
(J/L)	3,03	1,21	2,46	4,32	1,99	2,54	n.d.	n.d.	n.d.	n.d.
M AL (K)	17,3	7,1	11,2	17,5	6,5	12,8	n.d.	n.d.	n.d.	n.d.
M mundo (L)	571,7	587,3	455,7	349,5	325,9	503,4	505,8	495,9	674,1	556,4
(K/L)	3,03	1,21	2,46	5,01	1,99	2,54	n.d.	n.d.	n.d.	n.d.
(X - M) AL	299,4	306,0	225,9	218,7	306,7	278,7	n.d.	n.d.	n.d.	n.d.

Nota: Os dados correspondem ao metal produzido sob a forma de blister e ânodo de cobre, a partir do minério de cobre, concentrados, outros metais primários e resíduos de blister secundário.

Fonte: World Metal Yearbook, World Metal Statistics, 1995.

No que respeita o cobre blister e os ânodos de cobre, entre 1985 e 1994, a América Latina exportou cerca de 16,10% de sua produção, equivalente a 48,16% do total das exportações mundiais. Os maiores exportadores e suas respectivas participações no total das exportações mundiais e latino-americana foram o Chile (25,37% e 53,97%), o Peru (15,44% e 32,05%) e o México (8,16% e 15,55%)[2]. Em termos da importação, os dados disponíveis para o período de 1985 a 1990 revelam que apenas o Brasil e o México foram compradores de cobre blister e anódico. O primeiro respondeu pela quase totalidade das importações latino-americanas, 97,71%, enquanto ao segundo coube apenas 2,29% (Quadro 10).

Com relação ao cobre refinado, a diferença entre a elevada produção e o baixo consumo dos países latino-americanos torna a região uma grande exportadora do produto, que compreendeu 78,10% do total produzido e 39,23% das exportações globais. Entre 1985 e 1994, o Chile exportou 95,82% de sua produção, equivalente a 82,90% do total da América Latina e a 35,94% do total mundial. O Peru, o segundo grande produtor de cobre refinado da Região, exportou 82,04% da sua produção, correspondente a 14,66% das exportações latino-americanas e a 5,75% das exportações mundiais (Quadro 11).

O Brasil, na condição de maior consumidor da Região, é um importador líquido, uma vez que sua produção alcançou 80,5% do seu consumo entre 1985 e 1993. O México, por sua vez, segundo consumidor em ordem de importância, importou e exportou quantidades pouco expressivas no mesmo período, se comparadas à sua produção e ao seu consumo totais (Quadro 11).

---

[2] Os dados para o México abrangem o período compreendido entre 1985 a 1993.

Quadro 11

Exportação e importação latino-americanas de cobre refinado, por países selecionados – milhares de toneladas métricas

Exportação	1985	1986	1987	1988	1989	1990	1991	1992	1993	1994
Chile Prod. (A)	884,3	942,3	970,3	1.012,7	1.071,0	1.191,6	1.228,3	1.242,3	1.268,2	1.277,4
X Chile (B)	891,9	895,7	942,6	975,5	1.063,9	1.141,1	1.130,5	1.178,0	1.189,1	1.189,5
(B/A)	100,86	95,05	97,15	96,33	99,34	95,76	92,04	94,82	93,76	93,12
(B/I)	83,01	82,27	83,98	86,21	83,79	86,28	80,57	79,33	79,45	84,15
(B/J)	30,16	30,13	31,71	34,92	33,97	32,46	31,59	33,51	32,01	35,41
Peru Prod. (C)	227,0	225,6	22,48	174,7	224,3	181,8	244,1	251,1	261,7	253,0
X Peru (D)	182,6	193,0	179,8	147,4	167,5	137,4	207,5	214,5	217,5	218,3
(D/C)	80,44	85,55	79,98	84,37	74,68	75,58	85,01	85,42	83,11	86,28
(D/I)	16,99	17,73	16,02	13,03	13,19	10,39	14,79	14,44	14,53	15,44
(D/J)	6,17	6,49	6,05	5,28	5,35	3,91	5,80	6,10	5,85	6,50
Brasil Prod.(E)	93,9	116,0	147,0	147,2	166,5	156,8	141,4	157,1	158,4	143,2
X Brasil (F)	0,0	0,0	0,0	5,0	33,8	40,9	63,1	80,4	76,5	n.d.
(F/E)	0,00	0,00	0,00	3,40	20,30	26,08	44,63	51,18	48,30	n.d.
(F/I)	0,00	0,00	0,00	0,44	2,66	3,09	4,50	5,41	5,11	n.d.
(F/J)	0,00	0,00	0,00	0,18	1,08	1,16	1,76	2,29	2,06	n.d.
Méx. Prod. (E)	122,6	89,5	130,0	137,3	143,9	151,9	153,9	191,1	181,0	183,0
X México (F)	0,0	0,0	0,0	3,0	4,5	3,1	2,1	12,0	13,5	10,4
(F/E)	0,00	0,00	0,00	0,22	3,13	2,04	1,36	6,28	7,46	5,68
(F/I)	0,00	0,00	0,00	0,26	0,35	0,23	0,15	0,81	0,90	0,40
(F/J)	0,00	0,00	0,00	0,11	0,14	0,09	0,06	0,34	0,36	0,17
Produção AL	1.340,8	1.384,4	1.485,1	1.484,4	1.616,7	1.694,0	1.779,7	1.856,6	1.884,3	1.871,0
X AL (I)	1.074,5	1.088,7	1.122,4	1.130,9	1.269,7	1.322,5	1.403,2	1.484,9	1.496,6	1.413,5
(X/Produção) AL	80,14	78,64	75,58	76,19	78,54	78,07	78,84	79,98	79,42	75,55
X Mundo (J)	2.957,6	2.972,7	3.041,5	2.793,8	3.131,7	3.515,3	3.578,7	3.515,2	3.714,9	3.359,2
(J/I)	36,33	36,62	36,90	40,48	40,54	37,62	39,21	42,24	40,29	42,08
Importação	**1985**	**1986**	**1987**	**1988**	**1989**	**1990**	**1991**	**1992**	**1993**	**1994**
Brasil Prod.(I)	93,9	116,0	147,0	147,2	166,5	156,8	141,4	157,1	158,4	143,2
M Brasil (J)	60,0	119,7	113,6	37,9	50,6	36,4	75,9	75,8	57,6	n.d.
(J/I)	63,90	103,19	77,28	25,75	30,39	23,21	53,68	48,25	36,36	n.d.
(J/M)	63,49	67,02	60,98	39,64	60,24	60,07	71,27	57,60	52,75	n.d.
(J/N)	1,91	3,72	3,46	1,17	1,50	0,94	1,94	1,94	1,44	n.d.
Arg. Prod.(K)	13,0	11,0	13,0	12,5	11,0	11,9	12,0	15,0	15,0	14,4
M Argentina (L)	28,1	48,2	50,9	31,9	15,1	10,1	16,5	40,5	40,1	n.d.
(L/K)	216,15	438,18	391,54	255,20	137,27	84,87	137,50	270,00	267,323	n.d.
(L/M)	29,74	26,99	27,32	33,37	17,98	16,67	15,49	30,78	40,02	n.d.
(L/N)	0,89	1,50	1,55	0,99	0,45	0,28	0,42	1,04	1,01	n.d.
M AL (K)	94,5	178,6	186,3	95,6	84,0	60,6	106,5	131,6	100,2	n.d.
M mundo (L)	3.138,8	3.219,6	3.284,0	3.228,2	3.375,2	3.660,1	3.919,3	3.901,4	3.989,2	3.808,7
(K/L)	3,01	5,55	5,67	2,96	2,49	1,66	2,72	3,37	2,51	n.d.
(X - M) AL	980,0	910,1	936,1	1.035,3	1.185,7	1.261,9	1296,7	1.353,3	1.396,4	n.d.

Fonte: World Metal Yearbook, World Metal Statistics, 1995.

7.3 A indústria de cobre primário no Brasil

No Brasil, há duas empresas produtoras de concentrado de cobre, a Mineração Caraíba e a Companhia Brasileira do Cobre (CBC), uma única empresa produtora de cátodo, a Caraíba Metais, e cinco produtores de vergalhões. A estrutura produtiva dessa indústria pode ser esquematicamente dividida em duas etapas: a de fundição, quando o minério de cobre se transforma em mate com 60% de pureza e posteriormente em blister (98% de cobre) e no cobre anódico (com 99,5% de pureza), e a de refino, durante a qual é gerado o cobre eletrolítico ou cátodo (99,99% de pureza). A produção consta fundamentalmente em um processo de purificação progressiva do minério em base físico-química.

A indústria de cobre primário é tipicamente de processo contínuo, intensiva em capital, que agrega relativamente baixo valor ao produto final e fabrica produtos homogêneos. As escalas de produção são elevadas e a possibilidade de diferenciação de produto reduzida. Neste sentido, prevalece um padrão de competição setorial em que a componente preço é mais relevante que o aspecto qualidade.

7.3.1 A produção de concentrado de cobre

A produção de concentrado de cobre no Brasil é levada à efeito por duas empresas, ambas de capital 100% nacional. A Mineração Caraíba, localizada em Jaguari, no Estado do Bahia, responde por cerca de 75% da produção nacional de concentrado. Os 25% restantes ficam a cargo da Companhia Brasileira do Cobre (CBC), situada em Camaquã, no Rio Grande do Sul.

A extração de cobre no Brasil registrava em média menos de cinco mil toneladas/ano no começo da década de 1970. A atividade, entretanto, cessou por completo entre o final dos anos 70 e 1980. Naquele ano, a mina de Camaquã, pertencente à CBC e que anteriormente fora desativa, foi reaberta. Mas a extração do cobre só cresceu efetivamente a partir de 1981, ano em que entrou em operação a mina da Caraíba.

Entre 1986 e 1994 a produção média de concentrado de cobre no país alcançou 114,8 mil t/a. A Mineração Caraíba respondeu pelo fornecimento de 86,0 mil t/a (74,8%), e a CBC por 29,9 mil t/a. A maior oferta do período, equivalente a 134,8 mil t/a, ocorreu em 1989, enquanto a menor, correspondente a 86,9 mil t/a, foi registrada em 1988 (Gráfico 1).

Gráfico 1
Exportação e importação latino-americanas de cobre refinado,

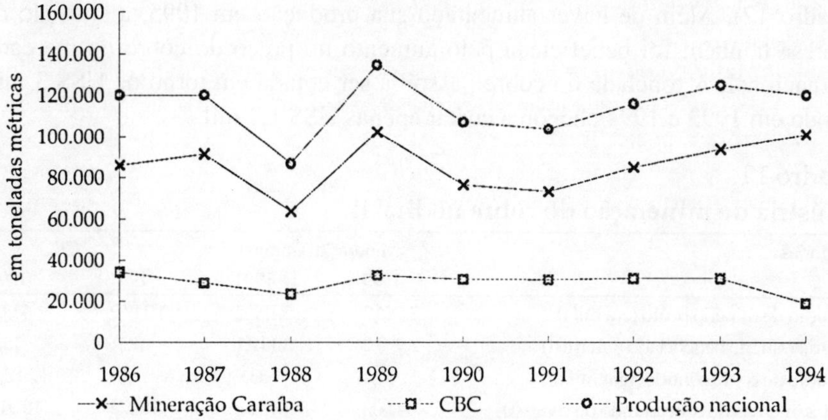

Fonte: Sindicel, Anuário estatístico da indústria brasileira do cobre, vários anos, e Brasil Mineral, 1994 e 1995.

Cabe ressaltar que a redução na produção de concentrado de cobre em 1988 está intimamente relacionada com o processo de privatização da Caraíba Metais, consumado em setembro desse mesmo ano, o qual motivou a separação da Caraíba Metais da Mineração Caraíba. Até então, a Caraíba Metais e a Mineração Caraíba constituíam uma única empresa. Entretanto, durante o processo de privatização da Caraíba Metais, seu controlador – o Banco Nacional de Desenvolvimento Econômico e Social (BNDES) –, decidiu vender apenas as instalações metalúrgicas, uma vez que os estudos realizados na época indicavam que as reservas restantes na mina eram muito limitadas, o que poderia prejudicar o processo de venda da Caraíba Metais.

Em meados de 1989, o BNDES decidiu privatizar a Mineração Caraíba. O processo de privatização, entretanto, arrastou-se por vários anos e apenas em julho de 1994 a companhia foi a leilão, tendo sido adquirida pela Caraíba Metais. A compra da Mineração Caraíba refletia a disposição da Caraíba Metais de dispor de pelo menos 60% de minério de jazidas próprias até o ano 2000.

Quando foi adquirida em 1994, a Mineração Caraíba não gozava de boa situação financeira. A queda prolongada dos preços desde 1990, acentuada entre 1993 e 1994, praticamente exauriu as reservas da empresa, que foi obrigada a adotar uma política de redução do custo unitário para amenizar o impacto negativo dos sucessivos planos econômicos. No ano seguinte, contudo, a situação da empresa melhorou, graças à conjugação de dois fatores: o crescimento da produção de minério de cobre e o aumento dos preços internacionais. Em conseqüência, seu faturamento passou de US$ 56,6 milhões em 1993 para US$ 75,8 milhões em 1994, equivalente a um aumento de 33,9%.

Em 1995, a Mineração Caraíba extraiu de suas minas, a céu aberto e das camadas subterrâneas, 40 mil toneladas de concentrado de cobre metálico, produção 17,6% maior que a registrada em 1994, equivalente a 33 mil toneladas. Com isso, a empresa estabeleceu um novo recorde de produção, dado que o volume máximo extraído anteriormente fora de 37 mil toneladas, em 1989 (Quadro 12). Além de haver aumentado sua produção em 1995, a situação da empresa também foi beneficiada pelo aumento no preço do cobre no mercado internacional. A tonelada do cobre passou a ser cotada em torno de US$ 3 mil, quando em 1993 e 1994 chegou a custar apenas US$ 1,7 mil.

Quadro 12
Indústria de mineração do cobre no Brasil

Categorias	Mineração Caraíba		CBC	
	1993	1994	1993	1994
Produção de minério bruto (em mil t)	2.984,3	3.197,2	1.247,2	633,1
Prod. de minério beneficiado (em mil t)	2.950,2	3.117,1	30,1	18,4
Produção de cobre contido[1] (em mil t)	34,4	33,9	9,4	5,8
Vendas internas de concentrado de cobre (t)	94.000	101.258	31.078	18.916
Faturamento (US$ milhões)	56,6	75,8	21,4	14,1

Nota: O cobre contido corresponde ao teor de cobre existente no minério bruto. Na mina da Caraíba, o teor de cobre é de aproximadamente 1,1%, enquanto na mina da CBC é de cerca de 0,8%.
Fonte: Revista Brasil Mineral, 1994 e 1995.

Em setembro de 1993, através do sistema de *hedge*, de compra antecipada mantendo-se os preços fixos, a Mineração Caraíba vendeu à Caraíba Metais toda a produção de 1995. Em junho do ano seguinte, vendeu pelo mesmo sistema 90% da produção de 1996.[3]

No tocante às reservas minerais, pesquisas geológicas recentemente efetuadas em áreas próximas à mina atual e sondagens profundas realizadas na mina subterrânea indicaram que ainda existem 30 metros exploráveis, dos quais poderão ser retiradas 120 mil toneladas de cobre. Tanto a mina a céu aberto, explorada desde 1981, quanto a mina subterrânea, em operação desde 1986, tinham o seu prazo de exaustão previsto para 1998. As novas pesquisas indicaram, contudo, a possibilidade de exploração até o ano 2000.

Até 1981, quando a mina de Jaguari pertencente à Mineração Caraíba entrou em operação, a mina de Camaquã pertencente à CBC era a única fonte significativa de cobre no Brasil. Esta mina, que entrou em produção com uma jazida a céu aberto, atualmente é subterrânea e explora a jazida metalífera do Uruguai, que juntamente com a jazida vizinha de São Luiz contém reservas suficientes para sustentar as operações até 1998.

Em 1988 os empregados da CBC adquiriram quase todo o capital acionário da companhia numa operação de compra realizada através da Bom Jardim S.A., empresa criada para esse fim.

---

[3] O sistema de *hedge* é autorizado no Brasil desde 1993 e constitui uma garantia de que a empresa não sofrerá as flutuações de mercado, principalmente aquelas que operam com *commodities*.

Em princípios de 1989, a Caraíba Metais celebrou um contrato com a CBC para adquirir toda a produção da mina de Camaquã a preços internacionais pelo resto da sua vida útil, estimada então em cerca de cinco anos. Em 1993, a produção da mina alcançou 1.247,2 mil toneladas de minério bruto (9,4 mil t de cobre contido), volume que se reduziu praticamente à metade no ano seguinte, quando a extração foi de apenas 633,1 mil toneladas (5,8 mil t de cobre contido). Em conseqüência, a empresa registrou uma queda acentuada no seu faturamento, que passou de US$ 21,4 milhões em 1993 para US$ 14,1 milhões em 1994, equivalente a uma retração de 34,1% (Quadro 12).

O cobre também é extraído de uma jazida que a RTZ adquiriu da BP Minerals. Nela, entretanto, o cobre é um co-produto menor da extração de metais preciosos, principalmente ouro. A exploração da mina de Cabacal (MT) começou em 1987; sua capacidade de produção é estimada em aproximadamente 1.500 t/a de cobre sob a forma de concentrado.

Apesar de a produção das minas de Jaguari e de Camaquã estar próxima de se esgotar, o país não deixará de produzir concentrado de cobre. Em 1977 foi descoberta pela Rio Doce Mineração e Geologia (Docegeo), subsidiária de pesquisas da Vale, uma importante jazida, localizada na província mineral de Carajás, sul do Pará, denominada Salobo. Suas reservas estão estimadas em 1,9 bilhão de toneladas. O potencial extrativo é de 200 mil toneladas/ano de cobre refinado; como subprodutos devem ser geradas oito toneladas anuais de ouro e outras 20 t. de prata, além de molibdênio. Quanto ao teor de cobre, este é estimado em 0,80% e não apresenta quedas[4]. Já o metal contido está avaliado em 9,4 milhões de toneladas, enquanto a reserva de ouro é estimada em 530 toneladas.

O Projeto Salobo representa o maior projeto minerometalúrgico brasileiro da década de 1990. De responsabilidade da Salobo Metais – *joint venture* que reúne a Companhia Vale do Rio Doce e o grupo Mineração Morro Velho, constituída em julho de 1993 para administrar e operar o empreendimento, com participação igualitária de 50% para cada uma das partes –, o Projeto Salobo vai possibilitar ao País ingressar no ano 2000 com auto-suficiência na produção de cobre metálico, uma vez que este projeto não só irá atender ao déficit de oferta nacional do produto como permitir que parte da produção seja exportada. Segundo previsões da CVRD, o empreendimento demandará investimentos superiores a US$ 1 bilhão, podendo alcançar US$ 1,5 bilhão, compreendendo as etapas de mineração, beneficiamento e metalurgia.

[4] Este aspecto é muito importante, uma vez que a queda dos teores de cobre tende a dificultar as operações das mineradoras, como vem acontecendo com a *Corporación del Cobre* (Codelco) no Chile, a maior produtora mundial, posto que as obriga a fazer investimentos pesados a fim de manter a produção. Já a mina de Salobo, por ter sido formada numa bacia sedimentar que depois sofreu deslocamento por tectonismo, apresenta o mesmo teor de cobre desde as camadas mais rasas até as mais profundas.

Cabe ressaltar, contudo, que o processamento do minério de Salobo é bastante difícil e complexo, do ponto de vista do tratamento metalúrgico, já que exige tanto energia de moagem como consumo energético superiores à média internacional, visto que o corpo de minério não é muito homogêneo. Isto se deve ao fato de existirem vários sulfetos de cobre (calcocita, bornita e calcopirita) nos quais o cobre está associado à magnetita, que é a rocha mais importante. Entretanto, o cobre também se encontra associado a quartzitos, o que torna possível sua liberação mediante uma granulometria muito fina. Ademais, a existência de grafita dificulta a flotação.

Para reduzir custos e superar os problemas decorrentes das características do minério de Salobo, as duas companhias decidiram verticalizar as operações. Isso quer dizer que a exploração será feita por meio de um projeto integrado de mineração e metalurgia compreendendo desde a extração até a produção de cobre sob a forma de cátodo eletrolítico, passando pela concentração, metalurgia, *flash smelter* e refinaria. O concentrado será transportado até as margens da Estrada de Ferro Carajás por um mineroduto. Pela ferrovia os lingotes de cobre serão embarcados para o porto de Ponta da Madeira, pertencente à Vale, localizado em São Luís (MA).

O início das operações do projeto está previsto para o final de 1998 ou começo de 1999, sendo de 30 a 33 anos a estimativa de vida útil do empreendimento, na fase de lavra a céu aberto. Após essa etapa, acredita-se que haverá minério suficiente para sustentar uma mina subterrânea. Nos primeiros 10 anos deverão ser lavrados 20 milhões de toneladas de minério, além de outros 40 milhões de toneladas de matéria estéril. Posteriormente, o volume a ser lavrado deverá aumentar, uma vez que será possível trabalhar com um *cut-off* mais baixo.

O Projeto Salobo não deverá defrontar problemas de mercado, pois no âmbito externo a expectativa é de que o cobre seja uma das *commodities* cujo mercado mais deva crescer nos próximos anos, a taxas estimadas entre 2 e 3% a.a. A demanda pelo minério está sendo puxada pela China e pelos Tigres Asiáticos. No âmbito doméstico, as expectativas também são favoráveis. Dada as perspectivas de manutenção de taxas razoáveis de crescimento da economia para os próximos anos, acredita-se que a demanda possa alcançar o patamar de 210 mil toneladas/ano ainda em 1996 e atingir mais de 300 mil toneladas/ano em 1999, ano em que a mina de Salobo entrará em operação.[5]

Quanto aos custos de produção, estima-se que eles deverão ser inferiores aos da Caraíba Metais. Com relação aos preços, acredita-se que os valores permaneçam em torno de US$ 2.025 por tonelada de metal. Não se pode descartar, contudo, a possibilidade de que a entrada de novos produtores no mercado in-

---

[5] A Caraíba Metais, única fornecedora interna, poderá produzir 200 mil toneladas/ano, desde que os investimentos necessários sejam feitos.

terfira no equilíbrio entre a oferta e a demanda. No tocante ao faturamento, a previsão inicial é de US$ 550 milhões ao ano, podendo chegar a US$ 700 milhões ao ano, incluídos nesta estimativa o ouro e outros subprodutos.

Por fim, cabe mencionar que o Banco Nacional de Desenvolvimento Econômico e Social (BNDES) manifestou recentemente o seu interesse em tornar-se sócio do Projeto Salobo. Um acordo feito com a Vale em 1985 garantia ao BNDES a propriedade de um terço da jazida de Salobo, caso o Banco financiasse 50% de todos os custos das pesquisas geológicas da reserva e tecnológicas do projeto. Desde então, as pesquisas já consumiram investimentos da ordem de US$ 120 milhões, dos quais cerca de US$ 80 milhões, foram pagos pela CVRD e US$ 42,5 milhões pelo BNDES. A Mineração Morro Velho, por sua vez, aplicou mais de US$ 20 milhões no estudo de viabilidade final do projeto.

Embora até o momento não tenha sido totalmente descartada a possibilidade de venda do direito minerário do BNDES para a Vale, essa decisão foi considerada pelo corpo técnico da instituição como a menos interessante. Tendo em vista a experiência e o peso no mercado internacional dos dois sócios do projeto – a Vale e a *Anglo American* ocupam, respectivamente, a terceira e a primeira posições entre os principais produtores de minerais não-energéticos do Ocidente –, estima-se que os custos de implantação do projeto poderão ser reduzidos, o que gera perspectivas de rentabilidade muito boas. Por esse motivo, o BNDES está propondo associar-se ao projeto mediante a subscrição de *debêntures* com bônus de conversão em ações preferenciais da Salobo Metais. Todavia, mesmo que o BNDES venha a fazer parte da sociedade, a estrutura da Salobo Metais, que está sendo transformada em sociedade anônima, não sofrerá alterações. Apenas a estrutura do capital da empresa será revista, dado que o controle acionário continuará em poder da CVRD e da Mineração Morro Velho – a cada uma caberá a quota de 50%.

7.3.2 A produção de cátodos no Brasil

A Caraíba Metais, localizada na área do Complexo Petroquímico de Camaçari, no município de Dias d'Ávila (BA), detém o monopólio desse segmento. Até 1988 ela era uma empresa de controle estatal, com um desempenho econômico precário, dado que registrava sistemáticos déficits anuais. Seus preços eram controlados pelo Conselho Interministerial de Preços (CIP) e seu mercado era protegido pelo contingenciamento das importações e pela política tarifária em vigor.

Em 1988, a Caraíba Metais foi privatizada. O Governo vendeu a maioria de suas ações (67%) para a *holding* Dias d'Ávila, formada por um consórcio de empresas dentre as quais destacam-se a Companhia Paraibuna de Metais, o Grupo Arbi e o Banco da Bahia. No ano seguinte, a companhia conseguiu reverter a tendência prevalecente no período anterior, obtendo um lucro líquido de US$ 52 milhões. Entretanto, em 1990, a empresa voltou a apresentar prejuízo, desta feita de US$ 76 milhões, situação esta que se repetiu em 1991 e 1992.

O mau desempenho financeiro apresentado pela Caraíba no início da década de 1990 é explicado fundamentalmente pelo fim do contingenciamento às importações de produtos de cobre, determinado no mês de junho de 1990, como decorrência do processo de abertura da economia. Este fato, que possibilitou o acirramento da concorrência no mercado doméstico, aliado à forte crise macroeconômica atravessada pelo país, refletida na expressiva redução do volume de consumo, e à queda dos preços do cobre no mercado internacional, fizeram com que a empresa mergulhasse numa profunda crise.

Diante das sérias dificuldades, a Caraíba Metais viu-se na contingência de promover um amplo processo de reestruturação. Entre outras medidas, ela alterou seu modo de gestão e passou a adotar o Controle de Qualidade Total (CQT). Paralelamente, se encarregou de cortar custos mediante a redução da mão-de-obra e a adoção de melhoramentos técnicos e aprimoramento do processo produtivo. Como resultado, em 1994, a empresa voltou a apresentar lucro de US$ 17,8 milhões.

Em dezembro de 1995, o grupo Arbi e o Banco da Bahia venderam o controle acionário da Caraíba Metais para a *holding* Paranapanema, uma das maiores produtoras de estanho do mundo, que comprou também a Companhia Paraibuna de Metais (segunda maior fabricante de zinco do país) e a Eluma (produtora de tubos e conexões de cobre). A fusão dessas quatro empresas deu origem à Companhia Brasileira de Metais Não Ferrosos, segunda maior empresa de mineração e metais brasileira, atrás apenas da Vale do Rio Doce.

O patrimônio do novo grupo é de US$ 1,2 bilhão e a soma das receitas alcança US$ 1,1 bilhão. Com relação ao capital acionário, a maior parte, 66%, é controlada por um *pool* de fundos de pensão (Previ, Petros, Sistel, Aerus, Telos, FPS e Valia), cabendo o restante das ações à Bonsucex Participações, ao BNDES, à Companhia Siderúrgica Nacional e, em fase final de associação, estão a Vale do Rio Doce e a Anglo American.

A constituição da megaempresa foi idealizada com base em um profundo estudo sobre o futuro do mercado mundial de metais não ferrosos, o qual ressaltou que, para o Brasil ser competitivo nesse mercado, seria necessária a criação de uma empresa com escala e porte financeiro comparáveis aos dos líderes internacionais. Estes operam com faturamentos anuais superiores a US$ 2 bilhões e, por isso, o padrão de competição em vigor no setor é muito acirrado.

Nesse contexto, a estratégia dos novos controladores é garantir ganhos de escala, a fim de aumentar o aproveitamento industrial do potencial existente em cada unidade, bem como agregar novos produtos para tornar a companhia competitiva no mercado mundial de não-ferrosos, dentro do novo cenário de globalização. Para tanto, a *holding* está reorganizando suas atividades, que passarão a ser divididas em cinco grupos de negócios (estanho, zinco, cobre, produtos e derivados de cobre e, por último, concessão de serviços) e planeja investir US$ 600 milhões nos próximos cinco anos, a fim de elevar o seu faturamento no mesmo período para US$ 1,8 bilhão a.a.

Atualmente, a Caraíba Metais possui capacidade instalada para produzir 170 mil toneladas de cátodo ao ano. Como subproduto, a empresa gera 440 mil toneladas de ácido sulfúrico, 1.500 kg de ouro e 50 toneladas de prata. Pelo fato de a produção de concentrado de cobre ser insuficiente para atender às suas necessidades, a empresa é fortemente dependente da importação do produto originário principalmente do Chile e, em menor medida, do Peru. Entre 1986 e 1994 as importações eqüivaleram a 74,85% do total de concentrado de cobre adquirido pela Caraíba Metais. Por sua vez, a mina de Jaguari forneceu 18,79% e a de Camaquã 6,36% (Quadro 13).

Quadro 13
Aquisição do concentrado de cobre pela Caraíba Metais

Origem	1986	1987	1988	1989	1990	1991	1992	1993	1994
Jaguari	86.063	91.576	63.673	102.318	76.613	73.313	85.216	96.700	101.000
	(21,64%)	(20,35%)	(15,08%)	(21,65%)	(16,12%)	(16,46%)	(19,36%)	(19,24%)	(19,67%)
Camaquã	34.100	28.800	23.241	32.515	30.603	30.398	31.066	31.100	18.000
	(8,57%)	(6,40%)	(5,50%)	(6,87%)	(6,44%)	(6,83%)	(7,06%)	(6,19%)	(3,42%)
Importado	277.514	329.576	335.345	338.056	368.133	341.596	323.935	374.800	408.000
	(9,78%)	(73,25%)	(79,42%)	(71,48%)	(77,44%)	(76,71%)	(73,58%)	(74,57%)	(77,42%)
Total	397.677	449.952	422.259	472.889	475.889	445.307	440.217	502.600	527.000
Variação anual	–	13,14%	-6,15%	11,99%	0,63%	-6,42%	-1,14%	14,17%	4,85%

Fonte: Caraíba Metais, 1995.

Entre 1986 e 1994, a Caraíba Metais produziu em média 149,5 mil toneladas de cátodo e 351,4 mil de ácido sulfúrico. O volume de cátodos fabricados aumentou 46,6% no período, enquanto o de ácido sulfúrico cresceu 64,0%.

Quadro 14
Produção de cátodo e de ácido sulfúrico pela Caraíba Metais

Categoria	Capacidade	1986	1987	1988	1989	1990	1991	1992	1993	1994
Cátodo	C.I. (t)	170.000	170.000	170.000	170.000	170.000	170.000	170.000	170.000	170.000
(A)	Produção (t)	115.990	146.969	147.880	153.382	152.117	141.443	156.775	161.102	170.073
	Variação anual	–	26,71	0,62	3,72	-0,82	-7,02	10,84	2,76	5,57
Ácido	C.I.(t)	440.000	440.000	440.000	440.000	440.000	440.000	440.000	440.000	440.000
Sulfúrico	Produção (t)	232.403	328.491	341.393	365.248	357.632	352.658	407.062	396.437	381.092
	Variação anual	–	41,35	3,93	6,99	-2,08	-1,39	15,43	-2,61	-3,87

Fonte: Caraíba Metais, 1995.

No que respeita aos produtos vendidos pela Caraíba Metais, a média das vendas anuais de cátodo foi de 69.614 toneladas no período de 1986-1994, tendo sido registrado um crescimento da ordem de 94,53%. O mercado interno respondeu por 44,88% das vendas, sendo o restante exportado. Quanto ao ácido sulfúrico, as vendas foram todas direcionadas para o mercado doméstico e apresentaram um significativo aumento no período, de 74,22% (Quadro 15).

Quadro 15
Vendas de cátodo e de ácido sulfúrico no mercado interno e no externo da Caraíba Metais

Categoria	Vendas	1986	1987	1988	1989	1990	1991	1992	1993	1994
Cátodo	internas	43.313	57.521	37.028	25.323	14.790	20.160	28.272	28.977	25.868
		(100,0%)	(100,0%)	(100,0%)	(42,99%)	(25,19%)	(25,01%)	(26,84%)	(28,61%)	(30,83%)
	externas	0	0	0	33.575	43.913	60.455	77.066	72.321	58.036
		(0,0%)	(0,0%)	(0,0%)	(57,01%)	(74,81%)	(74,99%)	(73,16%)	(71,39%)	(69,17%)
	Total(t)	43.313	57.521	37.028	58.898	58.703	80.615	105.338	101.298	83.904
	Variação anual	-	32,80%	-35,63%	59,06%	-0,33%	37,33%	31,40%	-3,83%	-17,17%
Ácido sulfúrico	internas	218.738	281.427	327.031	365.248	337.922	377.969	417.888	366.680	395.193
		(100,0%)	(100,0%)	(100,0%)	(100,0%)	(91,02%)	(100,0%)	(100,0%)	(98,10%)	(100,0%)
	externas	0	0	0	0	33.341	0	0	7.101	0
		(0,0%)	(0,0%)	(0,0%)	(0,0%)	(8,98%)	(0,0%)	(0,0%)	(1,90%)	(0,0%)
	Total(t)	218.738	281.427	327.031	365.248	371.263	377.969	417.888	396.437	381.092
	Variação anual	-	28,66%	16,20%	11,69%	1,65%	1,81%	10,56%	-5,13%	-3,87%

Fonte: Sindicel, Anuário estatístico da indústria do cobre, vários anos e Caraíba Metais S.A., 1995.

7.3.3 A produção de vergalhão de cobre no Brasil

O vergalhão consiste em um produto semi-acabado laminado a partir do cátodo, destinado exclusivamente à fabricação de fios e cabos. Seu mercado, diferentemente do observado para o segmento de cátodo que constitui um monopólio da Caraíba Metais, é explorado por cinco firmas – algumas independentes e outras integradas para frente com produtores de fios e condutores elétricos – com ociosidade em 1992 estimada em 70%.

A capacidade instalada total das firmas que atuam no segmento de vergalhão é de 308 mil toneladas/ano, aproximadamente o dobro da demanda interna do produto. A Caraíba Metais detém a maior capacidade instalada, de 150 mil toneladas ao ano (48,70%), cabendo o segundo lugar à Sociedade Laminadora de Cobre (SOLAC), com capacidade para 60 mil t/a (19,48%), e o terceiro à Companhia Brasileira de Laminação (CBL), com capacidade para 50 mil t/a (16,23%) (Quadro 16).

Quadro 16

Produção de vergalhões: capacidade instalada e natureza da empresa

Empresa	Atividade	Capac. instalada (t/a)	Produto utilizado na laminação	Forma de laminação	Natureza da empresa	Tecnologia
Caraíba Metais	Refino fundição, laminação	150.000 (48,70%)	Cátodo	Processo contínuo	Produtor independente	A
SOLAC	Laminação de fios	60.000 (19,48%)	Cátodo da Caraíba, barras para fios importadas	Processo contínuo	Produtor integrado com fios (Pirelli e Furukawa)	A
C.B.L.	Laminação	50.000 (16,23%)	Cátodo da Caraíba e importado	Processo convencional à quente	Produtor parcialmente integrado (Lamesa)	B
Lametal	Laminação e fundição	36.000 (11,69%)	Cátodo da Caraíba e importado	Processo contínuo	Produtor integrado com fios	B
Termomecânica	Laminação de fios	12.000 (3,90%)	Cátodo da Caraíba, barras para fios importadas	Processo convencional à quente	Produtor integrado (laminados)	B

Notas: A = tecnologia moderna; B = tecnologia "in house", que consiste numa adaptação da firma aos seus requisitos técnicos, supostamente menos eficiente do que a utilização de equipamentos importados.
Fonte: BNDESPAR, Estudo do Mercado Brasileiro do Cobre (1987) e Caraíba Metais, 1996.

Entre 1986 e 1994, a Caraíba Metais produziu em média 78,7 mil toneladas de vergalhão. O volume fabricado cresceu 10,9% no período, percentual bastante inferior ao observado para a produção de cátodos, que no mesmo período registrou um aumento de 46,6% (Quadro 17).

No que respeita às vendas de vergalhão pela Caraíba Metais, a média de vendas alcançou 76.043 t/a no período de 1986-1994, com um pico de 113.725 toneladas em 1989. Houve um crescimento de 14,7% no período, motivado principalmente pelo aumento das exportações a partir de 1992, que serviram para compensar em parte a retração na demanda interna (Quadro 18).

Quadro 17

Produção de cátodo e de vergalhão pela Caraíba Metais, em toneladas

Categoria	Capacidade	1986	1987	1988	1989	1990	1991	1992	1993	1994
Cátodo	C.I. (t)	170.000	170.000	170.000	170.000	170.000	170.000	170.000	170.000	170.000
(A)	Produção (t)	115.990	146.969	147.880	153.382	152.117	141.443	156.775	161.102	170.073
	Variação anual	–	26,71%	0,62%	3,72%	-0,82%	-7,02%	10,84%	2,76%	5,57%
Vergalhão	C.I.(t)	150.000	150.000	150.00	150.000	150.000	150.000	150.000	150.000	150.000
(B)	Produção (t)	74.243	86.534	92.510	116.035	83.012	72.221	54.278	56.750	82.370
	Variação anual	–	16,56%	6,91%	25,43%	-28,43%	-13,00%	-24,84%	4,55%	45,15%
	(B/A)*	64,00%	58,88%	62,56%	75,65%	54,57%	51,06%	34,62%	35,22%	48,43%

* Percentual de cátodo que é transformado em vergalhão.
Fonte: Caraíba Metais, 1995.

Quadro 18
Vendas de cobre da Caraíba Metais nos mercados interno e externo, em toneladas

Categoria	Vendas	1986	1987	1988	1989	1990	1991	1992	1993	1994
Cátodo (A)	internas	43.313	57.521	37.028	25.323	14.790	20.160	28.272	28.977	25.868
		(100,0%)	(100,0%)	(100,0%)	(42,99%)	(25,19%)	(25,01%)	(26,84%)	(28,61%)	(30,83%)
	externas	0	0	0	33.575	43.913	60.455	77.066	72.321	58.036
		(0,0%)	(0,0%)	(0,0%)	(57,01%)	(74,81%)	(74,99%)	(73,16%)	(71,39%)	(69,17%)
	Total(t)	43.313	57.521	37.028	58.898	58.703	80.615	105.338	101.298	83.904
	Variação anual	–	32,80%	-35,63%	59,06%	-0,33%	37,33%	31,40%	-3,83%	-17,17%
Vergalhão (B)	internas	71.887	82.107	89.566	113.725	74.430	74.121	51.098	38.459	76.248
		(100,0%)	(100,0%)	(100,0%)	(100,0%)	(99,98%)	(99,54%)	(93,82%)	(93,87%)	(92,47%)
	externas	0	0	0	0	18	344	3.367	2.511	6.206
		(0,0%)	(0,0%)	(0,0%)	(0,0%)	(0,02%)	(0,46%)	(6,18%)	(6,13%)	(7,53%)
	Total(t)	71.887	82.107	89.566	113.725	74.448	74.465	54.465	40.970	82.454
	Variação anual	–	14,22%	9,08%	26,97%	-34,54%	0,02%	-26,89%	-24,78%	101,25%
Vendas (A+B)		115.200	139.628	126.594	172.623	133.151	155.080	159.803	142.268	166.358
	Variação anual	–	21,20%	-9,33%	36,36%	-22,87%	16,46%	3,05%	-10,97%	16,93%
	Vendas Internas	115.200	139.628	126.594	139.048	89.200	94.281	79.370	67.436	102.116
		(100,0%)	(100,0%)	(100,0%)	(80,55%)	(66,99%)	(60,80%)	(49,67%)	(47,40%)	(61,38%)
	Vendas Externas	0	0	0	33.575	43.931	60.799	80.433	74.832	64.242
		(0,0%)	(0,0%)	(0,0%)	(19,45%)	(33,01%)	(39,20%)	(50,33%)	(52,60%)	(38,62%)

Fonte: Sindicel, Anuário estatístico da indústria do cobre, vários anos e Caraíba Metais S.A., 1995.

Assinale-se que o processo recessivo da economia brasileira, iniciado em 1990, reduziu consideravelmente o volume de vendas de cátodo e de vergalhão da Caraíba Metais em relação a 1989. O acirramento da instabilidade macroeconômica, marcada principalmente pelos elevados índices de inflação, aliado ao processo de abertura do mercado à concorrência de produtos importados, afetaram de forma intensa a indústria de transformação do cobre, que apresentou queda em suas vendas no mercado interno superior a 25,0%. Este desempenho desfavorável refletiu-se na demanda por produtos da Caraíba Metais, que apresentou, ao longo de 1990, decréscimo no volume de vendas de 22,87% em relação ao ano anterior. O resultado só não foi pior porque o aumento das exportações (30,87%) compensou em parte a queda das vendas no mercado interno (-35,85%).

Gráfico 2

Evolução das vendas de cátodo e de vergalhão da Caraíba Metais

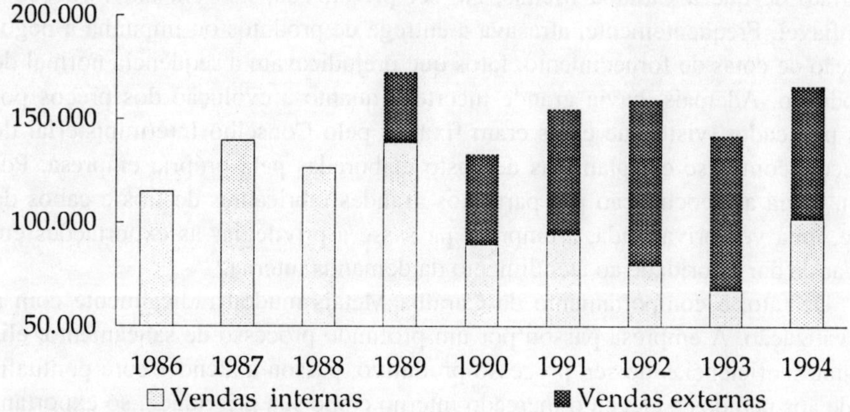

Fonte: Elaborado a partir do Quadro 16.

As vendas de cobre no mercado interno continuaram reduzidas até 1993, ano em que a economia passou a emitir sinais mais consistentes de reativação. Em 1994, beneficiada pela decretação do Plano Real, a indústria de transformação do cobre apresentou boa recuperação. Em conseqüência, a Caraíba Metais aumentou sua produção e exportou menos em relação aos três anos anteriores para atender ao aumento da demanda interna.

As demais empresas produtoras de vergalhão tornaram-se economicamente viáveis a partir da invenção de laminadores que exigem menor escala de produção. Enquanto os laminadores convencionais requerem níveis de produção de 150 mil toneladas/ano, como é o caso do equipamento pertencente à Caraíba Metais, os novos equipamentos são compatíveis com volumes até 90% inferiores. Isto viabilizou a instalação desses equipamentos tanto nas plantas de grande porte produtoras de fios como nas de produtores independentes. Sendo até certo ponto prestadoras de serviços a terceiros, essas firmas funcionam como entrantes potenciais no setor e impedem que os preços internos do vergalhão ultrapassem os praticados no exterior.

A SOLAC, segunda maior fabricante de vergalhão do país, foi constituída no Estado de São Paulo, em fins de 1989 para produzir 50 mil t/a de fios de cobre. Resultou da união de quatro empresas produtoras de fios e cabos de cobre já estabelecidas no Brasil: Indústrias Pirelli, Furukawa Industrial, São Marco e Alcoa Alumínios[6]. A nova planta tinha por objetivo dar às suas controladoras maior flexibilidade na obtenção de matéria-prima, ao possibilitar-lhes ad-

[6] Atualmente apenas a Pirelli Cabos e a Furukawa Industrial são controladoras da SOLAC.

quirir o cátodo do exterior, principalmente do Chile, como uma alternativa às compras feitas diretamente à Caraíba Metais.

A decisão de constituir a SOLAC foi tomada fundamentalmente com base no fato de que a Caraíba Metais, até ser privatizada, não era um fornecedor confiável. Freqüentemente, atrasava a entrega de produtos ou impunha a negociação de cotas de fornecimento, fatos que prejudicavam a seqüência normal de produção. Ademais, havia grande incerteza quanto à evolução dos preços por ela praticados, visto que esses eram fixados pelo Conselho Interministerial de Preços, com base em planilhas de custo elaboradas pela própria empresa. Por fim, havia a preocupação por parte dos grandes fabricantes de fios e cabos de que, uma vez privatizada, a empresa passasse a privilegiar as exportações em lugar de dar prioridade ao atendimento da demanda interna.

De fato, o comportamento da Caraíba Metais mudou radicalmente com a privatização. A empresa passou por um profundo processo de saneamento, eliminou ineficiências do seu processo produtivo, passou a atender com pontualidade aos pedidos e elegeu o mercado interno como sua prioridade, só exportando o excedente de produção. Para melhorar sua posição em relação ao cobre importado, a Caraíba Metais instalou em São Paulo, onde se concentra a maioria de seus clientes, um ponto de entrega de cátodo e vergalhão, de forma a viabilizar para eles esquemas de suprimento *just-in-time*. Os preços do cátodo e do vergalhão passaram a acompanhar as cotações das bolsas de metais estrangeiras, principalmente da London Metal Exchange (LME), acrescidos do custo de internação do produto.

O comportamento adotado pela Caraíba Metais possibilitou que os grandes fabricantes de fios e cabos voltassem a tê-la como fornecedora habitual, em lugar de procurar fabricar o vergalhão diretamente. Prova disso é que as importações de barras para a fabricação de fios, utilizadas para a produção de vergalhão, diminuíram sensivelmente a partir de 1990: passaram de 9,4 mil toneladas em 1989 e 11,2 mil toneladas em 1990, para 0,3 mil toneladas em 1991 e 1,9 mil em 1992, mantendo-se estáveis desde então. Por conseguinte, os laminadores dessas empresas trabalham hoje com elevada capacidade ociosa e a Pirelli Cabos – maior fabricante de fios e cabos do país – é a principal cliente da Caraíba Metais.

7.3.4 O processo de produção do cobre eletrolítico

O processo de industrialização do cobre encerra um grande número de etapas. Ele se inicia no local da mina, onde o minério de cobre, contendo de 1 a 2% de cobre, é britado, moído e, depois de passar por células de flotação, converte-se em concentrado de cobre. Esse concentrado, com teor médio de cobre de 30%, constitui a matéria-prima utilizada pela metalurgia para a produção de cobre eletrolítico, que é o cobre industrializado com alto teor de pureza.

Em seguida, o concentrado de cobre é levado até uma área descoberta para estocagem através de um sistema de alimentadores e transportadores de correia.

O produto é então armazenado em sete silos, com umidade de 8,0%, dos quais seis possuem capacidade de estocagem de 1.200 t de concentrados e um de 200 t de sílica, mineral que é misturado ao concentrado durante o processo produtivo. A partir dos silos, os concentrado de diferentes procedências são misturados em proporções rigorosamente controladas e juntamente com a sílica e outros insumos, dão origem a uma mistura homogênea que é transportada para o forno de secagem. Este possui capacidade de 100 t/h e foi projetado para secar a mistura até uma umidade final de 0,2%.

A etapa seguinte, que utiliza a moderna tecnologia Outokumpu, corresponde à da fusão do concentrado e compreende os sistemas de alimentação, fusão, resfriamento e limpeza de gases. Durante a alimentação e fusão do forno *flash*, com capacidade de 93 t/h, o concentrado seco e a poeira recuperada do processo são conduzidos por meio de transportadores de arraste até o queimador de concentrado do tipo *central jet*, onde são misturados com ar de processo pré-aquecido à temperatura de 200 graus e enriquecido com 40% de oxigênio. Em seguida, os gases provenientes do forno passam por uma caldeira de recuperação de calor e por precipitadores eletrostáticos no seu trânsito para a unidade de ácido sulfídrico, na qual 98,5% do enxofre contido nos gases é recuperado como ácido sulfúrico.

Na terceira etapa do processo de refino do cobre, o gás proveniente do forno *flash* é resfriado numa caldeira de recuperação de calor, com tecnologia Ahlstron, desde 1.350 graus até 350 graus, sendo o calor aproveitado para a produção de 39,6 t/h de vapor de água saturado, consumido no próprio complexo. A partir da caldeira, os gases são enviados a dois precipitadores eletrostáticos, de tecnologia *Flakt*. Estes recebem os gases a 350 graus e removem o pó neles contido com a ajuda de eletrodos e martelos que facilitam a queda do pó em transportadores localizados na parte inferior dos precipitadores. Os gases limpos são então exauridos e enviados à unidade de ácido sulfúrico. Esta unidade, dotada de tecnologia *Natron*, destina-se ao tratamento da corrente gasosa proveniente da fundição; nela o gás sulfídrico é transformado em gás sulfúrico.

Uma vez que o conteúdo do cobre nas escórias provenientes do forno *flash* e dos conversores é alto o suficiente para justificar sua recuperação, as escórias são enviadas a um forno elétrico onde são tratadas para a recuperação do cobre contido na forma de matte. O matte produzido no forno *flash* e no forno elétrico é vazado de tempos em tempos em panelas de $7m^3$, as quais são transportadas por ponte rolante de 100 t e carregadas nos três conversores, do tipo sifão. Estes possuem tecnologia *Bipromete* e são utilizados para converter o matte em cobre blister, cujo teor de cobre corresponde a 98,5%, contendo ainda como impurezas resíduos de enxofre, ferro, além de metais preciosos e outros componentes.

Os recirculantes, *reverts* e resíduos de ânodos provenientes das áreas de fusão, conversão e refino a fogo e eletrólise, promovem o balanceamento térmico dos conversores. A escória produzida retorna ao forno elétrico, o blister segue para os fornos de refino a fogo, ambos via panelas e pontes, e os gases, após o resfriamento e limpeza, são enviados à unidade de ácido sulfúrico. O processo de conversão é autógeno, visto que a energia térmica provém das reações químicas exotérmicas que se verificam entre a carga líquida (matte) à temperatura de 1.200 graus e o ar enriquecido com 26% de oxigênio, insuflado via ventaneiras.

Na etapa seguinte, o cobre blister proveniente dos conversores é refinado a fogo em dois fornos de ânodo dotados de tecnologia Outokumpu. A cada ciclo, uma carga de 280 t de blister é oxidada para remover o enxofre, sendo o ar injetado por meio de ventaneiras, através do metal fundido. Após a oxidação, a escória é vazada numa panela, que é transportada por uma ponte rolante até os conversores. Em seguida à escorificação, o oxigênio dissolvido no cobre é removido por meio de injeção de gás liqüefeito de petróleo, gerando o cobre anódico contendo 99,5% de cobre. O cobre anódico flui do forno em canaletas até uma panela intermediária que o distribui automaticamente para duas panelas de moldagem, com controle automático de pesagem, que alimentam a roda de moldagem, com capacidade de 70 t/h. O sistema de moldagem dos ânodos utiliza uma roda de fabricação Outokumpu, com 28 moldes, de acionamento automático, para a produção de placas retangulares de 1,0 m x 1,0 m e peso unitário de 300 kg.

A penúltima etapa é a do refino eletrolítico, que utiliza tecnologia Outokumpu e corresponde ao processo de transformação do cobre refinado à fogo, contendo 99,5% de cobre, em cobre eletrolítico (cátodos) à 99,99% de cobre.

Os ânodos, depois de resfriados, são inspecionados e enviados para a área de eletrólise, onde passam pelas prensas de ânodos, para melhor conformação e acabamento das orelhas de suporte. São então colocados em balancins especiais que os transportam para as células de eletrólise com auxílio de uma ponte rolante. A seguir, entre os vãos dos ânodos são intercaladas as chapas de partida, que consistem em lâminas de cobre eletrolítico com cerca de 1 mm de espessura e demais dimensões iguais às dos ânodos. Por meio do processo eletrolítico, o cobre dos ânodos é transferido para as chapas de partida, em duas etapas, constituindo o cátodo de cobre, com pureza superior a 99,99%. O ciclo anódico completo de eletrólise dura 22 dias. Após esse período, os cátodos de cobre eletrolítico pesando 130 kg são retirados das células, restando como resíduo uma lama anódica. Esta é enviada para os poços de dreno e daí para os espessadores, de onde o eletrólito retorna ao sistema de circulação, e a lama é conduzida para a área de tratamento, onde é seca e embalada para posterior processamento.

A etapa final compreende a fusão e laminação de cátodos. Uma parte da produção de cobre eletrolítico destina-se à laminação do vergalhão. A carga de cátodos é fundida em um forno vertical com capacidade nominal de 32,5 t/h. Em seguida ela é transportada para uma máquina de lingotamento contínuo, cuja capacidade é de 40 t/h, produzindo uma barra com seção de 120 x 50 mm. Em seguida, a barra é enviada para um laminador com capacidade de 150 mil t/a e composto de 15 gaiolas que transformam a barra em um vergalhão de 8 mm de diâmetro. O vergalhão que se obtém é conformado em espiras, que após decapagem, neutralização e banho em substância protetora contra oxidação, formam as bobinas, conhecidas no mercado como "jumbos de cobre", cujo peso é de 4,5 toneladas.

7.4 Formação e evolução dos preços do cobre primário

Apesar de a Caraíba Metais deter o monopólio da fabricação do cobre primário no Brasil, o processo de formação de preços não configura prática monopolista. O setor, ao invés de ser um *price-maker*, apresenta um comportamento típico de *price-taker*. Esta situação resulta dos níveis baixos de proteção alfandegários praticados pelo Brasil e do fato de que a indústria do cobre é, por definição, internacionalizada, uma vez que as escalas de produção são muito elevadas e o transporte do cátodo é relativamente simples (como sua densidade é alta, ele constitui excelente lastro para navios). Existem ainda grandes fornecedores operando próximos ao mercado brasileiro, como é o caso do Chile. Seu preço, por isso, é fixado com base na cotação das bolsas internacionais, principalmente a Bolsa de Metais de Londres (LME) e a divisão COMEX da Bolsa Mercantil de Nova York, acrescidos pelo preço de internação do produto.

7.4.1 O processo de formação do preço do cobre primário

O custo de produção do cobre varia de uma mina para outra. Dado que este minério é com freqüência um co-produto de minas produtoras de multimetais ou o principal produto de minas nas quais o minério de cobre extraído contém expressivo teor seja de metais preciosos, seja de outros metais menos valiosos, também podem ocorrer variações nos custos de produção ao longo do tempo, na medida em que a composição exata vai sofrendo alterações. Além disso, o custo de produção também pode variar segundo o método utilizado para contabilizar, nos custos operacionais, a receita proveniente dos subprodutos e co-produtos extraídos, como o ácido sulfúrico, o ouro e a prata.[7]

De acordo com a *Commodities Research Unit*, o custo bruto médio de fundição primária do cobre foi de 12,3 US$ c/lb, em 1989. Descontada a receita de

[7] Os custos líquidos das etapas de fundição e de refino do cobre são potencialmente afetados por qualquer mudança no valor dos subprodutos que contribua com receita para a operação de metalurgia. Entretanto, praticamente toda receita proveniente da venda de subprodutos metálicos gerados ao longo das operações de fundição e refino do cobre é absorvida pelo elevado custo de purificação do concentrado. Os únicos produtos oriundos do processo produtivo que geram uma receita efetiva para as mineradoras são o ácido sulfúrico e o dióxido de enxofre líquido, fabricados pelas plantas produtoras de ácidos integradas aos processos de fundição. Nesse sentido, o custo líquido de produção é conseqüência do custo bruto da fundição, descontada a receita proveniente da venda dos ácidos acima referidos e acrescido o custo de refino.

2,5 US$ c/lb proveniente da venda de ácido sulfúrico gerado ao longo do processo produtivo, o custo líquido médio é de 9,8 US$ c/lb.

Os custos líquidos médios correspondentes à África e à América Latina situaram-se abaixo dos níveis acima referidos; os da Ásia e da Europa foram significativamente superiores, enquanto os da América do Norte permaneceram num nível médio. Houve uma ampla variação de custos por região. A Europa, por exemplo, apresentou um custo bruto elevado de 18,4 US$ c/lb e um crédito proveniente da venda de ácido de 3,8 US$ c/lb – custo líquido de US$ 14,6 c/lb. Esse valor é muito superior ao correspondente à África, que registrou um custo bruto de 7,8 US$ c/lb e uma receita média de ácido 0,8 US$ c/lb – custo líquido de 7,0 US$ c/lb, o menor dentre todas as regiões (Quadro 19).

Em termos do refino do cobre, seu custo alcançou 4,8 US$ c/lb em 1989, com um padrão regional semelhante ao observado para a fundição (Quadro 19).

Quadro 19

Custo de refino e de fundição do cobre por região, 1989

Etapas	Fundição					Refino			Custo total (c/lb)
Região	Ânodo e blister 1.000 t	%	Custo bruto (c/lb)	Receita ácido (c/lb)	Custo líquido (c/lb)	cátodo (1.000 t)	%	Custo (c/lb)	
África	726	11,2	7,8	0,8	7,0	525	8,37	1,7	8,7
América Latina	1.762	27,1	9,2	1,1	8,1	1.404	22,38	4,1	12,2
Amér. do Norte	1.551	23,9	12,5	2,7	9,8	1.780	28,38	4,8	14,6
Ásia	1.429	22,0	15,6	4,8	10,8	1.254	19,99	5,4	16,2
Oceania	228	3,5	9,9	0,0	9,9	220	3,51	6,4	16,3
Oriente Médio	118	1,8	11,6	0,1	11,5	133	2,12	7,0	18,5
Europa	683	10,5	18,4	3,8	14,6	957	15,26	6,2	20,8
Total	6.497	100,0	12,3	2,5	9,8	6.273	100,0	4,8	14,6

Fonte: *Commodities Research Unit, Copper Smelting and Refining Costs to 2000, 1991.*

No caso específico da Caraíba Metais, o custo de uma libra de cobre refinado alcançou US$ 0,101/lb em 1989, sendo 60% proveniente do refino e 40% da fundição. Esta situação colocou a empresa em 11º lugar no *ranking* mundial de empresas que atuam no segmento de metalurgia do cobre, de acordo com critérios de custos operacionais do ramo em todo o mundo. Não obstante seu custo de refino ser relativamente elevado, o custo de fundição é um dos três menores do mundo.

Dentre as vinte plantas que apresentam os menores custos de produção do cobre refinado, seis (30,0%) estão localizadas na América do Norte, cinco (25,0%) na América Latina, quatro (20,0%) na África, três (15,0%) na Ásia, uma no Oriente Médio (5,0%) e uma (5,0%) na Europa. Quinze (75,0%) dessas plantas operam com unidades capazes de transformar o enxofre contido nos gases gerados ao longo do processo de metalurgia do cobre em ácido sulfúrico; sete (35,0%) utilizam processo de fundição por reverberação, uma tecnologia tradicional que vem sendo paulatinamente substituída por processos mais eficientes na captura do enxofre, devido principalmente a considerações de natureza ambiental (Quadro 20).

Quadro 20
Classificação das firmas de metalurgia do cobre segundo os custos de produção em US$/lb de cobre, 1989

Empresa	País	Prod. de ânodos e blister (t)	Tecnologia	Custo de fundição[1]	Custo de refino	Custo total
Palabora	África do Sul	127.000	A*	2,7	2,9	5,6
Leyete	Filipinas	132.000	C*	2,8	3,5	6,3
Mufulira	Zâmbia	151.000	B	5,5	1,1	6,6
Chuquicamata	Chile	450.000	A/C*	6,1	2,4	8,5
Onsan	Coréia do Sul	130.000	C*	4,3	4,4	8,7
Nkana	Zâmbia	194.000	A*	7,4	1,5	8,9
Caletones	Chile	302.000	A	6,6	2,4	9,0
Potrerillos	Chile	130.000	A	7,4	2,4	9,8
Miami	EUA	118.000	B*	6,6	3,3	9,9
San Manuel	EUA	210.000	C*	4,8	5,2	10,0
Caraíba	Brasil	157.000	C*	4,0	6,1	10,1
Sohar	Omã	20.000	B	7,8	2,8	10,6
Alaska	Zimbabue	23.000	A	8,5	2,7	11,2
Garfield	EUA	162.000	F*	7,7	3,8	11,5
Hayden	EUA	149.000	D*	7,6	4,6	12,2
Hurley	EUA	132.000	D*	7,6	4,9	12,5
Timmins	Canadá	107.000	E*	7,4	5,4	12,8
Las Ventanas	Chile	99.000	A*	8,9	3,9	12,8
Tamano	Japão	164.000	C*	8,8	5,5	14,3
Huelva	Espanha	121.000	C*	9,1	5,3	14,4

* Possui unidade de tratamento de ácido.

Nota: (1) Custo líquido, descontado o retorno da venda de *by-products*, como o ácido sulfúrico. Processos de fundição em operação: A-Reverberação; B-Forno elétrico, C-Outokumpu Flash, D-Inco Flash, E-Mitsubishi e F-Noranda.

Fonte: Commodities Research Unit, Copper smelting and refining costs until 2000, 1993.

7.4.2 A evolução do preço do cobre

No período compreendido entre 1986 e 1995, a evolução do preço médio anual do cobre no mercado internacional apresentou uma trajetória bastante irregular. Ao longo da segunda metade da década de 1980, o preço apresentou uma tendência fortemente ascendente, até que em 1989 alcançou na LME a cotação de US$ 2.845 a tonelada, o valor mais elevado desde 1980. Já entre 1990 e 1993, o preço do cobre no mercado internacional apresentou tendência declinante; chegou a ser cotado em US$ 1.630 a tonelada em novembro de 1993, o valor mais baixo em muitos anos, enquanto a cotação média anual atingiu US$ 1.913 a tonelada.

A queda acima apontada decorre de duas situações. Primeiro, a produção de cobre aumentou no período analisado em ritmo superior ao do consumo, uma vez que a recessão observada nos países industrializados afetou o consumo do minério. Em segundo lugar, os estoques também contribuíram para a depreciação dos preços.

A partir de 1994, o preço do cobre no mercado internacional voltou a subir, impulsionado pela recuperação econômica, ainda que lenta, dos grandes consumidores mundiais – Estados Unidos, Europa e Japão –, e pelo aumento no consumo da China e dos países que fazem parte do grupo dos Tigres Asiáticos, com destaque para Taiwan e Coréia do Sul. Isso possibilituou que o elevado volume de estoques nos armazéns da LME fosse gradativamente reduzido, propiciando a alta das cotações, que alcançaram em média US$ 2.307 a tonelada em 1994 e US$ 2.936 em 1995 (Gráfico 3).

Gráfico 3
Evolução do preço *cash* anual na Bolsa de Metais de Londres

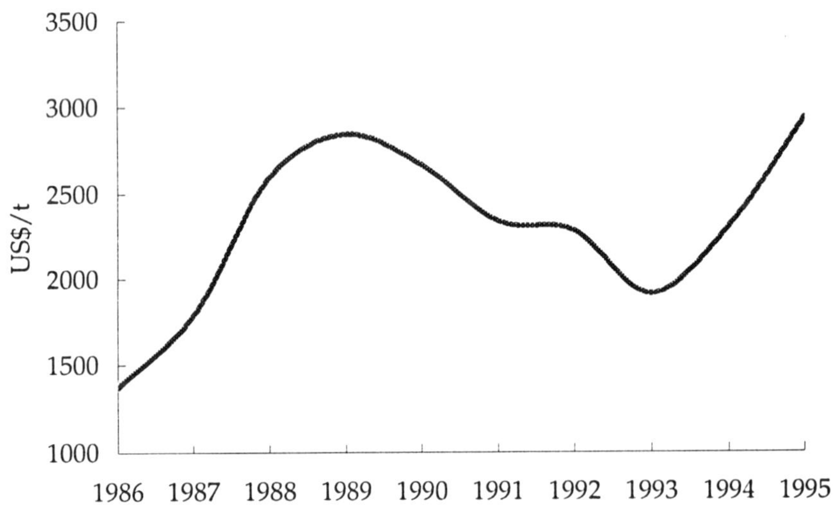

Fonte: Caraíba Metais, 1996.

Dado que a indústria produtora de cobre primário no Brasil apresenta um comportamento típico de *price-taker*, os preços domésticos acompanham a tendência dos preços no mercado internacional, conforme se pode constatar no Quadro 19, a seguir. Em 1991, inclusive, foi celebrado um acordo entre os produtores de cobre eletrolítico e o Sindicato da Indústria de Condutores Elétricos, Trefilação e Laminação de Metais Não Ferrosos do Estado de São Paulo (SINDICEL), cujos termos previam para o cátodo e o vergalhão preços iguais aos cotados pela LME na quinzena anterior, acrescidos do custo de internação do produto (Quadro 21).

Quadro 21

Evolução do preço médio mensal do cobre primário na Bolsa de Metais de Londres e do cátodo e vergalhão fabricados pela Caraíba Metais – Preço *cash* (US$/t)

Ano	Preço	Jan	Fev	Mar	Abr	Mai	Jun	Jul	Ago	Set	Out	Nov	Dez
	LME	3.400	3.099	3.270	3.119	2.743	2.547	2.497	2.768	2.885	2.864	2.593	2.417
1989	Cátodo	3.834	3.419	3.420	3.369	3.463	3.217	2.997	2.942	3.244	3.375	3.351	3.049
	Vergalhão	3.988	3.555	3.420	3.503	3.609	3.378	3.157	3.101	3.404	3.535	3.511	3.209
	LME	2.364	2.361	2.627	2.686	2.743	2.581	2.765	2.955	3.035	2.743	2.586	2.498
1990	Cátodo	2.852	2.794	2.855	3.087	2.896	3.012	2.996	3.198	3.405	3.310	2.987	2.870
	Vergalhão	3.012	2.954	3.019	3.247	3.056	3.172	3.156	3.358	3.565	3.390	3.087	2.970
	LME	1.266	1.247	1.323	1.413	1.338	1.345	1.354	1.326	1.346	1.372	1.337	1.217
1991	Cátodo	2.861	2.781	2.687	2.453	2.700	2.519	2.550	2.541	2.588	2.681	2.705	2.576
	Vergalhão	2.961	2.877	2.781	2.538	2.796	2.619	2.650	2.671	2.718	2.781	2.786	2.656
	LME	2.146	2.207	2.228	2.215	2.218	2.295	2.523	2.516	2.426	2.262	2.161	2.209
1992	Cátodo	2.427	2.457	2.510	2.492	2.487	2.540	2.784	2.814	2.711	2.503	2.396	2.410
	Vergalhão	2.507	2.552	2.610	2.592	2.587	2.640	2.884	2.914	2.811	2.603	2.496	2.510
	LME	2.259	2.211	2.153	1.952	1.794	1.854	1.927	1.947	1.862	1.646	1.630	1.724
1993	Cátodo	2.516	2.347	2.285	2.149	1.977	2.063	2.122	2.144	2.072	1.832	1.814	1.901
	Vergalhão	2.616	2.447	2.385	2.249	2.077	2.163	2.222	2.244	2.172	1.932	1.914	2.001
	LME	1.805	1.866	1.915	1.882	2.151	2.364	2.458	2.406	2.506	2.548	2.802	2.985
1994	Cátodo	1.990	2.068	2.108	2.094	2.282	2.563	2.673	2.641	2.718	2.759	2.999	3.224
	Vergalhão	2.090	2.168	2.208	2.194	2.382	2.663	2.773	2.741	2.818	2.859	3.099	3.324

Fonte: Sindicel, Anuário estatístico da indústria do cobre, vários anos e Caraíba Metais.

Cabe ressaltar, ainda, que a partir de meados de 1991, a cotação do preço do cobre no mercado interno passou a acompanhar ainda mais de perto as variações observadas na LME. Tal fato deveu-se à revisão da política comercial, que resultou na progressiva redução das tarifas aduaneiras. No caso do cátodo, o imposto de importação sofreu uma redução de 15% em 1988 para 6% em 1995, enquanto a redução foi de 30% para 6% no caso do vergalhão.

7.5 Competitividade da metalurgia do cobre no Brasil

Os consumidores de cobre eletrolítico, membros do SINDICEL, qualificam de ineficiente a metalurgia do cobre no país. Segundo eles, a Caraíba Metais não é uma empresa competitiva, por ser monopolista. Ademais, eles são de parecer que a competitividade da empresa é prejudicada por sua e por se tratar de uma indústria altamente dependente da importação do concentrado de cobre, o que gera custos muito elevados de transporte.

Entretanto, a configuração monopolista da indústria ofertante do cátodo no Brasil é a mais adequada, dada a inviabilidade econômica da instalação eficiente de outro produtor. As plantas integradas, para operarem com tecnologia moderna, apresentando custos que viabilizem a sua participação no mercado, necessitam de uma escala de produção mínima de 150 mil toneladas/ano. Como desde o início dos anos 80, à exceção de 1986 e 1987, o consumo anual de cobre tem sido inferior a 200 mil toneladas, é legítimo concluir que a vigência de um mercado mais desconcentrado apenas levaria à adoção de técnicas menos eficientes e a custos operacionais mais altos.

Em termos da inadequação da localização geográfica da Caraíba Metais, já foi visto que o preço de seus produtos não é afetado por este fator. Pelo contrário, os preços praticados pela Caraíba Metais são compatíveis com o de outros produtores internacionais. Conseqüentemente, é possível afirmar que os custos de transporte, tanto do minério como do produto final, são absorvidos pela eficiência operacional da empresa. De fato, em termos da produtividade do trabalho, medida pelas horas de trabalho necessárias à produção de uma tonelada de cobre refinado, constata-se que o desempenho da Caraíba Metais é igual à média norte-americana, inferior à chilena e canadense e superior apenas à japonesa e coreana. Além de possuir preços compatíveis com os de seus principais concorrentes, o cátodo da Caraíba Metais apresenta também padrão de qualidade internacional, atestado por registro de qualidade da Bolsa de Metais de Londres.

Cabe ressaltar ainda que desde a sua privatização, em 1988, a Caraíba Metais vem introduzindo importantes mudanças na sua estrutura produtiva, que resultaram num novo modelo de gestão, com ganhos expressivos de produção e produtividade. Entre 1988 e 1994, a empresa apresentou melhoria da produção superior a 27%, enquanto a sua produtividade cresceu 104%. A escalada da recuperação da taxa anual de retorno sobre o investimento superou largamente as expectativas: em 1992, para uma previsão de 6% de retorno, alcançou-se 7,29%; no ano seguinte, para uma previsão de 8%, registrou-se 9,54%, e em 1994, o retorno foi de 12,3%, para uma estimativa de 10%.

A decisão de reestruturar a Caraíba Metais foi tomada no início dos anos 90, quando a empresa atravessava forte crise, motivada pela abertura da economia que favoreceu o aumento da competição no mercado interno e a colocou na contingência de mudar para poder enfrentar a concorrência dos produtos importados. Para tanto, a Caraíba Metais alterou o seu modo de gestão e passou a adotar o Controle de Qualidade Total (CQT). Desde então, cerca de 330 funcionários foram treinados dentro desta filosofia pela Fundação Christiano Ottoni, de Belo Horizonte, e em 1995 a empresa entrou na fase de delegação formal da rotina padronizada.

Até o final da década de 1980, a política de comércio exterior para a metalurgia do cobre no Brasil era composta por três elementos básicos: o contingenciamento das importações de cobre eletrolítico, a margem de preferência concedida para países da Associação Latino-americana de Integração (ALADI) e a alíquota de imposto sobre o produto importado. O primeiro dos elementos, o contingenciamento das importações de produtos de cobre foi suprimido em junho de 1990, no âmbito da reformulação da política de comércio exterior e de extinção das barreiras não-tarifárias.

Com relação à margem de preferência, o Brasil na condição de importador de grande porte, vale-se deste mecanismo para conferir preferência aos produtos da região, a fim de viabilizar importações com baixa incidência tarifária. Entretanto, a conjugação da elevada margem de preferência fixada em 75% e 65%, respectivamente, para o cátodo e o vergalhão, com a progressiva redução das tarifas aduaneiras a partir de 1988, acabou por penalizar a competitividade da Caraíba Metais, devido à incidência tributária diferenciada sobre os produtos da metalurgia do cobre nos países da região.[8]

Os impostos que mais afetam a metalurgia do cobre no Brasil , comprometendo a fixação de preços competitivos e, portanto, a capacidade de concorrência da Caraíba Metais, são o PIS e o COFINS, que incidem sobre o faturamento total da empresa, além do ICMS, o qual incide também sobre as exportações. A existência desses impostos e outras ineficiências de natureza sistêmica penalizam a competitividade da Caraíba Metais, que passou a operar com margem de proteção negativa a partir da redução das tarifas de importação.

No Chile, existe um único imposto incidente sobre a venda de produtos industriais que é o Imposto sobre Valor Agregado (IVA). Semelhante ao ICMS, estabelece uma alíquota de 18% mas não incide sobre as exportações. Ademais, a contribuição das empresas para o seguro social é de no máximo 5,2% e não existe o FGTS. Por fim, a alíquota do imposto de renda é de apenas 10% do lucro obtido e inexiste contribuição social. A menor carga tributária incidente sobre as empresas chilenas, aliada ao fato de que os produtos importados estão isentos do pagamento do PIS e do FINSOCIAL no Brasil, faz com que a proteção conferida pelo atual imposto de importação, fixado em 6% desde janeiro de 1995, não seja suficiente para compensar as vantagens do cobre chileno.

A incidência apenas do PIS e do COFINS sobre o custo final do cobre comercializado pela Caraíba Metais é de 3,1%, ao passo que a tarifa real paga pelos importadores desde o início de 1995 corresponde a apenas 1,5% do valor do cátodo importado e a 2,1% do valor do vergalhão. Conseqüentemente, o setor trabalha com uma proteção negativa de 1,6% para o cátodo e de 1,0% para o vergalhão.

Por fim, cabe mencionar que os exportadores chilenos utilizam a elevada margem de preferência incidente sobre as importações de cobre no Brasil como instrumento de *rent-seeking*. A existência de tais rendas pode ser comprovada, por exemplo, pelo fato de que, em diversos anos, o preço médio das exportação chilena de cobre refinado para o Brasil foram superiores ao preço médio das exportações desse produto para o resto do mundo (Quadro 22).

---

[8] No caso do cátodo, a margem de preferência de 75% incidente sobre a Tarifa Externa Comum (TEC) de 6%, em vigor desde janeiro de 1996, reduz a tarifa real a apenas 1,5%. Para o vergalhão, a margem de preferência de 65% incidente sobre a TEC reduz a tarifa real a 2,1%.

Quadro 22
Preço médio das exportações de cobre eletrolítico do Chile

Exportações		1985	1989	1990	1991
Chile para o mundo	Valor (US$ mi)	966,6	2.453,9	2.681,0	2.316,0
	Quantidade (t)	700,6	897,2	1.020,8	1.003,0
Preço médio	(US$/t)	1.379,7	2.735,1	2.626,4	2.309,1
Chile para o Brasil	Valor (US$ mi)	24,4	49,5	35,9	96,1
	Quantidade (t)	16,8	17,0	12,9	40,4
Preço médio	(US$/t)	1.452,4	2.911,8	2.782,9	2.378,7
Preço médio	Brasil/mundo	5,3%	6,5%	6,0%	3,0%

Fonte: *Comisión Chilena del Cobre* e CIEF/DECEX (Brasil), extraído de Avaliação dos Impactos do AAP3 sobre as Relações Comerciais do Brasil-Chile, Fundação Centro de Comércio Exterior, setembro de 1992.

O recurso à prática de *rent-seeking*, no caso das exportações de cobre do Chile é ainda potencializado pela concentração da produção chilena de cobre em poucas empresas de propriedade estatal e, portanto, com forte poder de *lobby* junto à burocracia governamental. Por outro lado, as pressões pela manutenção, ou mesmo pelo aumento, das margens de preferência encontram aliados também entre os setores industriais brasileiros que empregam o cobre e seus derivados como insumo. Esses setores que compõem a cadeia produtiva do cobre exercem pressão pela manutenção das concessões atuais, uma vez que, à semelhança do que acontece com os exportadores chilenos, tornam-se também beneficiários diretos das práticas de *rent-seeking* realizadas pelos exportadores chilenos.

7.6 O avanço tecnológico no segmento do cobre primário

O ritmo de geração e difusão do progresso técnico na indústria produtora de cobre primário é lento, uma vez que a incorporação imediata de novas tecnologias – seja de produto, seja de processo – é dispensável à manutenção da competitividade das empresas. Esta afirmação é corroborada pelo fato de que em 1989, cerca de 39% da produção mundial de cobre refinado foi originada por processo que utiliza forno de reverberação, um método já ultrapassado pelos fornos tipo *flash*.

A substituição de fornos de reverberação por fornos elétricos e fornos do tipo *flash* constitui a principal mudança tecnológica verificada a partir dos anos 50 no que respeita à fundição do cobre. Até o final da década de 1940, todas as plantas que realizavam a metalurgia do cobre utilizavam alto-forno ou forno por reverberação para produzir o matte. Em 1948, começou a ser desenvolvida uma nova tecnologia de fundição pela finlandesa Outokumpu Oy, seguida pela americana Inco a partir de 1953. Pretendeu-se com tal substituição atender às exigências de conservação energética e redução da poluição, visto que os fornos de reverberação possuem baixa eficiência termal e produzem emissões de gases com teor entre 0,5% e 1% de dióxido de enxofre, concentração baixa demais para permitir a adoção de técnicas de recuperação de gases extremamente caras.

Até o final da década, a *Commodities Research Unit* prevê que os únicos fornos por reverberação que continuarão em funcionamento deverão ser os em atividade no sul da África e em alguns países da América Latina. Estima-se que todas as demais operações serão desativadas ou substituídas por tecnologia moderna, já que existe hoje uma gama muito ampla de escolhas em termos de processos alternativos, seja no sentido de novas fundições, seja para substituir tecnologia em programas de modernização da fundição. Entre eles cabe destacar, além dos processos por *flash* Outokumpu e Inco, os seguintes: fundição contínua Mitsubishi, fundição por reator Noranda e processo de fundição Isa.

O processo de *flash* Outokumpu provou ser a escolha preferida tanto para a substituição de fornos por reverberação como para novas plantas de fundição. Foi o primeiro dos processos ditos "modernos" a se desenvolver e tem sido objeto de contínuo aperfeiçoamento, de tal modo que ele permanece como um processo muito competitivo e eficiente, em comparação com outros desenvolvidos posteriormente. Além disso, apresenta uma história de comprovada eficiência operacional. Ele requer uma alimentação sustentada de concentrado de alto teor e não se presta a aplicações nas quais pode haver variação na composição química do concentrado. Na prática, porém, problemas de variação desse teor são minimizados por grandes instalações de armazenamento de concentrado e facilidade de mistura. Suas operações caracterizam-se pela otimização do gasto de combustível, pelo uso eficiente da mão-de-obra e pelos altos níveis de recuperação de ácido, em conformidade com as normas ambientais mais rigorosas.

Paralelamente ao desenvolvimento do processo de *flash* Outokumpu, outros processos modernos surgiram. O processo de *flash* Inco assemelha-se muito ao Outokumpu, porém usa 100% de oxigênio, em lugar de ar enriquecido. Por isso, não desfruta da mesma aplicação ampla. Seu registro de operação eficiente foi bastante comprovado, embora não tenha sido amplamente adotado, respondendo por apenas 6% da produção mundial. Vem sendo, entretanto, usado pela Inco, uma das maiores mineradoras do mundo, em seu principal programa de modernização. As operações de *flash* Inco caracterizam-se por alta eficiência de combustível e pelo uso eficiente da mão-de-obra.

O processo de fundição desenvolvido pela *Mitsubishi Metal Corporation* a partir do início dos anos 70, permanece ainda hoje como o único processo em escala comercial com capacidade para produzir cobre blister de forma contínua, dispensando a operação de conversão separada das escórias para a recuperação do cobre contido na forma de matte. Possui qualidades semelhantes às dos processos de fundição *flash*, embora o consumo de energia seja um pouco mais alto. Entretanto, até o início da década de 1990, ele só era utilizado em uma planta fora da Mitsubishi. Isso deve-se ao fato de o processo ser complexo e exigir controle sofisticado, não obstante sua comprovada eficiência técnica e custos de produção compatíveis com os de outras fundições modernas. Tanto o *flash* Inco como o processo Mitsubishi requerem alimentação com concentrados que apresentem alto teor e pequena variação na sua composição química. Por isso, não são adequados para tratamento de sucata em alta escala.

O processo Noranda, desenvolvido a partir do final da década de 1970, caracteriza-se pelo mesmo atributo dos processos de *flash* modernos, mas tem, suplementarmente, maior flexibilidade na manipulação de uma ampla gama de materiais de alimentação. O processo Noranda passou por um longo período de aperfeiçoamento, razão pela qual hoje em dia é bem aceito. Sua principal qualidade, que lhe dá uma vantagem sobre os processos acima descritos, é que o seu sistema de fundição por imersão permite grande flexibilidade no tratamento do concentrado, além de acomodar-se mais facilmente às mudanças em termos de seu teor e composição mineral. O processo Noranda também permite o tratamento de uma ampla gama de sucata, assim como de resíduo de baixo teor e escória, operações que não são facilmente levadas a efeito numa planta de fundição por *flash*. O processo Noranda está operando em três plantas e é objeto de consideração para introdução numa série de projetos.

Por fim, o processo de fundição Isa representa um desenvolvimento muito recente. Uma unidade de fundição de cobre em pequena escala está em funcionamento em *Mount Isa*, Estados Unidos, há vários anos e no início dos anos 90 foi escolhido para substituir o antigo processo de reverberação no programa de modernização da fundição. Também está sendo seriamente considerado para introdução em vários projetos novos. Possui qualidades semelhantes às do processo Noranda, com grande flexibilidade no tratamento do concentrado.

A estimativa da *Commodities Research Unit* é de que a escolha de um processo de fundição tanto para projetos novos como para fins de modernização das plantas já em operação, estará entre o Outokumpu *Flash*, o Reator Noranda e o novo processo Isa. Este último é visto com grande interesse por operadores que estão considerando novos projetos, dado que sua proclamada flexibilidade, aliada a um sistema operacional relativamente pouco complexo, constitui um grande atrativo. Não obstante, o processo Outokumpu continuará a ser objeto de grande interesse das fundições de grande porte, as quais manipulam toneladas de concentrados de qualidade constante.

Na etapa de refino do cobre não há a mesma escolha ampla de opções de processo disponíveis. A principal mudança tecnológica ocorrida em anos recentes deveu-se à disponibilidade de cobre de alta qualidade e composição uniforme, a partir de frisadoras contínuas. Esta mudança permitiu o uso de máquinas trefiladeiras de alta qualidade e de recozimento em linha, em vez do processo anterior de fornada descontínuo. No caso de outros semimanufaturados não foram observadas inovações radicais nos processos de produção de cobre primário.

Outra inovação importante está relacionada com a tecnologia do processo Isa recém-desenvolvido, que utiliza lâminas de cátodo de aço inoxidável e afigura-se como a opção mais conveniente para um novo circuito de células comerciais, em virtude das importantes diferenças no custo operacional conseguidas vis-à-vis os circuitos convencionais. O potencial de uso do processo Isa depende, porém, do grau de expansão que está sendo considerado, uma vez que é extremamente caro equipar toda uma planta com lâminas de cátodo de aço inoxidável. A provável solução econômica numa planta antiga é a de maximizar a automatização do manuseio das chapas de cátodo, de ânodo e de partida, medida esta que irá depender do custo relativo e da eficiência da mão-de-obra na região.

7.7 Os principais segmentos consumidores de transformados de cobre

Em 1994, os principais segmentos consumidores de produtos transformados de cobre no Brasil foram o da construção civil (26,2%), o de máquinas e equipamentos (10,8%), o de automóveis (8,3%), o de produtos eletroeletrônicos (7,9%), o de telecomunicações (7,6%) e o de eletrodomésticos (5,8%). Juntos, eles foram responsáveis por 66,6% das vendas no mercado interno, que alcançaram 198,7 mil toneladas (Quadro 23).

Entre 1990 e 1994, as vendas no mercado interno aumentaram 23,6%, equivalente a uma crescimento médio da ordem de 5,87% ao ano. Dentre os principais setores consumidores de produtos transformados de cobre, cinco aumentaram sua participação relativa na demanda interna neste período. São eles: o da construção civil, o de telecomunicações, o de automóveis, o de máquinas e equipamentos e o de refrigeração. Já os setores de produtos eletroeletrônicos, de eletrodomésticos, de transmissão e distribuição de energia, de transporte e de siderurgia e mineração, tiveram reduzida sua participação relativa na demanda doméstica por produtos transformados de cobre (Quadro 23).

No setor da construção civil, o cobre tem seu uso mais importante sob a forma de cabos elétricos. No passado, eles foram substituídos em grande medida por material de alumínio. Entretanto, a má experiência vivida em alguns países onde o aquecimento dos cabos de alumínio provocou grandes incêndios levou ao retorno do setor ao uso de material de cobre. Também são bastante empregados na construção civil tubos, conexões, encaixes etc. de cobre para a distribuição geral de água, assim como na calefação e nos aspersores contra incêndio. O cobre é igualmente utilizado em aquecedores, *boilers* e caldeiras. Finalmente, vem sendo cada vez mais empregado em revestimentos decorativos, sob a forma de lâmina.

Na indústria eletroeletrônica e na de máquinas e equipamentos, o cobre é utilizado basicamente sob a forma de cabos, circuitos elétricos e componentes para motores. Nos automóveis, é empregado na fabricação de radiadores e de circuitos elétricos e eletrônicos. Por fim, nas telecomunicações, é utilizado sob a forma de fios e cabos com que são feitos os enlaces entre os assinantes e as centrais telefônicas.

Quadro 23
Vendas ao mercado interno em toneladas métricas

Setor	1990	1991	1992	1994
Construção civil	38.467	39.571	41.842	52.017
	(23,9%)	(22,4%)	(23,8%)	(26,2%)
Máq. e equipamentos	15.683	16.948	21.726	21.444
	(10,2%)	(9,9%)	(12,3%)	(10,8%)
Telecomunicações	17.415	9.255	19.725	15.078
	(5,6%)	(11,3%)	(11,3%)	(7,6%)
Eletroeletrônico	11.831	18.896	15.618	15.631
	(11,4%)	(8,2%)	(8,8%)	(7,9%)
Eletrodoméstico	8.905	10.001	11.290	11.578
	(6,0%))	(5,8%)	(6,3%)	(5,8%)
Automobilístico	9.716	11.906	11.125	16.515
	(7,2%)	(6,4%)	(6,3%)	(8,3%)
Refrigeração	4.660	7.878	9.916	13.508
	(4,7%)	(3,1%)	(5,6%)	(6,8%)
Transm. distr. energ.	11.492	8.801	7.918	7.649
	(5,3%)	(7,2%)	(4,4%)	(3,9%)
Transporte	7.248	7.058	4.559	6.055
	(4,2%)	(4,5%)	(2,5%)	(3,1%)
Sider. e mineração	3.472	4.193	3.186	2.709
	(2,5%)	(2,1%)	(1,9%)	(1,4%)
Outros	29.278	30.169	29.953	38.256
	(18,5%)	(18,5%)	(16,9%)	(19,3%)
Total	158.167	165.120	176.855	198.741

Fonte: SINDICEL, Anuário estatístico da indústria brasileira do cobre, vários anos.

No setor de telecomunicações, os cabos de cobre vêm sendo substituídos nos últimos anos pela microonda, fibra ótica e transmissão digital, especialmente entre as subestações e entre as centrais das grandes cidades. No plano das conexões entre os assinantes e as centrais, a substituição do cobre é menos marcante, visto que até o momento a utilização de fibra ótica não é economicamente viável neste segmento. Houve apenas alguma perda em virtude do uso de cabos de cobre mais finos, o que reduz o consumo medido em termos de toneladas do produto. As fibras óticas estão começando a ser usadas neste segmento de mercado, embora se estime que o impacto não será tão grande quanto o produzido no nível da comunicação entre centrais. De qualquer modo, os fatores acima apontados serão em parte compensados pela expansão geral dos serviços de comunicação que essas mudanças tecnológicas favorecerem. O uso maciço de redes de computação constitui um exemplo dessa tendência.

É interessante observar que o emprego do cabo de telecomunicação ótico gera demanda adicional por cabos de força de cobre. Embora não possam ser usados na transmissão de energia elétrica, os cabos de fibra ótica consomem eletricidade ao produzirem a luz necessária à emissão do sinal. Volume substancial de fios de cobre é, pois, usado em conexão com os cabos de fibra ótica. Ainda que o maior uso de cabos de fibra ótica venha a reduzir o consumo de cobre nos cabos de telecomunicações, seu efeito continuará sendo compensado pela maior demanda por cabo de força que será criada.

Nos segmentos de eletroeletrônicos e máquinas e equipamentos, o uso do cobre sob a forma de conexões e rolamentos e produtos similares tem sido afetado pela miniaturização dos componentes e pelo uso de cobre cada vez mais delgado. Acredita-se, entretanto, que já foi atingido o limite tecnológico neste campo. Por conseguinte, o mercado para os produtos de cobre nestes dois segmentos continuará não só aberto como em expansão.

No mercado de ar condicionado para automóveis, o cobre tem sofrido as conseqüências da sua substituição pelo alumínio. Por outro lado, o uso do cobre cresceu no mercado dos produtos de linha branca, especialmente freezers e geladeiras.

No setor da construção civil, o emprego de canos de cobre nos sistemas de água fria sofreu drástica queda, ao serem substituídos por tubos de plástico, os quais também têm sido amplamente adotados no sistema de escoamento da água servida, em que a exposição à água quente é minimizada. É possível que a indústria de plástico logre, no médio prazo, desenvolver um produto que seja eficiente para a condução de água quente e, nesse caso, o consumo do cobre poderá sofrer significativa redução. Entretanto, a facilidade com que os canos de cobre podem ser trabalhados e conectados nas obras hidráulicas, mesmo em espaços pequenos, fará com que o seu uso continue sendo o preferido nos sistemas de água quente, mesmo depois que uma tubulação plástica dotada das necessárias qualificações tenha sido desenvolvida.

Na indústria automobilística, são boas as perspectivas de maior demanda por cobre. Melhorias de produto recentemente introduzidas possibilitaram a fabricação de radiadores de veículos a motor de cobre, com peso equivalente ou inferior ao dos leves radiadores de alumínio e dotados da mesma capacidade de resfriamento. Foi, portanto, vencida a pressão no sentido da adoção do alumínio em detrimento do cobre a fim de reduzir o peso dos veículos, como parte do esforço no sentido de aumentar a economia de combustível.

7.8 Conclusões

A indústria de cobre primário é tipicamente de processo contínuo, intensiva em capital, que agrega relativamente baixo valor ao produto final e fabrica produtos homogêneos. As escalas de produção são elevadas e a possibilidade de diferenciação do produto reduzida.

No que respeita ao ritmo de geração e difusão do progresso técnico na indústria produtora de cobre primário, este é lento, uma vez que a incorporação imediata de novas tecnologias é dispensável à manutenção da competitividade das empresas. Esta afirmação é corroborada pelo fato de que a maior parte da produção mundial de cobre refinado é originada do processo de reverberação, um método já ultrapassado pelos fornos tipo *flash*.

A substituição dos fornos de reverberação por fornos elétricos e fornos tipo *flash* constitui a principal mudança tecnológica verificada em anos recentes no que respeita à fundição do cobre. Pretendeu-se com tal substituição atender às exigências de conservação energética e redução da poluição.

Com relação à etapa de refino de cobre, a principal mudança tecnológica ocorrida em anos recentes deveu-se à disponibilidade de cobre de alta qualidade e composição uniforme, a partir de frisadoras contínuas.

No Brasil, a fabricação de cátodos é monopólio da Caraíba Metais. Até 1988, ano em que foi privatizada, a empresa apresentava um desempenho econômico precário. Após a privatização, contudo, a Caraíba Metais promoveu um amplo processo de reestruturação. Entre outras medidas, passou a adotar o Controle de Qualidade Total e se encarregou de cortar custos mediante a redução da mão-de-obra e a adoção de melhoramentos técnicos e o aprimoramento do processo produtivo, que tornaram a empresa competitiva. Em função disso, a Caraíba Metais passou a adotar um preço compatível com o de outros produtores internacionais, acompanhando as cotações das bolsas de metais estrangeiras. Cabe ressaltar, ainda, que além de praticar preços compatíveis com os de seus principais concorrentes, o cátodo da Caraíba Metais apresenta padrão de qualidade internacional.

No segmento de vergalhão atuam cinco empresas. A Caraíba Metais é responsável pela quase totalidade do vergalhão produzido no país, vendido para empresas produtoras de fios e cabos, inclusive para as que contam com laminadores próprios. Ainda que sua preferência seja pela compra do vergalhão diretamente da Caraíba, essas empresas, por possuírem laminadores próprios, funcionam como entrantes potenciais no setor e impedem que os preços internos do vergalhão ultrapassem os praticados no exterior.

Com relação às vendas no mercado interno de cátodo e vergalhão, assinale-se que o processo recessivo da economia brasileira, iniciado em 1990, reduziu consideravelmente o seu volume em relação a 1989. O acirramento da instabilidade macroeconômica, aliado ao processo de abertura do mercado à concorrência de produtos importados, afetou de forma intensa a indústria de transformação do cobre, que apresentou queda significativa em suas vendas no mercado interno. O desempenho desfavorável refletiu-se na demanda por cobre primário, que só não apresentou uma redução mais acentuada em função do aumento das exportações, que serviu para compensar em parte a queda das vendas no mercado interno.

8 A indústria brasileira do PVC primário

Armênio de Souza Rangel

8.1 A indústria petroquímica mundial

8.1.1 Introdução

A petroquímica é a indústria dos compostos químicos orgânicos obtidos a partir de hidrocarbonetos[1] naturais presentes no petróleo bruto e no gás natural. Em algumas situações, os mesmos produtos podem ser obtidos através de outras matérias-primas, como é o caso do etileno, que pode ser obtido, também, a partir do álcool – alcoolquímica. A química orgânica moderna resume-se na ciência dos compostos de carbono e tem por base a indústria petroquímica.

Os primórdios da indústria petroquímica moderna remontam à primeira guerra mundial, com a busca de um substituto para a borracha natural. Na Alemanha, foi obtido o butadieno a partir do butano oriundo do petróleo. O seu grande impulso dar-se-ia com o início da extração do petróleo para fins carburantes a partir de 1920. Após a segunda guerra mundial, a petroquímica experimentaria um grande desenvolvimento, constituindo-se na principal fonte de produtos químicos orgânicos.

A indústria petroquímica, para a obtenção de seus compostos orgânicos, utiliza matérias-primas provenientes da destilação do petróleo bruto. As principais matérias-primas utilizadas na indústria petroquímica são a nafta, o gás natural e o gasóleo. No Brasil, há uma grande dependência da nafta devido à escassez de gás natural. Dessas matérias-primas a nafta é a mais versátil.

A partir desses insumos são obtidos os petroquímicos básicos que podem ser agrupados em duas categorias:

- olefinas[2]: eteno, propeno e butadieno;

---

[1] Hidrocarbonetos são compostos orgânicos constituídos exclusivamente pelo carbono e pelo hidrogênio.

[2] As olefinas formam cadeias carbônicas abertas insaturadas por uma dupla ligação. Sua fórmula geral é CnH2n

- aromáticos[3]: benzeno, tolueno e xilenos.

Esses produtos petroquímicos são obtidos, basicamente, através do processo de pirólise da nafta[4]. Por sua vez, os seis produtos básicos dão origem a uma infinidade de produtos intermediários que são utilizados na fabricação de uma série de bens de consumo final.

8.1.2 Reestruturação

A indústria petroquímica mundial é constituída por grandes conglomerados multiprodutores que desenvolvem sua própria tecnologia e integram o processo produtivo desde as matérias-primas básicas até os produtos intermediários e finais e, em alguns casos, até produtos de consumo final. Na Tabela 1, encontram-se discriminadas as vendas líquidas das principais empresas químicas internacionais. Como se pode observar, são grandes conglomerados industriais cujas vendas líquidas chegam a atingir, como no caso da Basf, o montante de US$ 28,78 bilhões. No caso do Brasil, o faturamento líquido de toda a indústria química chega a atingir o montante de US$ 24,0 bilhões. Há, portanto, uma grande diferença de vendas entre as empresas químicas brasileiras e as empresas internacionais. As principais empresas internacionais na indústria do PVC são: Hoechst e Solvay na Europa e Formosa Plastics, Shintek, Geon, Occidental e Borden nos EUA.

A indústria petroquímica está sujeita a uma dinâmica cíclica recorrente. Nos períodos de *boom*, os preços se elevam induzindo as empresas à expansão da capacidade produtiva. Nos períodos de recessão, o declínio dos preços inviabiliza o funcionamento das plantas mais antigas. O início dos anos 90 pode ser caracterizado como um período de excesso de oferta de produtos petroquímicos. A partir de meados dos anos 70, iniciou-se um processo de reestruturação da indústria petroquímica mundial que se intensificou no início dos anos 80. A crise energética dos anos 70 e a prolongada recessão mundial provocaram uma reestruturação da petroquímica. De um lado, muitos países em desenvolvimento entraram na produção de *commodities* petroquímicas como é o caso do Brasil, do México, da Coréia do Sul, da Argentina e da China. Além disso, muitos países exportadores de petróleo – Arábia Saudita e o Canadá, por exemplo – entraram na indústria petroquímica com a montagem de grandes plantas voltadas para a exportação, aproveitando o gás natural. A reestruturação conduziu a uma situação de excesso prolongado de oferta das *commodities* petroquímicas nos mercados internacionais.

---

[3] Os aromáticos formam cadeias carbônicas cíclicas insaturadas a partir da estrutura do benzeno.

[4] Decomposição da nafta por aquecimento na presença de catalisadores.

Tabela 1
Principais empresas químicas internacionais,
Vendas líquidas em US$ milhões, 1990

Empresa	Vendas líquidas
Basf	28.780
Hoechst	27.693
Bayer	25.706
ICI	23.046
Rhone Poulenc	14.461
Enichem	12.571
Norsk-Hydro	9.740
Akzo	9.476
Degussa	8.596
Solvay	7.637
DSM	5.585
Air Liquide	5.305

Fonte: Abiquim, 1992.

As grandes empresas petroquímicas mundiais reagiram fechando plantas obsoletas e reestruturando globalmente o setor. De 1980 a 1983, muitas plantas foram fechadas nos EUA, Japão e Europa e muitos projetos de expansão foram abandonados. De um lado, as grandes companhias petrolíferas procuraram integrar a petroquímica com sua atividade principal. De outro, as grandes empresas petroquímicas direcionaram seus esforços na produção de especialidades, produtos de maior valor adicionado, como os plásticos de engenharia, fibras para a indústria aeroespacial, eletrônica, computadores e a indústria nuclear, abandonando aos poucos a posição dominante que detinham no mercado das *commodities*.

Até o início dos anos 70, a indústria petroquímica seguia a localização regional da indústria petrolífera. Ela processava os hidrocarbonetos disponíveis em três principais regiões: EUA, Europa e Japão. Os produtos finais eram consumidos nos países desenvolvidos e as exportações para os países em desenvolvimento eram crescentes. De meados dos anos 70 até o início dos anos 80, muitos países em desenvolvimento construíram sua própria indústria petroquímica, como foi o caso do Brasil.

8.2 A indústria petroquímica no Brasil

8.2.1 Estruturação da indústria

Os primórdios da indústria petroquímica no Brasil remontam aos anos 60. Em 1967, foi criada a Petroquisa – Petrobrás Química S.A. – subsidiária da Petrobrás com o objetivo de definir e regulamentar o desenvolvimento da indústria petroquímica no país. A entrada da Petrobrás viabilizou a constituição da indústria petroquímica através de uma ampla associação entre o Estado e os capitais privados nacional e estrangeiro – o chamado modelo tripartite[5]. Os grandes investimentos realizados no âmbito do II PND para a substituição de insumos básicos possibilitaram um grande desenvolvimento da petroquímica, reduzindo de forma drástica a dependência externa de produtos petroquímicos. Em meados dos anos 80, o país já se constituía num exportador líquido de muitas *commodities*.

No Brasil, a indústria petroquímica organiza-se em torno de três centrais de matérias-primas – Copene, Copesul e PQU – os quais conformam os três pólos petroquímicos existentes no país: Camaçari, Triunfo e Capuava. As três centrais de matérias-primas foram constituídas como subsidiárias da Petroquisa[6]. A PQU iniciou suas operações em 1972, a Copene em 1978 e a Copesul em 1982. Nas empresas de 2ª e 3ª geração, predominou o modelo tripartite: Petroquisa, capital nacional e estrangeiro.

Diferentemente de outros países, a indústria petroquímica no Brasil organizou-se em torno de um universo muito grande de firmas monoprodutoras e especializadas. Apesar de possuir uma grande integração tecnológica, a petroquímica brasileira está baseada em firmas muito pouco integradas horizontal e verticalmente[7] e muito pouco diversificadas. Essa estrutura coloca inúmeros problemas para a competitividade dessa indústria como um todo[8]. De um lado, as firmas ao longo da cadeia produtiva possuem um elevado poder de mercado com o estabelecimento de *markups* sucessivos[9]. De outro lado, como as firmas são monoprodutoras, torna-se difícil elas se ajustarem ao perfil da demanda, dada a natureza contínua do processo produtivo. Finalmente, essa estrutura carrega elevados custos de transação ao longo de toda a cadeia produtiva. O modelo ideal, como nos demais países, é a presença de grandes empresas fortemente integradas e diversificadas ao longo de toda a cadeia produtiva, de modo a maximizar as economias de escala e escopo.

O modelo tripartite só se tornou viável enquanto foi mantida a regulação das relações comerciais ao longo de toda a cadeia produtiva e a reserva do mercado nacional para as firmas brasileiras. O processo de abertura comercial e de desregulamentação econômica do início dos anos 90 colocou em risco a com-

---

5 Vide Suarez (1986).

6 Na Copene, deu-se uma associação da Petroquisa com a Norquisa empresa formada pelos usuários do polo petroquímico de Camaçari.

7 Integração vertical refere-se a trocas realizadas no âmbito de uma mesma empresa e não por relações de mercado.

8 Vide Parisi Júnior (1994).

9 Firmas sem integração vertical e com poder de mercado ao longo dos vários elos da cadeia produtiva conduzem a um duplo resultado: o lucro agregado é menor do que seria na presença de integração vertical e o preço dos bens finais é maior; Parisi Júnior (1994).

petitividade da indústria petroquímica brasileira. Como decorrência, surgiu a necessidade da sua reestruturação em direção a um modelo com firmas verticalmente integradas e diversificadas.

8.2.2 Desregulamentação, abertura comercial e privatização

O modelo tripartite se viabilizou tendo por base a política de fixação de preços para a nafta pelo CIP e a reserva do mercado nacional para as firmas brasileiras. Em geral, a nafta era cotada abaixo dos preços do mercado internacional. Esta política representou um incentivo para a indústria petroquímica brasileira, garantindo uma margem adequada para os produtos finais que contavam com a reserva de mercado. Nesse modelo, a Petrobrás detinha o monopólio da nafta, as centrais de matérias-primas detinham monopólios regionais dos produtos básicos e as empresas de 2ª e 3ª geração formavam oligopólios na produção de bens finais e intermediários. Em geral, os preços dos produtos finais e intermediários eram adequados, em função do subsídio existente no preço da nafta. Com a extinção do CIP e o processo de abertura comercial do início dos anos 90, modificou-se inteiramente o processo de formação de preços da indústria petroquímica brasileira

Com o final da reserva de mercado, foram eliminadas as barreiras não tarifárias e iniciou-se um processo de redução das alíquotas de importação. Em decorrência, os produtos finais passaram a sofrer a concorrência das importações e os seus preços passaram a ser regulados pelos preços internacionais. O início dos anos 90, coincidiu, por outro lado, com um movimento de baixa dos preços nos mercados internacionais. Ao mesmo tempo, a Petrobrás reajustou fortemente os preços da nafta a partir do final de 1992[10]. Esse duplo movimento adverso de preços, colocou em crise o modelo tripartite e criou a necessidade de sua reestruturação.

O modelo atual se baseia no monopólio da nafta por parte da Petrobrás[11], em monopólios regionais representados pelas centrais de matérias-primas e em oligopólios competitivos[12] nas empresas intermediárias e finais. Ou seja, as empresas conformam, em relação ao mercado interno, oligopólios, isto é, possuem um elevado poder de mercado na fixação de preços, dada a presença de

---

[10] Vide Parisi Júnior,1994.

[11] Na prática, a Petrobrás detém o monopólio da importação de nafta, pois domina o craqueamento nas refinarias. No início do Governo Collor, o preço da nafta foi fixado 20% acima do petróleo Brent. A fórmula adotada hoje em dia, e que viabilizou o processo de privatização, fixa o preço da nafta em 30% do preço CIF da nafta, mais 70% do preço médio do petróleo importado pela Petrobrás.

[12] Isto é, apesar da existência de poucas firmas os resultados aproximam-se dos da concorrência perfeita devido à concorrência das importações, que retiram dos produtores internos o poder de controlar a oferta.

poucas firmas em cada um dos segmentos da cadeia produtiva. No entanto, o exercício do poder de oligopólio sofre uma grande restrição devido às importações concorrentes. Na nova situação, os produtos básicos seguem gozando de forte barreira natural à concorrência representada pelo elevado custo de transporte dos gazes. O mesmo não ocorre com os produtos intermediários e finais, os quais passaram a sofrer dura concorrência das importações. Ou seja, o processo de abertura comercial pouco afetou os estágios iniciais da cadeia produtiva. Como decorrência, a indústria petroquímica brasileira só conseguirá manter-se competitiva através de um forte processo de integração vertical entre firmas, de forma a eliminar inúmeros custos ao longo de toda a cadeia produtiva e a fragmentação no processo de formação de preços.

O processo de privatização iniciado em abril de 1992 com o leilão da Petroflex caminhou no sentido de reduzir a fragmentação existente no setor. Já foram privatizadas 25 empresas, dentre as quais estão incluídas as três centrais de matérias-primas Copene, Copesul e PQU e, no caso do PVC, a CPC. Na realidade, o processo de privatização resumiu-se à venda das participações acionárias da Petroquisa em empresas do setor. Anteriormente, a Petroquisa detinha o controle acionário da PQU e Copesul e dividia o controle da Copene com a Norquisa, empresa formada pelas empresas clientes da central de matérias-primas.

Atualmente, a indústria petroquímica brasileira encontra-se agrupada em torno de seis grandes grupos empresariais: Odebrecht, Mariani, Suzano, Conepar, Unipar e Ipiranga. Há outros participantes, nacionais e internacionais, muitas vezes associados a esses grupos. Em linhas gerais, o processo de privatização caminhou no sentido da conglomeração. No entanto, o processo ainda está em curso devendo ocorrer novas fusões e incorporações como forma de atenuar a fragmentação do setor.

8.2.3 A cadeia produtiva

A indústria petroquímica brasileira organiza-se em torno de três pólos petroquímicos, cujos núcleos são três centrais de matérias-primas: Copene, Copesul e PQU. A função de cada uma dessas centrais de matérias-primas é transformar os derivados de petróleo – nafta, gasóleo ou gás natural – em produtos petroquímicos básicos: eteno, propeno, butadieno, benzeno, tolueno, xileno e metano. Esses produtos são fornecidos a uma multiplicidade de outras empresas para a produção de produtos petroquímicos intermediários e finais. A principal matéria-prima utilizada pela indústria petroquímica brasileira é a nafta e o principal produto básico é o eteno.

Figura 1
A cadeia produtiva da indústria petroquímica

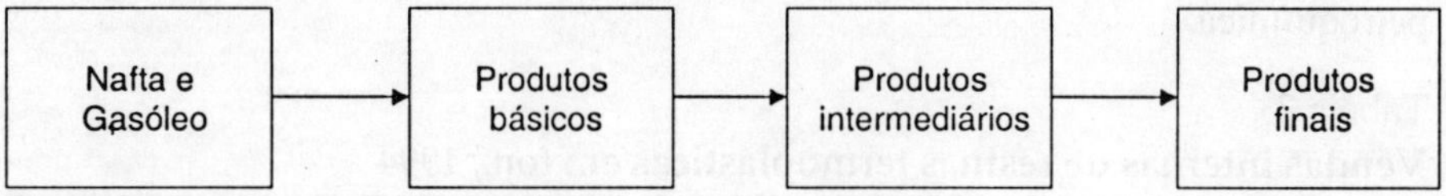

8.2.4 O segmento das resinas termoplásticas

Os produtos finais da indústria petroquímica podem ser agrupados nas seguintes categorias, segundo o uso final e suas propriedades físico-químicas:

Tabela 2
Vendas internas de produtos petroquímicos finais em ton., 1994

Produtos	Vendas	%
1. Termoplásticos: PEBD, PELBD, PEAD, PP,PVC,PS	1.988.377	53,07
2. Termofixos	485.935	12,97
3. Fibras sintéticas	406.456	10,85
4. Plastificantes	271.247	7,24
5. Solventes	219.454	5,86
6. Elastômeros	206.663	5,51
7. Detergentes	168.867	4,50
Total	3.746.999	100,00

(1) Termofixos e plastificantes incluem os seus intermediários
(2) Fibras sintéticas e detergentes: insumos petroquímicos para a fabricação destes produtos.
Fonte: Abiquim.

Os termoplásticos e os termofixos constituem o segmento dos plásticos. As resinas termoplásticas – utilizadas na fabricação de uma grande variedade de artefatos plásticos – constituem-se no principal segmento da indústria petroquímica moderna. No ano de 1994, as resinas termoplásticas foram responsáveis por 53,0% das vendas internas de produtos finais. Os termoplásticos são utilizados como insumos na fabricação de embalagens, brinquedos, eletrodomésticos, indústria eletroeletrônica, automobilística, construção civil, têxtil, calçados etc. Os plásticos, devido à sua grande versatilidade[13], vêm substituindo inúmeras matérias-primas tradicionais como metais, vidro, papel e papelão, tecidos, madeira e couro. O PEBD e o PVC são as principais resinas termoplás-

[13] Economia, facilidade de processo, leveza, menor consumo de energia, menor utilização de espaço físico em armazenagem, manutenção da qualidade, aumento da vida útil, inquebrabilidade, indeformabilidade, impermeabilidade, resistência à perfuração e roedores, facilidade de manejo, higiene e descartabilidade.

ticas obtidas pela indústria petroquímica brasileira e possuem uma infinidade de usos. No ano de 1994, essas duas resinas responderam por 42,76% das vendas de resinas termoplásticas e 22,69% das vendas de produtos finais da indústria petroquímica.

Tabela 3
Vendas internas de resinas termoplásticas em ton., 1994

Produtos	Vendas	%
PEBD	427.685	21,51
PVC	422.522	21,25
PP	373.877	18,80
PEAD	352.234	17,71
PS	132.409	6,67
PELBD	104.058	5,23
Compostos de PVC	91.614	4,61
Outros	83.978	4,22
Total	1.988.377	100,00

Fonte: Abiquim.

O PVC é utilizado, na construção civil, em perfis para janelas (6%), em revestimentos de paredes e pisos, em tubos e conexões para instalações hidráulicas e de saneamento (50%) e no revestimento de fios e cabos elétricos (8%). No total, a indústria da construção civil absorve pelo menos 64% das vendas internas de PVC.

Tabela 4
Destino das vendas internas de PVC em %, 1994

Usos	%
Tubos e conexões	50
Filmes	18
Calçados	10
Fios e cabos	8
Perfis	6
Frascos	5
Outros usos	3
Total	100

Fonte: Abiquim.

8.3 A indústria do PVC no Brasil

8.3.1 Estruturação

Os primórdios da indústria de PVC no Brasil remontam ao ano de 1941 com a instalação, em São Paulo, da fábrica Eletro Cloro do grupo belga Solvay. Inicialmente, o empreendimento voltava-se para a produção de soda cáustica e cloro a partir do sal. Posteriormente, no ano de 1956, a Eletro Cloro iniciou a produção de PVC a partir do acetileno, cuja principal matéria-prima é o carbureto de cálcio. Na época, não havia eteno para a obtenção do PVC. No ano de 1964, o grupo Solvay adquiriu a CBCC – Cia Brasileira de Carbureto de Cálcio. No ano de 1959, a Eletro Cloro assumiu o controle acionário da Plavinil, fabricante de artefatos de plásticos – laminados e filmes. Em 1962, a Eletro Cloro passou a produzir, também, o PEAD. Com o grande desenvolvimento da indústria petroquímica nos anos 70, a Eletro Cloro abandonou o processo via acetileno e passou a utilizar o eteno para a produção do PVC e PEAD. No ano de 1989, a Eletro Cloro passou a denominar-se Solvay do Brasil S.A.

Na década de 70, a Tigre – tubos e conexões – adquiriu a Brasivil, uma antiga empresa de capital alemão que produzia PVC. O projeto era verticalizar para trás a cadeia produtiva a fim de assegurar o fornecimento de matéria-prima e eliminar os intensos conflitos na área comercial com os fornecedores de resinas. No entanto, o montante dos investimentos necessários para modernizar a planta eram muito elevados e o projeto acabou sendo abandonado. No início dos anos 90, a Brasivil foi adquirida pela Solvay. Na atualidade, a Solvay é uma empresa multiprodutora[14].

Já a CPC é fruto da estratégia de implantação da indústria petroquímica no Brasil, ou seja, do modelo tripartite de empresa. Até o início do processo de privatização, o controle acionário da CPC repartia-se em iguais proporções entre três grupos: Petroquisa, Odebrecht e um consórcio japonês formado pela Mitisubishi e Nissho Iwai. Após o processo de privatização, o grupo Odebrecht assumiu, no ano de 1995, o controle acionário da CPC e da Salgema, que produz soda cáustica e cloro. Além disso, o grupo Odebrecht participa do controle acionário da Copene, PQU e Polisul, que são as centrais de matérias-primas que produzem o eteno, principal matéria-prima na produção do PVC.

Atualmente, a CPC possui três plantas localizadas –em São Paulo[15], em Alagoas e na Bahia – com capacidade instalada de produção de PVC de 414.000 ton. no ano de 1994. Já a Solvay, possui duas plantas instaladas em São Paulo com capacidade de produção de 180.000 ton.[16]. Como se pode observar, trata-se de um setor com elevado grau de concentração da produção industrial, que, após o processo de abertura comercial, viu reduzir em muito seu poder de mercado devido à concorrência das importações.

---

[14] Principais produtos: PVC, compostos de PVC, PEAD, soda cáustica, cloro, hipoclorito de sódio, cloreto férrico, ácido clorídrico etc.

[15] Constituída a partir da aquisição de uma antiga planta da GEON.

[16] Abiquim (1995).

8.3.2 A cadeia produtiva

Os termoplásticos, os termofixos, as fibras sintéticas e os elastômeros, os quais constituem o principal núcleo dos produtos finais da indústria petroquímica, são compostos orgânicos obtidos pelo processo de polimerização, ou seja, constituem a categoria dos polímeros. A grande versatilidade das moléculas de carbono e a sua grande capacidade de reagrupamento dão origem ao surgimento de uma infinidade de compostos orgânicos denominados de polímeros que se caracterizam por três propriedades básicas: elasticidade, dutibilidade e plasticidade.

A plasticidade é a principal característica dos polímeros denominados de termoplásticos. Os termoplásticos são polímeros lineares ou ramificados que, sob a ação de calor e de pressão, podem ser moldados, ou seja, mesmo após atingirem o grau final de polimerização suas propriedades físicas são reversíveis. Já os termofixos, após atingirem o grau final de polimerização, têm suas propriedades físicas irreversíveis. A elasticidade caracteriza os polímeros denominados de elastômeros ou borrachas sintéticas e a dutibilidade caracteriza os polímeros denominados de fibras sintéticas. Na figura a seguir, encontram-se as cadeias produtivas das principais resinas termoplásticas. Como se pode observar, o PVC é obtido a partir do eteno e do cloro.

Figura 2
A cadeia produtiva dos termoplásticos

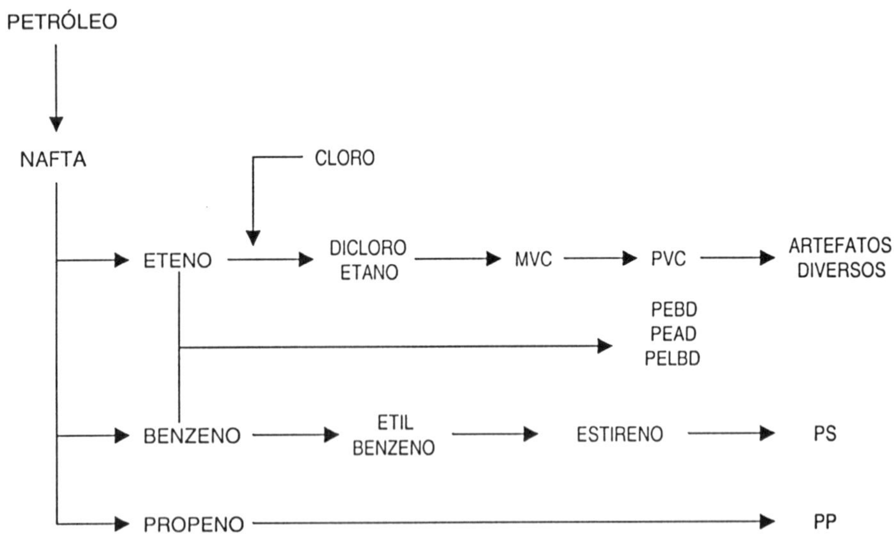

8.3.3 Processo produtivo e grau de atualização tecnológica

Na indústria petroquímica, as mudanças tecnológicas são incrementais, devido aos elevados custos dos investimentos, não havendo rupturas bruscas de padrão tecnológico, principalmente no que diz respeito aos produtos básicos. Em decorrência, inúmeros processos tecnológicos são utilizados simultaneamente por diferentes produtores. O maior dinamismo tecnológico encontra-se na área dos plásticos. A tecnologia dos termoplásticos é bastante complexa, mas a fronteira tecnológica é estável nos últimos 30 anos. As plantas brasileiras, em termos de escala, estão próximas das do resto do mundo e empregam modernas tecnologias na obtenção do PVC. A Solvay emprega tecnologia própria e a CPC utiliza a tecnologia BF Goodrich na obtenção do MVC e a tecnologia Nissho-Iwai para a obtenção do PVC.

No caso do PVC, os petroquímicos básicos são transformados em intermediários que servirão de monômeros para a produção dos polímeros. No caso do PVC, o monômero MVC é obtido a partir do dicloroetano que é o resultado da reação do eteno com o cloro[17]. A produção de MVC é, portanto, dependente de duas indústrias: da petroquímica e da indústria da soda-cloro[18], ou seja, petróleo mais sal. A Solvay produz o cloro e adquire o eteno das centrais de matérias-primas. No caso da CPC, o cloro é fornecido pela Salgema[19], uma empresa do grupo Odebrecht. Ou seja, observa-se algum grau de integração vertical na produção do PVC.

A partir de estruturas moleculares básicas, obtém-se, seja através do processo de polimerização por adição, seja por condensação, compostos orgânicos que se caracterizam pela repetição dessas estruturas básicas formando cadeias carbônicas. As propriedades dos compostos orgânicos dependem das estruturas básicas e do grau de polimerização, ou seja, do número dessas unidades na cadeia polimérica.

Na polimerização por adição, o produto resulta da combinação de monômeros sem que haja perda de massa. São quatro as técnicas utilizadas na polimerização por adição: polimerização em massa, em solução, em emulsão e em suspensão. O PVC pode ser obtido por esses quatro métodos. O mais utilizado, tanto na CPC quanto na Solvay, é o processo de suspensão. Neste caso, o monômero é mantido suspenso em água e o processo de polimerização é iniciado

---

[17] O MVC é um gás. Uma molécula do cloro substitui uma de hidrogênio. Na constituição do PVC, 56% é cloro e 46% é cadeia carbônica.

[18] O processo de obtenção da soda cáustica foi inventado pela Solvay.

[19] Atualmente, a CPC comprou a Salgema procurando verticalizar o processo. Neste sentido, ela detém moderna tecnologia para a obtenção de PVC e deverá modernizar a Salgema para a obtenção do cloro. Em relação à soda, a Odebrecht deverá constituir uma fábrica de papel para viabilizar o seu negócio principal, que é o PVC.

através de um catalizador no reator de polimerização. Posteriormente, o PVC, sob a forma de uma lama, passa por um tanque de separação sendo filtrado e secado[20].

As plantas brasileiras, apesar de modernas, ainda se dedicam à produção da resina básica de PVC[21]. Como já foi observado, a reestruturação da indústria petroquímica dos principais países desenvolvidos caminhou no sentido da diferenciação de produtos de maior valor adicionado. O CPVC, por exemplo, que, nos EUA, ocupou 15% do mercado do cobre nas tubulações para água quente, ainda não é produzido no Brasil[22].

Mesmo em relação às resinas tradicionais, há um grande espaço para o crescimento do consumo de PVC no Brasil. Por exemplo, em relação às grandes obras de saneamento e esgoto não se utiliza tubos de PVC mas, basicamente, de fibrocimento.

8.3.4 Padrão de concorrência e formação de preços

Como já foi observado, a produção de PVC no Brasil é extremamente concentrada, existindo grandes barreiras à entrada devido ao elevado montante dos investimentos iniciais. A presença de apenas duas empresas produtoras confere a essa indústria um elevado grau de concentração da produção industrial. Contudo, a elevada concentração não implica, necessariamente, poder de oligopólio. Como já foi observado, as empresas passaram a sofrer, a partir do processo de abertura comercial, forte concorrência das importações. No mercado mundial, existe intensa concorrência entre firmas, sendo os preços determinados por oferta e demanda. Portanto, após a abertura comercial, os preços do PVC passaram a ser determinados, basicamente, pelo mercado internacional.

A competitividade dessa indústria está intimamente relacionada com o grau de integração vertical entre os vários elos da cadeia produtiva. Diante da abertura comercial, somente projetos verticalizados e diversificados conseguirão viabilizar-se no novo ambiente competitivo. Assim, o montante dos investimentos necessários originam forte barreira à entrada no setor. Anteriormente, as barrei-

[20] No processo de emulsão, as partículas resultantes de PVC são muito finas e servem para produzir laminados calandrados. Os filmes de PVC são obtidos pelo processo de extrusão.

[21] Há diversos tipos de PVC com especificações diferentes (grades). Ou seja, diferentes graus de polimerização. Quanto maior o número de monômeros na cadeia carbônica, mais complexo é o processo de produção. Essa diferenciação dá origem a produtos mais ou menos flexíveis, mais ou menos transparentes etc.

[22] O CPVC – policloreto de vinila clorado – é um plástico usado em tubos de água quente em substituição ao cobre. Atualmente, o CPVC é uma resina produzida nos EUA pela B.F.Goodrich. Parece haver, por parte da construção civil no Brasil, uma grande resistência ao uso do CPVC em tubulações para água quente. Ou seja, o cobre ainda é considerado o produto mais adequado a esse uso.

ras eram mais fracas devido ao projeto de estabelecimento de empresas monoprodutoras ao longo da cadeia produtiva e da proteção de mercado.

Atualmente, a indústria petroquímica brasileira caminha no sentido da conglomeração. É pouco provável que haja espaço para novos projetos de investimentos no curto prazo. Por um lado, as empresas brasileiras deparam-se com a estreiteza do mercado interno e com a grande concorrência das importações. O crescimento em direção ao mercado externo é bastante problemático devido à grande concorrência existente. Mesmo as empresas brasileiras já estabelecidas deverão ganhar escala e eficiência para sobreviver à concorrência das importações e para manter uma posição no mercado externo.

Em relação à tecnologia, não há barreiras à entrada no setor, devido às inúmeras tecnologias disponíveis no mercado e licenciadas[23]. O PVC é uma *commodity* produzida em grande escala havendo pequena margem para uma política de diferenciação do produto e segmentação de mercado. Nos demais países, a concorrência se dá, basicamente, via preços.

No mercado mundial do PVC, deve-se diferenciar dois tipos de preços: preço de contrato e preço *spot*. Ou seja, o PVC é comercializado em dois tipos de mercados. Preços de contrato são os preços praticados nos mercados internos dos diversos países para contratos estáveis de fornecimento[24]. Em geral, esses preços são reajustados periodicamente em função do estado do mercado[25]. Sendo uma indústria de processo contínuo com elevados custos fixos de produção, geralmente as plantas operam próximo da capacidade instalada de produção – mínimo de 85%. No entanto, como as barreiras à entrada não são fortes, períodos de *boom* estimulam a ampliação da capacidade de produção existente. No entanto, as plantas só são viáveis se operarem próximas da plena capacidade. Em geral, as indústrias de produção contínua não conseguem ajustar o nível de produção ao perfil da demanda. Por outro lado, a principal fonte de demanda de PVC é a construção civil, um setor muito sensível às variáveis macroeconômicas. Ou seja, trata-se de uma indústria com tendência a um excesso estrutural de capacidade e cuja demanda é muito sensível às variáveis conjunturais.

Em decorrência, durante os períodos de excesso de oferta, os preços *spot* no mercado internacional se reduzem de forma drástica, enquanto os preços de contrato só de forma defasada e com menor intensidade[26] absorvem esta queda

---

[23] Atochen, BF Goodrich, Hoechst, Hulls, Norsk Hydro, Rhone Poulenc, Solvay etc.

[24] Em geral, são preços *free delivery*.

[25] Nos contratos de fornecimento, os preços são revistos periodicamente em função do estado do mercado. Em geral, os preços são reajustados se a variação dos preços domésticos for maior do que 5% da variação dos preços internacionais.

[26] Os preços *spot* oscilam entre US$ 450 a US$ 1.200. Já a variação dos preços de contrato se dá entre US$ 600 e US$ 900. Há um aspecto da indústria do PVC que não deve ser descurado. A indústria do PVC tem uma ligação muito estreita com a indústria da soda cáustica. A produção

de preços. Ou seja, os preços de contrato apresentam alguma rigidez em relação ao mercado *spot*, no qual os preços são determinados por oferta e demanda e possuem variância muito maior. A segmentação de mercado, em que os preços de contrato absorvem de forma defasada os movimentos do mercado *spot*, indica algum poder de mercado por parte das firmas. No caso do PVC, cerca de 5% da produção mundial destina-se aos mercados externos. Ou seja, o mercado *spot* é marginal em relação aos mercados internos.

Como já foi observado, o ajuste pelo lado da capacidade de produção é muito limitado devido à natureza contínua da produção. Portanto, nos períodos de recessão, os preços *spot* são menores do que os preços de contrato. Como decorrência, há uma tendência inerente dessa indústria ao *dumping* estrutural[27]. O inverso ocorre quando há excesso de demanda: os preços *spot* disparam enquanto os preços de contrato reagem de forma defasada e com menor intensidade.

No caso do Brasil, esta dinâmica não está presente. Até o início dos anos 90, os preços eram fixados pelo CIP, independentemente do que ocorria no mercado mundial. Com a abertura comercial, os preços do mercado interno passaram a ser regulados, basicamente, pelos preços *spot* do mercado internacional. Contudo, essa é uma forma de regulação do mercado que pouco interessa, tanto aos produtores de resina quanto aos próprios transformadores, pois ora o preço *spot* está abaixo do preço de contrato, ora acima. Nesse sentido, as relações comerciais entre produtores de resinas e transformadores são construídas em cima dos preços de contrato nos demais países, o que dá uma estabilidade e um horizonte de planejamento mais adequado às partes.

8.3.5 Desempenho recente

A produção mundial de PVC atingiu, no ano de 1990, 16.500 mil ton. Nesse mesmo ano, a produção brasileira atingiu 504 mil ton., ou seja, 3% da produção mundial. No período de 1980 a 1989, a produção de PVC elevou-se 70,6%, enquanto, no mesmo período, o PIB cresceu 21,2%. Como se pode observar, deu-se um crescimento significativo da produção de PVC. Já no período de 1989 a 1992, diante da retração da atividade econômica, a produção de PVC reduziu-se em 9,80%. A partir de 1986, observa-se um aumento significativo do coeficiente de exportação. Em 1986, o ele atinge 3,83% e, em 1993, 39,0%. Em

---

de soda gera cloro que tem que ser vendido a qualquer preço. Ou seja, quando há um excesso muito grande de cloro o preço do PVC cai.

[27] Essa dinâmica estrutural do mercado de produtos petroquímicos tem ensejado uma imensa controvérsia no âmbito das ações *antidumping*. Em períodos de excesso de oferta, os preços desabam, generalizando-se as vendas no mercado *spot* a preços de dumping próximos aos custos variáveis, segundo a definição do GATT. Nesses casos, o preço *spot* cai bem abaixo do preço de contrato e pode configurar uma política de dumping em relação aos produtores de outros países, principalmente em relação a países pequenos como o é o caso do Brasil.

grande medida, este movimento foi induzido pelo "efeito China" no mercado internacional e pela recessão doméstica do início dos anos 90. Ou seja, de 1986 até 1989, os preços *spot* disparam no mercado internacional, estimulando o aumento das exportações. Já em 1990, os preços do mercado *spot* desabam. No entanto, as exportações brasileiras seguem se expandindo até o ano de 1993, apesar do declínio dos preços internacionais.

É nesta conjuntura de declínio dos preços internacionais e de recessão que se processa a abertura da economia brasileira. Já em 1991, o coeficiente de importações eleva-se para 11,5% e, em 1993, para 13,8%. Como explicar esses movimentos aparentemente contraditórios? Em 1990, os preços *spot* no mercado internacional haviam caído abaixc dos preços domésticos. Em função da abertura comercial, as firmas transformadoras passaram a importar o PVC enquanto os produtores de resinas, diante da recessão doméstica, se vêm obrigados a exportar a preços reduzidos. Dessa forma, as relações entre produtores de resinas e transformadores tornaram-se mais tensas no período. Em função da redução das alíquotas de importação e de seus reflexos, os produtores de resinas promoveram ação *antiduping* contra os EUA e o México. Essa atitude acirrou ainda mais a já tensa relação entre os produtores de resinas e o setor transformador.

8.3.6 Conflito e colaboração ao longo da cadeia produtiva

Enquanto a indústria produtora de resinas de PVC é extremamente concentrada no Brasil, as indústrias transformadoras de PVC caracterizam-se pela grande concorrência, pela grande diferenciação de produtcs, pelo grande número de produtores e, em alguns segmentos, pelas fracas barreiras à entrada de novas firmas. As indústrias encontram-se associadas, principalmente, a duas entidades de classe: Asfamas e Abiplast. A primeira delas congrega empresas que produzem artefatos para saneamento: tubos e conexões. As principais empresas filiadas são: Tigre, Akroz, Fortilit, Plavinil, Majestic etc. A Abiplast reúne mais de 70 associados, em sua grande maioria pequenas e médias empresas. A tecnologia para a produção de conexões de PVC é mais densa, existindo poucas empresas nesse ramo de atividades. A empresa líder é a Tigre que controla mais de 70% do mercado. Em relação aos tubos, existem inúmeras empresas fabricantes, pois a tecnologia é menos sofisticada sendo fracas as barreiras à entrada de novas firmas. O mesmo ocorre em relação às esquadrias de PVC, que aos poucos começam a substituir as esquadrias metálicas.

Historicamente, as relações comerciais entre fabricantes de resinas e de artefatos têm sido conflituosas. O processo de abertura comercial parece ter exacerbado essas relações. De um lado, os produtores de resina perderam bruscamente a proteção de que gozavam no mercado interno em um momento em que os preços *spot* do PVC despencavam no mercado internacional. Por outro lado, os transformadores passaram a olhar os preços *spot* como preços que deveriam ser praticados no mercado interno. Ou seja, até então, os preços eram determinados pelo CIP e não havia preços de contrato, mais estáveis do que os preços *spot*, que regulassem as relações comerciais.

A imposição da tarifa de 15% pelo período de 5 anos contra as importações de PVC – NBM 3904.10.0100 – provenientes dos EUA e México conduziu a uma grande insatisfação por parte do setor transformador, o qual promoveu uma série de ações judiciais para revogar a vigência da alíquota.

No entanto, o PVC que chegou a ser importado a um preço de US$ 400,00/ton. atingiria, logo a seguir, o preço de U$ 600,00/ton. no mercado *spot*. Em decorrência, após o período conturbado de abertura comercial e de conflito entre transformadores e produtores de resinas, parece estar-se desenvolvendo a consciência de que a abertura comercial não pode ser usada para destruir parcelas da indústria nacional e de que é necessário que haja uma extensa colaboração ao longo da cadeia produtiva. Os próprios transformadores, na medida em que os preços *spot* dispararam, parecem ter chegado à conclusão de que não é possível ficar ao sabor dos preços *spot*, cuja variância é muito grande. Em certos momentos, os preços podem estar muito baixos mas, logo a seguir, podem estar muito altos. Ou seja, os transformadores não poderiam fundamentar toda uma indústria moderna e de alta tecnologia, como é o caso de muitas empresas filiadas à Asfamas, no comportamento dos preços *spot*.

Apêndice A
Classificação do PVC pela NBM

NBM	
3904	Polímeros de cloreto de vinila ou de outras olefinas halogenadas, em formas primárias
3904.10	PVC não misturado com outras substâncias
3904.10.0100	PVC obtido por processo de suspensão
3904.10.0200	PVC obtido por processo de emulsão
3904.10.9900	Outros
3904.2	Outro PVC
3904.21.0000	Não plastificado
3904.22.0000	Plastificado
3904.30	Copolímeros de Cloreto de Vinila a Acetato de Vinila
3904.30.0100	Líquidos e pastosos
3904.30.9900	Outros
3904.40	Outros Copolímeros de Cloreto de Vinila

Fonte: NBM/ Edições Aduaneiras, 1996.

Apêndice B
Capacidade instalada do eteno, Dicloroetano, MVC e PVC, em ton.

Empresa	Local	Eteno	Cloro	Diclo Etano	MVC	PVC
Copene	BA	1.080.000				
Copesul	RGS	600.000				
PQU	SP	360.000				
Salgema[(1)]	AL	100.000				
DOW química	BA		310.000			
Carbocloro	SP		235.000			
Salgema	AL		259.000	520.000		
Solvay	SP		88.000		41.000	180.000
CPC	BA/AL/SP				400.000	414.000
Outras			162.826			
Total		2.140.000	1.054.826	520.000	441.000	594.000

(1) alcoolquímico
Fonte: Abiquim

9 A indústria brasileira do vidro

Sérgio Buarque de Holanda Filho

9.1 A indústria mundial de vidros

9.1.1 As grandes inovações no século vinte e o processo de concentração no setor

Iremos discutir, inicialmente, a formação de um oligopólio que opera em nível internacional no setor de vidros planos, e que tem como origem as inovações que ocorreram nas técnicas de produção em função do início de sua mecanização no começo do século, e sua consolidação em novas bases que ocorreu a partir do invento e difusão do chamado processo *float* nos anos 60. A fonte utilizada nesta seção, com objetivo bastante sintético, é o estudo de José Tavares de Araújo Jr.[1]; as observações serão, portanto, centralizadas nos casos das indústrias inglesa e norte-americana, estudados no citado trabalho.

Até o final do século passado, as técnicas na produção de vidro eram quase exclusivamente manuais. Apesar disso, no Reino Unido, o segmento de vidros planos já era controlado por um cartel desde o início daquele século, que regulava o preço do produto e evitava a luta por aumento das parcelas de mercado entre as firmas durante períodos de crise. As eliminações sucessivas dos impostos sobre a produção e a importação de vidros planos nas Ilhas Britânicas em meados daquele século levam a uma nova configuração da estrutura de sua indústria. Em nível da produção interna, o domínio das maiores empresas componentes do cartel se consolida, com a absorção de empresas menores; no início da década de 1860, as três maiores firmas participavam com 75% da produção nacional de vidros planos. Entre estas, estava a Pilkington Brothers, fundada em 1826, que viria a ter importância fundamental no processo de geração de nova técnica de produção no século seguinte. Por outro lado, a abertura ao mercado externo passa a expor a indústria inglesa à concorrência dos importados, particularmente dos provenientes da Bélgica, país mais competitivo da indústria mundial de vidros na época. O desenvolvimento da economia britânica no perí-

---

[1] [Araújo, 1982].

odo vitoriano e a conseqüente expansão da indústria de construção civil deram espaço ao crescimento das grandes empresas locais paralelo ao das importações. No continente europeu, a empresa francesa Saint Gobain, fundada no século dezessete, era a maior produtora da indústria de vidros. Nos Estados Unidos, a produção de vidros, ao contrário da maioria dos outros setores industriais, era relativamente menos concentrada.

Máquinas semi-automáticas só seriam introduzidas na indústria de vidros britânica em 1887 e, seis anos depois, nos Estados Unidos. Essa inovação, que ocorreu inicialmente no segmento de produção de garrafas, não teve como conseqüência relevante uma modificação na tecnologia predominante nas firmas do setor. Seu principal impacto ocorreu a partir do estímulo a novas pesquisas que levaram à inovação radical de Owens, que introduziu a máquina automática na indústria de vidros em 1903 nos Estados Unidos.

No segmento de vidros planos, assim como no de garrafas, a difusão do emprego de máquinas automáticas ocorreu inicialmente nos Estados Unidos. A introdução de máquinas mecânicas na produção de vidros planos ocorreu também em 1903, com a implantação do processo de Lubbers, que utilizava métodos de produção menos revolucionários que o de Owens no segmento de garrafas. Somente em 1917 seriam lançados nos Estados Unidos dois outros métodos mecanizados, mais avançados, para a produção de vidros plano: um desenvolvido pelo grupo Libbey-Owens e outro pelo belga Fourcault. Embora, nessa época, as empresas que utilizavam o método de Lubbers já participassem com 60% da produção de vidros planos para janelas nos Estados Unidos, ainda havia inúmeras pequenas e médias empresas no setor que utilizavam técnicas manuais ou semi-automáticas. O alto custo fixo das máquinas automáticas e do licenciamento para o uso da nova tecnologia tornaram-na inacessível à maior parte das empresas do setor. As técnicas manuais só desapareceriam no final da década de vinte. Esse período relativamente longo de sobrevivência simultânea das duas tecnologias é explicado, em parte, pela alta taxa de crescimento do mercado, impulsionado pela expansão da indústria automobilística. A Ford se associa ao grupo Libbey-Owens em 1916. Mas outro fator explicativo salientado por Tavares de Araújo foi a reação dos vidreiros, mão-de-obra especializava que operava nas fábricas manuais, à introdução da nova tecnologia. Os sindicatos de trabalhadores do setor eram os mais fortes dos Estados Unidos no final do século passado. Ao lado de conquistas salariais e outros benefícios trabalhistas, passaram a proibir seus membros de operarem ou contribuírem para o desenvolvimento de máquinas semi-automáticas. Com a expansão das empresas que utilizavam tecnologia mecânica e empregavam mão-de-obra não especializada que não era membro dos sindicatos, as associações passaram a aceitar reduções de salários e de outros benefícios e a colaborarem com pequenas e médias empresas na introdução de técnicas semi-automáticas que possibilitassem um aumento da produtividade. A Crise de 1929 veio a acabar com esse período de sobrevivência dessas empresas, completando o processo de concentração da indústria nos Estados Unidos.

No Reino Unido, o processo de mecanização automática na indústria de vidros foi bem mais lento, inclusive em relação às principais empresas do continente europeu, onde se consolidava a liderança do grupo Saint Gobain. A concentração na indústria britânica de vidros planos já era bastante elevada no início do século. Dominada pela Pilkington, só havia mais uma empresa, de pequeno porte, na indústria local, que seria comprada pela primeira em meados da década de trinta. As técnicas manuais predominaram na grande empresa inglesa até 1926, ano em que decide adotar o novo processo de mecanização desenvolvido pela empresa norte-americana Pittsburg Plate Glass. O processo de mecanização da Pilkington seria completado em 1933. Um ponto favorável ao desempenho da empresa inglesa nesse período foi o sucesso do resultado de suas pesquisas que tornaram comercializável o vidro laminado. Apesar de ter sido introduzido na Inglaterra ainda no século dezoito, o elevado custo do processo antigo impossibilitava sua produção em escala comercial. A expansão da indústria automobilística, principal demandante desse tipo de vidro plano, estimulou os gastos em pesquisa da Pilkington, em associação com a Ford, que apresentaram resultados bem sucedidos no final da Primeira Guerra Mundial.

Uma vez completado o processo de mecanização automática nos principais países da indústria de vidro no Ocidente, o período de 1930 até o final da Segunda Guerra Mundial é caracterizado, por Tavares de Araújo, pela consolidação do cartel mundial no setor. Até então, já era comum a existência de cartéis nacionais no setor. Em nível internacional, formara-se, no início do século, uma associação que regulava os interesses dos principais concorrentes do continente europeu. Na indústria belga, líder mundial até o início do século, ocorre a perda do controle acionário nacional das empresas locais a partir de 1920. O cartel mundial formalizado no início dos anos trinta é dominado pelos quatro maiores produtores ocidentais: Saint Gobain, Pilkington e as duas norte-americanas que se expandiram com o processo de mecanização automática – o grupo Libbey-Owens-Ford (LOF) e a Pittsburg Plate Glass (PPG). O cartel refinou os acordos de colaboração entre os grandes produtores. Estabeleceram-se mecanismos de acordos de preços e de divisão do mercado dos países subdesenvolvidos entre os quatro grandes produtores. A influência das empresas líderes do cartel mundial a partir do início dos anos trinta também se direciona para o Oriente: no Japão, através da participação acionária e fornecimento de tecnologia às três grandes produtoras locais (Asahi Glass, Nippon Sheet Glass e Shoko Glass) por parte das duas norte-americanas; na União Soviética, através do fornecimento de equipamentos, tecnologia e assistência técnica. Os componentes do cartel mundial também procuram evitar conflitos com cartéis nacionais de outros importantes países produtores europeus (Alemanha e Tchecoslováquia).

Com o fim da Segunda Guerra Mundial, há o desaparecimento formal do cartel internacional. Nessa época, já se observava um domínio das técnicas mecanizadas por parte de firmas de menor porte e começava-se a intensificar os esforços de industrialização em alguns países subdesenvolvidos. Esses fatores, observa Araújo, levaram as empresas líderes, preocupadas com a possível perda do controle sobre o mercado do vidro plano, a intensificar seus esforços em pesquisa e desenvolvimento. Entre as quatro líderes, a Pilkington era a única com estrutura familiar; além disso, suas atividades eram limitadas à indústria de vidro, quase exclusivamente ao segmento de vidros planos. As outras três eram sociedades anônimas de maior porte e bastante diversificadas, inclusive com atividades fora do setor vidreiro. Isso, talvez, tenha provocado, na empresa inglesa, uma maior preocupação com a perda do poder no setor de vidros planos. A história que se segue é conhecida: A Pilkington foi a empresa que conquistou grande sucesso em seus esforços em pesquisas ao longo dos anos 50 com a invenção do método *float*, que veio revolucionar o sistema de produção do vidro plano. O anúncio do invento, que veio baratear o custo operacional de produção e, sobretudo, melhorar a qualidade do vidro plano, foi anunciado pelo presidente da empresa em 1959.

A difusão do novo processo pelo mundo ocorre a partir de 1962. A Pilkington não procurou monopolizar o acesso à nova tecnologia patenteada, mas sim licenciar sua utilização a um elevado custo. Comprovadas as enormes vantagens do método, não houve problema para sua difusão. Entre 1962 e 1979, 71 fábricas em diferentes países passaram a adotar o novo método de produção. O licenciamento rendeu à empresa inglesa, até 1979, cerca de £200 milhões, o que muito superava os custos de desenvolvimento do projeto – cerca de £7 milhões até 1962. A empresa inglesa, que estava numa posição inferior às de suas três principais rivais até meados do século, torna-se a líder tecnológica do setor e passa a aumentar sua presença em outros países. O número de suas subsidiárias no exterior aumentou de 16 para 60 entre 1962 e 1979, período em que suas vendas anuais cresceram de £57 milhões para £549 milhões. A superior qualidade do vidro plano produzido com a nova tecnologia provoca a diferenciação do produto, que logo passa a ser chamado de vidro *float*, ou vidro flotado. A produtora inglesa torna-se a maior produtora do segmento no mundo, com sua expansão financiada sobretudo pelas receitas de concessões de licença. Em 1981-82, estas foram responsáveis por 75% dos lucros antes dos impostos obtidos pela empresa. Suas principais rivais, ao contrário da Pilkington, adotaram a estratégia de expansão por meio de diversificação de suas atividades.

9.1.2 Alterações recentes na estrutura do setor

Resultados contidos em um recente estudo e em um seminário[2] sobre a indústria mundial de vidros planos realizados no Instituto de Pesquisas Tecnológicas (IPT) fornecem dados sobre a capacidade mundial da produção de vidro

---

[2] [IPT, 1995] e [IPT, 1992], respectivamente.

plano pelo sistema *float* em 1986 e 1988, por empresa controladora (ver Tabela 1). Os dados de 1986 indicam que os quatro principais produtores participavam com 64% da capacidade mundial do segmento. Isto confirma, portanto, a persistência de uma elevadíssima concentração do setor em nível mundial.

Conseqüências mais drásticas do processo de difusão mundial do método *float* acontecem em meados dos anos 80. A liderança tecnológica conquistada pela Pilkington, que proporcionou-lhe a obtenção de elevados lucros gerados pelo licenciamento do processo *float*, não só levou-a à posição de maior produtora do segmento, como provocou a saída de uma de suas parceiras no antigo cartel mundial do setor de vidros planos. A LOF altera sua denominação para Trinova em 1986, ano em que a empresa norte-americana vende sua divisão de vidros para a Pilkington por US$367,7 milhões[3]. A elevada intensidade de capital requerida pelo novo processo foi citada, por um diretor da Trinova, como argumento para explicar a saída da empresa norte-americana da indústria de vidros[4]. O fato desta empresa ter vendido sua divisão de vidros para a Pilkington sugere, todavia, uma explicação adicional: a compensação por uma provável dívida pelo licenciamento para utilização do processo *float*. A Trinova transfere seu principal ramo de atividade para o setor de produção de equipamentos aeronáuticos. A Pilkington torna-se, desde então, a principal fornecedora de vidros para a indústria automobilística norte-americana.

Os frutos da difusão da nova tecnologia também consolida a diferença de comportamento entre a Pilkington e os demais grandes produtores mundiais que permanecem no setor. Enquanto a empresa inglesa mantém-se pouca diversificada, as outras procuram acentuar suas atividades em outros ramos industriais. A PPG, assim como a Asahi Glass, apesar de se manterem entre as grandes produtoras do segmento, têm sido classificadas, de acordo com sua atividade principal, no ramo da Química (e não no de Materiais de Construção e Vidros) nas listagens das 500 maiores empresas industriais organizadas pela revista Fortune. A Saint Gobain, apesar de também se manter classificada em Materiais de Construção e Vidros, tem suas atividades principais bastante espalhadas entre os segmentos deste ramo. A empresa francesa também adotou a estratégia de ampliar sua participação internacional – especificamente na América do Sul – no setor de vidros planos em associação com a Pilkington. Outro aspecto novo dos anos oitenta que deve ser notado na competição internacional no setor de vidros planos é a entrada da Asahi Glass nos mercados norte-americano e europeu – onde adquiriu o controle da belga Glaverbel – sob o estímulo da internacionalização das operações das montadoras de automóveis japonesas.

---

[3] [Wall Street Journal, 12/05/93].

[4] [Fortune, 31/12/1990].

Tabela 1
Capacidade mundial de produção pelo sistema float por grupo

Grupo Produtor	Capacidade 1.000 t/a	Participação Individual	Participação Acumulada	Número de Fábricas
1986				
Pilkington (incl. LOF)	2.325	21	21	n.d.
PPG	1.992	18	39	n.d.
Saint Gobain	1.514	14	53	n.d.
Asahi	1.185	11	64	n.d.
Ford	807	7	71	n.d.
Guardian	640	6	77	n.d.
Outras	2.668	23	100	n.d.
TOTAL	11.131	100	–	n.d.
1988				
Pilkington	2.100	n.d.	n.d.	16
Saint Gobain	1.900	n.d.	n.d.	13
PPG	1.900	n.d.	n.d.	16
Asahi	1.200	n.d.	n.d.	9
Guardian	900	n.d.	n.d.	7

Fontes: IPT(1995) e IPT (1992).

Existem dados da OCDE que nos permitem visualizar a localização das fábricas que utilizavam o processo *float* nessa época. Em 1985, 104 instalações adotavam a tecnologia em todo o mundo, sendo que 78 localizavam-se nos países da OCDE. Estados Unidos (32 instalações) e Japão (12) eram os principais países produtores. O pequeno número de instalações localizadas no Reino Unido (três) comprova o elevado nível de internacionalização atingido pela Pilkington, maior produtora mundial do vidro *float*. Na América Latina havia três fábricas, sendo uma localizada no Brasil. Por outro lado, os dados contidos na Tabela 1 parecem indicar que, após a compra da divisão de vidros da LOF, inicia-se um período de queda na parcela mundial da produtora inglesa. O próprio fim da validade de sua patente sobre o sistema *float* tornaria previsível esse resultado.

Pode-se, finalmente, observar que, a partir de meados dos anos oitenta, há diversos indícios de rompimento da disciplina da concorrência internacional no setor, que fora imposta inicialmente pelo cartel mundial dominado pelas quatro líderes e, em seguida, pelo controle do licenciamento do sistema *float* pela Pilkington. Já comentamos a entrada da Asahi no mercado norte-americano, estimulada pela penetração das montadoras de automóveis japonesas nos Estados Unidos a partir dos anos oitenta. A mesma empresa entra na Europa a partir da aquisição do controle da maior produtora belga. Um outro exemplo é a atual expansão da norte-americana Guardian na América do Sul, a partir de sua entrada na Venezuela, o que será comentado na próxima seção.

9.2 Os vidros planos no Brasil e a implantação do sistema *float* [5]

O vidro plano foi inicialmente produzido no Brasil entre 1906 e 1924. A empresa produtora era a Santa Marina, de propriedade nacional privada, que tinha sua principal atividade no segmento de produção de garrafas. A tecnologia então empregada era artesanal. O vidro plano volta a ser produzido no país no início dos anos 40 através de um consórcio de grupos nacionais (entre os quais a Santa Marina) e a PPG, que fornecia a tecnologia mecânica. A nova empresa chamava-se Indústria Paulista de Vidros Planos, nome alterado para Vidrobrás em 1953. Até 1962, a empresa detinha o monopólio da produção de vidros planos no país. Outras empresas (Santa Lúcia-Blindex, Providro, UBV), além da própria Vidrobrás, realizavam a transformação do vidro plano cristal em vidro temperado e/ou vidro laminado. Em 1962, a Providro começa a produzir também o vidro plano.

É nesse período que se consolida no país os interesses das duas multinacionais que viriam a controlar a indústria nacional de vidros planos. A Saint Gobain inicia sua associação com a Santa Marina em 1960 e, seis anos depois, adquire seu controle acionário. A Santa Marina era, então, a principal empresa do setor no país. Suas atividades se estendiam pelos vários segmentos da indústria de vidros; em alguns desses segmentos a subsidiária da Saint Gobain se associaria a filiais de diferentes multinacionais. A produção de vidro plano era feita pelos processos Pittsburgh e Fourcault. A Pilkington, que possuíra o controle de uma pequena firma de vidro temperado e de segurança no início dos anos 60, entra efetivamente na indústria local em 1978, com a formação da subsidiária Pilkington Vidros Ltda. Esta adquire (de dois grupos franceses e um brasileiro) o controle majoritário da Providro, segunda maior produtora de vidros planos no país, e da Santa Lúcia-Blindex (de um dos grupos franceses), produtora de vidros de segurança (temperado e laminado). Ao mesmo tempo, com a difusão do vidro *float* no exterior, aumenta-se, ao longo dos anos 70, a parcela do produto importado no consumo interno de vidros planos. Essa situação se alteraria na década seguinte, com o aumento da alíquota de importação e a implantação do método de produção no país.

A entrada da Pilkington no Brasil, em 1978, já estava associada ao plano de formação de uma *joint venture* com a Saint-Gobain, para a produção do vidro flotado no país. A estratégia de se conciliar os interesses e evitar conflitos entre os componentes do antigo cartel, como já vimos, não era novidade no setor. Para a empresa francesa, a união seria também uma forma de diminuir o alto custo do licenciamento; para a Pilkington havia o interesse de ver sua entrada no país facilitada pela estrutura da Santa Marina, maior produtora da indústria

---

[5] A síntese a ser apresentada na presente seção tem como fontes a monografia de Magnusson (1993), no que diz respeito ao parágrafo referente ao histórico do setor até 1960, algumas publicações da imprensa especializada e a pesquisa do IPT(1995).

de vidro no país, e evitar o conflito competitivo. A *joint venture* foi denominada Companhia Brasileira de Cristal (Cebrace). Sua primeira unidade, instalada em 1982 em Jacareí, era controlada (52,5% das ações) e administrada pela Saint-Gobain através de sua subsidiária local. A Pilkington possuía o resto das ações. A comercialização do produto, no entanto, era exclusiva e separadamente feita pelas subsidiárias das duas empresas. O vidro flotado, portanto, é introduzido no país de forma monopolística no lado da produção, paralelamente à formação de um duopólio em sua comercialização. Com essa estrutura dual, não se poderia esperar, evidentemente, qualquer concorrência de preços. A capacidade produtiva da nova instalação era de cerca de 600 toneladas por dia. Uma nova unidade da *joint venture* seria concluída em 1989, agora com participação majoritária e sob a responsabilidade da Pilkington. Com capacidade produtiva semelhante à primeira, também a comercialização do produto da Cebrace II passa a ser feita separadamente pelas duas subsidiárias. A Providro, que manteve sua produção de vidro plano estirado até 1989, utilizando o processo Libbey-Owens, deixa então de existir e a Blindex passa a ser a única subsidiária exclusiva da Pilkington no país, responsável também pela comercialização do vidro flotado.

Com o produto local protegido pela Lei dos Similares e por barreira fiscal, que se elevara bastante no início da década de oitenta, e com as vantagens qualitativas em relação ao vidro plano produzido pela antiga tecnologia, sua utilização se expande rapidamente no país, principalmente através de seus dois principais usuários: os setores de construção civil e o automobilístico.

Além de serem responsáveis pela comercialização do vidro flotado no atacado, a Santa Marina e a Blindex realizam o processo de transformação do vidro cristal (básico) flotado em vidro temperado e vidro laminado. Um impulso à intensificação da produção local do vidro laminado é dada em 1991, quando seu uso torna-se obrigatório nos pára-brisas dos automóveis novos, em substituição ao vidro temperado[6]. A Cebrace, a partir de 1989, passou também a produzir um tipo de vidro refletivo denominado "antélio", que já era produzido pela Saint Gobain na França. Este torna-se disponível tanto na versão básica, como na de vidro de segurança (temperado ou laminado). Até então, o vidro refletivo só era disponível no mercado local através de importação. Por diminuir a penetração de raios solares, o uso de vidro refletivo na fachada externa de prédios torna-se especialmente adequado nas edificações mais caras de regiões tropicais. No entanto, tanto o antélio como outros tipos de vidro refletido produzidos no país até agora são considerados de qualidade muito inferior ao importado. Somente em 1996 a Cebrace anunciou o início de produção de vidro refletivo que pretende ser competitivo com o importado.

---

[6] O laminado possui a vantagem de reter os estilhaços de vidro em caso de acidente.

Nos próximos anos está previsto o início da operação no país de duas novas fábricas de vidro plano flotado. Primeiramente, em Jacareí, uma terceira unidade da Cebrace deve iniciar suas atividades com capacidade instalada semelhante às das duas anteriores. Para o início de 1998, uma subsidiária da empresa norte-americana Guardian deve começar a operar no país. Com isto, terminaria o monopólio da Cebrace no segmento produtivo doméstico de vidro flotado. Mesmo que isto seja confirmado, a existência de apenas duas empresas produtoras não eliminaria a característica altamente concentrada de sua estrutura, o que é imposto, inclusive, pela própria tecnologia utilizada no setor. Todavia, como será discutido no próximo item, não se deve eliminar a hipótese de um início de uma concorrência de preços.

Finalmente, além do vidro flotado nas versões básicas ou transformadas, um outro tipo de vidro plano, que ocupa um *nicho* do mercado de insumos para a construção civil, é produzido no Brasil pela Santa Marina e pela União Brasileira de Vidros (UBV): o vidro impresso, ou vidro fantasia, usado para determinadas finalidades como, por exemplo, na fabricação de vidraças que possuem uma face fosca.

9.3 Características da cadeia produtiva[7]

A matéria-prima para a produção do vidro é preparada a partir da fusão de diversos insumos básicos, entre os quais os mais importantes são: barrilha (carbonato de sódio), areia, calcário (óxido de cálcio), feldspato. Entre esses, somente a barrilha apresenta problema de escassez no Brasil, exigindo a complementação da produção local pela importação. A produção nacional, de origem sintética, é feita exclusivamente pela Companhia Nacional de Álcalis (CNA), que foi privatizada em 1992. Até 1990, a CNA também tinha o monopólio da importação, que era proveniente, em maior parte, dos Estados Unidos e de origem natural (trona). A importação teve sua alíquota diminuída de 25% para 10% em 1991 e passou a ser feita diretamente pela empresa usuária. O grupo nacional que comprou a CNA, por sua vez, reivindicava a volta da alíquota de importação para o antigo nível, com o argumento de que o processo natural de produção da barrilha tem um custo bem inferior ao da produção local. Ultimamente tem havido, sobretudo em países mais industrializados, uma tendência crescente de reciclagem do vidro, o que tem permitido substituir parte da matéria-prima descrita acima pela fusão de cacos. Isso traz vantagens ambientais e economias no uso de combustível ou outra fonte de energia, à medida que a fusão dos cacos ocorre a uma temperatura mais baixa. Observe-se, quanto ao último aspecto, que a indústria vidreira é energia-intensiva, pois os fornos de-

---

[7] Esta seção e as demais têm como fontes entrevistas realizadas com executivos e técnicos de empresas da construção civil e com o proprietário de uma distribuidora de vidros, e pesquisa realizada pelo IPT(1995), assim como diversas publicações da imprensa.

vem ser aquecidos a elevadas temperaturas. Derivados de petróleo e eletricidade são as fontes de energia utilizadas tradicionalmente no setor, mas ultimamente tem-se procurado utilizar mais intensivamente o gás natural de Campos.

Segundo a pesquisa do IPT (1995), são as seguintes as participações dos principais insumos no custo total da matéria-prima do vidro no Brasil: barrilha, 60%; areia industrial, entre 5% e 12%; calcário, entre 5% e 15%; feldspato, entre 7% e 19%. Essas parcelas não são exatas, pois a composição física da matéria-prima depende de cada tipo de vidro que é produzido.

As etapas seguintes do processo produtivo, que vão do resfriamento da matéria-prima fundida até a obtenção do produto final desejado – garrafas e outras embalagens de vidro, vidro plano, utensílios domésticos, fibras de vidro –, podem envolver diversas tecnologias. No caso do vidro plano, como vimos, o chamado processo *float* é o predominante na indústria moderna. Finalmente, como foi visto, o vidro plano básico, também chamado de vidro cristal, pode sofrer transformações diferentes para obter maior resistência (vidros de segurança), curvatura, refletividade etc. Esses processos de transformação geralmente são feitos sob encomenda do usuário. No Brasil, a estimativa sobre a participação dos principais usuários na produção de vidro plano é a seguinte: indústria de construção civil, 55%; automobilística, 25%; espelhos, 13%.

9.4 Nível de concentração no setor de vidros planos

A concentração no setor de vidros planos, como já foi comentado, é elevadíssima. A tabela a seguir ilustra a evolução da capacidade instalada desse segmento industrial entre 1980 e 1993.

Tabela 2
Capacidade produtiva por empresa do setor de vidros planos no Brasil

Empresa	1980	1981/83	1984/85	1986/88	1989	1990/92	1993
Cebrace I	–	650	635	635	600	600	600
Cebrace II	–	–	–	–	600	600	600
Santa Marina	470	470	400	400	400	130	130
Providro*	280	300	180	240	–	–	–
UBV	120	120	180	180	180	180	250
Total	870	1.540	1.395	1.455	1.780	1.510	1.580

* Em 1989, até a inauguração da Cebrace II, a Providro tinha capacidade de 240 ton./dia.
Fonte: Anuário Brasileiro de Cerâmicas, diversos números.

Isso torna dispensável o cálculo de índices, dada a indiscutível influência das empresas produtoras sobre o preço do produto, seja o setor composto por uma, duas ou três firmas. Essa influência é ainda mais notória no setor em estudo, dado o histórico da evolução da indústria no mundo, discutido na primeira seção deste trabalho. Vimos que foi organizado, ao longo das primeiras décadas do século, um cartel mundial no setor comandado por quatro grandes empresas. O cartel deixou de existir formalmente após a Segunda Guerra Mundial, mas as maiores empresas continuaram a exercer forte influência sobre o comportamento dos participantes da indústria. Essa influência passou a ser liderada pela Pilkington a partir da invenção e difusão mundial do processo *float* nos diversos países produtores de vidro plano. A Pilkington, maior produtora mundial de vidros plano, e a Saint Gobain, terceira maior, são as duas empresas que produzem o vidro flotado no Brasil através da *joint venture* formada por suas subsidiárias locais. Dessa maneira, existe um monopólio da Cebrace no setor produtivo de vidro flotado no Brasil. A venda, num primeiro estágio do setor atacadista, é feita de maneira separada pelas duas componentes da *joint venture*. Não existe concorrência de preço nesse estágio; isto, aliás, é de se esperar num duopólio formado por empresas que estão unidas no processo de produção. No outro segmento de vidro plano existente na indústria local, o de vidro impresso, existem duas produtoras, uma das quais é a própria Santa Marina, subsidiária da Saint Gobain. A outra, a UBV, é formada por capital nacional, controlado pelo grupo F. Simões. Os dois produtos, os vidros flotado e impresso, são geralmente usados em projetos diferentes e, portanto, não são substitutos muito próximos.

Já deve estar claro que a elevada concentração no setor de vidros planos não é uma característica exclusiva da indústria nacional, devendo ser antes tratada como um imperativo da tecnologia utilizada em seu processo produtivo. Isto não quer dizer, evidentemente, que o monopólio existente até o ano corrente no segmento produtivo doméstico de vidro flotado possa ser explicado exclusivamente em função da tecnologia, dado o tamanho relativamente alto do mercado interno nacional. Algumas comparações internacionais podem elucidar essa questão. No Reino Unido, existe o monopólio da Pilkington (ao menos até o início da década de 90), o que pode ser entendido principalmente pelo fato da empresa britânica ter sido a responsável pela invenção e introdução do processo que revolucionou a tecnologia no setor. No Japão, existem três grandes produtores de vidros planos. Nos Estados Unidos, a concentração no setor de vidros planos tem diminuído, apesar de se manter em nível elevado. As três edições do livro de Scherer (1970, 1980, e 1990) fornecem índices de concentração para a indústria norte-americana de vidros planos calculados a partir da parcela das empresas locais nas vendas ao mercado interno. Em 1963 e 1972 havia 11 empresas produtoras de vidros planos no país; em 1982 esse número elevou-se para 49. É provável que uma parcela considerável do elevado número registrado em 1982 ocupassem *nichos* no mercado norte-americano e não empregassem o processo *float*; mas não deve haver dúvidas que as empresas com parcelas relevantes já utilizavam o novo processo. A participação das quatro maiores empresas era de 94% em 1963, 92% em 1972 e 85% em 1982.

Voltando-se a atenção para a indústria brasileira, deve-se ainda considerar os produtos obtidos a partir da transformação do vidro plano. Entre estes, destaca-se na indústria local os dois tipos de vidro de segurança: o temperado e o laminado. De acordo com o vidro flotado utilizado, os vidros de segurança podem ser de tonalidades coloridas ou incolor. A construção civil é o principal setor usuário do vidro temperado, enquanto o laminado também é muito utilizado na automobilística. As duas empresas componentes da Cebrace, a Santa Marina e a Blindex, dominam a produção dos vidros de segurança. Existem ainda algumas pequenas firmas produtoras de vidro de segurança no país, mas que têm uma posição subordinada às duas líderes, à medida que utilizam o vidro cristal e a tecnologia fornecidas por aquelas empresas.

9.5 Atualização tecnológica e qualidade do produto

Desde a implantação do processo *float* na indústria local, a tecnologia empregada na produção do vidro cristal está bem atualizada em relação à dos países mais industrializados. Houve pequenos avanços na nova tecnologia, patenteados por empresas que não operam no país, que possivelmente não foram introduzidos aqui. Também existe maior nível de automação nas empresas dos países avançados, mas isso não tem influência relevante sobre a qualidade do produto na indústria em questão. Nas entrevistas realizadas com executivos do setor de construção, quase não houve queixas quanto à qualidade do vidro cristal e do vidro de segurança (temperado e laminado) fornecidos pela indústria local.

As restrições quanto à qualidade do produto são generalizadas, todavia, quando se faz referência ao tipo de vidro refletivo produzido pela Cebrace (antélio), principalmente por parte daqueles que tiveram acesso ao produto importado. Observe-se que o vidro refletido é encomendado, na maior parte dos casos, com base na versão laminada. As maiores construtoras, entre as entrevistadas, importaram vidro refletido da Venezuela, e consideraram-no de qualidade bem superior ao antélio. Os construtores acreditam que a tecnologia utilizada para a produção do vidro refletido, em nosso vizinho do norte, seja bem mais atualizada do que aquela utilizada pela Cebrace; outros observam que a Saint Gobain, na França, com certeza emprega uma tecnologia bem mais avançada. Note-se, a esse respeito, que, indiretamente, a própria Cebrace parece reconhecer o problema atualmente. Mesmo com uma publicidade divulgando, ainda agora, o antélio como "*o vidro refletivo da Cebrace*", uma recente reportagem sobre a empresa (na qual ela recebe o título de "*a melhor do ano do setor de material de construção*"), que tem por base uma entrevista com seu presidente, cita , entre seus projetos para 1996, "*uma nova linha de produto, conhecida por vidro refletivo,*" que "*tem sido até agora atendido pelos importadores*". A mesma observação seria feita em entrevista com o presidente da Blindex.[8]

Algumas referências podem ser feitas com relação a diferenciação entre os produtos das empresas locais. Evidentemente, esta não existe no caso do vidro cristal, produzido só por uma empresa. As construtoras também não observam

[8] [Exame, Melhores e Maiores, ago. 1995] e [O Vidroplano, fev.1996], respectivamente.

qualquer diferença entre os produtos temperado e laminado da Santa Marina e da Blindex. Mas observam que o vidro de segurança produzido por pequenos produtores são, às vezes, de pior qualidade.

9.6 Diversificação e integração vertical

As duas subsidiárias das multinacionais que operam no setor de vidros planos seguem, no que se refere à diversificação de suas atividades, estratégias semelhantes às de suas matrizes. Enquanto a Blindex concentra sua produção nos diversos tipos de vidro plano, a Santa Marina opera em atividades integradas horizontal e verticalmente na indústria de vidro. Esta última opera, sem sócios, em todos os setores da indústria de vidro: garrafas, vidros planos, objetos domésticos, fibra de vidro e vidros técnicos. Suas atividades em *joint venture* não se resumem ao setor de vidros planos. No setor de garrafas, a empresa constituiu duas associações com a Cisper, que é controlada pelo grupo norte-americano Owens-Brockway. Sua integração vertical ocorre através de sua subsidiária, Santa Suzana, que atua na extração de areia. Isso lhe dá maior controle sobre o fornecimento desse insumo. A Santa Marina ainda atua em setores que não pertencem à indústria de vidros, como na indústria de embalagens plásticas.

Deve-se notar, ainda, que as atividades do Grupo Saint Gobain no Brasil não se restringem àquelas da Santa Marina. O grupo detém ainda o controle acionário de outras grandes empresas, como é o caso da Brasilit S.A., produtora líder do setor de fibrocimento e inteiramente verticalizada. Em conjunto com a outra grande firma do mesmo setor, a Eternit, detém o controle da S.A. Mineração de Amianto, empresa que possui o monopólio na extração de amianto, um dos principais insumos para produção do fibrocimento, e de empresa que distribui e transporta o mesmo insumo. Ainda em sociedade com a Eternit, e também isoladamente, a Brasilit possui empresas que produzem produtos de fibrocimento.

9.7 Insumos substitutos do vidro plano na construção civil

O problema que aqui se coloca é o de discutir se a variação do preço do vidro plano em relação ao de algum outro insumo pode vir a afetar a demanda pelo primeiro produto. É preciso, primeiro, lembrar que a participação do vidro no custo total de uma construção depende muito da natureza arquitetônica do projeto. Um executivo estimou, por cima, que o vidro tem, em média, uma parcela de cerca de 1% no custo total da construção. Mas a variância, evidentemente, é grande. A fachada externa de um prédio pode ser inteiramente envidraçada ou usá-lo em pequena proporção. Em princípio, isso pode depender mais de fatores tais como o gosto do cliente, estilo do arquiteto ou da moda, clima da região, considerações de engenharia etc. Mas também é possível conceber uma situação em que um sensível aumento no preço do vidro, ou uma grande queda no preço do concreto de cimento, seja o fator fundamental para uma decisão de se construir utilizando-se menos vidro. O oposto pode ocorrer caso haja uma sensível queda no preço relativo do vidro. Ou seja, existem insumos substitutos do vidro na construção civil, apesar de não serem substitutos muito próximos.

Uma questão levantada nas entrevistas diz respeito a existência de algum possível produto novo que possa afetar a demanda por vidro no setor de construção. O único caso lembrado foi o do policarbonato, um novo tipo de acrílico que apresenta alguns aspectos vantajosos em relação ao vidro em determinados usos, como na construção da cobertura de uma grande construção, como a de um *shopping-center*. O produto, que até há pouco tempo só era disponível através de importação, agora já é produzido no país; no entanto, é ainda mais caro do que o vidro.

9.8 Barreiras à entrada de novas firmas

O segredo tecnológico não é, atualmente, causa de uma grande barreira à entrada de novas firmas, à medida que a patente original da Pilkington sobre o processo *float* já não é mais válida. Houve algumas inovações incrementais na tecnologia que estão patenteadas, mas isso não chega a ser uma barreira relevante para a produção do vidro cristal. O método *float*, enfim, parece já ter-se tornado maduro. A tecnologia pode constituir-se numa barreira relevante para a produção de alguns derivados do vidro cristal, como parece ser o caso do vidro refletido.

A principal causa da barreira à entrada no setor parece ser os elevados investimentos para implantação de uma fábrica nova que venha utilizar o processo *float*[9], aliados a economias de escala. Para a construção de sua terceira fábrica, a Cebrace anunciou um investimento inicial de US$130 milhões; quantia praticamente idêntica foi citada pela Guardian para sua fábrica em Rezende, no Estado do Rio de Janeiro: US$120 milhões. As economias de escala estão associadas, principalmente, ao tipo de forno utilizado pela nova tecnologia. O elevado custo fixo representado pelos fornos utilizados no processo *float* requer uma produção em alta escala, de maneira a manter elevado o índice de utilização do equipamento. A relação entre a capacidade produtiva das fábricas que operam na indústria brasileira e o número de fornos em cada uma delas é um indicador da alta diferença entre a capacidade produtiva associada ao tipo de forno utilizado em cada tecnologia. Em 1993, cada unidade da Cebrace possuía apenas um forno para uma capacidade produtiva de cerca de 600 toneladas diárias; no mesmo ano, a UBV utilizava três fornos e tinha uma capacidade produtiva de cerca de 250 toneladas. Tal fato já podia ser observado em 1981, ano de instalação da primeira fábrica da Cebrace. Enquanto essa empresa possuía um

---

[9] Segundo Abividro, (1993), um mínimo de US$230 milhões.

forno para uma capacidade diária de cerca de 650 toneladas, as demais unidades da Santa Marina produtoras de vidro plano possuíam quatro fornos para uma capacidade conjunta de 470 toneladas por dia; a Providro (capacidade de 300 toneladas) e a UBV (capacidade de 120 toneladas) operavam, cada uma, com dois fornos. Conforme já foi comentado anteriormente, a argumentação citada para explicar a saída da antiga LOF do setor indica que a alta intensidade de capital requerida pelo processo *float* parece também ter afetado o nível de concentração do segmento de vidros planos em países desenvolvidos.

O elevado capital fixo inicial exigido pela nova tecnologia torna, enfim, o setor mais aberto a uma nova empresa estrangeira do que a uma nacional. De fato, além do início da operação de uma nova instalação da Cebrace em Jacareí, está programada a entrada da Guardian, que já há alguns anos tem um representante para importações no Rio de Janeiro, ambas de capital estrangeiro.

9.9 Comércio exterior e a abertura dos anos 90

Os dados sobre as exportações e importações brasileiras de vidros planos estão apresentados nas tabelas 3 e 4. A primeira refere-se ao período 1980-88, com os produtos classificados pela antiga divisão da NBM; na segunda, para o período 1989-95, os produtos estão classificados na nova divisão. Pode haver alguma discordância sobre a identificação dos produtos da NBM aqui considerados (vide notas das citadas tabelas) com o setor de vidros planos. Excluímos somente os vidros óticos entre as divisões da NBM selecionadas, mas não haveria meio, por exemplo, de isolarmos vidraças artísticas e vitrais no primeiro período. Também não consideramos, deliberadamente, os espelhos, que são geralmente classificados como um tipo de vidro plano. Os valores aqui considerados são um pouco menores que aqueles obtidos a partir da mesma fonte pela pesquisa do IPT (1995) para os anos 80. No total, essas divergências são pouco expressivas e os resultados aqui apresentados podem ser tomados como bem próximos do valor do comércio externo dos vidros planos, em forma básica ou transformados. Não apresentamos os dados do comércio em unidades de peso pois uma pequena parcela (relevante para alguns itens) é medida em unidades não identificadas.

As importações de vidros planos, que eram elevadas na década de setenta (em relação à média da década seguinte), caem drasticamente entre 1980 (US$36 milhões) e 1985 (US$3 milhões). Isso pode ser explicado um pouco pelo aumento da alíquota de importação, mas sobretudo pelo início da produção local do vidro flotado, que antes era importado. Note-se, todavia, que a antiga classificação da NBM não identificava o vidro produzido pela nova tecnologia numa classe específica, o que impossibilita sua exata quantificação. Os Estados Unidos eram os principais exportadores de vidros planos para o Brasil, notadamente na classe de vidros de segurança. Nos itens 70.04 e 70.05 da NBM, houve importações relevantes oriundas de países da América do Sul, principalmente da Argentina.

Tabela 3

Exportações, importações e saldo comercial de vidros planos, Por classe da NBM* em US$ 1.000 F.O.B. – 1980 a 1988

Ano	70.04	70.05	70.06	70.07	70.08	Total
			Exportações			
1980	575	1.668	18	120	2.891	5.272
1981	718	2.033	1	387	3.284	6.423
1982	409	1.061	11	7	1.200	2.688
1983	470	1.138	298	62	1.356	3.324
1984	523	1.674	2.848	287	2.106	7.438
1985	838	2.010	3.761	700	2.861	10.170
1986	1.721	1.769	3.633	722	2.131	9.976
1987	2.632	2.426	5.126	3.833	4.418	18.435
1988**	2.498	5.495	12.086	n.d.	n.d.	24.207
			Importações			
1980	1.787	10.275	14.363	181	9.429	36.036
1981	1.461	8.294	12.209	94	8.475	30.533
1982	880	3.858	8.168	11	6.608	19.526
1983	761	1.447	3.160	18	12.053	17.438
1984	417	171	282	16	5.922	6.808
1985	50	472	128	38	2.490	3.177
1986	287	936	451	39	2.455	4.169
1987	280	923	876	20	4.973	7.072
1988	71	51	434	26	4.661	5.240
			Saldo Comercial			
1980	-1.212	-8.607	-14.345	-61	-6.538	-30.764
1981	-743	-6.261	-12.208	293	-5.191	-24.110
1982	-471	-2.797	-8.157	-4	-5.408	-16.838
1983	-291	-309	-2.862	44	-10.697	-14.114
1984	106	1.503	2.566	271	-3.816	630
1985	788	1.538	3.633	662	371	6.993
1986	1.434	833	3.182	683	-324	5.807
1987	2.352	1.503	4.250	3.813	-555	11.363
1988	2.427	5.444	11.652	n.d.	n.d.	18.967

* Classificação da NBM que vigorava até 1988:

70.04 - vidro vazado ou laminado cortado em forma retangular, não trabalhado

70.05 - vidro estirado ou soprado cortado em forma retangular, não trabalhado

70.06 - vidros das duas classes anteriores, mas trabalhado

70.07 - vidros das classes anteriores, mas cortado em outras formas ou curvado; vidraças isolantes ou artísticas

70.08 - vidro de segurança (temperado ou formado por chapas contracoladas)

** Valor total de 1988 estimado a partir do resultado calculado em IPT (1995).

Fonte: CACEX.

Ao contrário das importações, os valores mais elevados das exportações acontecem na segunda metade da década. A partir de 1984, nossa balança comercial para o setor passa a registrar superávit. Isso deve ser atribuído ao início das exportações do vidro flotado para os países vizinhos da América do Sul, que na época ainda não utilizavam a nova tecnologia. Os itens da antiga NBM com maior participação nas exportações foram os vidros trabalhados de diversas classes (70.06) e vidros de segurança (70.08); embora a antiga divisão NBM não deixe claro, parece que nestas duas estão incluídos o vidro flotado. Depois das vendas para países sul-americanos tiveram alguma relevância, em alguns anos isolados, as exportações para os Estados Unidos, Itália, Nigéria e Iraque.

Em alguns desses casos, as vendas de vidro brasileiro devem estar associadas a exportações de veículos.

Tabela 4
Exportações, importações e saldo comercial de vidros planos,
Por classe da NBM* em US$ 1.000 F.O.B. – 1990 a 1995

Ano	7003	7004	7005	7006	7007	7008	Total
				Exportação			
1989	2.240	3.536	4.855	36	5.175	9	15.851
1990	2.353	1.249	3.265	86	3.225	7	10.185
1991	2.692	2	5.470	55	3.145	3	11.367
1992	4.817	4	6.629	147	5.373	5	16.975
1993	380	0	239	162	508	0	1.289
1994	5.679	2	13.701	270	8.218	16	27.886
1995	5.849	3	5.668	365	11.176	28	23.089
				Importação			
1989	511	1.041	4.743	19	5.766	17	12.097
1990	458	1.122	2.648	42	6.551	41	10.862
1991	727	2.044	3.429	161	6.851	17	13.229
1992	1.132	3.799	10.317	37	31.137	2	46.424
1993	658	3.332	17.190	46	94.656	72	115.954
1994	528	1.547	14.478	83	14.242	35	30.913
1995**	1.758	2.427	4.858	252	40.281	557	50.133
				Saldo Comercial			
1989	1.729	2.495	112	17	-591	-8	3.754
1990	1.895	127	617	44	-3.326	-34	-677
1991	1.965	-2.042	2.041	-106	-3.706	-14	-1.862
1992	3.685	-3.795	-3.688	110	-25.764	3	-29.449
1993	-278	-3.332	-16.951	116	-94.148	-72	-114.665
1994	5.151	-1.545	-777	187	-6.024	-19	-3.027
1995	4.091	-2.424	810	113	-29.105	-529	-27.044

* Classificação da NBM que vigora a partir de 1989:

7003 - vidro vazado ou laminado, mesmo com camada absorvente ou refletora, mas sem qualquer outro trabalho

7004 - vidro estirado ou soprado, mesmo com camada absorvente ou refletora, mas sem qualquer outro trabalho

7005 - vidro flotado e vidro desbastado, mesmo com camada absorvente ou refletora, mas sem qualquer outro trabalho

7006 - vidro das três classes anteriores, recurvado, biselado, ou trabalhado de outro modo

7007 - vidro de segurança (temperado ou formado por folhas contracoladas)

7008 - vidro isolante de paredes múltiplas

OBS: os dados desta tabela excluem os resultados dos subitens referentes a vidro ótico.

** Os dados de 1995 referem-se a importações autorizadas; esses resultados são inferiores aos dados preliminares das importações efetivas realizadas até outubro.

Fonte: SECEX.

Ao longo do período 1990-95, as exportações de vidro plano pouco crescem em relação à média da segunda metade da década anterior (os dados de 1993 estão, provavelmente, subestimados). As importações, por sua vez, crescem bastante, o que condiz com o comportamento das importações brasileiras de produtos industrializados em geral. A partir de 1990, com a eliminação das barreiras não tarifárias, a balança comercial do produto volta a apresentar déficit. Com a diminuição da alíquota para 10% em 1993, o preço do produto importado torna-se mais competitivo. As importações foram especialmente elevadas em 1993 (US$116 milhões), mas mesmo em 1995 e 1992 atingiram valores bem superiores ao de 1980. O maior peso dessas importações foi da classe 7007 da NBM, constituída de vidros de segurança, seja com dimensão e formato para a indústria automobilística, seja para outros fins – embora não especificado, a maior parte da produção desse item deve ser derivada de vidro flotado; os modernos vidros laminados, constituídos por duas chapas de vidro flotado colados por uma camada de uma espécie de plástico estão incluídos nessa classe. Na classe 7005 estão incluídos os vidros flotados básicos utilizados na construção civil (inclusive os refletidos). Suas importações tornam-se relevantes a partir de 1992, com valores anuais superiores à US$10 milhões – os dados de 1995 apresentados na tabela anterior, referente a importações autorizadas, subestimam o valor efetivo do ano; somente até outubro, os dados preliminares para as importações efetivas da classe 7005 indicam um valor de US$14,5 milhões. O valor das exportações desse item, inferior ao das importações a partir de 1992, não é desprezível. Nessa classe, que mais interesse apresenta para a presente pesquisa, a Venezuela passa a ser o principal país de origem de nossas importações. Somente para o vidro flotado liso retangular com área superior à 100 dm quadrado (NBM 7005.10.203) as importações originárias da Venezuela foram superiores a US$6,5 milhões nos anos de 1994 e de 1995, o que eqüivaleu a mais de 50% das importações do subitem. Esse aspecto merece, então, um comentário à parte.

A empresa norte-americana Guardian implanta a primeira e única fábrica de vidro flotado na Venezuela no início da década. Nosso vizinho do norte torna-se, então, o segundo produtor do continente a produzir vidro flotado. A empresa mostra-se logo interessada em adotar uma política mais agressiva para conquistar espaço no Brasil. Instala um escritório no Rio de Janeiro para facilitar a importação do produto e decide, em seguida, estabelecer uma fábrica no país. Já comentamos as referências feitas nas entrevistas sobre a má qualidade do vidro refletido nacional em comparação com o importado da Venezuela. Observações no mesmo sentido foram feitas na imprensa de Minas Gerais[10]. Mas também em termos de preço, o vidro flotado, de uma maneira geral, apresenta vantagens para o produto venezuelano. Alguns dos construtores entrevistados observaram que o produto importado da Venezuela pode ser obtido no país a um preço de 30% a 50% abaixo do produto local; isto, em parte, pode ser justificado pela sobrevalorização cambial. Foi também citado, nas entrevistas, o exemplo de uma grande construtora em São Paulo que, para a construção de um *shopping center*, importou vidro refletivo da África do Sul. Não só a qualidade foi considerada bem superior à do produto local, como o preço do produto importado, incluindo custo do transporte e imposto de importação, era mais baixo.

A participação das importações na oferta interna (produção doméstica menos exportação) de vidros planos só pode ser estimada, por aproximação, em termos de unidades de peso, devido a inexistência de dados sobre o valor da

[10] [Diário do Comércio, 29/08/94].

produção. Procuramos fazer isso para 1994, último ano para o qual existem dados completos sobre o comércio externo[11]. Pode-se notar que, em 1994, o valor das importações supera o das exportações somente em 10%. Em unidades de peso, entretanto, as exportações (64.060 toneladas) são bem superiores às importações (34.056 toneladas). Isso se deve sobretudo ao grande peso das unidades exportadas do item 7003 (vidro vazado ou laminado), de baixo valor, e à superioridade do peso dos produtos exportados sobre os importados no item 7005 (vidro flotado). Os subitens do vidro flotado nos quais as importações são mais volumosas apresentam maior valor adicionado, possivelmente por tratar-se de vidro básico refletido. O peso da produção interna foi estimado a partir do dado de 1991 (vide Tabela A.1, em anexo) corrigido pelo índice médio da quantidade produzida em 1994 (calculado a partir de dados da Tabela A.2). O resultado da estimativa da produção de vidros planos em 1994 foi de 479.880 toneladas; a participação das importações na oferta interna seria, então, de 8,19%. A participação das importações foi, certamente, maior em 1993 e 1995. A aparente subestimação dos dados de exportação em 1993 e a inexistência de dados completos para as importações efetivas de 1995 tornariam, todavia, imprecisas suas estimativas.

Uma questão pode, então, ser levantada. O preço do vidro plano é considerado relativamente alto no Brasil, enquanto a qualidade, ao menos no caso do refletido, é considerada inferior. Por que, então, as importações ainda são baixas em relação às vendas totais ao mercado interno? Os empresários entrevistados observam que as importações só são viáveis quando realizadas numa escala relativamente alta. Quase sempre ela é feita sob encomenda, para uma obra determinada. As importações quase só seriam realizadas, portanto, para construções específicas que requerem vidro em grande escala. No caso do vidro flotado não trabalhado (parcela do item 7005 que não inclui o produto refletido), segmento no qual o produto nacional não parece ser de qualidade inferior, o custo de transporte mais o imposto pode constituir uma barreira suficiente à importação. No caso do vidro de segurança, refletido ou não, a produção é feita, necessariamente, por encomenda. Os cortes e furos no vidro plano são feitos antes deles serem temperados ou laminados, de acordo com os requisitos de cada obra. As importações são feitas, geralmente, através dos distribuidores; importações feitas diretamente pelo construtor, como no caso daquelas originárias da África do Sul citado acima, só ocorrem excepcionalmente em grandes obras. As importações em pequena escala tornam-se pouco viáveis. Isso é mais um motivo para elas serem realizadas somente para obras razoavelmente gran-

---

[11] Como já observamos, uma pequena parcela da quantidade desse comércio não está expresso em unidades de peso; os dados sobre as unidades comercializadas (importações e exportações) estão, portanto, um pouco subestimado.

des, realizadas por construtoras relativamente grandes. As pequenas construtoras entrevistadas nunca trabalharam com produto importado.

Note-se que a Cebrace não deixa de fazer certa pressão contra os distribuidores que vendem produto importado. Desde 1991, a empresa oferece um "Acordo de Premiação de Fidelidade", pelo qual ela se compromete a entregar prêmios aos distribuidores que não comercializam produtos importados a não ser em condições excepcionais e com a prévia concordância da empresa. O valor desse prêmio, no início de 1996, foi estipulado em 7%. Isto significa que, seis meses após a compra, o, distribuidor premiado é reembolsado com a restituição de 7% do valor da compra de vidros.

Pode-se, ainda, indagar sobre os possíveis efeitos da abertura sobre a produção local. O já citado projeto da Cebrace em lançar um novo tipo de vidro refletivo – segmento mais afetado pelas importações – parece já ser uma conseqüência da concorrência externa. Mas alguns construtores entrevistados observam outras melhorias nos dois últimos anos. De um lado, notam melhorias no cumprimento e duração do prazo de entrega do produto. Antes, as encomendas de vidros de segurança tinham que ser feitas com mais de três meses de antecedência e os atrasos eram constantes. A análise sobre o comportamento dos preços será feita em um item posterior.

Finalmente, deve-se comentar a relevância do Mercosul – e especificamente de nosso principal parceiro no Acordo, a Argentina – para as exportações e importações brasileiras de vidro. Uma *joint venture* formada pelas mesmas empresas que constituíram a Cebrace – Pilkington e Saint Gobain – instalou a primeira fábrica com o processo *float* na Argentina no começo da corrente década (e também está instalando uma no Chile atualmente). Isso provocou uma queda, em relação à década passada, da participação argentina no comércio externo de vidros planos do Brasil. A influência exercida pelo fato de a produção do vidro flotado ser realizada por *joint ventures* formadas pelas mesmas multinacionais nos dois países, sobre o comércio externo entre ambos, fica evidenciada pela própria comparação entre as participações da Argentina e da Venezuela nas exportações para o Brasil nos últimos anos. O mesmo raciocínio pode levantar novas expectativas sobre o desempenho das exportações brasileiras para os países do Acordo do Mercosul a partir do início da produção do vidro flotado pela Guardian no Brasil.

9.10 Comercialização do vidro plano para a construção civil

Assim como no caso do produto importado, também a compra de vidro plano pelas construtoras é normalmente feito através de distribuidores. Existem no país cerca de quinhentos distribuidores (sem contar os pequenos vidraceiros que vendem o produto no varejo para pequenas obras). Só excepcionalmente, para uma grande obra, a construtora tem contato direto com a Santa Marina ou com a Blindex; nunca diretamente com a Cebrace. O distribuidor é que, quase sempre, mantém contato com uma das duas primeiras empresas. Esse contato parece ser um tanto conflituoso, como se pode notar pelos editoriais de recentes edições da revista Associação Nacional dos Distribuidores de Vidro[12].

A pulverização dos distribuidores também torna pequeno o poder de barganha deles frente aos construtores. Tipicamente, um construtor se relaciona com vários (podem ser três, podem ser dez) distribuidores com os quais tem certa confiança (por exemplo, com relação ao cumprimento de prazos). "A culpa pelo atraso pode ser do produtor" observou um entrevistado, "mas nós só podemos cobrar alguma coisa do distribuidor". Quando precisa encomendar vidros para uma obra, consulta seus vários fornecedores e escolhe a melhor oferta. Nenhum construtor admite que haja política de diferenciação de preços entre a Santa Marina e a Blindex. Mas algum distribuidor pode ter vidro cristal estocado, comprado antes de um aumento de preço; ou pode obter desconto por realizar compras em grande escala; ou pode ser beneficiado pelo "acordo de fidelidade".

A entrega do pedido demora de uma ou duas semanas para o vidro cristal comum, e cerca de três meses para o vidro de segurança ou refletido. Atualmente, na maior parte das vezes, o vidro para vidraças é entregue diretamente do distribuidor ao caixilheiro. Este faz o corte no vidro cristal, de acordo com as medidas encomendadas, e fixa-o no caixilho com silicone (*structural glazer*), entregando o conjunto pronto ao construtor.

9.11 O preço do vidro plano

Vimos que o setor de vidros planos da indústria brasileira (assim como a de outros países) é altamente concentrado. Isso ocorre notadamente no principal segmento fornecedor para a construção civil, o de vidro flotado, no qual existe apenas uma empresa produtora, formada por uma *joint venture* entre filiais de duas das maiores produtoras mundiais, que são responsáveis pelo fornecimento exclusivo do produto nacional em sua forma básica (não trabalhada). Ao longo dos anos oitenta, havia proteção, inclusive não tarifária, contra a importação do vidro flotado; ao menos durante parte da década, ainda havia forte barreira à entrada de novos competidores através da posse da patente do processo de produção por parte de uma das empresas que formavam a *joint venture*, que só fornecia o licenciamento de sua utilização a um elevado custo. Num estudo sobre o setor de construção civil brasileiro, Prochnik faria a seguinte observação: "*As indústrias do vidro e do cimento, em particular, são muito relutantes no repasse dos ganhos de produtividade, para o que contribui a ineficiência do CIP.*"[13]

Antes de analisar o comportamento dos preços na primeira metade da década corrente, devemos lembrar que houve, a partir do início desse período, um

[12] [O Vidroplano, set. e out./ 1995].

[13] [Prochnik, 1987, p. 129].

aumento da contestabilidade do poder monopolístico sobre o preço do vidro flotado. A entrada de um concorrente nacional ainda é muito difícil devido aos elevados investimentos iniciais requeridos pela nova tecnologia, mas a instalação de filial de uma nova multinacional tornou-se mais fácil a partir da queda da patente da Pilkington. Essa entrada deve efetivamente ocorrer em 1998, com o início das atividades produtivas da Guardian no país. A contestabilidade também apareceu por parte da importação do vidro flotado, mesmo que limitada pelas dificuldades já apontadas. Houve eliminação das barreiras não tarifárias e diminuição das alíquota. Ainda assim, executivos e técnicos do setor de construção e de distribuição de vidros entrevistados por esta pesquisa, como por reportagens na imprensa, observam a persistência de um alto diferencial entre o preço do vidro nacional e o do mercado internacional.

Os dados sobre índices mensais de preços de vidro e de preços médios de materiais de construção estão contidos nos gráficos a seguir. Os resultados apresentados no primeiro gráfico referem-se a estimativas de preços do vidro plano por espessura (3 mm. e 10 mm.) e dos custos de materiais de construção em São Paulo e no Brasil, deflacionados pelo IGP-DI da FGV, no período compreendido entre julho de 1991 e junho de 1994. O segundo gráfico apresenta a evolução dos mesmos indicadores no período julho de 1994 e dezembro de 1996. O mês-base utilizado para o cálculo desses índices (jun/94=100) facilita a separação da análise em dois subperíodos: antes e após o decreto do Plano Real.

Os índices gerais de materiais de construção calculados pelo Sinduscon-SP e pela FGV divergem bastante entre si no período anterior ao Plano Real, com o primeiro sendo persistentemente superior ao segundo. Os índices mensais da FGV indicam uma relativa estabilidade do preço real médio dos materiais de construção, com um valor máximo de 112,5 em abril de 1992 e um mínimo de 95,2 em setembro e outubro de 1993. Os índices do Sinduscon, salvo em dois meses, são sempre superiores à 100 até maio de 1994. De uma maneira geral, os índices do Sinduscon apontam uma elevação do preço real do material de construção até março de 1992, quando atinge um nível máximo de 144,4, seguida de uma forte queda até o final do mesmo ano.

Os índices de preço real do vidro calculados pelo Sinduscon apresentam valores significativamente superiores para os de menor espessura até dezembro de 1992; no mês seguinte, há uma forte queda desse índice, que passa então a apresentar resultados mais próximos aos daqueles referentes ao vidro de maior espessura. Não só pelo fato de serem calculados apenas para o Estado de São Paulo, como por prováveis diferenças entre as metodologias utilizadas pelas duas instituições, os índices de preços do vidro devem ser comparados aos índices gerais de material de construção do Sinduscon.

Gráfico 1
Preços do vidro e custos de materiais de construção
Índices base Jun / 94 = 100, deflacionados pelo IGP-DI

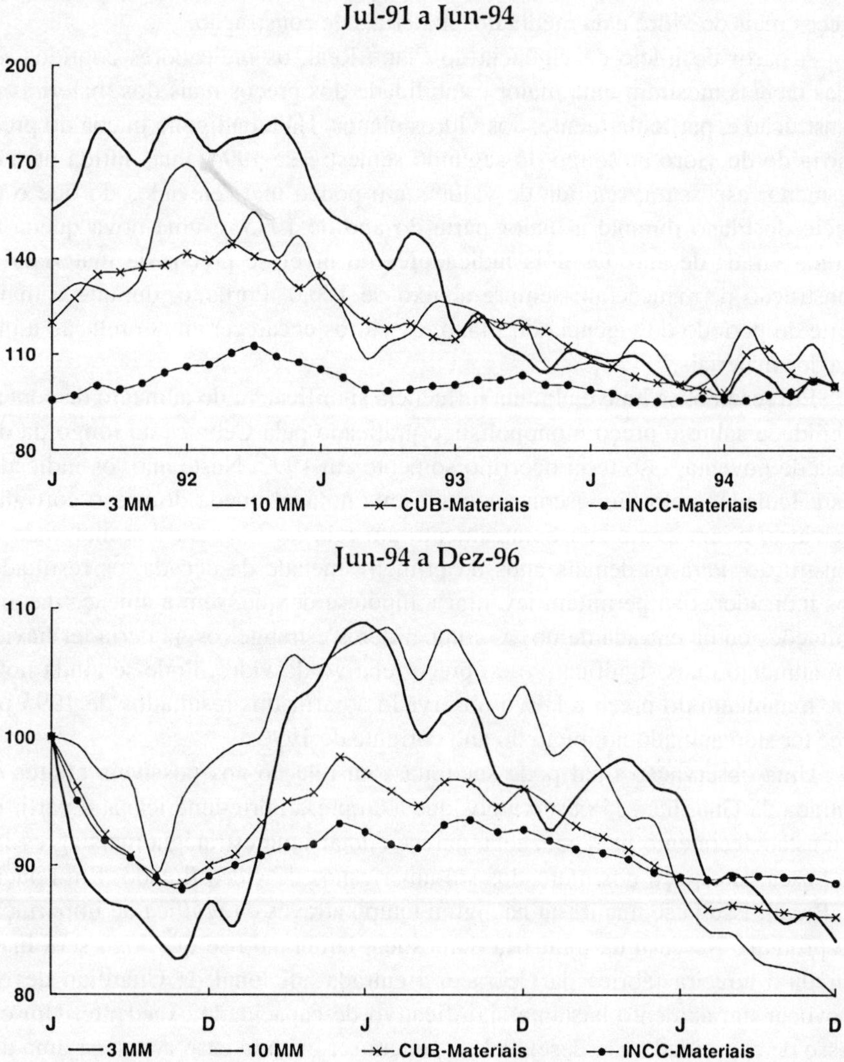

Fonte: Sinduscon-SP e FGV-RJ.

Assim, como no caso do preço médio de materiais de construção, os dois índices de preços do vidro plano apresentam um aumento inicial até o começo de 1992 (o índice para vidro de 3 mm. atinge um nível máximo de 182,5 em maio e o de 10 mm. chega a um máximo de 169,1 em janeiro), para em seguida cair até o decreto do Plano Real. Mas as variações estimadas para o preço do vidro são bem superiores, notadamente para o de menor espessura. Ou seja, as estimativas indicam que o preço do vidro elevou-se mais do que a média dos materiais de construção até o início de 1992 para, em seguida, cair muito mais até o início de 1993. Desde então, até o estabelecimento do Plano Real, os valores estimados para os três índices do Sinduscon são mais próximos entre si: teria havido, neste último subperíodo, uma queda mais suave e proporcional dos preços reais do vidro e da média dos materiais de construção.

A partir do início de vigência do Plano Real, os indicadores contidos nas duas tabelas mostram uma maior estabilidade dos preços reais dos materiais de construção e, particularmente, dos vidros planos. Há uma ligeira queda do preço corrigido do vidro ao longo do segundo semestre de 1994, mais nítida para os de menor espessura, seguida de valores um pouco mais elevados do que o do início do Plano durante a maior parte do ano de 1995, e uma nova queda na última virada de ano. Os dois indicadores do nível de preços de materiais de construção permaneceram sempre abaixo de 100,0. Portanto, durante a maior parte do período de vigência do Plano, os vidros encareceram em relação à média dos materiais.

Em resumo, se houve alguma influência significativa do aumento da contestabilidade sobre o preço monopolístico praticado pela Cebrace ao longo da década de noventa, isso teria ocorrido somente em 1992. Neste ano, os indicadores calculados pelo Sinduscon apontam uma notável queda do preço corrigido do vidro, assim como seu barateamento em relação à média dos materiais de construção. Para os demais anos da primeira metade da década, os resultados dos indicadores só permitem levantar a hipótese de que, sem a ameaça das importações ou da entrada de novos competidores estrangeiros, poderia ter havido um aumento mais significativo do preço relativo do vidro. Pode-se ainda notar que o aumento do preço relativo observado a partir dos resultados de 1995 parece ter sido anulado no início do ano corrente de 1996.

Uma observação final pode ser feita com relação aos possíveis efeitos da entrada da Guardian. Já observamos que a empresa norte-americana, a partir de seu estabelecimento na Venezuela, parece adotar uma estratégia mais agressiva na busca de espaço nos mercados sul-americanos de vidro flotado. Em relação ao Brasil, isso já se manifesta há algum tempo através da política de importação do produto. No caso da indústria doméstica, lembrando-se que logo será inaugurada a terceira fábrica da Cebrace, a entrada adicional da Guardian deverá provocar um aumento bastante significativo de capacidade excedente. Um excesso de capacidade não desejável só poderá ser evitado caso aconteça uma das seguintes hipóteses: 1) uma forte recuperação das atividades do setor de construção civil, o que depende de uma série de fatores que até agora não se manifestaram (recuperação do crescimento do nível da atividade geral da economia doméstica, uma política habitacional mais ativa etc.); 2) novo surto da indústria automobilística nacional; 3) expansão das exportações. Sobre a última hipótese, pode-se especular sobre uma possível expansão das exportações para a Argentina a partir do início das atividades da Guardian. Como já comentamos, a participação do mercado argentino no total de nossas exportações de vidro plano diminuiu na década corrente, devido ao fato de as mesmas multinacionais que aqui controlam a Cebrace terem fundado um empreendimento conjunto para produção do vidro flotado no país vizinho. A Guardian teria motivação para aproveitar os benefícios tarifários do Mercosul. Mas a viabilidade dessa política ter um papel relevante também depende da recuperação da economia argentina. Parece no mínimo duvidoso que não apareça um considerável excesso de capacidade na indústria doméstica de vidros planos nos próximos anos. Isso abre, enfim, uma perspectiva de surgimento de uma concorrência de preços no setor, apesar da alta concentração que não deixará de existir.

Anexo estatístico

Tabela A.1
Produção brasileira de vidro plano em toneladas

Tipo	1987	1988	1989	1990	1991
Vidro cristal flotado	171.000	162.644	181.000	265.215	285.566
Vidro impresso	108.550	136.875	136.875	93.224	93.860
Vidro liso estirado	108.179	126.247	126.247	11.146	n.d.
Total	387.729	425.766	444.122	369.585	379.426

Fonte: Abividro, (1993).

Tabela A.2
Índice mensal de produção brasileira de vidro plano
Base média de 1991=100

Mês	1991	1992	1993	1994	1995
Janeiro	74,49	78,04	118,78	109,03	145,16
Fevereiro	71,99	71,96	105,26	129,07	135,53
Março	72,49	68,10	131,59	122,07	142,04
Abril	90,70	66,29	111,78	118,17	153,52
Maio	101,63	78,44	119,64	124,78	173,39
Junho	104,05	79,43	113,24	121,48	153,27
Julho	121,04	88,69	116,54	120,89	133,68
Agosto	130,39	86,73	117,65	143,73	141,09
Setembro	123,56	95,87	115,92	130,18	139,82
Outubro	120,86	120,39	135,73	121,17	154,51
Novembro	99,09	124,37	104,41	142,70	134,84
Dezembro	89,72	110,26	125,42	134,17	120,00

Fonte: FIBGE - DPE - Departamento de Indústria.

Referências bibliográficas

Capítulo 1

BAILEY, D. & BOYLE, S. (1971). The optimal measure of concentration. *Journal of the American Statistical Association*, dec.

BOYES, W. & SMITH, D. (1979). The optimal concentration measure: theory and evidence for Canadian manufactoring industries. *Applied Economics*, vol 11.

BRAGA, H. & MASCOLO, J.L. (1982). Mensuração da concentração industrial no Brasil. *Política e Planejamento Econômico*, volume 12, número 2, agosto.

HOFFMAN, R. (1996). *Estatística para Economistas*. Segunda Edição. Livraria Pioneira Editora. São Paulo.

SLEUWAEGEN, L. & DEHANDSCHUTTER, W. (1996). The critical choice between the concentration ratio and the H-index in assessing industry performance. *The Journal of Industry Economics*, vol. XXXV.

STIGLER, G. (1968). *The Organization of Industry*. Richard Irwin, INC. Homewood, Illinois.

TIROLE, J. (1988). *The Theory of Industrial Organization*. MIT Press. Cambridge, Massachusetts.

Capítulo 2

AÇOMINAS (s/d). *Catálogo de Produtos*. Belo Horizonte: Açominas.

ABM (1975). *Siderurgia Brasileira a Carvão Vegetal*. São Paulo: Associação Brasileira de Metais.

ABM (1993). *Cadastro de Fornos Elétricos*. São Paulo: Associação Brasileira de Metalurgia e Materiais.

ABREU, M.P. (1992). *A Ordem do Progresso: cem anos de política econômica republicana, 1889-1989*. Rio de Janeiro: Campus.

ANDRADE Fº, A. F. (1978). Tecnologia Siderúrgica de Exportação. *IBS Revista*, (22): 29-30.

ALVIM, H. M. (1967). O Projeto da Usina Siderúrgica da Ponta de Tubarão. *Metalurgia*, 23 (118): 675.

ALVIM, H. M. (1975). A Expansão da COFAVI dentro da Siderurgia Brasileira. *Metalurgia*, 31 (206): 65-67.

ASP (1991). *Análise da Incidência de Impostos e Contribuições no Preço de Venda de Produtos de Aço.* Rio de Janeiro: Associação das Siderúrgicas Privadas, abril.

AYLEN, J. (1980). *Innovation in the British Steel Industry.* Em PAVITT, K. (1980), 200-34.

BAER, W. (1970). *Siderurgia e Desenvolvimento Brasileiro.* Rio de Janeiro: Zahar Editores (Biblioteca de Ciências Sociais).

BELGO-MINEIRA (1994). *Informações Gerais.* Belo Horizonte: Companhia Siderúrgica Belgo-Mineira.

BELOCH, I. & A.A. ABREU (1984). *Dicionário Histórico-Bibliográfico Brasileiro: 1930-1983.* Rio de Janeiro: Forense, Fundação Getúlio Vargas e Finep.

BETZIOS, A. (1993). Fornos a Arco de Corrente Contínua: uma visão geral. *Metalurgia & Materiais,* 49 (424): 1022-31.

BLECKER, R.A. (1989). Markup Pricing, Import Competition, and the Decline of the American Steel Industry. *Journal of Post Keynesian Economics,* 12 (1): 70-87.

BNDE (1976). *O Mercado de Perfis Estruturais, Barras de Aço ao Carbono e Vergalhões.* Rio de Janeiro: Departamento de Planejamento / Banco Nacional de Desenvolvimento Econômico.

BNDES (1987). *Siderurgia Brasileira: questões e perspectivas.* Rio de Janeiro: BNDES/DEEST, Textos para Discussão 5.

BRAGA, P. (1998). Estado Atual da Tecnologia EBT para Fornos a Arco. *Metalurgia,* 44 (365): 358-64.

CAIXETA, A. F. & R.N.B. BRAGA (1993). *A Siderurgia Integrada a Carvão Vegetal: uma colocação do problema e equacionamento a curto e médio prazo e o enfoque da Belgo-Mineira.* 13ª Reunião do Conselho de Orientação do Programa de Siderurgia do IPT. São Paulo: Instituto de Pesquisas Tecnológicas do Estado de São Paulo, novembro.

CIS (1993). *La Siderurgia Argentina,* 1992. Buenos Aires: Centro de Industriales Siderurgicos.

FACCONE, D.M. (1996). *Strategic Role of Direct Reduced Iron at Ispat International.* Iron & Steel Scrap and Scrap Substitutes: IV Annual Business Conference. Atlanta: march.

FALCÃO BAUER, L. A. (1982). *Materiais de Construção.* Rio de Janeiro: LTC - Livros Técnicos e Científicos.

FINNANCE (1995). *Açopalma - Cia. Industrial de Aços Várzea da Palma*. São Paulo: Finnance Consultoria de Mercado de Capitais e Informática.

GANDARA & KAUFMAN (1994). *Privatização do Setor Siderúrgico Brasileiro: avaliação dos resultados e perspectivas*. Rio de Janeiro: Banco Nacional de Desenvolvimento Econômico e Social.

GARVEY, R. (1995). *How Mini-Mills Can Compete in the Future*. The Bussiness & Technical Outlook for Mini-Mills & Market-Mills of the Future. Atlanta: nov..

GERCHUNOFF, P. et alli (1994). *Privatización, Apertura y Concentración: el caso del sector siderúrgico argentino*. Santiago: Cepal (Serie Reformas de Política Pública, 25).

GONÇALVES DE SOUZA. M.A.(1985). *Açominas: aspiração de várias gerações de mineiros*. Belo Horizonte: Líttera Maciel.

GONÇALVES DE SOUZA, M.A. (1986). *História de Itaúna*. Belo Horizonte: Líttera Maciel.

GROOTAARTS, M. et alli (1995). Modernización de Plantas de Laminación de Alambrón. *Siderurgia Latinoamericana*, (422): 11-20.

GUERRA, F. A. P. (1991). Reflexões sobre a Produtividade da Mão-de-Obra na Siderurgia. *Metalurgia*, 47 (397): 309-12.

GUIMARÃES, E.A. (1982). *Acumulação e Crescimento da Firma: um estudo de organização industrial*. Rio de Janeiro: Zahar.

GUIMARÃES, O.F.N. (1987). Tecnologia e Siderurgia Brasileira. *Revista Brasileira de Tecnologia*, 18 (2): 45-62.

HEINRICH, P. & M. SCHUBERT (1995). Minimills and New Development in DC Eletric Arc Furnaces. *Metallurgical Plant and Technology International*, 18 (2): 34-45.

HOGAN, W.T. (1994). *Steel in the 21st Century: competition forges a new world order*. New York: Lexington Books.

HOWELL, T.R. et alli (1988). *Steel and the State: government intervention and steel's structural crisis*. Boulder and London: Westview (Economic Competition Among Nations).

IAS (1989). *Import Competition and Market Dominance*. Washington DC: International Advisory Services Group Ltd (IAS).

IBS (1991). *Empresas Siderúrgicas do Brasil*. Rio de Janeiro: Instituto Brasileiro de Siderurgia.

IBS (1991). *Relatório de Acompanhamento de Mercado (RAM): síntese*. Rio de Janeiro: Instituto Brasileiro de Siderurgia.

IBS (1995). *Relatório de Acompanhamento do Mercado Brasileiro de Aço*, 1990-1994. Rio de Janeiro: Instituto Brasileiro de Siderurgia.

ILAFA (1988). Altos Hornos 1988: los pilares de la siderurgia latinoamericana. *Siderurgia Latinoamericana*, (341): 11-21.

ILAFA (1991). Tecnologias para Producir el Acero de los '90. *Siderurgia Latinoamericana*, (373): 2-14.

ILAFA (1995). *Repertorio Siderúrgico Latinoamericano*. Undécimia Edición, Santiago: Instituto Latinoamericano de Fierro y el Acero.

JOHANNPETER, J.G. (1990). *Fatores Restritivos ao Desenvolvimento da Siderurgia Brasileira*. 16º Congresso Brasileiro de Siderurgia, Brasília.

KARIER, T. M. (1993). *Beyond Competition: the economics of mergers and monopoly power*. New York: M.E. Sharpe.

MATOSINHO, E.A. (1991). *A CSN no Contexto Siderúrgico*. Volta Redonda: DIEESE.

MATTOS, R. G. et alli (1995). *A Experiência Recente de Industrialização na Região Polarizada por Juiz de Fora: o caso da Cia. Paraibuna de Metais e da Siderúrgica Mendes Jr. Juiz de Fora*. Faculdade de Economia e Administração/ Universidade Federal de Juiz de Fora, (mimeo).

MATTOS, R.G. et alli (1995). *Tentativas de Reindustrialização em Juiz de Fora: as experiências da Siderúrgica Mendes Júnior e da Cia. Paraibuna de Metais*. VII Seminário sobre Economia Mineira, Diamantina: Cedeplar, Vol 2: 121-136.

METAL BULLETIN (1978). Iron and Steel Works of the World. 7th Edition, Surrey: *Metal Bulletin*.

METAL BULLETIN (1994). Iron and Steel Works of the World. 11th Edition, Surrey: *Metal Bulletin*.

MIRANDA, A. & E. R. GONZAGA (1986). *A Implantação da Siderúrgica Mendes Júnior*. Conferência Internacional de Tecnologia Siderúrgica dos Países em Desenvolvimento. São Paulo: Associação Brasileira de Metais, Vol. 1: 233-249.

NIGRI, E.D. (1994). *The Meaning of Privatisation for the Future of the Brazilian Steel Industry*. Metal Bulletin Latin America Iron & Steel Conference. Rio de Janeiro: maio.

PAULA, G.M. (1992). *Avaliação Tecnológica da Siderurgia Brasileira*. Rio de Janeiro: Instituto de Economia Industrial/UFRJ (Dissertação de Mestrado).

PAULA, G.M. (1993). *Competitividade da Indústria Siderúrgica. Campinas: Estudo da Competitividade da Indústria Brasileira* (Nota Técnica Setorial do Complexo Metal-Mecânico).

PAULA, G.M. (1994). Investimentos Japoneses na Siderurgia Norte-Americana. *Metalurgia*, (428): 414-17.

PASSANEZI Fº, R. (1992). *Saneamento Financeiro e Privatização da Siderurgia Brasileira*. Campinas: Instuto de Economia/UNICAMP (Dissertação de Mestrado).

PAVITT, K. (1980). *Technical Innovation and British Economic Performance.* London and Basingstore: MacMillan Press and SPRU

PELAÉZ, C.M. (1970). O Desenvolvimento da Indústria de Aço no Brasil. *Revista Brasileira de Economia,* 24 (2): 191-217.

PIANI, M.M.T. (1988). *Exportações Brasileiras de Produtos Siderúrgicos e o Acordo de Restrição Voluntária com os Estados Unidos: um caso de proteção administrada.* Rio de Janeiro: Pontifícia Universidade Católica do Rio de Janeiro (Dissertação de Mestrado).

PIMENTA, J.L.R. (1989). La Metalurgia en Cuchara: factor clave de la competitividad de la industria brasileña del acero. *Siderurgia Latinoamericana,* (357): 35-50.

PINHEIRO, A.C. & F. GIAMBIAGI (1992). *As Empresas Estatais e o Programa de Privatização do Governo Collor.* Anais do XX Encontro Nacional de Economia, Campos do Jordão: ANPEC, Vol. 1: 475-508.

PINHO, M.S. (1993). *Tecnologia e Competitividade na Indústria Brasileira de Aços Não-Planos Comuns.* Campinas: Instituto de Economia/UNICAMP (Dissertação de Mestrado).

PEREIRA, A.O. & M.L.E. CARON (1968). *Manual de Siderurgia: documentação técnica e informativa.* São Paulo: Assetec.

QIAN, Y. & R.C. DUNCAN (1993). *Privatization, Concentration, and Pressure for Protection: a steel sector study.* The World Bank: Working Papers, march.

QUEIROZ, S. R. R. (1987). *Siderurgia no Brasil: o desenvolvimento do setor de aços especiais.* Campinas: Instituto de Economia/UNICAMP (Dissertação de Mestrado).

REIS Fº, E.T. (1992). A Evolução da Experiência da Engenharia Nacional em Projetos de Implantação e Reforma de Altos-Fornos. *Metalurgia,* 48 (405): 261-71.

ROCHA, H.C. & A.M. MORANDI (1991). *Cafeicultura e Grande Indústria: a transição no Espírito Santo, 1955-1985.* Vitória: Fundação Ceciliano Abel de Almeida.

RODRIGUES, A.C.M. (1989). *Uma Análise da Estrutura Competitiva do Setor de Laminados Não-Planos Comuns da Indústria Siderúrgica Nacional, a partir do Modelo de Porter.* Anais do XII Encontro Anual da Associação Nacional dos Programas de Pós-Graduação em Administração, Vol. 2, pp. 917-31.

SHEPHERD, W.G. (1987). Herfindahl Index. *The New Palgrave: a dictionary of economics.* New York: MacMillan, p. 639.

TIJADO, J. (1995). *Mercosul: a integração do aço.* Seminário "A Siderurgia e o Mercosul. Belo Horizonte: Sociedade Mineira dos Engfenheiros/Comissão de Siderurgia, out..

VELEZ, J.C. & M.A.C. MARQUES (1979). SIDERAMA: implantação de uma laminação de não-planos na Amazônia. *Metalurgia*, 35 (263): 717-721.

WEBER, R. & H.C. PFEIFER (1987). O Processo EOF: desempenho e perspectivas. *Metalurgia*, 43 (355): 328-35.

Capítulo 3

ABAL. *Anuário Estatístico da Abal*. São Paulo, vários números.

ABAL (1993). *Guia Técnico de Extrusão*. São Paulo.

ABAL (1996). *Relação de Empresas Extrusoras*. Mimeo.

ABAL (1988-90). *Revista do Alumínio*, São Paulo.

ABCI (1990). *Manual Técnico de Caixilhos/Janelas*. Associação Brasileira dos Construtores Industrializados. Editora Pini, 213p.

ABM. *Revista Metalurgia*. Associação Brasileira de Metais. Vários números.

ALCOA (1996). *A Indústria Brasileira de Perfis Extrudados em Alumínio*. Alcoa. Mimeo.

the ALUMINUM ASSOCIATION (1965). *Wrought aluminium and its alloys: materials in design engineering*.

the ALUMINUM ASSOCIATION (1994). *Aluminum statistical review for 1994*.

BRITTO, J.N.P. (1993). *Estudo da competitividade da indústria brasileira: competitividade da indústria de alumínio*. Campinas, mimeo. 131p.

SECEX/DTIC (s/d). *Estatísticas de Importação e Exportação por Mercadorias*.

EXAME (1995). Maiores e Melhores. São Paulo.

GAZETA MERCANTIL. *Balanço Anual*. São Paulo, vários números.

GAZETA MERCANTIL (1996). *Alcoa compra unidades de extrusão da Alcan*. Reportagem de 19/01/1996.

LEAVERSUCH, R.D. (1995). *Weatherable tecnologies expand window's reach*. Modern Plastics, mar/1995, p.68-70.

MACHADO, R.C. (1985). *Apontamentos da história do alumínio primário no Brasil*. Ouro Preto: Gorceix, 610p.

MONTE, M.B.M. e ADAMIAN, R. (1994). *Aspectos tecnológicos e econômicos da indústria de alumínio*. Rio de Janeiro: CETEM/CNPq, 32p. Série Estudos e Documentos, 22.

WEISS, J.M.G. (1993). *A competitividade da indústria brasileira de alumínio: avaliação e perspectivas*. Rio de Janeiro: CETEM/CNPq, 25p. Série Qualidade e Produtividade, 4.

Capítulo 4

MIE/DNPM/SCTDES–PRÓ-MINÉRIO (1989). *Anais do Seminário sobre Mineração em Áreas Urbanas*. São Paulo, outubro de 1989.

DNPM. *Anuário Mineral Brasileiro*. Brasília. Vários números.

FRANCESCONI, R. (1995). *Areia no Estado de São Paulo: problema e soluções*. Revista Construção. São Paulo, dez 25/95, no. 2498.

IPT-PATI (1993). *Estudos Setoriais. Mineração*. SCTDE. São Paulo, agosto de 1993.

IPT-PRÓ-MINÉRIO (1990). *Mercado Produtor Mineral do Estado de São Paulo. Levantamento e Análise*. Programa de Desenvolvimento de Recursos Minerais, SCTDE. São Paulo.

IPT-PRÓ-MINÉRIO (1991). Mercado Consumidor Mineral do Estado de São Paulo. Programa de Desenvolvimento de Recursos Minerais, SCTDE. São Paulo.

FIPE-PRÓ-MINÉRIO (1991). *Estudo sobre as necessidades de bens minerais de aplicação imediata na construção civil*. Projeto: Diretrizes para a Mineração de Areia na Região Metropolitana de São Paulo. São Paulo, FIPE, novembro de 1991.

SINDAREIA. *Boletim informativo*. São Paulo, vários números.

SINDUSCON-SP. *Sumário Econômico*. São Paulo, vários números.

Capítulo 5

ABPC. *Jornal da Cal*. São Paulo, vários números

ANAMACO. *Revista Anamaco*. São Paulo, vários números.

CEMIG, CONSELHO ESTADUAL DE ENERGIA (1991). *Uso da energia na indústria de cal de Minas Gerais*. Belo Horizonte, outubro de 1991. Mimeo.

DNPM. *Anuário Mineral. Brasileiro*. Brasília, vários anos.

DNPM. *Boletim de Preços*. Brasília, vários números

DNPM. *Sumário Mineral*. Brasília, vários números.

GUIMARÃES, J.C.P. (1990). *A indústria da cal no Brasil: panorama do setor na década de 80*. São Paulo: ABPC.

IPT (1993). *Estudos Setoriais-Mineração – Relatório IPT/DES-AETEC no. 30.503/92*. Programa de atualização tecnológica industrial-PATI. São Paulo, agosto de 1993.

SINDUSCON-SP (1995). *Relatório no. 3 da Comissão da qualidade de insumos*. São Paulo, junho de 1995.

Capítulo 6

ABESC (1995). *Informativo ABESC*, ano 1, n.5, set/out.

GAZETA MERCANTIL (1996): *Balanço Anual 1995-96*. São Paulo.

KIHARA, G.Y. E MARCIANO JR., E. (1995). *Qualidade e Produtividade na Indústria de Cimento*. Em ABESC, 1995.

MINISTÉRIO DA JUSTIÇA, SECRETARIA DE DIREITO ECONÔMICO (1995): *Legislação de Defesa da Ordem Econômica*, Brasília.

PROCHNIK, V. (1983). *A Dinâmica da Indústria de Cimento no Brasil*. Tese de Mestrado, Instituto de Economia Industrial da Universidade Federal do Rio de Janeiro.

PROCHNIK, V. (1984). *As Possibilidades das Empresas Nacionais: o Caso do Cimento*. Texto para Discussão n.54, Instituto de Economia Industrial da Universidade Federal do Rio de Janeiro.

SINDUSCON-SP. *Sumário Econômico*, vários números.

SNIC. *Relatório Anual do Cimento*, vários números.

SOUZA, R., SILVA, M.A.C. E AGOPYAN, V. (1993). *Estudo da Competitividade da Indústria Brasileira – Competitividade da Indústria do Cimento*. Mimeo, Universidade de Campinas.

Capítulo 7

ALVES, F. E MARQUES, M. (1994). Cobre Salobo: o maior projeto de mineração da década. *Brasil Mineral*, nº 122, novembro de 1994.

ARAÚJO JR., VEIGA, CORREA E CORDEIRO (1992). *Proteção efetiva e competitividade na metalurgia do cobre no Brasil*. FUNCEX.

BNDESPAR (1987). *Estudo do mercado brasileiro do cobre*. Rio de Janeiro. Mimeo.

CARAÍBA METAIS (1991a). *Improving the value of Caraíba Metais*. Mimeo.

CARAÍBA METAIS (1991b). *Plano estratégico e diretrizes gerais*. Mimeo.

COMMODITIES RESEARCH UNIT (1991). *Copper Smelting and Refining Cost to 2000*. Junho de 1991. Miemo.

FUNCEX (1995). *Acordos Regionais e Comércio de Metais na América Latina*. Fevereiro de 1995, Mimeo.

GAZETA MERCANTIL, várias datas.

UNITED STATES DEPARTMENT OF THE INTERIOR, BUREAU OF MINES (1993). *Mineral Yearbook 1992*, vol. 1.

METALURGIA E MATERIAIS, vários números.

PEREIRA, S (1995). Caraíba Metais: os bons resultados da Qualidade Total. *Brasil Mineral*, nº 132, setembro de 1995.

ROSKILL (1992). The Economics of Copper, 1992.

SINDICEL (1990-95). *Anuário estatístico da indústria brasileira do cobre.*

TIRONI, E (1991). *Oportunidades de crescimiento y opciones tecnologicas para la industrial del cobre en America Latina y el Caribe.* CEPAL, setembro de 1991.

VEIGA, P. E MACHADO, J.B (1992). *Avaliação dos impactos do AAP3 sobre as relações comerciais Brasil-Chile.* Texto para discussão nº73. Funcex, setembro de 1992.

WORLD BUREAU OF METAL STATISTICS (1996). *Yearbook 1995, 1996.*

Capítulo 8

ABIQUIM. *Anuário da Indústria Química Brasileira.* São Paulo, vários números.

ABIQUIM. *Relatório de Acompanhamento de Preços.* São Paulo, vários números.

ABIQUIM. *Relatório de Acompanhamento Conjuntural.* São Paulo, vários números.

ABIQUIM. *Análise de Balanços de Empresas do Setor Químico.* São Paulo, vários números.

ABIQUIM (1992). *Estudo da Competitividade da Indústria Pe-troquímica Brasileira.* Comissão de Economia. São Paulo.

ABIQUIM/DESPOL (1991). *Diagnóstico do Subsetor de Resinas Termoplásticas.* São Paulo, julho de 1991. Mimeo.

IEI-UFRJ/IE-UNICAMPECIB (1993). *Estudo da Competitividade da Indústria Brasileira – Nota Técnica Setorial do Complexo Químico.*Campinas.

GAZETA MERCANTIL. *Balanço Anual.* Vários números.

IPT/CEEETA (1991). *Consumo Energético em Setores Industriais: Vidro e Petroquímica. Vol.II. Petroquímica.* IPT/DEES/AETEC. Relatório no 29473/91. São Paulo, agosto de 1991.

IPT/SCTDE (1993). *Estudos Setoriais Polímeros.* Programa de Atualização Tecnológica Industrial - PATI. IPT/DEES/AETC. Relatório no 30.620/92. São Paulo, março de 1993.

INP/ABIQUIM (1991). *Diagnóstico. Sub-setor de Resinas Termoplásticas.* São Paulo, julho de 1991.

MODERN PLASTICS INTERNATIONAL. Vários números.

PARISI JR., C. (1993). Economias e Escala e P&D na Petroquímica Brasileira. *RAUSP* v. 28, N.4 - Out/Dez 1993.

PARISI JR., C. (1994). *O problema da Competitividade da Indústria Petroquí-mica Brasileira: Um Estudo sobre o Padrão de Integração das Firmas*. Dissertação de Mestrado. FEAUSP. São Paulo, 1994.

Capítulo 9

ABIVIDRO. *Vidro*, São Paulo, vários números.

ABIVIDRO (1993). *Guia Técnico da Indústria de Vidro*. São Paulo.

ARAÚJO JR., J. T. (1982). *Progresso Técnico e Formas de Concorrência: um estudo de caso sobre a Indústria de Vidro*. Instituto de Economia Industrial da Universidade Federal do Rio de Janeiro, Texto para Discussão no. 12.

ASSOCIAÇÃO BRASILEIRA DE CERÂMICAS. *Anuário Brasileiro de Cerâmicas*. Vários números.

DIÁRIO DO COMÉRCIO (1994). Reportagem. Minas Gerais, 29/08/94.

EXAME (1995). Reportagem, São Paulo, 08/95.

FORTUNE. Diversos números.

IPT (1992). *Estudo Comparativo dos Indi-cadores Energéticos do Setor de Vidro no Brasil e na CEE*. Seminário CEE-Brasil: Setores Industriais Intensivos em Energia. São Paulo.

IPT (1995). *Estudos Setoriais sobre Atividades Industriais: Vidro*. Relatório no. 31054/95. São Paulo.

INTERNET, Netscape-Search-Glass Industry: Venezuela - Industry Report.

JORNAL DO COMÉRCIO, 09/08/94.

MAGNUSSON, D. (1993). A Evolução da Indústria de Vidro no Brasil: um estudo de organização industrial. Faculdade de Economia, Administração e Contabilidade da Universidade de São Paulo. Monografia de conclusão de curso.

O SÉCULO, 30/04/88.

O VIDROPLANO, diversos números.

PROCHNIK, V (1987). *O Macrocomplexo da Construção Civil*. Instituto de Economia Industrial da Universidade Fede-ral do Rio de Janeiro, Texto para Discussão no. 107.

SCHERER, F. M. & ROOS, D. (1990). *Industrial Market Structure and Ec-nomic Performance*. Mifflin, 3. ed.

THE WALL STREET JOURNAL, 12/05/93.